华信经管创新系列·会计学

U0813677

中级财务会计学

◆李玉萍　主编　◆张　莉　孙淑萍　副主编

電子工業出版社
Publishing House of Electronics Industry
北京·BEIJING

内 容 简 介

《中级财务会计学》根据高校教育改革和会计改革的要求，以财务会计信息提供为主线，以会计信息质量要求为基准，以六大会计要素为基本框架结构，详细阐述了报表要素的核算原理和方法。全书共18章，内容新颖，论述富有启发性，每章均设置了学习目标、案例导入、本章小结、本章思考和本章测试，内容贴近现实，使读者对章节内容能总体把握，前后照应，掌握重点和难点。

本书不仅适合高等院校会计学专业教学，也可以作为广大实务工作者自学、研究的重要参考书。

图书在版编目（CIP）数据

中级财务会计学 / 李玉萍主编. — 北京：电子工业出版社，2014.9

（华信经管创新系列・会计学）

ISBN 978-7-121-24007-2

I. ①中… II. ①李… III. ①财务会计－高等学校－教材 IV. ①F234.4

中国版本图书馆 CIP 数据核字（2014）第 180768 号

策划编辑：王赫男

责任编辑：侯丽平

印　　刷：北京市李史山胶印厂

装　　订：北京市李史山胶印厂

出版发行：电子工业出版社

北京市海淀区万寿路 173 信箱　　邮编：100036

开　　本：787×1092　1/16　　印张：22　　字数：563.2 千字

版　　次：2014 年 9 月第 1 版

印　　次：2014 年 9 月第 1 次印刷

定　　价：39.00 元

凡所购买电子工业出版社图书有缺损问题，请向购买书店调换。若书店售缺，请与本社发行部联系，联系及邮购电话：（010）88254888。

质量投诉请发邮件至 zlts@phei.com.cn，盗版侵权举报请发邮件至 dbqq@phei.com.cn。

服务热线：（010）88258888。

前　言

高等教育要求以知识、能力和素质协调发展为目标，重视学生在教学活动中的主体地位，充分调动学生学习的积极性、主动性和创造性，增加学生自主学习的动力，促进学生个性发展。教材与高等教育发展相配合，势在必行。

当代中国，经济高速发展，监督和规范市场的公司法规、会计法规、证券法规、审计法规、税法法规不断完善。社会经济环境的发展变化使财务会计的基本理论与方法不断面临新的挑战。自 2006 年至 2014 年，财政部发布了 1 项基本准则和 41 项具体准则（以下简称新准则），而且陆续发布了企业会计准则应用指南、讲解、解释等内容，共同组成了一个新的企业会计准则体系。为了将高校教育改革和会计改革的新思想和研究成果融入教学内容，本书积极探索启发、讨论、研究式教学内容的编排和设计，力图拓展学生自主学习的时间和空间。

《中级财务会计学》以财务会计信息提供为主线，以会计信息质量要求为基准，以六大会计要素为基本框架结构，详细阐述了会计要素的核算原理和方法。全书共计 18 章，内容新颖，论述富有启发性，为了便于教学、研讨与学习，每章均设置了学习目标、案例导入、本章小结、本章思考和本章测试，内容贴近现实，使读者对章节内容能总体把握，前后照应，掌握重点和难点。

本书由李玉萍担任主编，张莉和孙淑萍担任副主编。李玉萍负责编写第一、三、六、七、八、九、十、十一章，张莉负责编写第二、四、五、十二、十三、十四章，孙淑萍负责编写第十五、十六、十七、十八章。李玉萍、张莉总纂全书。感谢电子工业出版社王赫男编辑和侯丽平编辑为本书的出版所做的工作。

本书是为进行会计启发、研讨式教学、全面推动课堂教学改革模式而设计的教学内容。书中内容秉承一贯性的原则，既充分描述了我国新会计准则的基本规定，又不拘泥于简单地解释会计准则，而是围绕财务报表的列报和披露，比较全面、系统地阐释财务会计学的基本原理，培养学生分析问题、解决问题及适应环境的能力。所以，本书不仅适合高等院校会计学专业教学，也可作为广大实务工作者自学、研究的重要参考书。

纰漏之处，请专家学者和广大读者给予指正。

编　者

2014 年 3 月

前言

目　　录

第一章　财务报告目标与信息质量要求

学习目标

通过本章的学习，能够：

1. 掌握企业财务报告体系及财务报表的构成；
2. 掌握财务会计基本假设和会计基础；
3. 掌握会计信息质量要求。

案例导入

东方股份有限公司系合资公司，其生产部门和营销部门通过内部转移定价独立考核业绩。生产的产品既在国内销售，又往国外销售，随着业务量的不断拓展，外销业务不断扩大，经过几年的努力，到2010年1月，外销业务占整个业务的80%以上，而且主要集中在德国等西欧国家。

思考：从核算角度，该公司能够确立几个会计主体？该公司整体是否可作为一个会计主体？各主体的会计目标是什么？

第一节　财务报告目标

会计是以货币为主要计量单位，反映和监督一个单位经济活动的经济管理工作。企业的会计工作主要反映企业的财务状况、经营成果和现金流量，并对企业经营活动和财务收支进行监督。财务报告目标在整个财务会计系统和企业会计准则体系中具有十分重要的地位，是构建会计要素确认、计量和报告原则及制定各项准则的基本出发点。

一、财务报告目标的定位

我国财务报告目标的确立，不仅要吸收借鉴国际会计准则、美国会计准则，还应该深入分析我国经济环境，从实际情况出发定位财务报告的目标。在会计准则国际趋同的同时，立足本国国情制定适合我国实际的财务报告目标。

2006年2月15日，我国财政部颁布的《企业会计准则——基本准则》首次规定，企业财务报告的目标是向财务报告使用者提供与企业财务状况、经营成果和现金流量等有关的会计信息，反映企业管理层受托责任履行情况，有助于财务报告使用者做出经济决策。我国将财务报告目标同时定位于受托责任观和决策有用观。目前，我国社会主义市场经济体制尚待完善，国有资本仍占市场主导地位，反映管理层受托责任的履行情况仍是财务报告的第一要务。同时，随着资本市场的深入发展，投资者行为日趋理性，财务会计信息对其经济决策的作用日益凸显，因此，决策有用观也是财务报告必不可少的目标。财务报告是财务会计确认和计量的最终成果，是沟通企业管理层与外部信息使用者的桥梁和纽带。因此，财务报告的目标定位十分重要。

（1）财务报告的目标定位决定着财务报告应当向谁提供有用的会计信息，应当保护谁的经济利益。财务报告应当向谁提供财务信息既是财务报告编制的出发点，也是企业会计准则建设与发展的立足点。因此，需要清楚地界定企业财务报告的使用者，这些使用者具有哪些特征，进行什么样的经济决策，在决策过程中需要什么样的会计信息等。

（2）财务报告的目标定位决定着财务报告所要求会计信息的质量特征，决定着会计要素的确认与计量原则，是财务会计系统的核心与灵魂。通常认为财务报告的目标有受托责任观和决策有用观两种。在受托责任观下，会计信息更多地强调可靠性，会计计量采用历史成本；在决策有用观下，会计信息更多地强调相关性，会计计量在采用历史成本外，如果采用其他计量属性能够提供更加相关的信息，则会较多地采用除历史成本之外的其他计量属性。因此，财务报告的目标定位直接决定着整个财务会计系统的构造，包括会计要素的确认、计量和报告等诸方面。

（3）财务报告的目标定位决定着财务会计未来发展的方向。财务会计作为反映经济交易或者事项的一门科学，从来都是随着经济环境的变化而不断发展演化的。尤其随着现代公司制的建立、资本市场的发展和技术革新的加快，财务会计理论和实务更是以惊人的速度向前发展。美国财务会计准则委员会于 20 世纪 70 年代末、80 年代初先后发布了四项财务会计概念公告，第一项概念公告即《财务报告的目标》。对财务报告目标的清晰定位使得多年来美国关于财务报告目标的争论和财务会计发展方向的问题尘埃落定，也催生了美国会计准则数十年的繁荣与发展，为美国资本市场的长足发展打下了扎实基础。我国在基本准则中将财务报告目标明确定位，为各项会计准则的制定奠定了良好基础，也为未来财务会计的发展和会计准则体系的完善确立了方向。

小贴士

20 世纪 50 年代在财务会计概念框架的研究中，财务报告目标起到逻辑起点的作用，形成两个具有代表性的学派，即决策有用学派和受托责任学派。FASB 与 IASB 于 2006 年 7 月 6 日发布联合趋同框架（关于目标和信息质量特征的初步意见），明确提出对外财务报告的通用目标是：提供有助于现在和潜在的投资者和债权人以及其他信息使用者进行投资、信贷和类似资源配置决策的信息。为了实现这个目标，财务报告应该提供信息，以帮助现在和潜在的投资者和债权人以及其他信息使用者评估主体未来现金流入和流出的金额、时间安排和不确定性。

联合趋同框架将财务报告的目标定位为决策有用观，但同时研究财务报告的使用者如何评估管理当局履行的经济管理责任并对资源配置决策的信息表示关切。评价管理当局履行经济管理责任要求的信息通常也是资源配置决策需要的信息。因此，联合趋同框架认为，决策有用观包括受托责任观，不必专门将受托责任作为财务报告的目标。

二、财务报告的目标及其使用者

根据《企业会计准则——基本准则》规定，企业财务报告的目标是向财务报告使用者提供与企业财务状况、经营成果和现金流量等有关的会计信息，反映企业管理层受托责任履行情况，有助于财务报告使用者做出经济决策。财务报告使用者包括投资者、债权人、政府及其有关部门和社会公众等。

满足投资者的信息需要是企业财务报告编制的首要出发点。将投资者作为企业财务报告的首要使用者，凸显了投资者的地位，体现了保护投资者利益的要求，是市场经济发展的必然。如果企业在财务报告中提供的会计信息与投资者决策无关，那么财务报告就失去了编制的意义。根据投资者决策有用这一目标，财务报告所提供的信息应当如实反映企业所拥有或者控制的经济资源及其要求权的变化情况；如实反映企业的各项收入、费用、利得和损失的金额及其变动情况；如实反映企业各项经营活动、投资活动和筹资活动等所形成的现金流入和现金流出情况等。这样有助于现实的或者潜在的投资者正确、合理地评价企业的资产质量、偿债能力、盈利能力和营运效率等；有助于投资者根据相关会计信息做出理性的投资决策；有助于投资者评估与投资有关的未来现金流量的金额、时间和风险等。

除了投资者之外，企业财务报告的使用者还有债权人、政府及有关部门、社会公众和企业管理层等。例如，企业贷款人和供应商等债权人通常十分关心企业的偿债能力和财务风险，他们需要信息来评估企业能否如期支付贷款本金及其利息，能否如期支付所欠购货款等；政府及其有关部门作为经济管理和监管部门，通常关心经济资源分配的公平、合理，市场经济秩序的公正、有序，宏观决策所依据信息的真实、可靠等，因此，他们需要信息来监管企业的有关活动（尤其是经济活动）、制定税收政策、进行税收征管和国民经济统计等；社会公众也关心企业的生产经营活动，包括对所在地经济做出的贡献，如增加就业、刺激消费、提供社区服务等，因此，在财务报告中提供有关企业发展前景及其能力、经营效益及其效率等方面的信息，可以满足社会公众的信息需要。

企业管理层受委托人之托经营管理企业及其各项资产，投资者和债权人等需要及时或者经常性地了解企业管理层保管、使用资产的情况，以便于评价企业管理层的责任情况和业绩情况，并决定是否需要调整投资或者信贷政策，是否需要加强企业内部控制和其他制度建设，是否需要更换管理层等。因此，财务报告应当反映企业管理层受托责任的履行情况，以有助于外部投资者和债权人等评价企业的经营管理责任和资源使用的有效性。

三、财务报告的构成

适用于《企业会计准则》的大、中、小型企业财务报告包括财务报表、中期财务报告和其他应当在财务报告中披露的相关信息和资料。其中，财务报表由报表本身及其附注两部分构成，附注是财务报表的有机组成部分，而报表至少应当包括资产负债表、利润表、现金流量表和所有者权益变动表四张报表。适用于《小企业会计准则》的小企业财务报表至少应当包括资产负债表、利润表、现金流量表及其附注。

（1）资产负债表是反映企业在某一特定日期财务状况的财务报表。企业编制资产负债表的目的是通过如实反映企业的资产、负债和所有者权益金额及其结构情况，帮助使用者评价企业资产的质量以及短期偿债能力、长期偿债能力等。

（2）利润表是反映企业在一定会计期间的经营成果的财务报表。企业编制利润表的目的是通过如实反映企业实现的收入、发生的费用以及应当计入当期利润的利得和损失等金额及其结构情况，帮助使用者分析评价企业的盈利能力及其构成与质量。

（3）现金流量表是反映企业在一定会计期间的现金和现金等价物流入和流出的财务报表。企业编制现金流量表的目的是通过如实反映企业各项活动的现金流入、流出情况，帮助使用者评价企业的现金流动和资金周转情况。

（4）所有者权益变动表是反映构成所有者权益的各组成部分当期的增减变动情况的财务报表。

（5）附注是对财务报表列示项目的进一步说明，以及对未能在这些报表中列示的项目的说明等。企业编制附注的目的是通过对财务报表本身做补充说明，以更加全面、系统地反映企业财务状况、经营成果和现金流量的全貌，从而向使用者提供更为有用的信息，使其做出更加科学合理的决策。

财务报表是财务报告的核心内容，但是除了财务报表之外，财务报告还应当包括其他相关信息，具体可以根据有关法律、法规的规定和外部使用者的信息需求而定。如企业可以在财务报告中披露其承担的社会责任、对社区的贡献、可持续发展能力等信息，这些信息与使用者的决策也是相关的，尽管属于非财务信息，无法包括在财务报表中，但是如果有规定或者使用者有需求，企业应当在财务报告中予以披露，有时企业也可以自愿在财务报告中披露相关信息。

中期财务报告，是指以中期为基础编制的财务报告。其他财务报告，主要向企业外界提供某些相关的但不符合全部确认标准的信息，其中有财务的和非财务的，有历史的，也有预测的。其他财务报告不受企业会计准则的限制，也不需要接受审计，但必须符合三个条件：第一，企业根据法规准则要求或自愿提供；第二，有助于理解财务报表信息，不应误导使用者的决策；第三，要求经注册会计师或企业以外的专家审阅。其他财务报告的种类很多，如国内外常见的管理层讨论和分析、财务预测报告、社会责任报告、审计报告等辅助报告。

四、企业会计准则体系

财务报告列报和披露的信息应遵循《企业财务会计报告条例》、《企业会计准则——基本准则》及其具体准则。截至 2014 年，财政部已发布了《企业会计准则——基本准则》和 41 项具体会计准则，这标志我国基本建立起既适合本国国情又与国际会计准则趋同的、能够独立实施的企业会计准则体系。38 项具体会计准则如表 1-1 所示。

表 1-1　38 项具体会计准则

序号	名称	序号	名称	序号	名称
1	存货	15	建造合同	29	资产负债表日后事项
2	长期股权投资	16	政府补助	30	财务报表列报
3	投资性房地产	17	借款费用	31	现金流量表
4	固定资产	18	所得税	32	中期财务报告
5	生物资产	19	外币折算	33	合并财务报告
6	无形资产	20	企业合并	34	每股收益
7	非货币性资产交换	21	租赁	35	分部报告
8	资产减值	22	金融工具确认和计量	36	关联方披露
9	职工薪酬	23	金融资产转移	37	金融工具列报
10	企业年金基金	24	套期保值	38	首次执行企业会计准则
11	股份支付	25	原保险合同	39	公允价值计量
12	债务重组	26	再保险合同	40	合营安排
13	或有事项	27	石油天然气开采	41	在其他主体中权益的披露
14	收入	28	会计政策、会计估计变更和差错更正		

我国企业会计准则体系分为三个层次，第一层次为基本会计准则，第二层次为具体会计准则，第三层次为具体会计准则的应用指南。基本会计准则在整个会计准则体系中起统驭作用，主要规范会计目标、会计基本假定、会计基本原则、会计要素的确认和计量等。具体会计准则分为一般业务准则、特殊行业的特定业务准则和报告准则三类。具体会计准则应用指南主要对会计科目的设置、会计分录的编制和报表的填报等操作内容进行示范性指导。

报告准则主要规范企业财务报告，如财务报表列报、现金流量表、合并财务报表、中期财务报告、资产负债表日后事项、分部报告、金融工具列报等准则。

第二节　会计基本假设与会计基础

会计基本假设，又称会计基本前提，是企业会计确认、计量和报告的前提，是对会计核算所处时间、空间环境等所做的合理设定。企业会计的确认、计量和报告应当以权责发生制为基础。

一、会计基本假设

根据我国《企业会计准则——基本准则》的规定，会计基本假设包括会计主体、持续经营、会计分期、货币计量。

（一）会计主体

会计主体，是指企业会计确认、计量和报告的空间范围。为了向财务报告使用者反映企业财务状况、经营成果和现金流量，提供与其决策有用的信息，会计核算和财务报告的编制应当集中于反映特定对象的活动，并将其与其他经济实体区别开来。

在会计主体假设下，企业应当对其本身发生的交易或者事项进行会计确认、计量和报告，反映企业本身所从事的各项生产经营活动。明确界定会计主体是开展会计确认、计量和报告工作的重要前提。

首先，明确会计主体，才能划定会计所要处理的各项交易或事项的范围。在会计工作中，只有那些影响企业本身经济利益的各项交易或事项才能加以确认、计量和报告，那些不影响企业本身经济利益的各项交易或事项不能加以确认、计量和报告。会计核算中涉及的资产、负债的确认，收入的实现，费用的发生等，都是针对特定会计主体而言的。

其次，明确会计主体，才能将会计主体的交易或者事项与会计主体所有者的交易或者事项，以及其他会计主体的交易或者事项区分开来。例如，企业所有者的经济交易或者事项是属于企业所有者主体所发生的，不应纳入企业会计核算的范围，但是企业所有者投入到企业的资本或者企业向所有者分配的利润，则属于企业主体所发生的交易或者事项，应当纳入企业会计核算的范围。

会计主体不同于法律主体。一般来说，法律主体必然是会计主体，例如一个企业作为一个法律主体，应当建立财务会计系统，独立反映其财务状况、经营成果和现金流量；但是，会计主体不一定是法律主体，例如企业集团编制合并报表所依据的便是合并主体而非法律主体。

【例 1-1】 某母公司拥有 10 家子公司，母、子公司均为不同的法律主体，但母公司对子公司拥有控制权，为了全面反映由母、子公司组成的企业集团整体的财务状况、经营成果和现金流量，就需要将企业集团作为一个会计主体，编制合并财务报表。

【例 1-2】 某基金管理公司管理了 10 只证券投资基金。对于该公司而言，一方面公司本身既是法律主体，又是会计主体，需要以公司为主体核算公司的各项经济活动，以反映整个公司的财务状况、经营成果和现金流量；另一方面各只基金尽管不属于法律主体，但需要单独核算，并向基金持有人定期披露基金的财务状况和经营成果等，因此，每只基金也属于会计主体。

（二）持续经营

持续经营，是指在可以预见的将来，企业将会按当前的规模和状态继续经营下去，不会停业，也不会大规模削减业务。在持续经营假设下，企业进行会计确认、计量和报告应当以持续经营为前提。明确这一基本假设，意味着会计主体将按照既定的用途使用资产，按照既定的合约条件清偿债务，会计人员就可以在此基础上选择会计政策和估计方法。

【例 1-3】 某企业购入一条生产线，预计使用寿命为 10 年，考虑到该企业将会持续经营下去，因此可以假定企业的固定资产会在持续的生产经营过程中长期发挥作用，并服务于生产经营过程，即不断地为企业生产产品，直至生产线使用寿命结束。为此，该生产线就应当根据历史成本进行记录，并采用折旧的方法，将历史成本分摊到预计使用寿命期间所生产的相关产品的成本当中。

在市场经济环境下，任何企业都存在着破产、清算的风险，企业不能持续经营的可能性总是存在的。因此，需要企业定期对其持续经营基本假设做出分析和判断。如果可以判断企业不能持续经营，就应当改变会计核算的原则和方法，并在企业财务报告中做相应披露。如果一个企业在不能持续经营时还假定企业能够持续经营，并仍按持续经营的基本假设选择会计核算的原则和方法，就不能客观地反映企业的财务状况、经营成果和现金流量，就会误导财务报告使用者的经济决策。

（三）会计分期

会计分期，是指将一个企业持续经营的生产经营活动期间划分为若干连续的、长短相同的期间。会计分期的目的，在于通过会计期间的划分，将持续经营的生产经营活动期间划分成连续、相同的期间，据以结算盈亏，按期编报财务报告，从而及时向财务报告使用者提供有关企业财务状况、经营成果和现金流量的信息。

在会计分期假设下，企业应当划分会计期间，分期结算账目和编制财务报告。会计期间分为年度和中期。年度和中期均按公历起讫日期确定。中期，是指短于一个完整的会计年度的报告期间。

根据持续经营假设，一个企业将按当前的规模和状态持续经营下去。要想最终确定企业的生产经营成果，只能等到企业在若干年后歇业时核算一次盈亏。但是，无论是企业的生产经营决策还是投资者、债权人等的决策都需要及时的信息，不能等到歇业时。因此，就必须将企业持续经营的生产经营活动期间划分为若干连续的、长短相同的期间，分期确认、计量和报告企业的财务状况、经营成果和现金流量。而且正是由于有了会计分期，才产生了当期与以前期间、以后期间的差别，出现了权责发生制和收付实现制的区别，使不同类型的会计主体有了记账的基准，进而出现了应收、应付、折旧、摊销等会计处理方法。

（四）货币计量

货币计量，是指会计主体在进行会计确认、计量和报告时以货币为计量单位，反映会计主体的生产经营活动。

在会计的确认、计量和报告过程中选择货币作为基础进行计量，是由货币本身的属性决定的。货币是商品的一般等价物，是衡量一般商品价值的共同尺度，具有价值尺度、流通手段、贮藏手段和支付手段等特点。其他计量单位，如质量、长度、容积、台、件等，都只能从一个侧面反映企业的生产经营情况，无法在量上进行汇总和比较，不便于会计计量和经营管理。因此，为了全面反映企业的生产经营活动和有关交易、事项，会计确认、计量和报告选择货币作为计量单位。

二、会计基础

企业会计的确认、计量和报告应当以权责发生制为基础。权责发生制要求，凡是当期已经实现的收入和已经发生或应当负担的费用，无论款项是否收付，都应当作为当期的收入和费用，计入利润表；凡是不属于当期的收入和费用，即使款项已在当期收付也不应当作为当期的收入和费用。

在实务中，企业交易或者事项的发生时间与相关货币收支时间有时并不完全一致。例如，款项已经收到，但销售并未实现；或者是款项已经支付，但并不是为本期生产经营活动而发生的。为了更加真实、公允地反映特定会计期间的财务状况和经营成果，基本准则明确规定，企业在会计确认、计量和报告中应当以权责发生制为基础。

小技巧

收付实现制是与权责发生制相对应的一种会计基础，它是以收到或支付现金作为确认收入和费用等的依据。目前，我国的行政单位会计采用收付实现制，事业单位会计除经营业务可以采用权责发生制外，其他大部分业务采用收付实现制。

第三节　会计信息质量要求

会计信息质量要求是对企业财务报告中所提供的会计信息质量的基本要求，是使财务报告中所提供的会计信息对信息使用者决策有用所应具备的基本特征，它包括可靠性、相关性、可理解性、可比性、实质重于形式、重要性、谨慎性和及时性，前四个是首要的信息质量要求，后四个是次要的信息质量要求。

一、可靠性

可靠性要求企业应当以实际发生的交易或者事项为依据进行确认、计量和报告，如实反映符合确认和计量要求的各项会计要素及其他相关信息，保证会计信息真实可靠、内容完整。具体包括以下要求：

（1）企业应当以实际发生的交易或者事项为依据进行确认、计量和报告，将符合会计要素定义及其确认条件的资产、负债、所有者权益、收入、费用和利润等如实反映在财务报告中。

（2）包括在财务报告中的会计信息应当是中立的、无偏的。如果企业在财务报告中为了达到事先设定的结果或效果，通过选择或列示有关会计信息以影响决策和判断的，这样的财务报告信息就不是中立的。

（3）企业应当在符合重要性和成本效益原则的前提下，保证会计信息的完整性，其中包括编报的报表及其附注内容等应当保持完整，不能随意遗漏或者减少应予以披露的信息，与使用者决策相关的有用信息都应当充分披露。

【例 1-4】某公司于 2012 年年末发现公司销售萎缩，无法实现年初确定的销售收入目标，但考虑到在 2013 年春节前后，公司销售可能会出现较大幅度的增长，因而提前预计库存商品销售，在 2012 年年末制作了若干虚假的存货出库凭证，并确认销售收入的实现。该公司的这一会计处理没有以其实际发生的交易事项为依据，因此，违背了会计信息质量要求中的可靠性原则，也违背了我国会计法的规定。

二、相关性

相关性要求企业提供的会计信息应当与财务报告使用者的经济决策需要相关，有助于财务报告使用者对企业过去、现在和未来的情况做出评价或者预测。

会计信息的价值，关键是看其与使用者的决策需要是否相关，是否有助于决策或者提高决策水平。相关的会计信息应当有助于使用者评价企业过去的决策，证实或者修正过去的有关预测，因而具有反馈价值。相关的会计信息还应当具有预测价值，有助于使用者根据财务报告所提供的会计信息预测企业未来的财务状况、经营成果和现金流量。例如，区分收入和利得、费用和损失，区分流动资产和非流动资产、流动负债和非流动负债以及适度引入公允价值等，都可以提高会计信息的预测价值，进而提升会计信息的相关性。

小技巧

相关性与可靠性

为了满足会计信息质量的相关性要求，企业应当在确认、计量和报告会计信息的过程中，充分考虑使用者的决策模式和信息需要。相关性是以可靠性为基础的，两者之间并不矛盾，不应将两者对立起来。即会计信息应在可靠性的前提下，尽可能做到相关性，以满足投资者等财务报告使用者的决策需要。

三、可理解性

可理解性要求企业提供的会计信息必须清晰、简明，便于投资者等财务报告使用者理解和使用。

企业提供会计信息的目的在于使用，而要有效使用会计信息就必须了解会计信息的内涵，弄懂会计信息的内容，这就要求财务报告所提供的会计信息必须清晰明了，易于理解。

会计信息毕竟是一种专业性较强的信息产品，在强调会计信息的可理解性要求的同时，还应假定使用者具有一定的有关企业经营活动和会计方面的知识，并且愿意付出努力去研究这些信息。对于某些复杂的信息，如交易成本较为复杂或者会计处理较为复杂的，但如其与使用者的经济决策相关，企业就应当在财务报告中充分披露。

四、可比性

可比性要求企业提供的会计信息应当相互可比。可比性包括以下两层含义。

（一）同一企业不同时期可比

为了便于投资者等财务报告使用者了解企业财务状况、经营成果和现金流量的变化趋势，比较企业在不同时期的财务报告信息，全面、客观地评价过去、预测未来，从而做出决策，会计信息质量的可比性要求同一企业不同时期发生的相同或者相似的交易或者事项，应当采用一致的会计政策，不得随意变更。

强调可比性并不表明企业不得变更会计政策。如果存在更相关、更可靠的会计信息，可以变更会计政策。有关会计政策变更的情况，应当在附注中予以说明。

（二）不同企业相同会计期间可比

为了便于投资者等财务报告使用者评价不同企业的财务状况、经营成果和现金流量及其变动情况，会计信息质量的可比性要求不同企业同一会计期间发生的相同或者相似的交易或者事项，应当采用规定的会计政策，确保会计信息口径一致、相互可比，以使不同企业按照一致的确认、计量和报告要求提供有关会计信息。

五、实质重于形式

实质重于形式要求企业按照交易或事项的经济实质进行会计核算，而不应当仅仅以交易或事项的法律形式为依据。

在实际工作中，交易或事项的外在法律形式并不总能完全真实地反映其实质内容。企业发生的交易或者事项在多数情况下，其经济实质和法律形式是一致的，但在有些情况下，会出现不一致。所以，会计信息要想反映其拟反映的交易或事项，就必须根据交易或事项的实质和经济现实，而不能仅仅根据它们的法律形式进行核算。

【例 1-5】 以融资租赁方式租入的资产，虽然从法律形式来讲企业并不拥有其所有权，但是由于租赁合同中规定的租赁期相当长，接近于该资产的使用寿命，且租赁期结束时承租企业有优先购买该资产的选择权，在租赁期内承租企业有权支配资产并从中受益，所以从其经济实质来看，企业能够控制其创造的未来经济利益，因而会计核算上将以融资租赁方式租入的资产视为企业的资产。

六、重要性

重要性是指企业提供的会计信息应当反映与企业财务状况、经营成果和现金流量等有关的所有重要交易或事项。企业在保证尽可能全面完整地反映企业的财务状况与经营成果的前提下，要根据一项交易或事项是否会对会计信息使用者的决策产生重大影响来决定对其反映的精确程度，以确定是否需要在财务报表上予以单独反映。

凡是对会计信息使用者的决策有较大影响的交易或事项，应作为会计确认、计量和报告的重点；对不重要的经济业务则可以采用简化的处理程序和方法，也不必在财务报表上详细列示。重要性的应用需要依赖职业判断，企业应当根据其所处环境和实际情况，从项目的性质和金额大小两方面加以判断。强调会计信息的重要性质量要求，在很大程度上是出于对会计信息的效用与加工会计信息的成本这两个方面的考虑。

【例 1-6】 我国要求上市公司对外提供季度财务报告。考虑到季度财务报告披露的时间较短，从成本效益原则的角度考虑，季度财务报告没有必要像年度财务报告那样披露详细的附注信息。为此，我国《企业会计准则第 32 号——中期财务报告》规定，公司季度财务报告附注应当以年初至本中期末为基础编制，披露自上年度资产负债表日之后发生的，有助于理解企业财务状况、经营成果和现金流量变化情况的重要交易或者事项。对于与本中期财务状况、经营成果和现金流量有关的重要交易或事项，也应当在附注中做相应披露。这一附注披露的要求，就体现了会计信息质量的重要性要求。

七、谨慎性

谨慎性也称为稳健性，是指企业对交易或事项进行会计确认、计量和报告应当保持应有的谨慎，不得高估资产或收益、低估负债或费用。

在市场经济环境下，企业的生产经营活动面临着许多风险和不确定性，如应收款项的可收回性、固定资产的使用寿命、无形资产的使用寿命、售出存货可能发生的退货或者返修等。会计信息质量的谨慎性要求，需要企业在面临不确定性因素的情况下做出职业判断时，应当保持应有的谨慎，充分估计到各种风险和损失，既不高估资产或者收益，也不低估负债或者费用。例如，要求企业对可能发生的资产减值损失计提资产减值准备、对售出商品可能发生的保修义务等确认预计负债等，就体现了会计信息质量的谨慎性要求。

需要注意的是，谨慎性原则并不意味着企业可以任意设置各种秘密准备，否则，就属于滥用谨慎性原则，并视同重大会计差错进行处理。

八、及时性

及时性要求企业对于已经发生的交易或者事项，应当及时进行确认、计量和报告，不得提前或延后。

和任何其他信息一样，会计信息也具有时效性，其价值会随着时间的流逝而逐渐降低。这就要求企业的会计确认、计量和报告必须满足及时性的要求，一是要求及时收集会计信息，即在经济交易或者事项发生后，及时收集整理各种原始单据或者凭证；二是要求及时处理会计信息，即按照会计准则的规定，及时对经济交易或者事项进行确认或者计量，并编制财务报告；三是要求及时传递会计信息，即按照国家规定的有关时限，及时地将编制的财务报告传递给财务报告使用者，便于其及时使用和决策。

在实务中，为了及时提供会计信息，可能需要在有关交易或者事项的信息全部获得之前即进行会计处理，这样在满足了及时性要求的同时，可能会影响会计信息的可靠性；反之，如果企业等到与交易或者事项有关的全部信息获得之后再进行会计处理，可能会使信息由于时效性问题，对于投资者等财务报告使用者决策的有用性大大降低。这就需要在及时性和可靠性之间做相应权衡，应以最大限度地满足投资者等财务报告使用者的经济决策需要为判断标准。

本章小结

会计假设是人们在长期的会计实践中，不断认识、总结而形成的，主要有会计主体、持续经营、会计分期和货币计量，它们是相互依存、相互补充的。会计主体确立了会计核算的空间范围，持续经营与会计分期确立了会计核算的时间长度，而货币计量则为会计核算提供了必要的手段。没有会计主体，就不会有持续经营；没有持续经营，就不会有会计分期；没有货币计量，也就不会有现代会计的产生与发展。

企业会计的确认、计量和报告应当以权责发生制为基础。所谓权责发生制，是指凡是当期已经实现的收入和已经发生或应负担的费用，不论款项是否收付，都应当作为当期的收入和费用；凡是不属于当期的收入和费用，即使款项已经收付，也不应当作为当期的收入和费用。我国的行政单位会计采用收付实现制，事业单位会计除经营业务可以采用权责发生制外，其他大部分业务采用收付实现制。

本章思考

1. 会计核算基本前提包括哪几项内容？
2. 什么是会计主体？它具备的条件是什么？
3. 会计主体有哪几种？它的意义是什么？
4. 什么是会计分期？怎样确定会计分期？
5. 什么是权责发生制？它与会计分期有何关系？

本章测试

【判断题】

1. 由于持续经营假设，产生了当期与以前期间、以后期间的差别，权责发生制和收付实现制的区别。（　　）

【单选题】

2. 会计分期是建立在（　　）基础上的。

A. 会计主体　　B. 持续经营　　C. 权责发生制原则　　D. 货币计量

3. 下列对会计基本假设的表述中，准确的是（　　）。

A. 持续经营和会计分期确定了会计核算的空间范围

B. 一个会计主体必然是一个法律主体

C．货币计量为确认、计量和报告提供了必要的手段

D．会计主体确立了会计核算的时间范围

4．下列说法不正确的是（　　）。

A．出现权责发生制和收付实现制的区别，其原因是会计分期假设的存在

B．由于有了会计分期假设，才进而出现了应收、应付、摊销等会计处理方法

C．明确持续经营假设，这样会计人员可以相应选择会计政策和估计方法

D．对于难以用货币来计量的事项，如企业经营战略、研发能力等，企业不必在财务报告中补充披露有关财务信息

【答案】1．√　2．B　3．C　4．D

第二章 会计要素及其确认、计量

学习目标

通过本章的学习，能够：

1. 掌握会计要素的定义及特征；
2. 掌握会计要素的确认与确认条件；
3. 掌握会计要素的计量属性。

案例导入

2012 年 3 月李敖和王巧组建合资公司东方股份有限公司。李敖投资 20 万元，王巧投资 15 万元和 5 万元专利技术，两人投资的银行存款均为个人向亲戚和朋友的借款。公司运营中，由于资金短缺，向李敖父母借款 8 万元。在公司运营一年以后，公司再次陷入困境，净资产仅剩 30 万元。由于经营上的争议，李敖打算退出公司，将手中的股份转让给王巧，但是在转让价格上发生歧义，王巧认为向李敖父母借款 8 万元实属李敖投资，无须归还，公司亏损，李敖投资不能以原投资额转让，而是 28 万元 × 30/(20+15+5+8)=17.5 万元。

思考：根据以上信息，综合运用会计要素和会计恒等式等基础知识分析案例中所涉要素的信息及其内在关系。你认为王巧计算的股份价格对吗？股份价格应依据哪些会计信息确定？

第一节 会计要素

财务报告的构成要素称为会计要素（Accounting Element），也称财务会计要素。会计要素是对企业发生的能够以货币计量的经济活动内容的具体分类，是财务报表的基本构成要素。按其性质可以分为两大类：其一为表达企业某一时日静态的财务状况的要素，即反映存量信息的要素——资产、负债和所有者权益；其二为表达企业某一期间内动态的经营成果的要素，即反映流量信息的要素——收入、费用、利润（或损失）。表达存量和流量的会计要素互相联系，互相转化，共同描述企业的财务状况和经营成果。

小贴士

国际会计准则的会计要素：资产、负债、权益、收益、费用。

美国财务会计准则的会计要素：资产、负债、所有者权益、收入、费用、利得、损失、综合收益、所有者间企业投资和企业对所有者的分派。

英国会计准则的会计要素：资产、负债、所有者权益、利得和损失。

中国企业会计准则的会计要素：资产、负债、所有者权益、收入、费用和利润。

一、会计要素的确认理论

（一）会计确认的含义

确认会计要素的四项基本标准：可定义性、可计量性、相关性、可靠性。

（1）可定义性，即应予确认为某一要素所属账户或项目的应符合该要素的定义。

（2）可计量性，即应予确认的项目应具有可用货币金额计量的属性并保证充分可靠。

（3）相关性，即应予确认的有关信息对使用者的决策至关重要。

（4）可靠性，即应予确认的项目的有关信息应如实反映，可验证。

按照定义和解释，会计要素确认包括以下几层含义：

第一，从具体的运行程序来看，确认包括初始确认和再确认两个步骤。

第二，确认的最终目标是要进入财务报表，从而对报表的合计数产生影响。

第三，任何一个项目的确认都需要满足四项标准。

初始确认主要解决何时以何种金额并通过什么要素记录，再确认主要是编制报表时的确认。从会计记录来看，确认首先是针对一项经济活动的最初入账，其次是运用于该事项的以后变动。例如，一个投资公司购入有价证券时应予以确认入账，在持有过程中如果有价证券价格上涨，按照企业会计准则要求，期末应确认涨价收益。又如存货在财务报表上的计价，通常按成本与市价孰低法，在编制财务报表前，除确认存货跌价损失的调整分录外，毋需在账簿上逐项更正原先的存货记录。所以，确认不一定一次完成，它可能形成一个较长时期的，甚至多次才会完成的过程。

我国《企业会计准则——基本准则》区分不同的会计要素，分别规定各要素的确认标准。如果将各要素的确认标准归纳，就是在符合要素定义的前提下，同时满足两个条件：

（1）经济利益很可能流入或流出企业。

（2）流入或流出的经济利益的金额能够可靠地计量。

二、会计要素的具体确认

（一）资产的定义及确认条件

1. 资产的定义

资产是指企业过去的交易或者事项形成的、由企业拥有或者控制的、预期会给企业带来经济利益的资源。资产具有如下基本特征：

（1）资产是由过去的交易、事项所形成的。

资产必须是过去已经发生的交易或事项所产生的结果，是现实的资产，而不能是预期的资产。至于未来交易或事项以及未发生的交易或事项可能产生的结果，则不属于现在的资产，不得作为资产确认。

（2）资产是企业拥有或者控制的。

一项资源要作为企业的资产予以确认，对于企业来说就是要拥有其所有权，使其可以按照自己的意愿使用或处置。对于一些特殊方式形成的资产，企业虽然对其不拥有所有权，但能够实际控制的，即能够从资产中获取经济利益，如融资租入固定资产，按照实质重于形式的会计信息质量要求，也应当将其作为企业资产予以确认。

（3）资产预期会给企业带来经济利益。

资产预期会给企业带来经济利益是指资产直接或者间接导致现金和现金等价物流入企业的潜力。资产必须具有交换价值和使用价值。没有交换价值和使用价值的物品，不能给企业带来经济利益的物品，则不作为资产确认。

2．资产的确认条件

一项资源要确认为资产，首先应当符合资产的定义，其次，还需要同时满足以下两个条件：

（1）与该资源有关的经济利益很可能流入企业。

根据资产的定义，能够带来经济利益是资产的一个本质特征，但由于经济环境瞬息万变，与资源有关的经济利益能否流入企业或者能够流入多少，实际上带有不确定性。因此，资产的确认应当与对经济利益流入的不确定性程度的判断结合起来。如果根据编制财务报表时所取得的证据判断，与该资源有关的经济利益很可能流入企业，那么就应当将其作为资产予以确认。

【例 2-1】 A 企业赊销一批商品给 B 客户，形成了对该客户的应收账款，但与该商品有关的风险和报酬已经转移给了 B 客户。由于 A 企业最终收到款项与销售实现之间有时间差，而且收款又在未来期间，因此带有一定的不确定性。如果 A 企业在销售时判断未来很可能收到款项或者能够确定收到款项，就应当在销售实现时将该应收账款确认为一项资产；反之，对于所形成的应收账款，如果 A 企业判断很可能部分或者全部无法收回，则表明该部分或全部应收账款已经不符合资产的确认条件，企业应当对该应收账款计提一项坏账准备，减少资产的价值。

（2）该资源的成本或者价值能够可靠地计量。

可计量性是会计要素确认的重要前提，资产的确认同样需要符合这一要求。只有当有关资源的成本或者价值能够可靠地计量时，资产才能予以确认。

企业取得的许多资产一般都是发生了实际成本的，对于这些资产，只要实际发生的购买或者生产成本能够可靠地计量，就符合了资产的可计量性确认条件。在某些情况下，企业取得的资产没有发生实际成本或者发生的实际成本很小。例如，企业持有的某些衍生金融工具形成的资产，尽管它们没有实际成本或者发生的实际成本很小，但是如果其公允价值能够可靠地计量，就被认为符合资产可计量性的确认条件。

【例 2-2】 A 企业为一家高科技企业，于 2007 年度发生研究支出 5 000 万元。该研究支出尽管能够可靠地计量，但是很难判断其能否为企业带来经济利益或者有关经济利益能否流入企业有很大的不确定性，因此，不能将其作为资产予以确认。

【例 2-3】 ABC 公司是一家咨询服务企业，人力资源丰富，而且这些人力资源都很可能为企业带来经济利益，但是由于人力资源的成本或者价值往往无法可靠地计量，因此在会计中，人力资源不确认为企业的一项资产。

（二）负债的定义及确认条件

1．负债的定义

负债是指企业过去的交易或者事项形成的、预期会导致经济利益流出企业的现时义务。负债具有如下基本特征：

（1）负债是企业的现时义务。

现时义务是指企业在现行条件下已承担的义务。未来发生的交易或者事项形成的义务不属于现时义务，不应当确认为负债。

这里的义务可以是法定义务，也可以是推定义务。其中法定义务是指具有约束力的合同或者法律、法规规定的义务，通常在法律意义上需要强制执行。例如，企业向银行贷入款项形成的借款，企业按税法规定应当缴纳的税款等。推定义务是指根据企业多年来的习惯做法、公开的承诺或者公开宣布的经营政策而导致企业将承担的责任，这些责任也使有关各方形成了企业将履行义务、承担责任的合理预期。例如，某企业多年来制定有一项销售政策，对于售出商品提供一定期限内的售后保修服务，预期将为售出商品提供的保修服务就属于推定义务，应当将其确认为一项负债。

（2）负债的清偿预期会导致经济利益流出企业。

无论负债以何种形式出现，其作为一种现时义务，最终的履行预期会导致经济利益流出企业。具体表现为交付资产、提供劳务、将一部分股权转给债权人等。在某些情况下，现时义务也可能以其他方式解除，如债权人放弃或者丧失了其要求清偿的权利等。在这种情况下，尽管现时义务的履行最终没有导致经济利益的流出，但是在现时义务发生时，仍然应当根据预计将要清偿的金额将其确认为负债。

（3）负债是由企业过去的交易或者事项形成的。

负债应当由企业过去的交易或者事项所形成。换句话说，只有过去的交易或者事项才形成负债，企业将在未来发生的承诺、签订的合同等交易或者事项，不形成负债。

2．负债的确认条件

将一项现时义务确认为负债，首先应当符合负债的定义。除此之外，还需要同时满足以下两个条件：

（1）与该义务有关的经济利益很可能流出企业。

根据负债的定义，预期会导致经济利益流出企业是负债的一个本质特征。鉴于履行义务所需流出的经济利益带有不确定性，尤其是与推定义务相关的经济利益通常需要依赖于大量的估计，因此，负债的确认应当与对经济利益流出的不确定性程度的判断结合起来。如果有确凿的证据表明，与现时义务有关的经济利益很可能流出企业，那么就应当将其作为负债予以确认。例如，某企业涉及的未决诉讼和为销售商品提供质量保证，如果很可能导致企业的经济利益流出企业的，就应当视为符合负债的确认条件；反之，如果企业虽然承担了现时义务，但是会导致企业经济利益流出的可能性很小，则不应将其作为负债予以确认。

（2）未来流出的经济利益的金额能够可靠地计量。

负债的确认也需要符合可计量性的要求。对于与法定义务有关的经济利益流出金额，通常可根据合同或者法律规定的金额予以确定。考虑到经济利益的流出一般发生在未来期间，有时未来期间的时间还很长，在这种情况下，有关金额的计量通常需要考虑货币时间价值等因素的影响。对于与推定义务有关的经济利益流出金额，企业应当根据履行相关义务所需支出的最佳估计数进行估计，并综合考虑有关货币时间价值、风险等因素的影响。

（三）所有者权益的定义及确认条件

1．所有者权益的定义

所有者权益是指企业资产扣除负债后由所有者享有的剩余权益。股份有限公司的所有者权益又称股东权益。所有者权益反映了所有者对企业资产的剩余索取权，是企业资产中扣除债权人权益后应由所有者享有的部分。

2．所有者权益的构成

所有者权益按其来源分为所有者投入的资本、直接计入所有者权益的利得和损失、留存收益等。

所有者投入的资本，是指所有者投入企业的资本部分，它既包括构成企业注册资本或者股本部分的金额，也包括投入资本超过注册资本或者股本部分的金额，即资本溢价或者股本溢价。这部分投入资本在我国企业会计准则体系中被计入了资本公积，并在资产负债表中资本公积项目下反映。

直接计入所有者权益的利得和损失，是指不应计入当期损益、会导致所有者权益发生增减变动的、与所有者投入资本或者向所有者分配利润无关的利得或者损失。其中，利得是指由企业非日常活动所形成的、会导致所有者权益增加的、与所有者投入资本无关的经济利益的流入；损失是指由企业非日常活动所发生的、会导致所有者权益减少的、与向所有者分配利润无关的经济利益的流出。

我国现行的会计准则规定，所有者权益分为四个部分：一是实收资本或股本；二是资本公积，包括资本溢价（或股本溢价）和其他资本公积；三是盈余公积，指按国家规定从税后利润中提取的盈余公积金；四是未分配利润。盈余公积与未分配利润可以合称为留存收益。概括而言，所有者权益包括本钱（资本）和利钱（盈余）两大部分，会计上应将两者严格区分。

需要指出的是，企业的所有者权益只是在整体和抽象的意义上与企业资产保持数量关系，它与企业特定的、具体的资产并无直接关系，它并不与企业任何具体的资产项目发生对应关系。企业所有者对企业的投资无论采取何种具体形式，投资一旦进入企业，便成为受资企业这个特定会计主体的资产，而不再是企业所有者的资产。特别是当企业有多个所有者的情况下，这一点尤为重要。

3．所有者权益的确认条件

由于所有者权益体现的是所有者在企业中的剩余权益，因此，所有者权益的确认主要依赖于其他会计要素，尤其是资产和负债的确认。所有者权益的金额也主要取决于资产和负债的计量。例如，企业接受投资者投入的资产，在该资产符合资产确认条件时，就相应地符合了所有者权益的确认条件；当该资产的价值能够可靠计量时，所有者权益的金额也就确定了。

（四）收入的定义及确认条件

1．收入的定义

收入是指企业在日常活动中形成的、会导致所有者权益增加的、与所有者投入资本无关的经济利益的总流入。收入具有以下几个方面的特征：

（1）收入应当是企业在日常活动中形成的。

日常活动是指企业为完成其经营目标所从事的经常性活动以及与之相关的活动。例如，工业企业制造并销售产品、商业企业销售商品、保险公司签发保单、咨询公司提供咨询服务、软件企业为客户开发软件、商业银行对外提供贷款、租赁公司出租资产等，均属于企业的日常活动。明确界定日常活动是为了将收入与利得相区分，因为企业非日常活动所形成的经济利益的流入不能确认为收入，而应当计入利得。

（2）收入是与所有者投入资本无关的经济利益的总流入。

收入应当会导致经济利益的流入，从而导致资产的增加。例如，企业销售商品，必须要收到现金或者有权利在未来收到现金，才表明该交易符合收入的定义。但是，企业经济利益的流入有时是由所有者投入资本的增加所导致的，所有者投入资本的增加不应当确认为收入，应当将其直接确认为所有者权益。因此，与收入相关的经济利益的流入应当将所有者投入的资本排除在外。

（3）收入会导致所有者权益的增加。

与收入相关的经济利益的流入最终应当会导致所有者权益的增加，不会导致所有者权益增加的经济利益的流入不符合收入的定义，不应确认为收入。

2．收入的确认条件

收入的确认除了应当符合定义外，还应当同时符合下列条件：

（1）与收入相关的经济利益很可能流入企业。

（2）经济利益流入企业会导致企业资产的增加或者负债的减少。

（3）经济利益的流入额能够可靠地计量。

（五）费用的定义及确认条件

1．费用的定义

费用是指企业在日常活动中发生的、会导致所有者权益减少的、与向所有者分配利润无关的经济利益的总流出。费用具有以下几方面的特征：

（1）费用应当是企业在日常活动中形成的。

这里日常活动的界定与收入定义中所界定的相一致。日常活动中所产生的费用通常包括销售成本、职工薪酬、折旧费、无形资产摊销费等。将费用界定为日常活动中所发生的，目的是为了将其与损失相区分，企业非日常活动所形成的经济利益的流出不能确认为费用，应当计入损失。

（2）费用是与向所有者分配利润无关的经济利益的总流出。

费用的发生通常会导致资产的减少或者负债的增加。鉴于企业向所有者分配利润也会导致经济利益的流出，而该经济利益的流出属于所有者权益的抵减项目，因而不应确认为费用，应当将其排除在费用之外。

（3）费用会导致所有者权益的减少。

与费用相关的经济利益的流出最终应当会导致所有者权益的减少，不会导致所有者权益减少的经济利益的流出不符合费用的定义，不应确认为费用。

2．费用的确认条件

费用的确认除了应当符合定义外，还应当符合以下条件：

（1）与费用相关的经济利益很可能流出企业。

（2）经济利益流出企业的结果会导致资产的减少或者负债的增加。

（3）经济利益的流出额能够可靠地计量。

费用的确认应当注意以下几点：

（1）企业为生产产品、提供劳务等发生的可归属于产品成本、劳务成本等的费用，应当在确认产品销售收入、劳务收入时，将已销售产品、已提供劳务的成本等计入当期损益，即这些费用应当与企业实现的相关收入相配比，并在同一会计期间予以确认，计入利润表。

（2）企业发生的支出不产生经济利益的，或者即使能够产生经济利益但不符合或者不再符合资产确认条件的，应当在发生时确认为费用，计入当期损益。

（3）企业发生的交易或者事项导致其承担了一项负债而又不确认为一项资产的，应当在发生时确认为费用，计入当期损益。比如企业发生的办公经费和业务招待费，不会给企业带来未来经济利益，因此，应当于发生时直接确认为费用，计入当期损益；企业发生的研究费用，尽管将来有可能会带来经济利益，但是能否带来或者能够带来多少经济利益有很大的不确定性，因此，不符合资产的确认条件，应当在发生时将其确认为费用；企业持有的资产发生了减值，减值的部分已不能为企业带来经济利益，因此不再符合资产的确认条件，应当将其确认为费用，计入当期损益。

（六）利润的定义及确认条件

1. 利润的定义

利润是指企业在一定会计期间的经营成果，反映企业的经营业绩。利润通常是评价企业管理层业绩的一项重要指标，也是投资者、债权人等做出投资决策、信贷决策等的重要参考指标。

2. 利润的来源构成

利润包括收入减去费用后的净额、直接计入当期利润的利得和损失等。其中，收入减去费用后的净额反映的是企业日常活动的业绩，直接计入当期利润的利得和损失，是指应当计入当期损益、会导致所有者权益发生增减变动的、与所有者投入资本或者向所有者分配利润无关的利得或者损失。因此，利润金额的确定取决于收入和费用、直接计入当期利润的利得和损失金额的计量。

3. 利润的确认条件

利润反映的是收入减去费用、利得减去损失后的净额，因此，利润的确认主要依赖于收入和费用以及利得和损失的确认，其金额的确定也主要取决于收入、费用、利得、损失金额的计量。

第二节　会计确认

会计确认，是指依据一定的标准，辨认哪些数据能够输入、何时输入会计信息系统以及如何进行报告的过程。会计确认是针对财务报表内的信息的，包括会计记录的确认和编制会计报表的确认。

小贴士

会计确认（Accounting Recognition）有狭义和广义理解之分。狭义的会计确认只包括是否与何时应当记录和报告的问题；广义的会计确认包括了会计记录、计量和在财务报告上的报告这三个过程。美国财务会计准则委员会在第 5 号《财务会计概念公告》中把确认定义为“是将某一项目，作为一项资产、负债、营业收入、费用等正式记入或列入某一主体的财务报表的过程。它包括同时用文字和数字表达某一项目，其金额包括在财务报表的合计数中。对于一项资产或负债，确认不仅要记录该项目的取得或发生，而且要记录随后的变动，包括导致该项目从财务报表上予以剔除的变动”。

会计数据进入会计系统时的记录过程，是指将某一会计事项作为资产、负债、所有者权益、收入、费用或利润等会计要素正式加以记录和列入报表的过程。会计确认是要明确某一经济业务涉及哪个会计要素的问题。某一会计事项一旦被确认，就要同时以文字和数据加以记录，其金额包括在报表总计中。对于除财务报表之外的其他报告，则可通过披露程序来反映那些无法通过确认检验的可能影响企业财务状况和经营成果的信息。披露程序主要解决的问题是：哪些事项必须在表外揭示，在表外揭示某一项目应包括哪几方面的内容，表外解释项目的金额如何确定，等等。

第三节　会计要素的计量

会计要素的计量属性

（一）会计计量属性

会计计量是为了将符合确认条件的会计要素登记入账，并列报于财务报表而确定其金额的过程。企业应当按照规定的会计计量属性进行计量，确定相关金额。

从会计的角度，计量属性反映的是会计要素金额的确定基础。我国《企业会计准则——基本准则》规定，会计计量属性主要包括历史成本、重置成本、可变现净值、现值和公允价值等。

1. 历史成本

历史成本又称实际成本，就是取得或制造某项财产物资时所实际支付的现金或者其他等价物。在历史成本计量下，资产按照购置时支付的现金或者现金等价物的金额，或者按照购置资产时所付出的对价的公允价值计量；负债按照因承担现时义务而实际收到的款项或者资产的金额，或者承担现时义务的合同金额，或者按照日常活动中为偿还负债预期需要支付的现金或者现金等价物的金额计量。

2. 重置成本

重置成本又称现行成本，是指按照当前市场条件，重新取得同样一项资产所需支付的现金或现金等价物金额。在重置成本计量下，资产按照现在购买相同或者相似资产所需支付的现金或者现金等价物的金额计量；负债按照现在偿付该项债务所需支付的现金或者现金等价物的金额计量。

3. 可变现净值

可变现净值，是指在正常生产经营过程中，以预计售价减去进一步加工成本和销售所必需的预计税金、费用后的净值。在可变现净值计量下，资产按照其正常对外销售所能收到现金或者现金等价物的金额扣减该资产至完工时估计将要发生的成本、估计的销售费用以及相关税费后的金额计量。

4. 现值

现值，是指对未来现金流量以恰当的折现率进行折现后的价值，是考虑货币时间价值因素等的一种计量属性。在现值计量下，资产按照预计从其持续使用和最终处置中所产生的未来净现金流入量的折现金额计量；负债按照预计期限内需要偿还的未来净现金流出量的折现金额计量。

5. 公允价值

公允价值，是指在公平交易中，熟悉情况的交易双方自愿进行资产交换或者债务清偿的金额。在公允价值计量下，资产和负债按照在公平交易中，熟悉情况的交易双方自愿进行资产交换或者债务清偿的金额计量。

（二）各种计量属性之间的关系

在各种会计要素计量属性中，历史成本通常反映的是资产或者负债过去的价值，而重置成本、可变现净值、现值以及公允价值通常反映的是资产或者负债的现时成本或者现时价值，是与历史成本相对应的计量属性。当然这种关系也并不绝对。比如，资产或者负债的历史成本有时就是根据交易时有关资产或者负债的公允价值确定的，在非货币资产交换中，如果交换具有商业实质，且换入、换出资产的公允价值能够可靠计量，则换入资产入账成本的确定应当以换出资产的公允价值为基础，除非有确凿证据表明换入资产的公允价值更加可靠。再比如，在应用公允价值时，当相关资产或者负债不存在活跃市场报价时，需要采用估值技术来确定相关资产或者负债的公允价值，而在采用估值技术时，现值往往是比较普遍采用的一种估值方法，此时，公允价值就是以现值为基础确定的。另外，公允价值相对于历史成本来说，具有很强的时间概念，当前环境下某资产或负债的历史成本可能是过去环境下该项资产或负债的公允价值，而当前环境下某项资产或负债的公允价值也许就是未来环境下该项资产或负债的历史成本。

（三）计量属性的应用原则

对于会计要素的计量，应当采用历史成本计量。但是在某些情况下，如果仅仅以历史成本作为计量属性，可能难以达到会计信息的质量要求，不利于实现财务报告的目标，有时甚至会损害会计信息质量，影响使用者的决策。例如，企业持有的衍生金融工具往往没有实际成本，或者即使有实际成本，也与其价值相差甚远。因此，如果按照历史成本对衍生金融工具进行计量，大量的衍生金融工具交易将成为表外事项，与衍生金融工具有关的价值及其风险信息将无法得到充分披露。在这种情况下，为了提高会计信息的有用性，向使用者提供与决策更为相关的信息，就有必要采用其他计量属性（比如公允价值）进行会计计量，以弥补历史成本计量属性的缺陷。

鉴于应用重置成本、可变现净值、现值、公允价值等其他计量属性往往需要依赖于估计，为了使所估计的金额在提高会计信息的相关性的同时，又不影响其可靠性，《企业会计准则——基本准则》要求企业应当保证根据重置成本、可变现净值、现值、公允价值所确定的会计要素金额能够取得并可靠计量。如果这些金额无法取得或者可靠地计量，则不允许采用其他计量属性。

本章小结

财务报告要素就是会计要素。会计要素按其性质分为资产、负债、所有者权益、收入、费用和利润。会计要素在符合要素定义的前提下，同时满足：经济利益很可能流入或流出企业；流入或流出的经济利益的金额能够可靠地计量。会计计量属性主要包括历史成本、重置成本、可变现净值、现值和公允价值等。

本章思考

1．会计要素按性质分为几类？
2．资产要素的特征是什么？
3．资产、负债、收入、费用的确认条件是什么？
4．什么是会计计量？会计计量包括几种计量属性？如何使用？

本章测试

【单选题】

1．把企业的经济资源作为资产确认，是因为它能够（　　）。

A．导致企业未来经济利益的流出　　B．预期给企业带来经济利益

C．使企业在一定时期内增加经济利益　　D．代表企业所有者的权益

2．企业的所有者权益是指（　　）。

A．全部资产减去全部收入后的净额　　B．全部资产减去全部成本后的净额

C．全部资产减去全部利润后的净额　　D．全部资产减去全部负债后的净额

3．企业 1 月份发生下列支出：预付全年仓库租金 12000 元；支付上年第 4 季度银行借款 5400 元；以现金 680 元购买行政管理部门使用的办公用品；预提本月应负担的银行借款利息 1500 元。按权责发生制本月确认的费用为（　　）元。

A．19580　　B．7080　　C．14180　　D．3180

【多选题】

4．2013 年年末，某企业的负债项目如下，其中属于短期负债的有（　　）。

A．2010 年 10 月发行的 3 年期企业债券

B．2010 年 8 月向银行借入的 5 年期贷款

C．2010 年 6 月向银行借入的 2 年期贷款

D．2010 年 6 月向银行借入的 1 年期贷款

E．已欠甲公司 1 年的购货款

5．下列各项收入中，符合狭义收入定义的有（　　）。

A．销售商品取得的收入

B．对外提供劳务取得的收入

C．固定资产出租取得的收入

D．固定资产出售取得的收入

E．政府补贴收入

【答案】1．B　2．D　3．D　4．ACDE　5．ABC

第三章 货币资金

学习目标

通过本章学习，能够：

1. 掌握有效内部控制体系的内容；
2. 掌握货币资金的构成和有关使用规定；
3. 掌据库存现金的管理及其溢余和短缺的账务处理；
4. 掌握银行存款的会计处理和银行对账。

案例导入

星海公司出纳员小王由于刚参加工作不久，对于货币资金业务和核算的相关规定不甚了解，所以出现了一些不应有的错误，其中有两件事情让他印象深刻，至今记忆犹新。第一件事是在2010年6月8日和10日两天的现金业务结束后例行的现金清查中，分别发现现金短缺50元和现金溢余20元的情况，对此他经过反复思考也弄不明白原因。为了保全自己的面子和息事宁人，同时又考虑到两次账实不符的金额又很小，他决定采取下列办法进行处理：现金短缺50元，自掏腰包补齐；现金溢余20元，暂时收起。第二件事是星海公司经常对其银行存款的实有额心中无数，甚至有时会影响到公司日常业务的结算，公司经理因此指派有关人员指导一下小王的工作，结果发现，他每次编制银行存款余额调节表时，只根据公司银行存款日记账的余额加或减对账单中的未入账款项来确定公司银行存款的实有数，而且每次做完此项工作以后，小王就立即将这些未入账的款项登记入账。

思考：小王对上述两项业务的处理是否正确？为什么？如果不正确，那么正确的做法又是什么？

第一节 货币资金的内部控制

货币资金是企业最重要的资产之一，具有流动性最强、易舞弊的特点，因此对于货币资金应特别关注其内部控制，包括国家关于货币资金的法律法规、企业内部控制规范和企业内部关于内部控制的一些要求。

一、货币资金的性质

货币资金是指企业在生产经营中具有直接支付能力的货币形态的资金。它是企业资产的重要组成部分，是企业资产中流动性最强的资产。货币资金本质上属于金融资产范畴。根据存放地点及其用途的不同，货币资金分为库存现金、银行存款和其他货币资金。

企业只有持有一定的货币资金，才能够持续经营下去。但是货币资金是一种盈利性很差的资源，因此，企业必须充分、有效安排和使用货币资金，使之保持合理的数量。对于闲置的货币资金，在保证流动性和安全性的基础上，可以进行对外投资，以提高资金的使用效益。此外，由于货币资金具有高流动性和高风险性的特征，因此，这是一种最容易发生舞弊的资产。因此，对于货币资金来说，其内部控制是非常重要的。

二、货币资金内部控制的内容

根据财政部等五部委发布的《企业内部控制基本规范》中的描述，内部控制是指由企业董事会、监事会、经理层和全体员工实施的，旨在实现控制目标的过程。内部控制的目标是合理保证企业经营管理合法合规、资产安全、财务报告及相关信息真实完整，提高经营效率和效果，促进企业实现发展战略。它包括内部环境、风险评估、控制活动、信息与沟通、内部监督 5 个要素。由于货币资金的特性，为了防止货币资金挪用等舞弊行为的发生，必须建立、健全货币资金的内部控制。

（一）货币资金的内部控制要求

1. 内部控制目标

内部控制目标是促进企业正常组织资金活动，防范和控制货币资金风险，保证货币资金的安全，提高货币资金的使用效益。

2. 关注风险

资金调度不合理、营运不畅，会导致企业陷入财务困境或者资金闲置；资金活动管控不严，会导致资金被挪用、侵占、抽逃或遭受欺诈。

3. 具体控制措施

企业应加强对货币资金的会计系统控制，严格规范资金的收支条件、程序和审批权限；企业在生产经营过程或其他活动中取得的资金收入应当及时入账，不得账外设账，严禁收款不入账、设立“小金库”；企业办理资金支付业务，应当明确支出款项的用途、金额、预算、限额、支付方式等内容，并附原始单据或相关证明，履行严格的授权审批程序后，方可安排资金支出；企业办理资金收付业务，应当遵守现金和银行存款的相关管理规定，不得由一人办理货币资金全过程业务，严禁将办理资金支付业务的相关印章和票据集中由一人保管。

企业应当定期组织召开资金调度会或资金安全检查，对资金预算执行情况进行综合分析，如果发现异常情况，及时采取措施妥善处理，避免资金冗余或资金链断裂。

（二）库存现金的管理

库存现金是指企业存放在财会部门由出纳人员保管的现金。根据国务院颁发的《中华人民共和国现金管理暂行条例》，现金的管理主要包括：库存现金的使用范围、库存现金的限额、现金的日常收支管理和定期进行现金盘点。

1. 库存现金的使用范围

企业使用现金仅限于以下情况：

（1）职工工资、津贴。

（2）个人劳务报酬。

（3）根据国家规定颁发给个人的科学技术、文化艺术、体育等各项奖金。

（4）各种劳保、福利费用以及国家规定的对个人的其他支出。

（5）向个人收购农副产品和其他物资的价款。

（6）出差人员必须随身携带的差旅费。

（7）结算起点以下的零星支出。

（8）中国人民银行确定需要支付现金的其他支出。

2．库存现金的限额

库存现金限额是指为保证各单位日常零星支出，按规定允许留存的现金最高数额。库存现金的限额，由开户银行根据开户单位的实际需要和距离银行远近等情况核定。其限额一般按照单位3～5天日常零星开支所需的现金确定。远离银行或交通不便的企业，银行最多可以根据企业15天的正常开支需要量来核定库存现金的限额。正常开支需要量不包括企业每月发放的工资和不定期差旅费等大额现金支出。库存限额一经核定，要求企业必须严格遵守，不能任意超过，超过限额的现金应及时存入银行；库存现金低于限额时，可以签发现金支票从银行提取现金，补足限额。

3．现金的日常收支管理

现金的流动性最强、诱惑力也最大，极易被挪用和侵吞。特别是零售企业，每天发生大量的现金收入，企业也有很多经济业务最终以现金收入或付出了结。因此，企业应特别重视现金的管理。

企业在办理有关现金收支业务时，应遵守以下几项规定：

（1）企业收入现金应于当日送存开户银行，当日送存有困难的，由开户银行确定送存时间。

（2）企业支付现金，可以从本企业库存现金限额中支付或者从开户银行提取，不得从本企业的现金收入中直接支付（即坐支）。因特殊情况需要坐支现金的，应当事先报经开户银行审查批准，由开户银行核定坐支范围和限额。企业应定期向开户银行报送坐支金额和使用情况。

（3）企业从开户银行提取现金，应当写明用途，由本单位财会部门负责人签字盖章，经开户银行审核后，予以支付现金。

（4）企业因采购地点不固定、交通不便以及其他特殊情况必须使用现金的，应向开户银行提出申请，经开户银行审核后，予以支付现金。

（5）不准用不符合制度的凭证顶替库存现金，即不得“白条顶库”；不准谎报用途套取现金；不准用银行账户代其他单位和个人存入或支取现金；不准将单位收入的现金以个人名义存储；不准保留账外公款；不得设置“小金库”等。

4．定期进行现金盘点

企业应当定期和不定期地进行现金盘点，确保现金账面余额与实际库存一致。发现不符的，应及时查明原因，做出相应的会计处理。

（三）银行存款的管理

1．银行存款开户的有关规定

银行存款是指企业存放在银行或其他金融机构并可以随时支取的货币资金。企业必须在银行或其他金融机构开设“银行存款”账户，以办理银行存款的存款、取款和转账结算业务。银行存款账户分为基本存款账户、一般存款账户、临时存款账户和专用存款账户四类。

（1）基本存款账户。

基本存款账户是指企业办理日常转账结算和现金收付的账户，企业工资、奖金等现金的支取只能通过基本存款账户办理。一个企业只能选择一家银行的一个营业机构开立一个基本存款账户，不得在多家银行机构开设基本存款账户。基本存款账户的开设需报当地人民银行批准和备案。

（2）一般存款账户。

一般存款账户是指企业基本存款账户以外的用于银行借款转存的账户和分支机构的存款账户，企业可以通过该账户办理转账结算和现金缴存，但不能支取现金。企业可在多家银行开立一般存款账户，但不得在同一家银行多处开立一般存款账户。

（3）临时存款账户。

临时存款账户是指企业临时经营活动需要开立的账户，企业可以通过该账户办理转账结算和符合现金管理规定的现金收付。

（4）专用存款账户。

专用存款账户是企业因特定用途需要开立的账户。

2. 银行结算纪律

企业应当严格按照《支付结算办法》等国家有关规定，加强对银行账户的管理，严格按照规定开立账户，办理存款、取款和结算。银行账户的开立应当符合企业经营管理实际需要，不得随意开立多个账户，禁止企业内设管理部门自行开立银行账户。

企业应当定期检查、清理银行账户的开立及使用情况，发现未经审批擅自开立银行账户或者不按规定及时清理、撤销银行账户等问题，应当及时处理并追究有关责任人的责任。企业应当加强对银行结算凭证的填制、传递及保管等环节的管理与控制。

企业应当严格遵守银行结算纪律，不得签发没有资金保证的票据或远期支票，套取银行信用；不得签发、取得和转让没有真实交易和债权债务的票据；不得无理拒绝付款，任意占用他人资金；不得违反规定开立和使用银行账户。

企业应当指定专人定期核对银行账户，每月至少核对一次，编制银行存款余额调节表，并指派对账人员以外的其他人员进行审核，确定银行存款账面余额与银行对账单余额是否调节相符。如调节不符，应当查明原因，及时处理。企业应当加强对银行对账单的稽核和管理。出纳人员不得同时从事银行对账单的获取、银行存款余额调节表的编制等工作。

实行网上交易、电子支付等方式办理货币资金支付业务的企业，应当与承办银行签订网上银行操作协议，明确双方在资金安全方面的责任与义务、交易范围等。操作人员应当根据操作授权和密码进行规范操作。

（四）其他货币资金的管理

其他货币资金是指除库存现金、银行存款以外存放于其他地方和特殊用途的各种货币资金，包括外埠存款、银行汇票存款、银行本票存款、信用卡存款、信用证保证金存款和存出投资款等项目。其他货币资金管理内容包括：①根据业务需要选择合理的结算工具；②及时办理结算，对预期尚未办理结算的银行汇票、银行本票等，应按规定及时转回；③严格按照会计准则的规定进行货币资金的各项收支业务的会计处理。

第二节 货币资金的会计处理

一、主要支付结算方式

《中华人民共和国票据法》和《支付结算办法》规定，企业发生的货币资金收付业务可以采用以下 9 种结算方式，通过银行办理转账结算。

（一）银行汇票

银行汇票是汇款人将款项交存当地出票银行，由出票银行签发的，由其在见票时按照实际结算金额无条件支付给收款人或持票人的票据。银行汇票具有使用灵活、票随人到、兑现性强等特点，适用于先收款后发货或钱货两清的商品交易。单位和个人的各种款项结算，均可使用银行汇票。

采用银行汇票结算方式的，收款单位应根据银行退回的进账单和有关的原始凭证编制收款凭证；付款单位应在收到银行签发的银行汇票后，根据“银行汇票申请书”存根联编制付款凭证，如有多余款项或因汇票超过付款期等原因而退款时，应根据银行的多余款收账通知编制收款凭证。

采用银行汇票方式，应注意以下几个问题：

（1）银行汇票的付款期为 1 个月。超过付款期限提示付款不获付款的，持票人须在票据权利时效内向出票银行做出说明，并提供本人身份证件或单位证明，持银行汇票和解讫通知向出票银行请示付款。

（2）受理银行汇票的企业，应注意审查票据的有效性，其中包括：银行汇票和解讫通知是否齐全，汇票号码和记载的内容是否一致；收款人是否确为本单位或本人；银行汇票是否在提示付款期限内；必须记载的事项是否齐全；出票人签章是否符合规定；是否有压数机压印的出票金额，并与大写出票金额一致；出票金额、出票日期、收款人名称是否更改，更改的其他记载事项是否由原记载人签章证明。

（3）银行汇票和解讫通知必须由收款人或被背书人同时提交银行，缺少任何一联均无效，银行不予办理。收款单位应在汇票背面加盖预留银行印鉴后，将银行汇票和解讫通知、进账单送交开户银行，银行审查无误后办理转账。

（二）商业汇票

商业汇票是出票人签发的，委托付款人在指定日期无条件支付确定的金额给收款人或者持票人的票据。在银行开立存款账户的法人以及其他组织之间须具有真实的交易关系或债权债务关系，才能使用商业汇票。商业汇票的付款期限由交易双方商定，但最长不得超过 6 个月。商业汇票的提示付款期限为自汇票到期日起 10 日内。

存款人领购商业汇票，必须填写“票据和结算凭证领用单”并加盖预留银行印鉴，存款账户结清时，必须将剩余的空白商业汇票全部交回银行注销。

商业汇票可以由付款人签发并承兑，也可以由收款人签发交由付款人承兑。定日付款或者出票后定期付款的商业汇票，持票人应当在汇票到期日前向付款人提示承兑；见票后定期付款的汇票，持票人应当自出票日起 1 个月内向付款人提示承兑。汇票未按规定期限提示承兑的，持票人丧失对其前手的追索权。付款人应当自收到提示承兑的汇票之日起 3 日内承兑或者拒绝承兑。付款人拒绝承兑的，必须出具拒绝承兑的证明。

商业汇票可以背书转让。符合条件的商业承兑汇票的持票人可持未到期的商业承兑汇票连同贴现凭证，向银行申请贴现。

商业汇票按承兑人不同分为商业承兑汇票和银行承兑汇票两种。

（1）商业承兑汇票。商业承兑汇票是由银行以外的付款人承兑。商业承兑汇票按交易双方约定，由销货企业或购货企业签发，但由购货企业承兑。承兑时，购货企业应在汇票正面记载“承兑”字样和承兑日期并签章。承兑不得附有条件，否则视为拒绝承兑。汇票到期时，购货企业的开户银行凭票将票款划给销货企业或贴现银行。销货企业应在提示付款期限内通过开户银行委托收款或直接向付款人提示付款。对异地委托收款的，销货企业可匡算邮程，提前通过开户银行委托收款。汇票到期时，如果购货企业的存款不足以支付票款，开户银行应将汇票退还销货企业，银行不负责付款，由购销双方自行处理。

（2）银行承兑汇票。银行承兑汇票由银行承兑，由在承兑银行开立存款账户的存款人签发。承兑银行按票面金额向出票人收取万分之五的手续费。购货企业应于汇票到期前将票款足额交存其开户银行，以备由承兑银行在汇票到期日或到期日后的见票当日支付票款。销货企业应在汇票到期时将汇票连同进账单送交开户银行以便转账收款。承兑银行凭汇票将承兑款项无条件转给销货企业。如果购货企业于汇票到期日未能足额交存票款，则承兑银行除凭票向持票人无条件付款外，对出票人尚未支付的汇票金额按照每天万分之五计收罚息。

（三）银行本票

银行本票是银行签发的，承诺自己在见票时无条件支付确定的金额给收款人或者持票人的票据。银行本票由银行签发并保证兑付，而且见票即付，具有信誉高、支付功能强等特点。采用银行本票结算方式的，收款单位按照规定受理银行本票后，应将银行本票连同进账单送交银行办理转账，根据盖章退回的进账单第一联和有关原始凭证编制收款凭证；付款单位填送“银行本票申请书”并将款项交存银行，在收到银行签发的银行本票后，根据申请书存根联编制付款凭证。企业因银行本票超过付款期限或其他原因要求退款时，在交回本票和填制的进账单经银行审核盖章后，根据进账单第一联编制收款凭证。

银行本票分定额本票和不定额本票，定额本票面值分别为 1 000 元、5 000 元、10 000 元和 50 000 元。在票面上划去转账字样的，为现金本票。

采用银行本票结算方式，应注意以下几个问题：

（1）由于结算受理银行见票即付款，不予挂失，所以对于银行本票应视同现金一样，妥善保管。

（2）银行本票的提示付款期限自出票日起最长不得超过 2 个月，在付款期内银行本票见票即付。超过提示付款期限不获付款的，在票据权利时效内向出票银行做出说明，并提供本人身份证或单位证明，可持银行本票向银行请示付款。

（3）受理银行本票的企业，应注意审查票据的有效性，审查的内容同银行汇票基本一致。

（四）支票

支票是单位或个人签发的，委托办理支票存款业务的银行在见票时无条件支付确定的金额给收款人或者持票人的票据。

支票结算方式是同城结算中应用比较广泛的一种结算方式。单位和个人的各种款项结算，均可以使用支票。支票由银行统一印制，支票上印有“现金”字样的为现金支票；印有“转账”字样的为转账支票，转账支票只能用于转账；未印有“现金”或“转账”字样的为普通支票，普通支票可以用于支取现金，也可以用于转账；在普通支票左上角划两条平行线的，为划线支票，划线支票只能用于转账，不得支取现金。

支票的提示付款期限为自出票日起 10 日内，中国人民银行另有规定的除外。超过提示付款期限的，持票人开户银行不予受理，付款人不予付款。转账支票可以根据需要在票据交换区域内背书转让。

存款人领购支票，必须填写“票据和结算凭证领用单”并加盖预留银行印鉴。存款账户结清时，必须将剩余的空白支票全部交回银行注销。

企业财会部门在签发支票之前，出纳人员应该认真查明银行存款的账面结余数额，防止签发超过存款余额的空头支票。签发空头支票的，银行除退票外，还按票面金额处以 5%但不低于 1 000 元的罚款；持票人有权要求出票人赔偿支票金额 2%的赔偿金。签发支票时，应使用蓝黑墨水笔或碳素墨水笔，将支票上的各要素填写齐全，并在支票上加盖其预留银行印鉴。出票人预留银行的印鉴是银行审核支票付款的依据。银行也可以与出票人约定使用支付密码，作为银行审核支付支票金额的条件。

（五）信用卡

信用卡是指商业银行向个人和单位发行的，凭以向特约单位购物、消费和向银行存取现金，且具有消费信用的特制载体卡片。

信用卡按使用对象分为单位卡和个人卡；按信誉等级分为金卡和普通卡。

凡在中国境内金融机构开立基本存款账户的单位可申领单位卡。单位卡可申领若干张，持卡人资格由申领单位法定代表人或其委托的代理人书面指定和注销，持卡人不得出租或转借信用卡。单位卡账户的资金一律从其基本存款账户转账存入，在使用过程中，需要向其账户续存资金的，也一律从其基本存款账户转账存入，不得交存现金，不得将销货收入的款项存入其账户。单位卡一律不得用于 10 万元以上的商品交易、劳务供应款项的结算，不得支取现金。

信用卡在规定的限额和期限内允许善意透支。透支期限最长为 60 天。透支利息，自签单日或银行记账日起 15 日内按日息万分之五计算，超过 15 日按日息万分之十计算，超过 30 日或透支金额超过规定限额的，按日息万分之十五计算。透支计算不分段，按最后期限或者最高透支额的最高利率档次计息。超过规定限额或规定期限，并且经发卡银行催收无效的透支行为称为恶意透支，持卡人使用信用卡不得发生恶意透支。严禁将单位的款项存入个人卡账户中。

单位或个人申领信用卡，应按规定填制申请表，连同有关资料一并送交发卡银行。符合条件并按银行要求交存一定金额的备用金后，银行为申领人开立信用卡存款账户，并发给信用卡。

（六）汇兑

汇兑是汇款人委托银行将其款项支付给收款人的结算方式。单位和个人的各种款项的结算，均可使用汇兑结算方式。

汇兑分为信汇、电汇两种。信汇是指汇款人委托银行通过邮寄方式将款项划转给收款人；电汇是指汇款人委托银行通过电报将款项划给收款人。这两种汇兑方式由汇款人根据需要选择使用。汇兑结算方式适用于异地之间的各种款项结算。采用这种结算方式划拨款项简便、灵活。

企业采用这一结算方式，付款单位汇出款项时，应填写银行印发的汇款凭证，列明收款单位名称、汇款金额及汇款的用途等项目，送达开户银行，委托银行将款项汇往收汇银行。收汇银行将汇款收进单位存款户后，向收款单位发出收款通知。

（七）委托收款

委托收款是收款人委托银行向付款人收取款项的结算方式。无论单位还是个人都可凭已承兑商业汇票、债券、存单等付款人债务证明办理收取同城或异地款项。委托收款还适用于收取电费、电话费等付款人众多、分散的公用事业费等有关款项。

委托收款结算款项划回的方式分为邮寄和电报两种。

企业委托开户银行收款时，应填写银行印制的委托收款凭证和有关的债务证明。在委托收款凭证中写明付款单位的名称，收款单位名称、账号及开户银行，委托收款金额的大小写，款项内容，委托收款凭据名称及附寄单证张数等。企业的开户银行受理委托收款后，将委托收款凭证寄交付款单位开户银行，由付款单位开户银行审核，并通知付款单位。

付款单位收到银行交给的委托收款凭证及债务证明，应签收并在 3 天之内审查债务证明是否真实，是否是本单位的债务，确认之后通知银行付款。

付款单位应在收到委托收款通知次日起 3 日内，主动通知银行是否付款。如果不通知银行，银行视同企业同意付款，并在第 4 日从单位账户中付出此笔委托收款款项。

付款人在3日内审查有关债务证明后，认为债务证明或与此有关的事项符合拒绝付款的规定，应出具拒绝付款理由书和委托收款凭证第五联及持有的债务证明，向银行提出拒绝付款。

（八）托收承付

托收承付是根据购销合同由收款人发货后委托银行向异地付款人收取款项，由付款人向银行承认付款的结算方式。使用托收承付结算方式的收款单位和付款单位必须是国有企业、供销合作社以及经营管理较好，并经开户银行审查同意的城乡集体所有制工业企业。办理托收承付结算的款项，必须是商品交易以及因商品交易而产生的劳务供应的款项。代销、寄销、赊销商品的款项，不得办理托收承付结算。

托收承付款项划回方式分为邮寄和电报两种，由收款人根据需要选择使用。收款单位办理托收承付，必须具有商品发出的证件或其他证明。托收承付结算每笔的金额起点为 10 000 元，新华书店系统每笔金额起点为 1 000 元。

（九）信用证

信用证结算方式是国际结算的一种主要方式。经中国人民银行批准经营结算业务的商业银行总行以及经商业银行总行批准开办信用证结算业务的分支机构，也可以办理国内企业之间商品交易的信用证结算业务。

采用信用证结算方式的，收款单位收到信用证后，即备货装运，签发有关发票账单，连同运输单据和信用证，送交银行，根据退还的信用证等有关凭证编制收款凭证；付款单位在接到开证行的通知时，根据付款的有关单据编制付款凭证。

二、库存现金的核算

库存现金的核算包括序时核算和分类核算。

（一）库存现金的序时核算

为了详细反映和监督库存现金的收支结存情况，应设置“现金日记账”进行现金的序时核算。现金日记账一般采用借、贷、余三栏式。

日记账由出纳人员按业务发生的先后顺序，根据审核无误的收付款凭证，逐日逐笔登记，计算当日现金收入、支出及余额，并将账面余额同库存现金实存额进行核对，做到账实相符。月末应将日记账余额同总分类账余额核对相符，做到日清月结。

有外币现金的业务，还应分别设置人民币现金、外币现金的现金日记账进行明细核算。

（二）库存现金的分类核算

小贴士

“库存现金”会计科目核算库存现金的收支和结存情况，其借方反映现金的收入金额，贷方反映现金的支出金额，借方余额反映库存现金的结余额。

企业收入现金时，借记“库存现金”科目，贷记有关科目；支出现金时，借记有关科目，贷记“库存现金”科目；期末余额在借方，表示库存现金的实有数额。

【例 3-1】 甲公司有关现金收付业务的核算。

（1）签发现金支票提取现金 8 000 元备用。

借：库存现金　　8 000

　　贷：银行存款　　8 000

（2）总经理办公室报销电话费 800 元。

借：管理费用　　800

　　贷：库存现金　　800

（3）行政人员张三预借差旅费 2 000 元。

借：其他应收款——张三　　2 000

　　贷：库存现金　　2 000

（4）行政人员张三交回报销差旅费 1 805 元，余款 195 元。

借：库存现金　　195

　　管理费用　　1 805

贷：其他应收款——张三 · 2 000

现金总账由不从事出纳工作的会计人员负责登记。库存现金账户可以根据现金收款凭证和付款凭证直接登记，也可以定期或月终根据汇总记账凭证、科目汇总表登记，还可以根据多栏式现金日记账月末汇总登记。月终，现金日记账应与现金总账核对，做到账账相符。

（三）库存现金的清查

为了确保账实相符，应对现金进行清查。现金清查包括两部分内容：一是出纳人员每日营业终了进行账款核对；二是清查小组进行定期或不定期的盘点和核对。现金清查的方法采用账实核对法。现金清查和核对后，应及时编制“现金盘点报告表”，如发现账实不符，应立即查明原因，及时更正，对发生的现金溢余或短缺，应查找原因，并按规定进行处理，不得以今日溢余弥补他日短缺。

每日终了结算现金收支、财产清查等发现的有待查明原因的现金短缺或溢余，应通过“待处理财产损溢”科目核算：属于现金短缺，应按实际短缺的金额，借记“待处理财产损溢——待处理流动资产损溢”科目，贷记“库存现金”科目；属于现金溢余，按实际溢余的金额，借记“库存现金”科目，贷记“待处理财产损溢——待处理流动资产损溢”科目。待查明原因后做如下处理：

如为现金短缺，属于应由责任人赔偿的部分，借记“其他应收款——应收现金短缺款（××个人）”或“库存现金”等科目，贷记“待处理财产损溢——待处理流动资产损溢”科目；属于应由保险公司赔偿的部分，借记“其他应收款——应收保险赔款”科目，贷记“待处理财产损溢——待处理流动资产损溢”科目；属于无法查明的其他原因，根据管理权限，经批准后处理，借记“管理费用——现金短缺”科目，贷记“待处理财产损溢——待处理流动资产损溢”科目。

如为现金溢余，属于应支付给有关人员或单位的，应借记“待处理财产损溢——待处理流动资产损溢”科目，贷记“其他应付款——应付现金溢余（××个人或单位）”科目；属于无法查明原因的现金溢余，经批准后，借记“待处理财产损溢——待处理流动资产损溢”科目，贷记“营业外收入——现金溢余”科目。

【例 3-2】 甲公司某月份进行现金清查，结果如下。

（1）现金清查中发现溢余 120 元。

借：库存现金 120

贷：待处理财产损溢——待处理流动资产损溢 120

如果上述多余现金的原因无法查清，经批准计入营业外收入。

借：待处理财产损溢——待处理流动资产损溢 120

贷：营业外收入——现金溢余 120

（2）如果清查时发现库存现金短缺 260 元。

借：待处理财产损溢——待处理流动资产损溢 260

贷：库存现金 260

经查明，现金短缺是由出纳人员造成的，应由其赔偿。

借：其他应收款 260

贷：待处理财产损溢——待处理流动资产损溢 260

收到出纳人员赔款时，应做以下会计分录：

借：库存现金　　260
　　贷：其他应收款　　260

三、银行存款的核算

银行存款的核算和库存现金的核算一样，包括序时核算和分类核算。

小贴士

为了总括反映和监督银行存款的收付情况，应设置“银行存款”总分类账。该账户属于资产类账户，借方登记收入的银行存款数额，贷方登记付出的银行存款数额，借方余额表示期末银行存款的实有数额。

（一）银行存款的序时核算

银行存款序时核算是通过设置“银行存款日记账”进行的。该明细账应按照开户银行、其他金融机构、存款种类及货币种类分别设置。登记时，应根据收款凭证、付款凭证，按照经济业务发生的先后顺序进行序时登记，每日终了应结出账面余额。银行存款日记账一般采用三栏式，其格式、内容与现金日记账基本相同。

银行存款日记账应定期与银行对账单核对，至少每月核对一次。企业账面结余与银行对账单余额之间如有差额，必须逐笔查明原因，并按月编制银行存款余额调节表调节相符。月份终了，银行存款日记账的余额必须与银行存款总账科目的余额核对相符。

如果企业涉及外币银行存款的业务，还应当设置外币银行存款日记账，并设专栏登记外币金额并将其折算为记账本位币的金额。

（二）银行存款的分类核算

银行存款总账与现金总账一样，应由不从事出纳工作的会计人员负责登记。它既可以根据银行存款收付款凭证逐笔登记，也可以定期填制汇总收付款凭证于月末汇总登记。

企业在不同的结算方式下，应当根据有关的原始凭证编制银行存款的收付款凭证，并进行相应的账务处理。将款项存入银行等金融机构时，借记“银行存款”科目，贷记“库存现金”等有关科目；提取或支付在银行等金融机构中的存款时，借记“库存现金”等有关科目，贷记“银行存款”科目。

企业在银行的其他存款，如外埠存款、银行本票存款、银行汇票存款、信用证存款等，在“其他货币资金”科目核算，不通过“银行存款”科目进行会计处理。

下面举例说明银行存款的核算。

【例 3-3】 甲公司接到开户银行通知，应收 A 企业 100 000 元货款已收妥。

借：银行存款　　100 000
　　贷：应收账款——A 企业　　100 000

【例 3-4】 银行开出转账支票 60 000 元，偿还前欠 A 企业货款。

借：应付账款——A 企业　　60 000
　　贷：银行存款　　60 000

（三）银行存款的核对

为了防止银行存款账目出现差错，企业应定期将银行存款日记账同银行的对账单进行核对，至少每月核对一次。企业账面结余与银行对账单余额之间如有差额，必须逐笔查明原因，并按月编制“银行存款余额调节表”，对未达账项进行调节。

所谓未达账项是指对于同一经济业务，由于凭证在企业与开户银行之间传递的时间不同，造成一方已经登记入账，而另一方尚未登记入账的会计事项。具体说有以下四种情况：

（1）企业已经入账，而银行尚未入账的收入款项。如月末企业送存银行的支票，企业已经收款记账，而银行尚未办理转账手续。

（2）企业已经入账，而银行尚未入账的付出款项。如企业开出的支票，企业已经记账，而持票单位尚未办理转账手续。

（3）银行已经入账，而企业尚未入账的收入款项。如托收的货款，银行已经办理转账，而企业尚未收到银行的收款通知而尚未入账。

（4）银行已经入账，而企业尚未入账的付出款项。如借款利息，银行已经付款转账，而企业尚未收到付款通知因而未记账。

以上任何一种情况的发生，都会使企业和银行双方的账面余额不等。因此，企业在收到银行转来的对账单时，应尽快与日记账核对，如有不符，应立即查明原因，及时予以更正。在实际工作中，为了便于核对，企业在接到对账单后，一般应编制银行存款余额调节表进行调节。银行存款余额调节表的计算公式一般有两种：

银行存款日记账余额＋银行已收企业未收账项－银行已付企业未付账项=
银行对账单余额+企业已收银行未收账项－企业已付银行未付账项　　（3-1）

银行存款日记账余额－企业已收银行未收账项＋企业已付银行未付账项＝
银行对账单余额－银行已收企业未收账项＋银行已付企业未付账项　　（3-2）

式（3-1）称为补记式，式（3-2）称为还原式。

下面举例说明银行存款余额调节表的编制方法。

【例3-5】 甲公司2000年3月31日银行存款日记账账面余额为96 000元，银行对账单所列本公司银行存款余额为98 000元，经逐笔核对，发现有以下几笔未达账项：

（1）3月30日公司送存支票一张2 000元，银行尚未登记入账；

（2）3月31日公司委托银行代收利民工厂3 000元，银行已经收妥入账，公司尚未收到收款通知，因而尚未入账；

（3）3月31日银行结算借款利息2 500元，尚未通知公司；

（4）3月31日公司开出转账支票3 500元，持票单位尚未到银行办理转账手续。

根据上列未达账项，编制银行存款余额调节表，如果按补记式则如表3-1所示，如果按还原式则如表3-2所示。

表3-1　甲公司银行余额调节表

2000年3月31日　　单位：元

项目	金额	项目	金额
银行存款日记账余额	96 000	银行对账单余额	98 000

续表

项目	金额	项目	金额
加：银行已收企业未收账项	3 000	加：企业已收银行未收账项	2 000
减：银行已付企业未付账项	2 500	减：企业已付银行未付账项	3 500
调节后余额	96 500	调节后余额	96 500

表 3-2 甲公司银行余额调节表

2000 年 3 月 31 日

单位：元

项目	金额	项目	金额
银行存款日记账余额	96 000	银行对账单余额	98 000
加：企业已付银行未付账项	3 500	加：银行已付企业未付账项	2 500
减：企业已收银行未收账项	2 000	减： 银行已收企业未收账项	3 000
调节后余额	97 500	调节后余额	97 500

如果经过调整后，银行存款日记账与银行对账单的金额仍不相等，则说明记账有错误，应进一步查明原因，找出差错加以改正。编制银行存款余额调节表后，不需进行账簿记录的调整，只有等到有关单据到达后，才能据以进行账务处理。

四、其他货币资金的核算

在企业的经营资金中，有些货币资金的存款地点和用途与库存现金和银行存款不同，如外埠存款、银行汇票存款、银行本票存款、信用卡存款、存出投资款和信用证保证金存款等，这些资金在会计核算上统称为其他货币资金。其他货币资金应设置“其他货币资金”科目核算。该科目属于资产类科目，借方登记其他货币资金的增加数，贷方登记其他货币资金的减少数，余额在借方，反映企业其他货币资金的结存数。

“其他货币资金”账户应按其内容分别设置“外埠存款”、“银行汇票”、“银行本票”、“信用卡”、“信用证保证金”和“存出投资款”等二级明细账户，并按外埠存款的开户银行、银行汇票、银行本票及信用证的收款单位等设置三级明细账户。信用卡业务的企业应当在“信用卡”二级明细账户中按开出信用卡的银行和信用卡种类设置三级明细账。

本章小结

货币资金包括库存现金、银行存款和其他货币资金。企业办理货币资金业务必须遵守国家有关规定和内部控制制度。企业必须按月编制“银行存款余额调节表”。

本章思考

1. 货币资金这项资产有何特点？为何货币资金的内部控制如此重要？
2. 货币资金的构成包括哪些？对于货币资金的内部控制包括哪些？
3. 库存现金盘点发现溢余或者短缺如何进行会计处理？

4. 未达账项包括哪些类别？银行存款余额调节表的作用是什么？如何编制银行存款余额调节表？

5. 其他货币资金包括哪些内容？

本章测试

【单选题】

1. 企业为发放工资支取现金，应通过（　　）办理。

A. 基本存款账户　　B. 一般存款账户

C. 临时存款账户　　D. 专项存款账户

2. 企业支付的银行承兑汇票手续费应计入（　　）。

A　管理费用　　B. 财务费用

C. 营业外支出　　D. 其他业务支出

3. 商业汇票的付款期限最长不得超过（　　）。

A. 3个月　　B. 6个月　　C. 9个月　　D. 1年

4. 财产清查发现的现金短缺，应当由个人赔偿的应计入（　　）账户。

A. 其他应收款　　B. 资本公积

C. 待摊费用　　D. 固定资产清理

5. 出纳人员不得办理的业务有（　　）。

A. 现金收付　　B. 登记银行存款日记账

C. 登记总账　　D. 登记固定资产明细账

6. 企业存放在银行的银行汇票存款，应通过（　　）账户核算。

A. 银行存款　　B. 其他货币资金

C. 在途货币资金　　D. 现金

【答案】1. A　2. B　3. B　4. A　5. C　6. B

第四章 金融资产

学习目标

通过本章学习，能够:

1. 掌握金融资产的分类及各类金融资产的概念;
2. 掌握各类金融资产的会计处理;
3. 掌握采用实际利率法确认金融资产摊余成本的方法;
4. 掌握金融资产减值损失的会计处理。

案例导入

金融资产缩水百亿

浙江人对于雅戈尔的最初印象是从服装开始的，然而近几年它却因为在证券金融领域的成功投资而迅速走红全国。一时间，雅戈尔成了国内民营企业涉足金融投资领域的典范。然而股市风云突变，金融风暴席卷全球，从美洲、欧洲到亚洲，无一不受到波及。事实证明，此次风暴来袭，首当其冲的就是金融资产，其市场价值应声而落，惨不忍睹。雅戈尔股票本身的市值更是在2008年蒸发385.65亿元，位列浙江上市公司之首。雅戈尔股份有限公司2008年的年报显示，雅戈尔集团的交易性金融资产从年初的2 128 334.44元下降为819 802.38元，下降的原因为公允价值的下降；可供出售的金融资产从年初的16 496 690 650.53元减少为年末的4 672 338 450.18元，下降了71.68%，减少的原因为公允价值下降和对海通证券和中信证券部分投资的处置，其中对海通证券投资的处置就损失4.9亿元。交易性和可供出售的金融资产年末比年初减少了118亿元。

思考: 交易性和可供出售的金融资产在没有处置之前，为何会有损失？什么是金融资产？金融资产有哪些类别？如何进行会计核算？

资料来源：本案例根据雅戈尔股份有限公司2008年年度报告整理而成。

第一节 金融资产概述

金融是市场经济的核心。随着企业经营的多元化，投资已经成为企业经常性的业务，越来越多的企业涉及金融资产。

一、金融资产的定义

金融资产是企业资产的重要组成部分，主要包括库存现金、银行存款、应收账款、应付账款、其他应收款、股权投资、债权投资和衍生金融工具形成的资产等。

二、金融资产的分类

企业应当结合自身业务特点和风险管理的要求，将取得的金融资产在初始确认时划分为以下几类：①以公允价值计量且其变动计入当期损益的金融资产；②持有至到期投资；③贷款和应收款项；④可供出售金融资产。

金融资产的分类是其确认和计量的基础。不同类别的金融资产，其初始计量和后续计量采用的基础也不完全相同。因此，上述分类一经确定，不应随意变更。

由于库存现金、银行存款、应收账款、应收票据、其他应收款项、长期股权投资等已在或将在其他章节进行单独阐述，所以本章主要阐述以公允价值计量且其变动计入当期损益的金融资产、持有至到期投资和可供出售金融资产的确认与计量。

第二节　以公允价值计量且其变动计入当期损益的金融资产

一、概述

以公允价值计量且其变动计入当期损益的金融资产可以分为以下两类：一是交易性金融资产；二是指定为以公允价值计量且其变动计入当期损益的金融资产。

（一）交易性金融资产

满足下列条件之一的金融资产，应当划分为交易性金融资产：

（1）取得该金融资产的目的主要是为了近期内出售或回购。例如，企业以赚取差价为目的从二级市场购入的股票、债券、基金等。

（2）属于进行集中管理的可辨认金融工具组合的一部分，且有客观证据表明企业近期采用短期获利方式对该组合进行管理。在这种情况下，即使组合中有某个组成项目持有的期限稍长也不受影响。

（3）属于衍生工具。但是，如果衍生工具被企业指定为有效套期关系中的套期工具，那么该衍生金融工具初始确认后的公允价值变动应根据其对应的套期关系（即公允价值套期、现金流量套期或境外经营净投资套期）不同，采用相应的方法进行处理。

（二）指定为以公允价值计量且其变动计入当期损益的金融资产

指定为以公允价值计量且其变动计入当期损益的金融资产是指不满足确认为交易性金融资产的条件，但符合下列条件之一的，在初始确认时指定为以公允价值计量且其变动计入当期损益的金融资产：

（1）该指定可以消除或明显减少由于该金融资产或金融负债的计量基础不同所导致的相关利得或损失在确认或计量方面的不一致情况。设立该项条件，目的在于通过直接指定为以公允价值计量，并将其变动计入当期损益，以消除会计上可能存在的不配比现象。

（2）企业风险管理或投资策略的正式书面文件已载明，该金融资产组合、该金融负债组合或该金融资产和金融负债组合，以公允价值为基础进行管理、评价并向关键管理人员报告。此项条件着重企业日常管理和评价业绩的方式，而不是关注金融工具组合中各组成部分的性质。

二、会计处理

（一）初始计量

企业在取得以公允价值计量且其变动计入当期损益的金融资产时，应按公允价值计量，相关交易费用直接计入当期损益。交易费用是指可直接归属于购买、发行或处置金融工具新增的外部费用，包括支付给代理机构、咨询公司、券商等的手续费和佣金及其他必要支出，不包括债券溢价、折价、融资费用、内部管理成本及其他与交易不直接相关的费用。支付的价款中包含的已宣告但尚未发放的现金股利或已到付息期但尚未领取的债券利息，应当单独确认为应收项目进行处理。为发行金融工具所发生的差旅费等，不属于交易费用。

（二）后续计量

持有期间，取得的债券利息或现金股利，应当确认为投资收益。资产负债表日，以公允价值计量且其变动计入当期损益的金融资产公允价值变动形成的利得或损失，应当计入当期损益。

（三）处置的处理

处置该金融资产时，按照收到的款项增加银行存款，其收到的款项与其账面价值之间的差额应确认为投资收益，同时将公允价值变动损益调整到投资收益中。

小贴士

“交易性金融资产”会计科目核算以公允价值计量且其变动计入损益的金融资产，按类别和品种，分别以“成本”和“公允价值变动”进行明细核算。

【例 4-1】 2001 年 5 月 6 日，甲公司支付价款 1 016 万元（含交易费用 1 万元和已宣告发放现金股利 15 万元），购入乙公司发行的股票 200 万股，占乙公司有表决权股份的 0.5%。甲公司将其划分为交易性金融资产。

2001 年 5 月 10 日，甲公司收到乙公司发放的现金股利 15 万元；

2001 年 6 月 30 日，该股票市价为每股 5.2 元；

2001 年 12 月 31 日，该股票的市价为每股 4.8 元；

2002 年 5 月 9 日，乙公司宣告发放股利 4 000 万元；

2002 年 5 月 13 日，甲公司收到乙公司发放的现金股利；

2002 年 5 月 20 日，甲公司以每股 4.9 元的价格将股票全部转让。

假定不考虑其他因素，甲公司的账务处理如下（金额单位：万元）。

（1）2001 年 5 月 6 日，购入股票。

借：交易性金融资产——成本	1 000
投资收益	1

应收股利　　15
贷：银行存款　　1 016

（2）2001 年 5 月 10 日，收到现金股利。

借：银行存款　　15
贷：应收股利　　15

（3）2001 年 6 月 30 日，确认股票价格变动。

借：交易性金融资产——公允价值变动　　40
贷：公允价值变动损益　　40

（4）2001 年 12 月 31 日，确认股票价格变动。

借：公允价值变动损益　　80
贷：交易性金融资产——公允价值变动　　80

（5）2002 年 5 月 9 日，确认应收现金股利。

借：应收股利　　20
贷：投资收益　　20

（6）2002 年 5 月 13 日，收到现金股利。

借：银行存款　　20
贷：应收股利　　20

（7）2002 年 5 月 20 日，出售股票。

借：银行存款　　980
投资收益　　20
交易性金融资产——公允价值变动　　40
贷：交易性金融资产——成本　　1 000
公允价值变动损益　　40

第三节　持有至到期投资

一、持有至到期投资概述

（一）持有至到期投资的概念

持有至到期投资，是指到期日固定、回收金额固定或可确定，且企业有明确意图和能力将其持有至到期的非衍生金融资产。能够划分为持有至到期投资的金融资产，主要是指债权性投资。例如，企业从二级市场上购入的固定利率国债、浮动利率公司债券等，符合持有至到期投资条件的，可以划分为持有至到期投资。持有至到期投资通常具有长期性质，但期限较短（1 年以内）的债券投资，符合持有至到期投资条件的，也可将其划分为持有至到期投资。

（二）持有至到期投资的特点

1. 到期日固定、回收金额固定或可确定

“到期日固定、回收金额固定或可确定”是指相关合同明确了投资者在确定的期间内获得或应收取现金流量（如投资利息和本金等）的金额和时间。因此，持有至到期投资不考虑可能存在的发行方重大支付风险；权益工具投资不能划分为持有至到期投资；不能由于某债务工具投资是浮动利率而不将其划分为持有至到期投资。

2．有明确意图持有至到期

“有明确意图持有至到期”是指投资者在取得投资时意图就是明确的，除非遇到一些企业所不能控制、预期不会重复发生且难以合理预计的独立事项，否则将持有至到期。

存在下列情况之一的，表明企业没有明确意图将金融资产投资持有至到期：

（1）持有该金融资产的期限不确定。

（2）发生市场利率变化、流动性需要变化、替代投资机会及其投资收益率变化、融资来源和条件变化、外汇风险变化等情况时，将出售该金融资产。但是，无法控制、预期不会重复发生且难以合理预计的独立事项引起的金融资产出售除外。

（3）该金融资产的发行方可以按照明显低于其摊余成本的金额清偿。

（4）其他表明企业没有明确意图将该金融资产持有至到期的情况。对于投资者有权要求发行方赎回的债务工具投资，投资者不能将其划分为持有至到期投资。

3．有能力持有至到期

“有能力持有至到期”是指企业有足够的财务资源，并不受外部因素影响，可将投资持有至到期。存在下列情况之一的，表明企业没有能力将具有固定期限的金融资产投资持有至到期：

（1）没有可利用的财务资源持续地为该金融资产投资提供资金支持，以使该金融资产投资持有至到期。

（2）受法律、行政法规的限制，企业难以将该金融资产投资持有至到期。

（3）其他表明企业没有能力将具有固定期限的金融资产投资持有至到期的情况。

企业应当于每个资产负债表日对持有至到期投资的意图和能力进行评价。发生变化的，应当将其重分类为可供出售金融资产进行处理。

二、持有至到期投资的会计处理

（一）初始计量

持有至到期投资初始确认时，应当将公允价值和相关交易费用之和作为初始入账金额。实际支付的价款中包括的已到付息期但尚未领取的债券利息，应单独确认为应收项目。

（二）后续计量

企业应当采用实际利率法，按摊余成本对持有至到期投资进行后续计量。

1．实际利率法

实际利率法是指按照金融资产或金融负债（含一组金融资产或金融负债）的实际利率计算其摊余成本及各期利息收入或利息费用的方法。

（1）实际利率，是指将金融资产或金融负债在预期存续期间或适用的更短期间内的未来现金流量，折现为该金融资产或金融负债当前账面价值所使用的利率。

（2）持有至到期投资初始确认时，应当计算确定其实际利率，并在该持有至到期投资预期存续期间或适用的更短期间内保持不变。

在确定实际利率时，应当在考虑金融资产或金融负债所有合同条款（包括提前还款权、看涨期权、类似期权等）的基础上预计未来现金流量，但不应考虑未来信用损失。

金融资产合同各方之间支付或收取的、属于实际利率组成部分的各项收费、交易费用及溢价或折价等，应当在确定实际利率时予以考虑。金融资产的未来现金流量在存续期间无法可靠预计时，应当采用该金融资产在整个合同期内的合同现金流量。

2. 摊余成本

摊余成本，是指该金融资产的初始确认金额经下列调整后的结果：

（1）扣除已偿还的本金。

（2）加上或减去采用实际利率法将该初始确认金额与到期日金额之间的差额进行摊销形成的累计摊销额。

（3）扣除已发生的减值损失。

持有至到期投资持有期间，按照摊余成本和实际利率计算利息收入，计入投资收益。

（三）持有至到期投资的到期或处置

按照收到的款项增加银行存款，收到的款项与持有至到期投资账面价值之间的差额，作为投资收益处理。

小贴士

“持有至到期投资”会计科目核算持有至到期投资增减变动情况，分别以“成本”、“利息调整”、“应计利息”进行明细核算。

【例 4-2】 2000 年 1 月 1 日，甲公司支付价款 1 000 万元（含交易费用）从活跃市场上购入某公司 5 年期债券，面值 1 250 万元，票面利率 4.72%，按年支付利息（即每年 59 万元），本金最后一次支付。合同规定，该债券的发行方在遇到特定情况时可以将债券赎回，且不需要为提前赎回支付额外款项。甲公司在购买该债券时，预计发行方不会提前赎回。甲公司将购入的该公司债券划分为持有至到期投资，且不考虑所得税、减值损失等因素。

计算的实际利率 r:

$$59\times(1+r)^{-1}+59\times(1+r)^{-2}+59\times(1+r)^{-3}+59\times(1+r)^{-4}+(59+1\,250)\times(1+r)^{-5}=1\,000\text{ 万元}$$

由此得出 r=10%，编制的表格如表 4-1 所示。

表 4-1　编制的表格

单位：万元

年份	期初摊余成本（A）	实际利息收入（B）	现金流入（C）	期末摊余成本（$D=A+B-C$）
2000 年	1 000	100	59	1 041
2001 年	1 041	104	59	1 086
2002 年	1 086	109	59	1 136
2003 年	1 136	114①	59	1 191
2004 年	1 191	118②	1 309③	0

注：① 数字四舍五入取整。

② 数字考虑了计算过程中出现的尾数。

③ 1 309 = 59 + 1 250。

根据上述数据，甲公司的有关账务处理如下。

（1）2000 年 1 月 1 日，购入债券。

借：持有至到期投资——成本　　1 250

　　贷：银行存款　　1 000

　　　　持有至到期投资——利息调整　　250

（2）2000 年 12 月 31 日，确认实际利息收入、收到票面利息等。

借：应收利息　　59

　　持有至到期投资——利息调整　　41

　　贷：投资收益　　100

借：银行存款　　59

　　贷：应收利息　　59

（3）2001 年 12 月 31 日，确认实际利息收入、收到票面利息等。

借：应收利息　　59

　　持有至到期投资——利息调整　　45

　　贷：投资收益　　104

借：银行存款　　59

　　贷：应收利息　　59

（4）2002 年 12 月 31 日，确认实际利息收入、收到票面利息等。

借：应收利息　　59

　　持有至到期投资——利息调整　　50

　　贷：投资收益　　109

借：银行存款　　59

　　贷：应收利息　　59

（5）2003 年 12 月 31 日，确认实际利息收入、收到票面利息等。

借：应收利息　　59

　　持有至到期投资——利息调整　　55

　　贷：投资收益　　114

借：银行存款　　59

　　贷：应收利息　　59

（6）2004 年 12 月 31 日，确认实际利息收入、收到票面利息和本金等。

借：应收利息　　59

　　持有至到期投资——利息调整　　59

　　贷：投资收益　　118

借：银行存款　　59

　　贷：应收利息　　59

借：银行存款　　1 250

　　贷：持有至到期投资——成本　　1 250

（四）持有至到期投资的转换

企业将某金融资产划分为持有至到期投资后，可能会发生到期前将该金融资产予以处置或重分类的情况。因持有意图或能力发生改变，使某项投资不再适合划分为持有至到期投资，应当将该项投资重分类为可供出售金融资产，并以公允价值进行后续计量。在重分类日，该投资的账面价值与公允价值之间的差额先计入所有者权益，在该可供出售投资发生减值或终止确认时转出，计入当期损益。

【例 4-3】 2001 年 3 月，由于贷款基准利率的变动和其他市场因素的影响，乙公司持有的原划分为持有至到期投资的某公司债券价格持续下跌。为此，乙公司于 4 月 1 日对外出售该持有至到期债券投资 40%。当日，该批债券整体的公允价值和摊余成本分别为 950 万元和 1 000 万元。假定出售债券时不考虑交易费用及其他相关因素，乙公司相关的账务处理如下。

（1）2001 年 4 月 1 日，出售债券。

借：银行存款	380	
投资收益	20	
贷：持有至到期投资		400

（2）2001 年 4 月 1 日，重分类。

借：可供出售金融资产	570	
资本公积——其他资本公积	30	
贷：持有至到期投资		600

第四节 可供出售金融资产

一、可供出售金融资产概述

可供出售金融资产是指在初始确认时即被指定为可供出售的非衍生金融资产，以及不能分类为贷款和应收款项、持有至到期投资和以公允价值计量且其变动计入当期损益的金融资产。

对于公允价值能够可靠计量的金融资产，企业可以将其直接指定为可供出售金融资产。金融资产的分类应是管理层意图的如实表达。相对于交易性金融资产，可供出售金融资产的持有意图不明确。

二、可供出售金融资产的会计处理

（一）初始计量

取得可供出售金融资产时，应以取得该项投资时的公允价值加上相关交易费用计入初始入账金额。支付的价款中包含的已宣告但尚未发放的现金股利或已到付息期但尚未领取的债券利息，应当单独确认为应收项目。

（二）后续计量

资产负债表日，可供出售金融资产应按公允价值计量，因公允价值变动形成的利得或损失，除减值损失外，应直接计入所有者权益，并在该项投资终止确认时转出，计入当期损益。

持有期间收到的现金股利和债券利息，作为投资收益处理。

（三）可供出售金融资产的处置

处置可供出售金融资产时，应将取得的价款和该金融资产账面价值之间的差额，计入投资损益；同时，将原直接计入所有者权益的公允价值变动累计金额对应处置部分的金额转出，计入投资损益。

小贴士

“可供出售金融资产”会计科目核算可供出售金融资产增减变动情况，分别以“成本”、“利息调整”、“应计利息”、“公允价值变动”等进行明细核算。

【例 4-4】 2001 年 5 月 6 日，甲公司支付价款 1 016 万元（含交易费用 1 万元和已宣告发放现金股利 15 万元），购入乙公司发行的股票 200 万股，占乙公司有表决权股份的 0.5%。甲公司将其划分为可供出售金融资产。

2001 年 5 月 10 日，甲公司收到乙公司发放的现金股利 15 万元；

2001 年 6 月 30 日，该股票市价为每股 5.2 元；

2001 年 12 月 31 日，该股票的市价为每股 5 元；

2002 年 5 月 9 日，乙公司宣告发放股利 4 000 万元；

2002 年 5 月 13 日，甲公司收到乙公司发放的现金股利；

2002 年 5 月 20 日，甲公司以每股 4.9 元的价格将股票全部转让。

假定不考虑其他因素，甲公司的账务处理如下（金额单位：万元）。

（1）2001 年 5 月 6 日，购入股票。

借：可供出售金融资产——成本	1 001	
应收股利	15	
贷：银行存款		1 016

（2）2001 年 5 月 10 日，收到现金股利。

借：银行存款	15	
贷：应收股利		15

（3）2001 年 6 月 30 日，确认股票价格变动。

借：可供出售金融资产——公允价值变动	39	
贷：资本公积——其他资本公积		39

（4）2001 年 12 月 31 日，确认股票价格变动。

借：资本公积——其他资本公积	40	
贷：可供出售金融资产——公允价值变动		40

（5）2002 年 5 月 9 日，确认应收现金股利。

借：应收股利	20	
贷：投资收益		20

（6）2002 年 5 月 13 日，收到现金股利。

借：银行存款	20	

　贷：应收股利　　20

（7）2002年5月20日，出售股票。

借：银行存款　　980

　投资收益　　21

　可供出售金融资产——公允价值变动　　1

　贷：可供出售金融资产——成本　　1 001

　　资本公积——其他资本公积　　1

第五节　金融资产减值

一、金融资产减值损失的确认

企业应当在资产负债表日对以公允价值计量且其变动计入当期损益的金融资产以外的金融资产（含单项金融资产或一组金融资产，下同）的账面价值进行检查，有客观证据表明该金融资产发生减值的，应当确认减值损失，计提减值准备。这里的金融资产包括应收账款、应收票据、其他应收款项、股权投资、债权投资、衍生工具形成的资产等。

表明金融资产发生减值的客观证据，是指金融资产初始确认后实际发生的，对该金融资产的预计未来现金流量有影响，且企业能够对该影响进行可靠计量的事项。金融资产发生减值的客观证据，包括下列各项：

（1）发行方或债务人发生严重财务困难。

（2）债务人违反了合同条款，如偿付利息或本金发生违约或逾期等。

（3）债权人出于经济或法律等方面因素的考虑，对发生财务困难的债务人做出让步。

（4）债务人很可能倒闭或进行其他财务重组。

（5）因发行方发生重大财务困难，该金融资产无法在活跃市场继续交易。

（6）无法辨认一组金融资产中的某项资产的现金流量是否已经减少，但根据公开的数据对其进行总体评价后发现，该组金融资产自初始确认以来的预计未来现金流量确已减少且可计量，如该组金融资产的债务人支付能力逐步恶化，或债务人所在国家或地区失业率提高、担保物在其所在地区的价格明显下降、所处行业不景气等。

（7）发行方经营所处的技术、市场、经济或法律环境等发生重大不利变化，使权益工具投资人可能无法收回投资成本。

（8）权益工具投资的公允价值发生严重或非暂时性下跌。

（9）其他表明金融资产发生减值的客观证据。

企业在根据以上客观证据判断金融资产是否发生减值损失时，应注意以下几点：

（1）这些客观证据相关的事项（也称“损失事项”）必须影响金融资产的预计未来现金流量，并且能够可靠地计量。对于预期未来事项可能导致的损失，无论其发生的可能性有多大，均不能作为减值损失予以确认。

（2）企业通常难以找到某项单独的证据来认定金融资产是否已发生减值，因而应综合考虑相关证据的总体影响进行判断。

（3）债务方或金融资产发行方信用等级下降本身不足以说明企业所持的金融资产发生了减值。但是，如果企业将债务人或金融资产发行方的信用等级下降因素与可获得的其他客观的减值依据联系起来，往往能够对金融资产是否已发生减值做出判断。

（4）对于可供出售权益工具投资，其公允价值低于其成本本身不足以说明可供出售权益工具投资已发生减值，而应当综合相关因素判断该投资公允价值下降是否是严重或非暂时性下跌的。同时，企业应当从持有可供出售权益工具投资的整个期间来判断。

如果权益工具投资在活跃市场上没有报价，从而不能根据其公允价值下降的严重程度或持续时间来进行减值判断，则应当综合考虑其他因素（如被投资单位经营所处的技术、市场、经济或法律环境等）是否发生重大不利变化。

对于以外币计价的权益工具投资，企业在判断其是否发生减值时，应当将该投资在初始确认时以记账本位币反映的成本，与资产负债表日以记账本位币反映的公允价值进行比较，同时考虑其他相关因素。

二、金融资产减值损失的计量

（一）持有至到期投资、贷款和应收款项减值损失的计量

（1）持有至到期投资、贷款和应收款项以摊余成本后续计量，其发生减值时，应当将该金融资产的账面价值与预计未来现金流量现值之间的差额确认为减值损失，计入当期损益。

以摊余成本计量的金融资产的预计未来现金流量现值应当按照该金融资产的原实际利率折现确定，并考虑相关担保物的价值（取得和出售该担保物发生的费用应当予以扣除）。原实际利率是初始确认该金融资产时计算确定的实际利率。对于浮动利率贷款、应收款项或持有至到期投资，在计算未来现金流量现值时可采用合同规定的现行实际利率作为折现率。即使合同条款因债务方或金融资产发行方发生财务困难而重新商定或修改，在确认减值损失时，仍用条款修改前所计算的该金融资产的原实际利率计算。

短期应收款项的预计未来现金流量与其现值相差很小的，在确定相关减值损失时，可不对其预计未来现金流量进行折现。

（2）对于存在大量性质类似且以摊余成本后续计量金融资产的企业，在考虑金融资产减值测试时，应当先将单项金额重大的金融资产区分开来，单独进行减值测试。如有客观证据表明其已发生减值，应当确认减值损失，计入当期损益。对单项金额不重大的金融资产，可以单独进行减值测试，也可以包括在具有类似信用风险特征的金融资产组合中进行减值测试。实务中，企业可以根据具体情况确定单项金额重大的标准。该项标准一经确定，应当一致运用，不得随意变更。

单独测试未发现减值的金融资产（包括单项金额重大和不重大的金融资产），应当包括在具有类似信用风险特征的金融资产组合中再进行减值测试。已单项确认减值损失的金融资产，不应包括在具有类似信用风险特征的金融资产组合中进行减值测试。

企业对金融资产采用组合方式进行减值测试时，应当注意以下方面：

①应当将具有类似信用风险特征的金融资产组合在一起，例如可按资产类型、行业分布、区域分布、担保物类型、逾期状态等进行组合。

②对于已包括在某金融资产组合中的某项特定资产，一旦有客观证据表明其发生了减值，则应当将其从该组合中分出来，单独确认减值损失。

③在对某金融资产组合的未来现金流量进行预计时，应当以与其具有类似风险特征组合的历史损失率为基础。如果企业缺乏这方面的数据或经验不足，则应当尽量采用具有可比性的其他资产组合的经验数据，并做必要调整。企业应当对预计资产组合未来现金流量的方法和假设进行定期检查，以最大限度地消除损失预计数和实际发生数之间的差异。

（3）以摊余成本计量的金融资产确认减值损失后，如果有客观证据表明该金融资产价值已恢复，且客观上与确认该损失后发生的事项有关（如债务人的信用评级已提高等），则原确认的减值损失应当予以转回，计入当期损益。但是，该转回后的账面价值不应当超过假定不计提减值准备情况下该金融资产在转回日的摊余成本。

（4）外币金融资产发生减值的，预计未来现金流量现值应先按外币确定，在计量减值时再按资产负债表日即期汇率折算为记账本位币反映的金额。该项金额小于相关外币金融资产以记账本位币反映的账面价值的部分，确认为减值损失，计入当期损益。

【例 4-5】 假定甲公司所持有的乙公司的债券在 2007 年年初账面价值为 1 000 万元，当年 12 月 31 日的现值只有 900 万元，则应当计提减值准备 100 万元。编制会计分录如下：

借：资产减值损失　　　　　　　　　　100
　　贷：持有至到期投资减值准备　　　　　　100

（二）可供出售金融资产减值损失的计量

（1）可供出售金融资产发生减值时，即使该金融资产没有终止确认，原直接计入所有者权益中的因公允价值下降形成的累计损失也应当予以转出，计入当期损益。该转出的累计损失等于可供出售金融资产的初始取得成本扣除已收回本金和已摊余金额、当前公允价值和原已计入损益的减值损失后的余额。

在活跃市场中没有报价且其公允价值不能可靠计量的权益工具投资发生减值时，应当将该权益工具投资或衍生金融资产的账面价值，与按照类似金融资产当时市场收益率对未来现金流量折现确定的现值之间的差额，确认为减值损失，计入当期损益。与该权益工具挂钩并须通过交付该权益工具结算的衍生金融资产发生减值的，也应当采用类似的方法确认减值损失。

（2）对于已确认减值损失的可供出售债务工具，在随后的会计期间，公允价值已上升且客观上与确认原减值损失后发生的事项有关的，原确认的减值损失应当予以转回，计入当期损益。

（3）可供出售权益工具投资发生的减值损失，不得通过损益转回。在活跃市场中没有报价且其公允价值不能可靠计量的权益工具投资，或与该权益工具挂钩并须通过交付该权益工具结算的衍生金融资产发生的减值损失，不得转回。

【例 4-6】 2000 年 1 月 1 日，ABC 公司按面值从债券二级市场购入 MNO 公司公开发行的债券 10 000 张，每张面值 100 元，票面利率 3%，划分为可供出售金融资产。

2000 年 12 月 31 日，该债券的市场价格为每张 100 元。

2001 年，MNO 公司因投资决策失误，发生严重财务困难，但仍可支付该债券当年的票面利息。2001 年 12 月 31 日，该债券的公允价值下降为每张 80 元。ABC 公司预计，如 MNO 公司不采取措施，该债券的公允价值预计会持续下跌。

2002 年，MNO 公司调整产品结构并整合其他资源，致使上年发生的财务困难大为好转。2002 年 12 月 31 日，该债券（即 MNO 公司发行的上述债券）的公允价值已上升至每张 95 元。

假定ABC公司初始确认该债券时计算确定的债券实际利率为3%，且不考虑其他因素，则ABC公司有关的账务处理如下。

（1）2000年1月1日购入债券。

借：可供出售金融资产——成本　100

　贷：银行存款　100

（2）2000年12月31日确认利息、公允价值变动。

借：应收利息　3

　贷：投资收益　3

借：银行存款　3

　贷：应收利息　3

债券的公允价值变动为零，故不做账务处理。

（3）2001年12月31日确认利息收入及减值损失。

借：应收利息　3

　贷：投资收益　3

借：银行存款　3

　贷：应收利息　3

借：资产减值损失　20

　贷：可供出售金融资产——公允价值变动　20

由于该债券的公允价值预计会持续下跌，ABC公司应确认减值损失。

（4）2002年12月31日确认利息收入及减值损失回转。

应确认的利息收入=（期初摊余成本100-发生的减值损失20）×3%=2.4（万元）

借：应收利息　3

　贷：投资收益　2.4

　　可供出售金融资产——利息调整　0.6

借：银行存款　3

　贷：应收利息　3

减值损失回转前，该债券的摊余成本=100–20–0.6=79.4（万元）

2002年12月31日，该债券的公允价值=95万元

应转回的金额=95–79.4=15.6（万元）

借：可供出售金融资产——公允价值变动　15.6

　贷：资产减值损失　15.6

第六节　金融资产转移

一、金融资产转移概述

金融资产转移，是指企业（转出方）将金融资产让与或交付给该金融资产发行方以外的另一方（转入方）。它包括下列两种情形：一是将收取金融资产现金流量的权利转移给另一

方，比如企业将持有的未到期商业票据向银行贴现；二是将金融资产转移给另一方，但保留收取金融资产现金流量的权利，并承担将收取的现金流量支付给最终收款方的义务，同时还应满足以下条件：

（1）从该金融资产收到对等的现金流量时，才有义务将其支付给最终收款方。

（2）根据合同约定，不能出售该金融资产或作为担保物，但可以将其作为对最终收款方支付现金流量的保证。

（3）有义务将收取的现金流量及时支付给最终收款方。

二、金融资产转移的确认

金融资产转移涉及的会计处理，核心是金融资产转移是否符合终止确认条件。终止确认，是指将金融资产从企业的账户和资产负债表内予以转销。金融资产转移满足下列条件的，企业应当终止确认该金融资产。

1．企业已将金融资产所有权上几乎所有的风险和报酬转移给转入方

企业在判断是否已将金融资产所有权上几乎所有的风险和报酬转移给了转入方时，应当比较转移前后该金融资产未来现金流量净现值及时间分布的波动使其面临的风险。以下情形表明企业已将金融资产所有权上几乎所有的风险和报酬转移给了转入方：

（1）不附任何追索权方式出售金融资产。

（2）附回购协议的金融资产出售，回购价为回购时该金融资产的公允价值。

（3）附重大价外看跌期权（或重大价外看涨期权）的金融资产出售。

2．企业既没有转移也没有保留金融资产所有权上几乎所有的风险和报酬，但放弃了对该金融资产控制

企业既没有转移也没有保留金融资产所有权上几乎所有的风险和报酬，即企业保留了部分但不是几乎所有金融资产所有权上的风险和报酬，此时，企业应当判断是否放弃了对该金融资产的控制。如果放弃了对该金融资产控制的，应当终止确认该金融资产。金融资产转移的确认见表 4-2。

表 4-2　金融资产转移的确认

<table>
<tr><th colspan="2">情　　形</th><th>确认结果</th></tr>
<tr><td colspan="2">已转移金融资产所有权上几乎所有的风险和报酬</td><td rowspan="2">终止确认该金融资产（确认新资产/负债）</td></tr>
<tr><td rowspan="2">既没有转移也没有保留金融资产所有权上几乎所有的风险和报酬</td><td>放弃了对金融资产的控制</td></tr>
<tr><td>未放弃对金融资产的控制</td><td>按照继续涉入所转移金融资产的程度确认有关资产和负债及任何保留权益</td></tr>
<tr><td>保留了金融资产所有权上几乎所有的风险和报酬</td><td colspan="2">继续确认该金融资产，并将收益确认为负债</td></tr>
</table>

三、金融资产转移的计量

（一）满足终止确认条件的计量

1．整体转移满足终止确认条件时的计量

金融资产整体转移满足终止确认条件的，应当将下列两项金额的差额计入当期损益：

（1）所转移金融资产的账面价值。

（2）因转移而收到的对价，与原直接计入所有者权益的公允价值变动累计额之和。

具体计算公式如下：

金融资产整体转移损益=因转移收到的对价-所转移金融资产账面价值+（或-）原直接计入所有者权益的公允价值变动累计利得（或损失）

其中，

因转移收到的对价=因转移交易实际收到的价款+新获得金融资产的公允价值+因转移获得服务资产的价值-新承担金融负债的公允价值-因转移承担服务负债的公允价值

原直接计入所有者权益的公允价值变动累计利得或损失，指金融资产转移前公允价值变动直接计入所有者权益的累计金额。

【例 4-7】 2001 年 1 月 1 日，甲公司将持有的乙公司发行的 10 年期公司债券出售给丙公司，经协商出售价格为 330 万元，2000 年 12 月 31 日该债券的公允价值为 310 万元。该债券于 2000 年 1 月 1 日发行，甲公司持有该债券时已将其分类为可供出售金融资产，面值为 300 万元，年利率为 6%（与实际利率相同），每年年末支付利息。

甲公司出售该债券应做如下会计分录。

借：银行存款	330	
贷：可供出售金融资产——成本		300
——公允价值变动		10
投资收益		20
借：资本公积——其他资本公积	10	
贷：投资收益		10

因金融资产转移获得了新金融资产或承担了新金融负债的，应当在转移日按照公允价值确认该金融资产或金融负债（包括看涨期权、看跌期权、担保负债、远期合同、互换等），并将该金融资产扣除金融负债后的净额作为上述对价的组成部分。

2．部分转移满足终止确认条件时的计量

金融资产部分满足终止确认条件的，应当将所转移金融资产整体的账面价值，在终止确认部分和未终止确认部分之间，按照各自的相对公允价值进行分摊，并将下列两项金额的差额计入当期损益：①终止确认部分的账面价值；②终止确认部分的对价，与原直接计入所有者权益的公允价值变动累计额中对应终止确认部分的金额之和。即当金融资产部分转移满足终止确认条件时，应当将满足终止确认的部分从企业的账户及资产负债表上予以转销，并确认此项转移损益。

为确定应从企业的账户及资产负债表上转销部分的金额，企业应将所转移金融资产整体的账面价值在终止确认部分和未终止确认部分之间按各自相对公允价值进行分摊。同时，原直接计入所有者权益的公允价值变动累计额中对应终止确认部分的金额，也应当按照金融资产终止确认部分和未终止确认部分的相对公允价值，对该累计额进行分摊后确定。

企业在终止确认部分和未终止确认部分之间分配所转移金融资产整体的账面价值时，需要确定未终止确认部分的公允价值。未终止确认部分的公允价值应当按照下列规定确定：

（1）企业出售过与未终止确认部分类似的金融资产，或发生过与未终止确认部分的其他市场交易的，应当按照最近实际交易价格确定。

（2）未终止确认部分在活跃市场上没有报价，且最近市场上也没有与其有关的实际交易价格的，应当按照所转移金融资产整体的公允价值扣除终止确认部分的对价后的余额确定。该金融资产整体的公允价值确实难以合理确定的，按照金融资产整体的账面价值扣除终止确认部分的对价后的余额确定。

（二）未满足终止确认条件的计量

金融资产转移后，企业保留所转移金融资产所有权上几乎所有的风险和报酬的，则不应当终止确认该金融资产。企业应当继续确认所转移的金融资产整体，因资产转移而收到的对价，视同企业的融资借款，应当在收到时确认为一项金融负债。

该金融资产与确认的相关金融负债应当分别计量，不得相互抵销。在随后的会计期间，企业应当继续确认该金融资产产生的收入和该金融负债产生的费用。所转移金融资产和相关负债应在反映企业所保留额权利和义务的基础上进行计量，即如果所转移的金融资产以摊余成本计量的，对相关负债的计量应当使所转移金融资产和相关负债的账面价值等于企业保留的权利和义务的摊余成本；如果所转移的金融资产以公允价值计量的，对相关负债的计量应当使所转移金融资产和相关负债的账面价值等于企业保留的权利和义务的公允价值；如果所转移的金融资产以摊余成本计量的，确认的相关负债不得指定为以公允价值计量且其变动计入当期损益的金融负债。

【例 4-8】 2008 年 4 月 1 日 A 公司向 B 公司销售产品，价款为 85 470 元，增值税为 14 530 元，收到 B 公司承兑汇票一张，票面价值为 100 000 元，期限为 3 个月，利率为 12%，由于 A 公司资金紧缺，于 2008 年 6 月 1 日向银行贴现。计算贴现利息及附有追索权和不附追索权的账务处理。

收到票据时：

借：应收票据　　100 000

　　贷：应收账款　　100 000

附有追索权的应收票据贴现进行如下计算。

（1）企业向银行贴现时有

贴现利息 ＝100 000×12%/12×1＝1 000（元）

借：银行存款　　99 000

　　财务费用　　1 000

贷：短期借款　　100 000

（2）票据到期时，承兑人的银行存款账户不足支付，则贴现企业账务处理为

借：短期借款　　100 000

　　贷：银行存款　　100 000

借：应收账款　　100 000

　　贷：应收票据　　100 000

本章小结

金融资产是企业重要的一类资产。根据《企业会计准则第 22 号——金融资产确认和计量》，金融资产主要包括以下四类：以公允价值计量且其变动计入当期损益的金融资产、持

有至到期投资、贷款和应收款项以及可供出售金融资产。对于贷款和应收款项将在其他章节中论述，本章主要讲述了其他三类金融资产的确认、计量、减值和转移问题。

本章思考

1. 金融资产在初始确认时可以分为哪些类别？这些类别可不可以进行重分类？
2. 什么样的金融资产可以作为交易性金融资产核算？交易性金融资产如何进行会计核算？
3. 持有至到期投资有哪些特点？什么叫作摊余成本？如何确定实际利率？
4. 可供出售金融资产如何进行会计核算？
5. 如何判断金融资产已经发生了转移？如何进行分类？

本章测试

【单选题】

1. 2010年10月12日，甲公司以每股10元的价格从二级市场购入乙公司股票10万股，支付价款100万元，另支付相关交易费用2万元。甲公司将购入的乙公司股票作为交易性金融资产核算。2010年12月31日，乙公司股票市场价格为每股18元。2011年3月15日，甲公司收到乙公司分派的现金股利4万元。2011年4月4日，甲公司将所持有乙公司股票以每股16元的价格全部出售，处置价款160万元，另支付相关税费2.5万元。不考虑其他因素，回答下列问题：

（1）甲公司持有乙公司股票2010年12月31日的账面价值是（　　）万元。

A．100　　B．102　　C．180　　D．182

（2）甲公司2011年度因投资乙公司股票确认的投资收益是（　　）万元。

A．61.50　　B．58.00　　C．59.50　　D．62.00

2. 甲公司对外提供中期财务会计报告，2010年5月16日以每股6元的价格购进某股票60万股作为可供出售金融资产，其中包含已宣告但尚未发放的现金股利每股0.1元，另付相关交易费用0.4万元，于6月5日收到现金股利，6月30日该股票收盘价格为每股5元，7月15日以每股5.50元的价格将股票全部售出。不考虑其他因素，回答下列问题：

（1）2010年6月30日确认的资本公积为（　　）万元。

A．–54.4　　B．60　　C．–54　　D．54.5

（2）出售该可供出售金融资产影响2010年7月营业利润的金额为（　　）万元。

A．54　　B．36　　C．–24.4　　D．30

3. 2010年1月1日，甲公司从二级市场购入乙公司分期付息、到期还本的债券10万张，以银行存款支付价款9 050万元，另支付相关交易费用12万元。该债券系乙公司于2009年1月1日发行，每张债券面值为1 000元，期限为3年，票面年利率为5%，每年年末支付当年度利息。甲公司拟持有该债券至到期。不考虑其他因素，回答下列问题：

（1）甲公司购入乙公司债券的入账价值是（　　）万元。

A．9 050　　　B．9 062　　　C．10 000　　　D．9 012

（2）甲公司持有乙公司债券至到期累计应确认的投资收益是（　　）万元。

A．620　　　B．1 938　　　C．500　　　D．938

4．2008 年 4 月 16 日，甲公司以银行存款 830 万元购入 100 万股股票，每股价格为 8.3 元，作为交易性金融资产核算，支付的价款中包括已宣告但尚未发放的现金股利每股 0.3 元，股票股利每 10 股派 2 股（面值为 1 元）。2008 年 4 月 20 日收到现金股利和股票股利。2008 年 6 月 30 日每股公允价值为 7.8 元。2008 年 7 月 4 日甲公司将该项交易性金融资产全部出售，每股价格为 8.4 元，另支付交易费用 4 万元。不考虑其他因素，回答下列问题：

（1）甲公司 2008 年对交易性金融资产的处理不正确的是（　　）。

A．2008 年 4 月 16 日交易性金融资产的初始确认金额为 800 万元

B．2008 年 4 月 16 日若支付交易费用，则应计入投资收益

C．2008 年 4 月 20 日收到股票股利不需要编制会计分录

D．2008 年 6 月公允价值变动损失为 20 万元

（2）甲公司因交易性金融资产正确的会计处理是（　　）。

A．2008 年 6 月 30 日因交易性金融资产公允价值变动确认递延所得税资产 5 万元

B．2008 年 7 月份利润表中因交易性金融资产应确认的投资收益为 68 万元

C．2008 年利润表中因交易性金融资产应确认的投资收益为 204 万元

D．2008 年 7 月份利润表中因交易性金融资产应确认的营业利润为–136 万元

5．甲公司于 2008 年 1 月 1 日购入某公司发行的 5 年期、一次还本分期付息的公司债券，划分为持有至到期投资，次年 1 月 3 日支付利息，票面年利率为 5%，面值总额为 3 000 万元，公允价值总额为 3 130 万元，另支付交易费用 2.27 万元。假定该公司每年年末采用实际利率法摊销债券溢折价，实际利率为 4%。2009 年 12 月 31 日该持有至到期投资的摊余成本为（　　）万元。

A．3 083.49　　　B．3 081.86　　　C．3 107.56　　　D．3 080.08

【多选题】

6．下列有关不同类金融资产之间的重分类的表述，正确的有（　　）。

A．企业在初始确认时将债券划分为持有至到期投资后不能重分类为可供出售金融资产

B. 企业在初始确认时将股票划分为以公允价值计量且其变动计入当期损益的金融资产后不能重分类为可供出售金融资产

C. 企业在初始确认时将股票划分为可供出售金融资产后不能重分类为以公允价值计量且其变动计入当期损益的金融资产

D. 企业在初始确认时将债券划分为以公允价值计量且其变动计入当期损益的金融资产后不能重分类为可供出售金融资产

E. 企业在初始确认时将债券划分为可供出售金融资产后不能重分类为以公允价值计量且其变动计入当期损益的金融资产

【答案】

1．（1）C，甲公司所持乙公司股票 2010 年 12 月 31 日的账面价值=10×18=180（万元）

（2）A，甲公司 2011 年度因投资乙公司股票确认的投资收益=4+(160–2.5–100) = 61.5（万元）

2．（1）A，分录为

借：可供出售金融资产——成本 [60×(6–0.1)+0.4]　　354.4
　应收股利(60×0.1)　　6
　贷：银行存款　　360.4
借：银行存款　　6
　贷：应收股利　　6
借：资本公积——其他资本公积 (354.4–60×5)　　54.4
　贷：可供出售金融资产——公允价值变动　　54.4
（2）C，影响营业利润的金额=60×5.5–354.4= –24.4（万元），分录为
借：银行存款（60×5.5）　　330
　可供出售金融资产——公允价值变动　　54.4
　贷：可供出售金融资产——成本　　354.4
　　投资收益　　30
借：投资收益　　54.4
　贷：资本公积——其他资本公积　　54.4

3．（1）B，甲公司购入乙公司债券的入账价值=9 050+12=9 062（万元）

（2）B，甲公司持有乙公司债券至到期累计应确认的投资收益=10×1 000×5%×2+（10×1 000–9 062）=1 938（万元）

4．（1）D，分录为
借：交易性金融资产——成本 [100×（8.3–0.3）]　　800
　应收股利　　30
　贷：银行存款　　830
借：银行存款　　30
　贷：应收股利　　30

收到股票股利 20 万股不需要编制会计分录。

借：交易性金融资产——公允价值变动（120×7.8–800）　　136
　贷：公允价值变动损益　　136

（2）C，2008 年 6 月 30 日，交易性金融资产的账面价值大于计税基础 136 万元，应确认递延所得税负债 34 万元。分录为
借：银行存款（120×8.4–4）　　1 004
　公允价值变动损益　　136
　贷：交易性金融资产——成本　　800
　　　　——公允价值变动　　136
　　投资收益　　204

2008 年 7 月份利润表中因交易性金融资产应确认的营业利润=204–136=68（万元）

5．B，2008 年度分录为
借：持有至到期投资——成本　　3 000
　　　——利息调整　　132.27
　贷：银行存款　　3 132.27
借：应收利息　（3 000×5%）　　150

贷：投资收益　（3 132.27×4%）　125.29

持有至到期投资——利息调整　24.71

2008 年年末账面余额=3 132.27–24.71=3 107.56（万元）

2009 年度分录为

借：应收利息　(3 000×5%)　150

贷：投资收益　(3 107.56×4%)　124.3

持有至到期投资——利息调整　25.7

2009 年年末账面余额=3 107.56–25.7=3 081.86（万元）

6．BCDE

第五章 应收及预付款项

学习目标

通过本章学习，能够：

1. 掌握应收票据的计价与贴现会计处理；
2. 掌握应收账款总价法会计处理；
3. 比较商业折扣与现金折扣对总价法的影响。

案例导入

2005年，长虹开始向集团化、多元化和国际化的方向发展。在财务上，长虹设立统一结算中心，改变之前以销售规模为重的思维导向。2007年以后，长虹的财务转变为业务驱动模式，并从2006年开始，引入了集团信用管理系统。该信用管理系统能够保证全公司在任何一个应收账款产生前，即在赊销前，都要通过信用管理系统进入审批。同时，长虹在应收账款管理上，还采取分级授权的机制。“10万元以下的信用是由一线的财务来决定和保证的”，长虹形成了从一线财务负责人一直到集团董事会，层层分级的一个内部体系。长虹还建立了应收账款的催收制度，明确规定应收账款最长期限为4个月，即120天，一旦超期，则无条件转移到法律部门，进入法律程序。具体做法是：要求业务子公司“必须在4个月内完成对应收账款的收账工作”。实际上，对于应收账款，业务子公司什么时间该采取什么措施，长虹内部也有明确规定。譬如一笔应收账款账龄超过10天需要电话催收，超过20天则需要专人催收，超过1个月，经办人员就会被暂停工作进行催收，一般到了60天——也就是最长期限的一半，集团总部就会开始启动法律程序。实际上，除了财务管理的要求外，业务公司在应收账款上的表现，也被纳入了集团对子公司总经理的绩效考核中，如果在应收账款中发生严重问题，就有可能在季度考核中被直接亮黄牌，乃至是红牌，而得到两次红牌的总经理，就必须降职、下课。

除了内部机制保证之外，对于应收账款，长虹还引入了第三方保证机制。“长虹海外市场的应收账款，现在全部由中国进出口信用保险公司进行信用保险”，而自2008年起，国内40%～50%的应收账款，也在中国进出口信用保险公司进行了投保。一旦投保的应收账款出现坏账，则由保险公司赔付90%。

思考：长虹应收账款的管理与核算是如何结合在一起的？

资料来源：中国资金管理网

第一节 应收票据

在赊销业务中如果债务人出具了付款的书面承诺，即由债权人或债务人签发了表明债务人在约定时日偿付约定金额的商业汇票，债权人以后凭借持有的商业汇票收取款项，会计上称为应收票据。应收票据具有较强的法律约束力，款项的收回有保障，并且在到期前可以向银行申请贴现或背书转让，因而又具有较强的流动性。

一、应收票据的概念及其计价

（一）应收票据的概念

应收票据是指企业因销售商品、提供劳务或让渡资产使用权而收到的商业汇票，包括银行承兑汇票和商业承兑汇票。在我国会计实务中，支票、银行本票及银行汇票均为见票即付的票据，属于货币资金，无需将其列为应收票据予以处理，因此应收票据就是企业持有的未到期或未兑现的商业汇票。

（二）应收票据的种类

1．按是否计息分类

按照票据是否带息，商业汇票分为带息票据和不带息票据两种。带息票据是指商业汇票到期时，承兑人除向收款人或被背书人支付票面金额款外，还应按票面金额和票据规定的利息率支付自票据生效日起至票据到期日止的利息。不带息票据是指商业汇票到期时，承兑人只按票面金额向收款人或被背书人支付票面金额的票据。

2．按承兑人分类

按照票据承兑人的不同，商业汇票分为银行承兑汇票和商业承兑汇票两种。承兑是汇票付款人承诺在汇票到期日支付汇票金额的票据行为。商业汇票必须经承兑后方可生效。银行承兑汇票的承兑人是承兑申请人的开户银行，商业承兑汇票的承兑人是付款人。

3．按是否带追索权分类

按照票据是否带有追索权，商业汇票分为带追索权的商业汇票和不带追索权的商业汇票两种。追索权是指企业在转让应收票据的情况下，接受应收票据的受让方在应收票据遭拒付或逾期时，向该应收票据转让方索取应收金额的权利。在我国的会计实务中，银行承兑汇票的贴现不会使企业被追索，企业不会因银行汇票贴现而发生或有负债；商业承兑汇票的贴现会使企业被追索，企业因汇票贴现而发生或有负债。

（三）应收票据的计价

我国会计实务中应收票据的计价采用面值法。面值法是指应收票据以其面值作为入账价值。

二、应收票据的核算

（一）应收票据的取得

小贴士

“应收票据”会计科目反映和监督企业应收票据的取得、转让及款项的收回情况。该科目属于资产类科目，借方反映应收票据的面值或面值和应计利息，贷方反映票据的到期收回和背书转让，借方余额反映尚未到期的应收票据的面值或面值和应计利息。

企业因销售商品、产品和提供劳务等而收到的商业汇票，按照开出、承兑商业汇票的单位进行明细核算。

【例 5-1】 甲公司 9 月份发生如下应收票据业务，据此编制会计分录如下。

（1）1 日向 B 公司销售产品一批，价款 60 000 元，增值税 10 200 元，收到由 B 公司承兑的商业承兑汇票一张，面值 70 200 元。

借：应收票据　　　　　　　　　　　　　　70 200
　　贷：主营业务收入　　　　　　　　　　　　60 000
　　　　应交税费——应交增值税（销项税额）　　10 200

（2）10 日销售给 D 公司一批甲产品，售价 100 000 元，增值税税率 17%，款未付。

借：应收账款——D 公司　　　　　　　　　117 000
　　贷：主营业务收入——甲产品　　　　　　　100 000
　　　　应交税费——应交增值税（销项税额）　　17 000

（3）15 日收到由 D 公司开出并承兑的商业汇票，期限 3 个月，面值 117 000 元。

借：应收票据——D 公司　　　　　　　　　117 000
　　贷：应收账款——D 公司　　　　　　　　　117 000

（二）应收票据持有期间的利息

1. 计提利息

对于带息商业汇票来说，在票据到期之前，企业已经取得收取票据利息的权利，因此，在会计期末应按权责发生制的原则反映这部分利息收入，借记“应收利息”科目，贷记“财务费用”科目。

应收票据利息的计算公式为

$$应收票据利息=应收票据票面金额\times票面利率\times期限$$

式中，“票面利率”一般指票据规定的利率，一般表示为年利率，全年按 360 天计算；“期限”指票据的签发日至到期日的时间间隔，即票据的有效期限。

票据期限有按月表示和按日表示两种。其中，定日付款的汇票付款期限自出票日起按日计算，定期付款的汇票付款期限自出票日起按月计算。

票据期限按月表示时，票据的期限不考虑各月份实际天数的多少，应以到期月份中与出票日相同的那一天为到期日。如 4 月 16 日签发的 3 个月票据，到期日应为 7 月 16 日。当签发承兑票据的日期为某月月末时，统一以到期月份的最后一日为到期日。如 1 月 31 日签发承兑期限为 1 个月、2 个月、3 个月和 6 个月的商业汇票，其到期日分别为 2 月 28 日（闰年为 2 月 29 日）、3 月 31 日、4 月 30 日和 7 月 31 日。票据期限按月表示时，带息票据的利息应按票面金额、票据期限（月数）和月利率计算。

票据期限按日表示时，票据的期限不考虑月数，统一按票据的实际天数计算。在票据签发承兑日和票据到期日这 2 天中，只计算其中的 1 天，即“算头不算尾”或“算尾不算头”。如 3 月 2 日签发承兑的期限为 180 天的商业汇票，其到期日为 8 月 29 日；1 月 31 日（当年 2 月份为 28 天）签发承兑的期限为 30 天、60 天、90 天的商业汇票，其到期日分别为 3 月 2 日、4 月 1 日、5 月 1 日。票据期限按日表示时，带息票据的利息应按票面金额、票据期限（天数）和日利率计算。

对于带息票据，按照规定应在期末计提利息。我国商业汇票最长付款期限不超过6个月，因此，通常只在半年末和年度终了时计提利息，不按月计提利息。计提利息时，借记“应收利息”账户，贷记“财务费用”账户。

【例5-2】 扬帆公司2001年9月1日采用商业汇票结算方式销售产品一批，发票上注明的销售收入为100 000元，增值税额为17 000元，企业当即收到带息商业承兑汇票一张，期限为6个月，到期日为2002年3月1日，票面利率为8%。按企业会计政策规定，企业于年末计提应收票据的利息。编制会计分录如下。

（1）2001年9月1日收到商业承兑汇票时。

借：应收票据　　117 000

　贷：主营业务收入　　100 000

　　应交税费——应交增值税（销项税额）　　17 000

（2）2001年12月31日计提应收票据利息。

票据利息=117 000×8%×4/12=3 120（元）

借：应收利息　　3 120

　贷：财务费用　　3 120

2．应收票据的贴现

（1）应收票据贴现的性质。“贴现”就是指票据持有人将未到期的票据在背书后送交银行，银行受理后从票据到期值中扣除按银行贴现率计算确定的贴息，然后将余额付给持票人，作为银行对企业的短期贷款。背书的应收票据是此项借款的担保品，可见票据贴现实质上是企业融资的一种形式。

（2）应收票据贴现的计算。在应收票据贴现中，自贴现日至票据到期日的期间称为贴现期，贴现银行扣除的利息称为贴现利息，贴现银行将票据到期值扣除贴现利息后支付给企业的金额称为贴现净额。有关计算公式如下。

不带息票据贴现：贴现利息=票据面值×贴现率×贴现天数/360

贴现天数=票据期限-企业已持有票据期限=贴现日到票据到期日实际天数-1

（注：承兑人在异地的，贴现利息的计算应加3天的划款日期。）

带息票据的贴现：贴现所得金额=票据到期值-贴现利息

票据到期值=票据面值×（1+年利率×票据到期天数/360）

贴现净额=票据到期值-贴现利息

（3）应收票据贴现的会计处理。企业持未到期的应收票据向银行贴现，应根据银行盖章退回的贴现凭证第四联收账通知，按实际收到的金额（即减去贴现息后的净额），借记“银行存款”账户，按商业汇票的票面金额，贷记“应收票据”（不附追索权）或“短期借款”（附追索权），按其差额，借记或贷记“财务费用”账户。

【例5-3】 甲公司于2001年6月8日持所收取的出票日为4月10日，期限为6个月、面值为93 600元的商业承兑汇票一张，到银行贴现。假设该公司与承兑公司在同一票据交换区域内，银行的年贴现率为5.8%。此贴现为附追索权贴现。

分析：该票据的到期日为10月10日，贴现天数从6月8日起到10月9日止（算头不算尾）应为124天。甲公司贴现时的会计处理如下：

贴现利息=93 600×5.8%×124/360=1870（元）

贴现净额=93 600−1870=91 730（元）

借：银行存款　　　　　　　　　　91 730

　　财务费用　　　　　　　　　　　1 870

　　贷：短期借款（适用于不满足金融资产终止确认条件的情形）

　　　　　　　　　　　　　　　　　　　　93 600

【例 5-4】 甲公司于 2001 年 8 月 29 日持所收取的出票日为 7 月 8 日、期限为 6 个月、面值为 30 000 元的银行承兑汇票一张，到银行申请贴现，票面利率为 4.5%，贴现率为 5.6%。此贴现为不附追索权贴现。假设该公司与承兑公司在同一票据交换区域内。

分析：该票据的到期日为 2002 年 1 月 8 日，贴现天数从 2001 年 8 月 30 日起到 2002 年 1 月 8 日止（算尾不算头）应为 132 天。甲公司贴现时的会计处理如下。

票据到期值=30 000×(1+4.5×6/12)=30 675（元）

贴现利息=30 675×5.6%×132/360=630（元）

贴现净额=30 675−630=30 045（元）

借：银行存款　　　　　　　　　　30 045

　　贷：应收票据（适用于满足金融资产终止确认条件的情形）

　　　　　　　　　　　　　　　　　　　　30 000

　　　　财务费用　　　　　　　　　　　　　45

（三）应收票据到期的核算

应收票据到期的会计处理包括到期收回款项、到期付款方拒付、贴现票据到期付款、贴现票据到期拒付等情况。

1．票据到期收回款项的会计处理

应收票据到期时，应按实际收到的金额借记“银行存款”科目，按应收票据和应收利息的对应金额贷记“应收票据”和“应收利息”科目，按其差额（即未计提利息部分）贷记“财务费用”科目。

【例 5-5】 根据【例 5-2】的有关资料，该票据 6 个月之后到期，收回票据面值和利息。票据到期收回票据款，票据到期价值=117 000×(1+8%×6/12)=121 680（元）。

借：银行存款　　　　　　　　　　121 680

　　贷：应收票据　　　　　　　　　　117 000

　　　　应收利息　　　　　　　　　　　3 120

　　　　财务费用　　　　　　　　　　　1 560

2．票据到期付款方拒付的会计处理

如果带息票据到期，因购货单位（承兑人）无力支付票款而发生拒付，按应收票据和应收利息账面余额，转入“应收账款”科目。借记“应收账款”科目，贷记“应收票据”和“应收利息”科目。尚未计提的利息无需补提，只需在备查簿中登记，待实际收到时再记入当期的财务费用。

【例 5-6】 根据【例 5-2】的有关资料，假设该票据为商业承兑汇票，6 个月到期后，购货单位无力偿还票款，该公司相关会计处理如下。

借：应收账款　　120 120
　　贷：应收票据　　117 000
　　　　应收利息　　3 120

3．贴现票据到期付款的会计处理

附追索权的贴现票据到期，付款人已向银行支付了到期值，此时，贴现企业只需将应收票据与短期借款对销。而不附追索权的贴现票据到期时付款人与原贴现企业无关。

【例 5-7】 根据【例 5-3】的有关资料，贴现票据（附追索权票据）到期，付款人足额支付了到期值，原贴现企业应将到期的“应收票据”和“短期借款”同时注销，该公司相关会计处理如下。

借：短期借款　　93 600
　　贷：应收票据　　93 600

4．贴现票据到期拒付的会计处理

对于附追索权的贴现票据，如果付款人到期无力支付票款，则应由申请贴现的企业根据银行退回的应收票据、付款通知和拒绝付款理由书或付款人未付票款通知书向贴现银行偿付票款，按所支付本息借记“应收账款”科目，贷记“银行存款”科目。同时，注销到期的应收票据和短期借款。同样，不附追索权的贴现票据到期，付款人拒付与原贴现企业无关。

【例 5-8】 根据【例 5-3】的有关资料，贴现票据（附追索权票据）到期，付款人无力支付票款，原贴现企业接到银行通知后，支付票据本息 93 600 元，该公司相关会计处理如下。

借：短期借款　　93 600
　　贷：银行存款　　93 600

同时

借：应收账款　　93 600
　　贷：应收票据　　93 600

根据金融资产转移准则相关规定，附追索权的商业承兑汇票贴现时，可以根据贴现净额，借记“银行存款”，按应收票据的账面金额，贷记“短期借款——成本”，差额计入“短期借款——利息调整”，并在贴现期间采用实际利率法摊销，计入“财务费用”。

三、应收票据备查簿

企业应设置应收票据备查簿，逐笔记录每一应收票据的种类，号数，出票日期，票面金额，票面利率，交易合同，付款人、承兑人、背书人姓名或单位名称，到期日，背书转让日，贴现日期，贴现率，贴现净额，未计提的利息，收款日期，收回金额，退票情况等资料。应收票据到期结清票款或退票后，应在应收票据备查簿内逐笔注销。

需要说明的是，当有确凿证据表明应收票据不能收回时，应对其计提坏账准备。

第二节　应收账款

判断一项债权属于应收账款还是应收票据的标准在于是否采用了票据化的表现形式，在交易中取得商业汇票的是应收票据，没有票据化的表现形式一般就是应收账款或者是其他应收款。

一、应收账款的性质与范围

应收账款是企业因对外销售商品、提供劳务或让渡资产使用权等而形成的债权。从应收账款的回收期来看，应收账款是指应在 1 年（可跨年度）内收回的短期债权。在资产负债表上，应收账款应列为流动资产项目。

二、应收账款的计价

《企业会计准则第 22 号——金融工具确认和计量》规定，贷款和应收款项按实际利率法，以摊余成本计量。应收账款应按实际发生额计量。在计算应收账款的入账金额时，还要考虑商业折扣和现金折扣因素。

（一）商业折扣

商业折扣，是指企业为促进商品销售而在商品标价上给予的价格扣除。通常用百分数来表示，如 10%、15%、20%等，扣减后的净额才是实际销售价格。

在商业折扣的情况下，企业应收账款入账金额应按扣除商业折扣后的实际售价加以确认，由于商业折扣一般在交易发生时即已确定，商业折扣仅仅是确定实际销售价格的一种手段，不在买卖任何一方的账上进行反映，所以商业折扣对应收账款入账金额的确认并无实质性影响。

（二）现金折扣

现金折扣，是指债权人为鼓励债务人在规定的期限内付款而向债务人提供的债务扣除。现金折扣通常发生在以赊销方式销售商品及劳务的交易中，企业为了鼓励客户提前偿付货款，通常与债务人达成协议，债务人在不同的期限内付款可享受不同比例的折扣。这种折扣一般用符号“折扣率/付款期限”来表示。例如，“2/10，1/20，N/30”表示：假使客户于 10 天内付款，销货企业将按商品售价给客户 2%的折扣；如果超过 10 天，客户于 20 天内付款，则给予 1%的现金折扣；但客户最晚 30 天内全额付款，此时没有任何现金折扣。正因为如此，除非购货方资金严重紧张，一般情况下都会接受现金折扣。

现金折扣和商业折扣主要有两点区别：第一，目的不同。现金折扣是为了鼓励客户提前付款而给予的债务扣除；商业折扣是为了促进销售而给予的价格扣除。第二，发生折扣的时间不同。现金折扣在商品销售后发生，企业在确定销售收入时不能确定相关的现金折扣，销售后现金折扣是否发生应视买方的付款情况而定；而商业折扣在销售时就已经发生，企业销售实现时，只要按照扣除商业折扣后的净额确认销售收入即可，不需另做会计处理。

在我国会计实务中，只允许采用总价法进行会计处理，即应收账款以未减去现金折扣的金额作为入账价值。实际发生的现金折扣作为一种理财费用，计入发生当期的损益。

三、应收账款的核算

（一）不存在折扣的应收账款核算

企业发生的应收账款，在既不存在商业折扣又不存在现金折扣的情况下，按应收的全部金额入账。

【例 5-9】 扬帆公司销售给某商场一批服装，价值总计 58 000 元，适用的增值税税率为 17%，代购货单位垫付运杂费 2 000 元，已办妥托收手续。编制会计分录如下。

（1）销售时。

借：应收账款　　69 860

　贷：主营业务收入　　58 000

　　应交税费——应交增值税（销项税额）　　9 860

　　银行存款　　2 000

（2）收到货款时。

借：银行存款　　69 860

　贷：应收账款　　69 860

（二）存在折扣的应收账款核算

1．在有商业折扣的情况下，应按扣除商业折扣后的金额入账

【例 5-10】 扬帆公司销售一批产品，按价目表标明的价格计算，金额为 20 000 元，由于是成批出售，销货方给购货方 10%的商业折扣（金额为 2 000 元），适用税率为 17%。编制会计分录如下。

（1）销售时。

借：应收账款　　21 060

　贷：主营业务收入　　18 000

　　应交税费——应交增值税（销项税额）　　3 060

（2）收到货款时。

借：银行存款　　21 060

　贷：应收账款　　21 060

2．在有现金折扣的情况下，应按扣除现金折扣前的金额入账

【例 5-11】 扬帆公司根据发生的有关应收账款的经济业务，编制会计分录如下。

① 企业销售甲产品，扣除商业折扣后的货款总额为 3 800 元（其中产品价款 3 247.86 元，增值税 552.14 元），规定的付款条件为：2/20，N/30。

借：应收账款　　3 800

　贷：主营业务收入　　3 247.86

　　应交税费——应交增值税（销项税额）　　552.14

② 购货方于 20 天内付款，给予购货方的折扣为 76 元，实际收到货款 3 724 元存入银行。

借：银行存款　　3 724

　财务费用　　76

　贷：应收账款　　3 800

第三节　预付及其他应收款项

在企业生产经营过程中，会形成其他各种应收款项，如个人借款、对子公司或下属单位的拨款、应收股东或者其他关联方的欠款、存入保证金、应收保险赔偿款或其他赔款、进行债权投资而发生的应计利息等，它们都是由于销售或提供劳务以外的其他因素引起的。

一、预付账款

预付账款是指企业按照购货合同的规定预付给销货企业的货款。预付账款按实际付出的金额入账。会计期末，预付账款按历史成本反映。

小贴士

为了便于管理和分析，应将这类应收款项与前述应收票据、应收账款区分开来，单独设置“其他应收款”、“应收利息”、“应收股利”核算。企业作为购买方预付给销货方的款项单独设置“预付账款”核算。

企业对供货方预付账款时，按预付金额借记“预付账款”科目，贷记“银行存款”科目；企业收到预购的材料或商品时借记“物资采购”或“原材料”等科目，按专用发票上注明的增值税借记“应交税费——应交增值税（进项税额）”科目，按应付的金额贷记“预付账款”科目。补付货款时，借记“预付账款”科目，贷记“银行存款”科目；退回多付的货款时，借记“银行存款”科目，贷记“预付账款”科目。

【例 5-12】 扬帆公司发生如下经济业务，编制会计分录如下。

（1）预付购买材料款共计 12 000 元。

借：预付账款　　12 000
　　贷：银行存款　　12 000

（2）收到材料和专用发票时，全部货款为 15 000 元，税金为 2 550 元。

借：物资采购　　15 000
　　应交税费——应交增值税（进项税额）　　2 550
　　贷：预付账款　　17 550

（3）同时，补付货款 5 550 元。

借：预付账款　　5 550
　　贷：银行存款　　5 550

（4）如果（3）中收到材料和专用发票时，全部货款为 14 000 元，税额为 2 380 元。

借：物资采购　　14 000
　　应交税费——应交增值税（进项税额）　　2 380
　　贷：预付账款　　16 380

（5）退回多付的货款 1 170 元。

借：银行存款　　1 170
　　贷：预付账款　　1 170

预付账款不多的企业，可以将预付的货款计入“应付账款”科目的借方，但在编制财务报表时，仍然要将“预付账款”和“应付账款”的金额分开列示。借方金额列示于资产负债表流动资产项下的“预付账款”项目，贷方金额列示于资产负债表流动负债项下的“应付账款”项目。

二、其他应收款

其他应收款核算企业除应收票据、应收账款、预付账款、应收股利、应收利息和长期应收款等经营活动以外的其他各种应收、暂付的款项。

其他应收款具体包括以下内容：① 应收的各种赔款；② 应收的各种罚款；③ 存出的保证金，如包装物的押金等；④ 拨给职能部门、车间等的备用金；⑤ 应向职工收取的各种暂付款项等。

小贴士

为了核算企业发生的各种其他应收款业务，应设置“其他应收款”科目，并按不同的债务人设置明细账。企业发生各种其他应收款项时，借记“其他应收款”科目，贷记有关科目；收回各种款项时，借记有关科目，贷记“其他应收款”科目。

【例 5-13】 （1）刘明预借差旅费 500 元，以现金支付。

借：其他应收款——刘明　　500

　　贷：库存现金　　500

（2）刘明出差结束后报销差旅费 400 元，交回现金 100 元。

借：管理费用　　400

　　库存现金　　100

　　贷：其他应收款——刘明　　500

在其他应收款业务中，特别需要指出的是备用金的核算。企业因业务经营的需要，往往要准备一定数额的备用金。备用金是指企业内部各车间、业务部门、职能部门等周转使用的货币资金，主要包括预付给部门、车间及非独立核算的经营单位等用于日常开支的款项。会计核算上，企业应以“其他应收款”科目核算备用金业务，并设置“备用金”明细科目进行明细核算。如果企业发生的备用金业务较多，也可以单独设置“备用金”科目进行核算。无论备用金通过“其他应收款——备用金”科目核算，还是通过“备用金”科目进行核算，都应按用款单位详细记录反映备用金的具体情况。

【例 5-14】 扬帆公司根据发生的有关定额备用金的经济业务，编制会计分录如下。

（1）开出现金支票，向总务部门支付定额备用金 40 000 元。

借：其他应收款——备用金（总务）　　40 000

　　贷：银行存款　　40 000

（2）总务部门向财会部门报销日常办公用品费 2 000 元，财会部门以现金支付。

借：管理费用　　2 000

　　贷：库存现金　　2 000

（3）总务部门不再需要备用金，将备用金 40 000 元退回。

借：库存现金　　40 000

　　贷：其他应收款——备用金（总务）　　40 000

企业应当定期或者至少于每年年度终了对其他应收款进行检查，预计其可能发生的坏账损失，并计提坏账准备。对于不能收回的其他应收款应查明原因，追究责任。对确实无法收回的，按照企业的管理权限，经股东大会或董事会或经理（厂长）会议或类似机构批准作为坏账损失，借记“资产减值损失”科目，贷记“坏账准备”科目。

第四节　坏账及其核算

坏账就是指企业无法收回或收回的可能性极小的应收款项。由于发生坏账而产生的损失称为坏账损失。

一、坏账损失的确认和计量

企业应当定期或者至少每年年度终了，对应收账款进行全面检查，预计各项应收账款可能发生的坏账，对于没有把握能够收回的应收账款，应当计提坏账。企业的应收款项符合下列条件之一的，应当计提坏账准备：

（1）债务人破产或死亡，以其破产财产或者遗产清偿后仍无法收回的应收款项。

（2）债务人较长时期内未履行其偿债义务，并有足够的证据表明无法收回或收回的可能性极小。

二、坏账损失的会计处理

《企业会计准则第 22 号——金融工资的确认和计量》及其应用指南规定：对于单项金额重大的应收款项，应单独进行减值测试，有客观证据表明其发生了减值的，应当根据其未来现金流量现值低于账面价值的差额，确认减值损失，计提坏账准备。坏账准备计提后，可以转回。

企业坏账准备的计提范围是：应收票据、应收账款、预付账款、其他应收款、长期应收款等应收款项。采用备抵法核算坏账损失应设置“坏账准备”科目核算。

（1）资产负债表日，应收款项发生减值的，按应减记的金额，借记“资产减值损失”科目，贷记本科目。本期应计提的坏账准备大于其账面余额的，应按其差额计提；应计提的坏账准备小于其账面余额的差额做相反的会计分录。

（2）对于确实无法收回的应收款项，按管理权限报经批准后作为坏账，转销应收款项，借记本科目，贷记“应收票据”、“应收账款”、“预付账款”、“其他应收款”、“长期应收款”等科目。

（3）已确认并转销的应收款项以后又收回的，应按实际收回的金额，借记“应收票据”、“应收账款”、“预付账款”、“其他应收款”、“长期应收款”等科目，贷记本科目；同时，借记“银行存款”科目，贷记“应收票据”、“应收账款”、“预付账款”、“其他应收款”、“长期应收款”等科目。对于已确认并转销的应收款项以后又收回的，也可以按照实际收回的金额，借记“银行存款”科目，贷记本科目。

（4）本科目期末贷方余额，反映企业已计提但尚未转销的坏账准备。

采用备抵法，要求在会计期末按一定的方法估计坏账损失，计入当期损益，同时形成坏账准备。待实际发生坏账时，再冲销坏账准备和应收账款，对当期损益一般不产生影响，除非已计提的坏账准备不足以冲销实际发生的坏账损失。下列应收账款不能全额计提坏账准备：① 当年的；② 计划进行债务重组的；③ 与关联方发生的；④ 其他已逾期但无证据证明不能收回的。

本章小结

应收票据是指企业因销售商品、提供劳务或让渡资产使用权而收到的商业汇票，包括银行承兑汇票和商业承兑汇票。我国应收票据的计价采用面值计价法。

应收账款是企业因对外销售商品、提供劳务或让渡资产使用权等而形成的债权。从应收账款的回收期来看，应收账款是指应在 1 年（可跨年度）内收回的短期债权。在资产负债表上，应收账款应按净额列示流动资产项目。

准则规定坏账采用备抵法核算。企业如果有确凿的证据证明应收账款、应收票据、预付账款、其他应收款和长期应收款不能收回或者收回的可能性很小，应计提坏账准备。当期按应收账款计算应提坏账准备金额大于“坏账准备”账户贷方余额时，按其差额提取坏账准备；若当期按应收账款计算应提坏账准备金额小于“坏账准备”账户贷方余额时，应按其差额冲减计提的坏账。

本章思考

1．什么是应收票据贴现？贴现利息、贴现净额如何计算？

2．什么是现金折扣？总价法对现金折扣在会计上是如何处理的？对企业有何影响？

3．如何理解“预付账款”科目与“应付账款”科目的相互作用。

本章测试

【单选题】

1．如果一张票据的出票日期为 9 月 28 日，期限 60 天，则其到期日为（　　）。

A．11 月 28 日　　B．11 月 30 日　　C．11 月 27 日　　D．11 月 29 日

2．某企业将一张面值为 30 000 元、期限 3 个月的不带息商业承兑汇票，在持有 45 天后向银行贴现，贴现率为 12%，则企业可得贴现净额为（　　）。

A．39 000 元　　B．29 550 元　　C．29 100 元　　D．30 450 元

3．应收账款应按（　　）记账。

A．估计金额　　B．实际发生的金额

C．双方协商的金额　　D．计划金额

4．应收账款是由（　　）而产生的。

A．现销业务　　B．产品的销售业务

C．赊销业务　　D．其他销售业务

5．企业按规定提取的坏账准备，应计入（　　）账户。

A．财务费用　　B．营业外收入　　C．资产减值损失　　D．制造费用

【答案】　1．C　　2．B　　3．B　　4．C　　5．C

第六章　存　　货

学习目标

通过本章学习，能够：

1. 掌握存货入账价值的确定原则，以及取得存货成本的会计处理；
2. 掌握发出存货成本的计价方法；
3. 掌握成本与可变现净值孰低法的基本原理和计提存货跌价准备的会计处理。

案例导入

CCC 公司是一家大型生产性企业，存货数额很大。如何控制存货的采购，有效地利用存货为企业创造经济效益，妥善地保管存货，并采用合理的会计处理程序处理存货信息，是该公司管理存货工作的重点。存货的成本包括采购成本、加工成本和其他成本。存货采购、验收和付款程序是存货业务会计处理程序的核心内容。我们看一下 CCC 公司存货的处理流程：供货单位将存货购买发票和运输提货单函寄业务部门；业务部门根据有关存货购买通知单和合同编制存货验收单，一式四联，将发票、提货单、验收单给财会部门；储运部门到供货单位提取货物，将货物送到仓库并将验收单给财会部门，同时凭提货单去供货单位提取货物送到仓库；仓库编制入库单，一式三联，然后分别通知业务部门和财会部门；财会部门核对合同副本和存货购买通知单，经确认无误后，办理货款结算，并登记有关总账和明细账。该流程的控制内容主要有：提货、验收、付款分管；存货验收、付款均要核对有关合同和有关凭证；定期进行账证、账账和账实核对。

思考：通过上述描述，你认为 CCC 公司对存货的界定是否正确？存货的价值构成是否符合会计准则的要求？存货业务的会计处理程序是否健全有效？

第一节　存货概述

在商品流通和制造企业中，存货占资产的比重较大。存货具有较强的流动性并占有企业较多的资金，且易发生毁损、被盗等各种损失，加强存货的日常管理尤为重要。

一、存货的概念与特点

（一）存货的概念

存货是指企业在日常活动中持有以备出售的产成品或商品、处在生产过程中的在产品、在生产过程或提供劳务过程中耗用的材料和物料等。存货区别于固定资产等非流动资产的最基本的特征是，企业持有存货的最终目的是为了出售，不论是可供直接出售的，如企业的产成品、商品等，还是需经过进一步加工后才能出售的，如原材料等。

（二）存货的特点

（1）存货具有物质实体，属于有形资产。这一特征，使其与企业的其他不具有物质实体的资产相区别，比如应收账款、应收票据、交易性金融资产、长期股权投资、无形资产等，还有现金和银行存款也不属于存货。

（2）企业持有存货的目的是为了出售。有的生产过程已经完工入库准备出售，如产成品；有的将在生产或提供劳务过程中耗用，制成产成品后再予出售，如原材料等；有的处在生产过程中，如在产品、半成品等。这一特征，使其与固定资产、工程物资等相区别。

（3）存货具有较大的流动性，属于流动资产。存货在生产经营过程中，经常处于不断耗用、销售中，具有较强的变现能力和流动性，但其流动性又低于现金、应收账款等其他流动资产。这一特点，使其与企业的固定资产、在建工程相区别。另外，企业的低值易耗品、包装物流动性也较大，故将其列入存货中。

（4）存货具有时效性和发生潜在损失的可能性。在正常的生产经营过程中，存货较容易转换为货币资产或其他资产，但由于管理不当或其他原因，有可能形成积压物资或需降价出售，从而造成损失，如商品、材料等。

二、存货的内容

企业的存货通常包括以下内容：

（1）原材料，指企业在生产过程中经加工改变其形态或性质并构成产品实体的各种原料，如主要材料、辅助材料、外购半成品（外购件）、修理用备件（备品备件）、包装材料、燃料等。为建造固定资产等各项工程而储备的各种材料，虽然同属于材料，但是由于用于建造固定资产等各项工程，不符合存货的定义，因此不能作为企业存货进行核算。

（2）在产品，指企业正在制造尚未完工的产品，包括正在各个生产工序加工的产品，和已加工完毕但尚未检验或已检验但尚未办理入库手续的产品。

（3）半成品，指经过一定生产过程并已检验合格交付半成品仓库保管，但尚未制造完工成为产成品，仍需进一步加工的中间产品。

（4）产成品，指企业已经完成全部生产过程并验收入库，可以按照合同规定的条件送交订货单位，或者可以作为商品对外销售的产品。企业接受外来原材料加工制造的代制品和为外单位加工修理的代修品，制造和修理完成验收入库后，应视同企业的产成品。

（5）商品，指企业外购或委托加工完成验收入库用于销售的各种物品。

（6）周转材料，指企业能够多次使用、逐渐转移其价值但仍保持原有形态不确认为固定资产的材料，如包装物和低值易耗品。其中，包装物是指为了包装本企业商品而储备的各种包装容器，如桶、箱、瓶、坛、袋等，其主要作用是盛装、运输产品或商品。低值易耗品是指不符合固定资产确认条件的各种用具物品，如工具、管理用具、玻璃器皿、劳动保护用品，以及在经营过程中周转使用的容器等。

（7）委托代销商品，指企业委托其他单位代销的商品。

（8）委托加工物资，是指企业委托外单位加工的存货，包括各种原材料、包装物、低值易耗品、半成品、产成品、商品等物资。

三、存货的分类

存货的构成内容很多，不同存货的具体特点和管理要求各不相同。为了有效地组织各项存货的会计核算，应对存货进行科学分类。一般来说，存货可以按照以下三种标准分类。

1. 按经济用途分类

存货按其经济用途通常分为销售用存货、生产用存货和其他存货三类。

（1）销售用存货。销售用存货是指企业以对外销售为目的而持有的已完工成品，或以转让销售为目的而持有的商品，主要包括工业企业的产成品和商业企业的库存商品等。

（2）生产用存货。生产用存货是指企业为生产、加工产品而库存的各种存货，主要包括原材料和在产品等。

（3）其他存货。其他存货是指除了以上存货外，供企业一般耗用的用品和为生产经营服务的辅助性物品。

2. 按存放地点分类

存货按其存放地点一般可以分为在库存货和在途存货两类。

（1）在库存货也称库存存货，是指已经运到企业，并已验收入库的各种材料、商品以及已验收入库的自制半成品和产成品等。

（2）在途存货包括运入在途存货和运出在途存货。运入在途存货是指货款已经支付，尚未验收入库，正在运输途中的各种存货；运出在途存货是指按合同规定已经发出或送出，尚未确认销售收入的存货。

3. 按来源分类

存货按不同的来源，主要分为外购存货、自制存货、委托外单位加工存货三类。此外，企业的存货中还可能有投资者投入的存货、接受捐赠的存货、盘盈的存货、非货币性资产交换取得的存货、债务重组取得的存货、企业合并取得的存货等。

（1）外购存货是从企业外部购入的存货，如商业企业的外购商品，工业企业的外购材料、外购零部件等。

（2）自制存货是由企业制造的存货，如工业企业的自制材料、在产品、产成品等。

（3）委托外单位加工存货是指企业将外购或自制的某些存货以支付加工费的方式委托外单位进行加工生产的存货，如工业企业的委托加工材料、商业企业的委托加工商品等。

四、存货的确认

存货同时满足下列条件的，才能予以确认：

（一）与该存货有关的经济利益很可能流入企业

企业在确认存货时，需要判断与该项存货相关的经济利益是否很可能流入企业。在实务中，主要通过判断与该项存货所有权相关的风险和报酬是否转移到了企业来确定。其中，与存货所有权相关的风险，是指由于经营情况发生变化造成的相关收益的变动，以及由于存货滞销、毁损等原因造成的损失；与存货所有权相关的报酬，是指在初步该项存货或其经过进一步加工取得的其他存货时获得的收入，以及处置该存货实现的利润等。

（二）该存货的成本能够可靠地计量

作为企业资产的组成部分，要确认存货，企业必须能够对其成本进行可靠地计量。存货的成本能够可靠地计量必须以取得确凿、可靠的证据为依据，并且具有可验证性。如果存货成本不能可靠地计量，则不能确认为一项存货。企业承诺的订货合同，由于并未实际发生，不能可靠确定其成本，因此就不能确认为购买企业的存货。又如，企业预计发生的制造费用，由于并未实际发生，不能可靠地确定其成本，因此不能计入产品成本。

第二节　存货的初始计量

《企业会计准则第 1 号——存货》准则中规定：存货应当按照成本进行初始计量。存货成本包括采购成本、加工成本和其他成本。这表明企业在持续经营的前提下，存货入账价值的基础应采用历史成本计价原则。

一、存货成本的构成

不同存货的成本构成内容不同。原材料、商品、低值易耗品等通过购买而取得的存货的初始成本由采购成本构成；产成品、在产品、半成品、委托加工物资等通过进一步加工而取得的存货的初始成本由采购成本、加工成本以及使存货达到目前场所和状态所发生的其他成本构成。

但下列费用不应当计入存货成本，而应当在其发生时计入当期损益。

（1）非正常消耗的直接材料、直接人工和制造费用应计入当期损益，不得计入存货成本。例如，企业超定额的废品损失以及由自然灾害而发生的直接材料、直接人工及制造费用，由于这些费用的发生无助于使该存货达到目前场所和状态，不应计入存货成本，而应计入当期损益。

（2）企业在采购入库后发生的储存费用，即仓储费用，应当计入当期损益。但是在生产过程中为达到下一个生产阶段所必需的仓储费用则应计入存货成本。例如，某种酒类产品生产企业为使生产的酒达到规定的产品质量标准而必须发生的仓储费用，应计入酒的成本，而不计入当期损益。

（3）不能归属于使存货达到目前场所和状态的其他支出不符合存货的定义和确认条件，应在发生时计入当期损益，不得计入存货成本。

二、外购存货的核算

（一）外购存货的成本

原材料、商品、低值易耗品等通过购买而取得的存货的初始成本由采购成本构成。存货的采购成本，包括购买价款、相关税费、运输费、装卸费、保险费以及其他可归属于存货采购成本的费用。

（1）购买价款，是指企业购入材料或商品的发票账单上列明的价款，但不包括按规定可以抵扣的增值税进项税额。

（2）相关税费，是指企业购买、自制或委托加工存货所发生的消费税、资源税和不能从增值税销项税额中抵扣的进项税额等。

（3）其他可归属于存货采购成本的费用，即采购成本中除上述各项以外的可归属于存货采购成本的费用，如在存货采购过程中发生的仓储费、包装费、运输途中的合理损耗、入库前的挑选整理费用等。这些费用能分清负担对象的，应直接计入存货的采购成本；不能分清负担对象的，应选择合理的分配方法，分配计入有关存货的采购成本。分配方法通常包括按所购存货的重量或采购价格的比例进行分配。

但是，对于采购过程中发生的物资毁损、短缺等，除合理的损耗应作为存货的“其他可归属于存货采购成本的费用”计入采购成本外，应区别不同情况进行会计处理：①应从供货单位、外部运输机构等收回的物资短缺或其他赔款，冲减物资的采购成本；②因遭受意外灾害发生的损失和尚待查明原因的途中损耗，不得增加物资的采购成本，应暂作为待处理财产损溢进行核算，在查明原因后再做处理。

商品流通企业在采购商品过程中发生的运输费、装卸费、保险费以及其他可归属于存货采购成本的费用等，应当计入存货的采购成本，也可以先进行归集，期末再根据所购商品的存销情况进行分摊。对于已售商品的进货费用，计入当期损益（主营业务成本）；对于未售商品的进货费用，计入期末存货成本。企业采购商品的进货费用金额较小的，可以在发生时直接计入当期损益（销售费用）。

（二）外购存货的账务处理

存货按实际成本核算的特点是：从存货收发凭证到明细分类账和总分类账全部按实际成本计价。

小贴士

“在途物资”科目用以核算企业货款已经支付或商业汇票已经承兑，但尚未到达或尚未验收入库的各种物资的实际成本。该科目的借方登记已经支付或已经承兑商业汇票的材料物资的实际成本，贷方登记验收入库的材料物资的实际成本。期末借方余额反映企业已经支付货款或已经将商业汇票承兑，但尚未到达或尚未验收入库的材料物资的实际成本。

“原材料”科目核算企业库存的各种材料，包括原料及主要材料、辅助材料、外购半成品（外购件）、修理用备件（备品备件）、包装材料、燃料等的计划成本或实际成本。“原材料”科目应当按照材料的保管地点（仓库）、材料的类别、品种和规格等设置二级明细科目。

企业外购存货时，结算凭证通过银行传递，存货由有关部门运输。因此，企业从外埠采购存货，会使结算凭证到达和存货验收入库在时间上产生不同步的情况。

（1）结算凭证到达并同时将存货验收入库。发生此类业务时，应根据发票账单等结算凭证确定的存货成本借记“原材料”、“库存商品”科目，根据取得的增值税专用发票上注明的税额借记“应交税费——应交增值税（进项税额）”科目，按照实际付款金额贷记“银行存款”、“其他货币资金”等科目，或根据已承兑的商业汇票贷记“应付票据”科目。

（2）对于已经付款或已开出、承兑商业汇票，但存货尚未到达或尚未验收入库的采购业务，应根据发票账单等结算凭证，借记“在途物资”、“应交税费——应交增值税（进项税额）”科目，贷记“银行存款”、“其他货币资金”等科目，或根据已承兑的商业汇票贷记“应付票据”科目。待存货到达、验收入库后，再根据收料单，借记“原材料”、“库存商品”科目，贷记“在途物资”科目。

（3）存货先验收入库，结算凭证后到达。企业在收到存货验收入库时，暂不做账务处理，只将有关的入库单证单独保管，待结算凭证到达后，按结算凭证到达并同时将存货验收入库的情况处理。但如果会计期末仍有已经入库而未付款的存货，为了反映企业存货及负债的情况，应将其估价入账，借记“原材料”、“库存商品”科目，贷记“应付账款”科目，下月初以红字分录冲回。

【例 6-1】 扬帆公司经有关部门核定为一般纳税人，某日该公司购入原材料一批，取得的增值税专用发票上注明的原材料价款为 20 000 元，增值税税额为 3 400 元，发票等结算凭证已经收到，货款已通过银行转账支付。根据上述资料，应编制会计分录如下。

借：原材料　　20 000
　　应交税费——应交增值税（进项税额）　　3 400
　　贷：银行存款　　23 400

【例 6-2】 沿用【例 6-1】的资料，并假设购入材料业务的发票等结算凭证已到，货款已经支付，但材料尚未运到。公司应于收到发票等结算凭证时，编制会计分录如下。

借：在途物资　　20 000
　　应交税费——应交增值税（进项税额）　　3 400
　　贷：银行存款　　23 400

上述材料到达入库时，再做如下账务处理：

借：原材料　　20 000
　　贷：在途物资　　20 000

【例 6-3】 假设【例 6-1】中购入的材料已经运到，并验收入库，但发票等结算凭证尚未收到，货款尚未支付，公司暂不做账。月末，如果结算凭证仍未到达，按照暂估价入账，假设其暂估价为 18 000 元。有关会计分录如下。

借：原材料　　18 000
　　贷：应付账款——暂估应付账款　　18 000

下月初用红字将上述分录原账冲回。

借：原材料　　[18 000]
　　贷：应付账款——暂估应付账款　　[18 000]

收到有关结算凭证，并支付货款时。

借：原材料　　20 000
　　应交税费——应交增值税（进项税额）　　3 400
　　贷：银行存款　　23 400

三、加工取得存货的成本

通过进一步加工而取得的存货的成本由采购成本、加工成本以及为使存货达到目前场所和状态所发生的其他成本构成。采购成本是由所消耗的原物资采购成本转移而来的。加工成本由直接人工和制造费用构成，其实质是企业在进一步加工存货的过程中追加发生的生产成本，因此，不包括直接由材料存货转移来的价值。其中直接人工，是指在企业生产产品过程中直接从事产品生产的工人的职工薪酬。直接人工和间接人工的划分依据通常是生产工人是否与所生产的产品直接相关（即可否直接确定其服务的产品对象）。制造费用，是指企业为生产产品和提供劳务而发生的各项间接费用。制造费用是一种间接生产成本，包括企业生产部门（如生产车间）管理人员的薪酬、折旧费、办公费、水电费、机物料消耗、劳动保护费、季节性和修理期间的停工损失等。其他成本，如可直接认定的产品设计费用等。

1．委托外单位加工的存货

委托外单位加工完成的存货，以实际耗用的原材料或者半成品、加工费、运输费、装卸费等费用以及按规定应计入成本的税金，作为实际成本。其在会计处理上主要包括拨付加工物资、支付加工费用和税金、收回加工物资和剩余物资等几个环节。

（1）拨付委托加工物资。企业发给外单位加工的物资，应将物资的实际成本由“原材料”、“库存商品”等科目转入“委托加工物资”科目，借记“委托加工物资”科目，贷记“原材料”或“库存商品”科目。

（2）支付加工费、运杂费、增值税等。企业支付的加工费、应负担的运杂费、增值税等，借记“委托加工物资”、“应交税费——应交增值税（进项税额）”科目，贷记“银行存款”等科目。

（3）交纳的消费税。需要交纳消费税的委托加工物资，其由受托方代收代缴的消费税，应分以下情况处理：① 委托加工的物资收回后直接用于销售的，委托方应将受托方代收代缴的消费税计入委托加工物资的成本，借记“委托加工物资”科目，贷记“应付账款”、“银行存款”等科目；② 委托加工的物资收回后用于连续生产应税消费品的，委托方应按准予抵扣的受托方代收代缴的消费税额，借记“应交税费——应交消费税”科目，贷记“应付账款”、“银行存款”等科目。

（4）加工完成收回加工物资。加工完成验收入库的物资和剩余物资，按加工收回物资的实际成本和剩余物资的实际成本，借记“库存商品”、“原材料”等科目，贷记“委托加工物资”科目。

【例 6-4】 扬帆公司委托乙企业加工材料一批（属于应税消费品）。原材料成本为 20 000 元，支付的加工费为 7 000 元（不含增值税），消费税税率为 10%，材料加工完成并已验收入库，加工费用等已经支付。双方适用的增值税税率为 17%。

扬帆公司按实际成本核算原材料，有关账务处理如下。

（1）发出委托加工材料。

借：委托加工物资——乙企业　　20 000

　　贷：原材料　　20 000

（2）支付加工费和税金。

消费税组成计税价格 ＝(20 000+7 000)÷(1−10%)＝30 000 元

受托方代收代缴的消费税税额 ＝30 000×10%＝3 000 元

应交增值税税额 ＝7 000×17%＝1 190 元

① 扬帆公司收回加工后的材料用于连续生产应税消费品的。

借：委托加工物资——乙企业　　7 000

应交税费——应交增值税（进项税额） 1 190

——应交消费税 3 000

贷：银行存款 11 190

② 扬帆公司收回加工后的材料直接用于销售的。

借：委托加工物资——乙企业（7 000+3 000） 10 000

应交税费——应交增值税（进项税额） 1 190

贷：银行存款 11 190

（3）加工完成，收回委托加工材料。

① 扬帆公司收回加工后的材料用于连续生产应税消费品的。

借：原材料（20 000+7 000） 27 000

贷：委托加工物资——乙企业 27 000

② 扬帆公司收回加工后的材料直接用于销售的。

借：库存商品（20 000+10 000） 30 000

贷：委托加工物资——乙企业 30 000

2. 自行生产的存货成本

自行生产存货时应通过设置“生产成本”、“制造费用”等科目来归集生产过程中发生的相关成本。

“生产成本”科目核算企业进行工业性生产发生的各项生产成本，包括生产各种产品（产成品、自制半成品等）、自制材料、自制工具、自制设备等。该科目可按基本生产成本和辅助生产成本进行明细核算。

“制造费用”科目核算企业生产车间（部门）为生产产品和提供劳务而发生的各项间接费用。主要包括间接用于产品生产的费用和直接用于产品生产，但管理上不要求或者核算上不便于单独核算，因而没有专设成本项目的费用。前者如辅助工人薪酬、车间照明和取暖费、生产单位管理人员薪酬、办公费等，后者包括固定资产折旧费、修理费、劳动保护费、生产工具摊销等。

费用在计入产品时要分别采用直接计入或间接分配计入的方法。直接费用就是能从凭证上清楚地归属于某产品生产成本的费用，如直接材料、直接工资等应该直接计入“生产成本”账户及所属的成本明细账。对于不能直接计入某种产品成本的间接费用，如辅助车间的费用、生产车间的制造费用等，要另外设置“生产成本——辅助生产成本”、“制造费用”等账户，按费用发生的地点和用途计入这些账户及其有关明细账户。“生产成本——辅助生产成本”账户所归集的全部费用，要按照辅助生产车间所提供的劳务数量，在各个受益部门和产品之间进行分配，并计入有关总账和明细分类账户。“制造费用”账户归集的全部费用，按照适当的比率分配计入“生产成本——基本生产成本”账户及有关的产品成本明细账户。

【例 6-5】 扬帆公司的生产车间分别以甲、乙两种材料生产两种产品 A 和 B。2001 年 6 月，投入甲材料 80 000 元生产 A 产品，投入乙材料 50 000 元生产 B 产品。当月生产 A 产品发生直接人工费用 20 000 元，生产 B 产品发生直接人工费用 10 000 元，该生产车间归集的制造费用总额为 30 000 元。假定，当月投入生产的 A 和 B 两种产品均于当月完工，该企业生产车间的制造费用按生产工人工资比例进行分配，则：

A 产品应分摊的制造费用=30 000×20 000÷(20 000+10 000)=20 000（元）

B 产品应分摊的制造费用=30 000×10 000÷(20 000+10 000)=10 000（元）

A 产品完工成本=80 000+20 000+20 000=120 000（元）

B 产品完工成本=50 000+10 000+10 000=70 000（元）

账务处理如下。

① 投入材料的核算。

借：生产成本——A 产品　　80 000

　　　　　　——B 产品　　50 000

　　贷：原材料——甲材料　　80 000

　　　　　　　——乙材料　　50 000

② 直接人工费用的核算。

借：生产成本——A 产品　　20 000

　　　　　　——B 产品　　10 000

　　贷：应付职工薪酬　　30 000

③ 制造费用分配。

借：生产成本——A 产品　　20 000

　　　　　　——B 产品　　10 000

　　贷：制造费用　　30 000

④ 结转完工产品成本。

借：库存商品——A 产品　　120 000

　　　　　　——B 产品　　70 000

　　贷：生产成本——A 产品　　120 000

　　　　　　　　——B 产品　　70 000

四、其他方式取得的存货

1．投资者投入的存货

投资者投入存货的成本，应当按照投资合同或协议约定的价值确定，但合同或协议约定价值不公允的除外。

【例 6-6】 2001 年 1 月 1 日，A、B、C 三方共同投资设立了甲责任有限公司（以下简称甲公司）。A 以其生产的产品作为投资（甲公司作为原材料管理和核算），该批产品的公允价值为 5 000 000 元。甲公司取得的增值税专用发票上注明的不含税价款为 5 000 000 元，增值税税额为 850 000 元。假定甲公司的股本总额为 10 000 000 元，A 在甲公司享有的份额为 35%。甲公司为一般纳税人，适用的增值税税率为 17%；甲公司采用实际成本法核算存货。

A 在甲公司享有的股本金额 = 10 000 000×35% = 3 500 000（元）

A 在甲公司投资的股本溢价 = 5 000 000+850 000−3 500 000 = 2 350 000（元）

甲公司的账务处理如下。

借：原材料　　5 000 000

　　应交税费——应交增值税（进项税额）　　850 000

　　贷：股本——A　　3 500 000

　　　　资本公积——股本溢价　　2 350 000

2. 接受捐赠取得的存货

企业接受捐赠的存货，按以下规定确定其实际成本。

(1) 捐赠方提供了有关凭据（如发票、报关单、有关协议）的，按凭据上标明的金额加上应支付的相关税费，作为实际成本。

(2) 捐赠方没有提供有关凭据的，按如下顺序确定其实际成本：①同类或类似存货存在活跃市场的，按同类或类似存货的市场价格估计的金额，加上应支付的相关税费，作为实际成本；②同类或类似存货不存在活跃市场的，按该接受捐赠的存货的预计未来现金流量现值，作为实际成本。

此外，通过企业合并、非货币资产交换和债务重组等取得的存货成本，分别参照相关准则《企业合并》、《非货币性资产交换》、《债务重组》有关规定确定。

第三节 发出存货的计量

发出存货计价的实质是将存货的取得成本在本期发出存货和期末结存存货之间进行分配。

一、存货成本流转的假设

存货流转包括实物流转和成本流转两个方面。企业的存货进出量很大，存货的品种繁多，存货的单位成本多变，难以保证各种存货的成本流转与实物流转相一致。采用某种存货成本流转的假设，在期末存货与发出存货之间分配成本，就产生了不同的确定发出存货成本的方法，即发出存货的计价方法。发出存货计价方法的不同，对企业财务状况、盈亏情况会产生不同的影响，主要表现在以下三个方面。

(1) 存货计价对企业损益的计算有直接影响。表现在：①期末存货计价（估价）如果过低，当期的收益可能因此而相应减少；②期末存货计价（估价）如果过高，当期的收益可能因此而相应增加；③期初存货计价如果过低，当期的收益可能因此而相应增加；④期初存货计价如果过高，当期的收益可能因此而相应减少。

(2) 存货计价对于资产负债表有关项目数额计算有直接影响，包括流动资产总额、所有者权益等项目，都会因存货计价的不同而有不同的数据。

(3) 存货计价方法的选择对计算所得税的数额有一定的影响。因为不同的计价方法会使结转当期销售成本的数额有所不同，从而影响企业当期应纳税利润数额的确定。

二、确定发出存货成本的方法

根据《企业会计准则第 1 号——存货》的规定，企业应当采用先进先出法、加权平均法或者个别计价法确定发出存货的实际成本。

(一) 个别计价法

个别计价法，又称个别认定法、具体辨认法、分批实际法。采用这一方法是假设存货的成本流转与实物流转相一致，按照各种存货，逐一辨认各批发出存货和期末存货所属的购进批别或生产批别，分别按其购入或生产时所确定的单位成本作为计算各批发出存货和期末存货成本的方法。对于不能替代使用的存货、为特定项目专门购入或制造的存货以及提供劳务的成本，通常采用个别计价法确定发出存货的成本，如珠宝、名画等贵重物品。

在实际工作中，越来越多的企业采用计算机信息系统进行会计处理，个别计价法可以广泛应用于发出存货的计价，并且个别计价法确定的存货成本最为准确，符合实际情况。但这种方法的前提是需要对发出和结存存货的批次进行具体认定，在存货收发频繁的情况下，其发出成本分辨的工作量较大，实务操作的工作量繁重，困难较大。

（二）先进先出法

先进先出法是以先购入的存货先发出（销售或耗用）这样一种存货实物流转假设为前提，对发出存货进行计价的一种方法。采用这种方法，先购入的存货成本在后购入的存货成本之前转出，据此确定发出存货和期末存货的成本。具体做法是：收入存货时，逐笔登记收入存货的数量、单价和金额；发出存货时，按照先进先出的原则逐笔登记存货的发出成本和结存金额。

采用先进先出法，存货成本是按最近购货确定的，期末存货成本比较接近现行的市场价值。其优点是使企业不能随意挑选存货计价以调整当期利润；缺点是工作比较烦琐，特别对于存货进出量频繁的企业更是如此，而且当物价上涨时，会高估企业当期利润和库存存货价值，反之会低估企业当期利润和存货价值。

【例 6-7】 某企业 2001 年 A 存货明细账如表 6-1 所示。

某企业 2001 年 5 月 A 种存货明细账。

在明细账中，采用先进先出法计算发出存货和期末存货的成本。

表 6-1 存货明细账

2001 年		凭证编号	摘要	收入			发出			结存		
月	日			数量(件)	单价(元)	金额(元)	数量(件)	单价(元)	金额(元)	数量(件)	单价(元)	金额(元)
5	1		期初余额							300	50	15 000
	10		购入	900	60	54 000				300 900	50 60	15 000 54 000
	14		发出				300 500	50 60	15 000 30 000	400	60	24 000
	18		购入	600	70	42 000				400 600	60 70	24 000 42 000
	20		发出				400 400	60 70	24 000 28 000	200	70	14 000
	23		购入	200	80	16 000				200 200	70 80	14 000 16 000
	31		发生额及月末余额	1 700		112 000	1600		97 000	200 200	70 80	14 000 16 000

（三）月末一次加权平均法

月末一次加权平均法，指以本月全部收货数量加月初存货数量作为权数，去除本月全部收货成本加上月初存货成本，计算出存货的加权平均单位成本，从而确定存货的发出和库存成本。计算公式如下：

存货单位成本=（月初结存金额+Σ本月各批收货的实际单位成本×本月各批收货的数量）/（本月初结存数量+本月各批收货数量之和）

本月发出存货成本=本月发出存货数量×存货单位成本

月末库存存货成本=月末库存存货数量×存货单位成本

【例6-8】 沿用【例6-7】的资料，A存货采用加权平均法计算其存货成本如下：

A存货平均单位成本=(15 000+54 000+42 000+16 000)/(300+900+600+200)=63.5（元）

本月发出存货成本=1 600×63.5=101 600（元）

月末库存存货成本=400×63.5=25 400（元）

采用月末一次加权平均法，只在月末一次计算加权平均单价，比较简单，而且在市场价格上涨或下跌时所计算出来的单位成本平均化，对存货成本的分摊较为折中。但是，这种方法平时无法从账上提供发出和结存存货的单价及金额，不利于加强对存货的管理。

（四）移动加权平均法

移动加权平均法，是指以每次进货的成本加上原有库存存货的成本，除以每次进货数量与原有库存存货的数量之和，据以计算加权平均单位成本，作为在下次进货前计算各次发出存货成本的依据。计算公式如下：

存货加权单价=（原有存货成本+本批收货的实际成本）/（原有存货数量+本批收货数量）

本批发货成本=本批发货数量×存货加权单价

【例6-9】 沿用【例6-7】的资料，A存货采用移动平均法计算其存货成本如下：

第一批收货后的平均单位成本=(15 000+54 000)/(300+900)=57.5（元）

第一批发货的存货成本=800×57.5=46 000（元）

当时结存的存货成本=400×57.5=23 000（元）

第二批收货后的平均单位成本=(23 000+42 000)/(400+600)=65（元）

第二批发货的存货成本=800×65=52 000（元）

当时结存的存货成本=200×65=13 000（元）

第三批收货后的平均单位成本=(13 000+16 000)/(200+200)=72.5（元）

该种存货月末结存400件，月末存货成本为29 000（400×72.5）元；本月发出存货成本合计为98 000（46 000+52 000）元。

移动加权平均法的优点在于能使管理当局及时了解存货的结存情况，而且计算的平均单位成本以及发出和结存的存货成本比较客观。但采用这种方法，每次收货都要计算一次平均单价，计算工作量较大，对收发货较频繁的企业不适用。

三、发出存货的账务处理

（一）发出材料的成本结转

企业发出的各种材料，需要办理相关的领料凭证。原材料发出的原始凭证一般包括领料单、限额领料单、领料登记表、发料汇总表、出库单、提货单等。发出材料实际成本的确定，可以由企业从个别计价法、先进先出法、月末一次加权平均法、移动加权平均法等方法中选择。计价方法一经确定，不得随意变更。如需变更，应在附注中予以说明。

材料的发出业务，根据发出材料的用途不同，分别进行会计处理。直接用于生产产品的，其实际成本计入产品的生产成本，借记“生产成本”，贷记“原材料”科目；用于车间一般耗用的，其成本计入制造费用，借记“制造费用”，贷记“原材料”科目；用于行政管理部门的，其成本计入管理费用，借记“管理费用”，贷记“原材料”科目，用于专职销售结构的，其成本计入销售费用，借记“销售费用”，贷记“原材料”科目等科目；企业发出委托外单位加工的原材料，借记“委托加工物资”科目，贷记“原材料”科目。

基建工程、福利等部门领用的原材料，按实际成本加上不予抵扣的增值税额等借记“在建工程”、“应付职工薪酬”等科目，按实际成本贷记“原材料”科目，按不予抵扣的增值税额贷记“应交税费——应交增值税（进项税额转出）”科目。

对于出售的原材料，企业应当按已收或应收的价款借记“银行存款”或“应收账款”等科目，按实现的销售收入贷记“其他业务收入”等科目，按应交的增值税额贷记“应交税费——应交增值税（销项税额）”科目；月度终了，按出售原材料的实际成本，借记“其他业务支出”科目，贷记“原材料”科目。

【例 6-10】 某企业根据当月发料凭证，按照领用部门和材料用途，编制发料凭证汇总表，如表 6-2 所示。其中，甲材料 16 元/千克，乙材料 11 元/千克。

表 6-2　发料凭证汇总表

项目名称	甲材料		乙材料		合计/元
	数量/千克	总计/元	数量/千克	总计/元	
生产 A 产品	5 000	80 000	4 000	44 000	124 000
生产 B 产品	1 000	16 000	1 000	11 000	27 000
基本车间一般耗用	100	1 600			1 600
辅助生产车间领用	400	6 400	600	6 600	13 000
行政管理部门领用			100	1 100	1 100
销售部门耗用			200	2 200	2 200
合计	6 500	104 000	5 900	64 900	168 900

根据发料凭证汇总表编制会计分录。

借：生产成本——基本生产成本——A 产品　　124 000
　　生产成本——基本生产成本——B 产品　　27 000
　　生产成本——辅助生产成本　　13 000
　　制造费用——基本生产车间　　1 600
　　管理费用　　1 100
　　销售费用　　2 200
　　贷：原材料——甲材料　　104 000
　　　　原材料——乙材料　　64 900

（二）已售存货的成本结转

《企业会计准则第 1 号——存货》规定，企业应当将已售存货的成本结转为当期损益，计入营业成本。存货为商品、产成品的，企业应采用先进先出法、月末一次加权平均法、移动加权平均法或个别计价法确定已销售商品的实际成本。

对已售存货计提了存货跌价准备的，还应结转计提的存货跌价准备，冲减当期主营业务成本或其他业务成本，实际上是按已售产成品或商品的账面价值结转主营业务成本或其他业务成本。企业按存货类别计提存货跌价准备的，也应按比例结转相应的存货跌价准备。

（三）周转材料的成本结转

企业周转材料，是指企业能够多次使用、逐渐转移其价值但仍保持原有形态不确认为固定资产的材料。企业的周转材料主要包括包装物和低值易耗品及建造承包商的钢模板、木模板、脚手架等其他周转材料。但是，周转材料符合固定资产定义的，应当作为固定资产处理。

企业的周转材料按照使用次数分次计入成本费用。金额较小的，可在领用时一次计入成本费用，以简化核算，但为加强实务管理，应当在备查簿上进行登记。

小贴士

企业应当设置“周转材料”科目核算企业包装物、低值易耗品以及企业（建造承包商）的钢模板、木模板、脚手架等的计划成本或实际成本。本科目可按周转材料的种类，分“在库”、“在用”和“摊销”进行明细核算。

（1）采用一次转销法的，领用时应按其账面价值，借记“管理费用”、“生产成本”、“销售费用”、“工程施工”等科目，贷记本科目。

周转材料报废时，应按报废周转材料的残料价值，借记“原材料”等科目，贷记“管理费用”、“生产成本”、“销售费用”、“工程施工”等科目。

（2）采用其他摊销法的，领用时应按其账面价值，借记本科目（在用），贷记本科目（在库）；摊销时应按摊销额，借记“管理费用”、“生产成本”、“销售费用”、“工程施工”等科目，贷记本科目（摊销）。

周转材料报废时补提摊销额，借记“管理费用”、“生产成本”、“销售费用”、“工程施工”等科目，贷记本科目（摊销）；按报废周转材料的残料价值，借记“原材料”等科目，贷记“管理费用”、“生产成本”、“销售费用”、“工程施工”等科目；转销全部已提摊销额，借记本科目（摊销），贷记本科目（在用）。

第四节　存货清查和期末计价

会计期末，为了客观地反映企业期末存货的实际价值，企业在编制资产负债表时，应当准确地计量“存货”项目的金额，而是否能正确地进行存货的计量，又取决于存货数量的确定是否准确和采用何种期末计价原则。

一、存货清查

企业存货的数量需要通过盘存来确定，常用的存货数量盘存方法主要有实地盘存制和永续盘存制两种。

（一）实地盘存制

实地盘存制也称定期盘存制，指会计期末通过对全部存货进行实地盘点，以确定期末存货的结存数量，然后分别乘以各项存货的盘存单价，计算出期末存货的总金额，记入各有关存货科目，倒轧本期已耗用或已销售存货的成本。采用这种方法时，平时对有关存货科目只记借方，不记贷方，每一期末，通过实地盘点确定存货数量，据以计算期末存货成本，然后计算出当期耗用或销货成本，记入有关存货科目的贷方。这一方法被称为“以存计耗”或“盘存计耗”；如用于商品流通企业，则被称为“以存计销”或“盘存计销”。

“以存计耗”和“以存计销”以下列存货的基本等式为依据：

期初存货+本期购货=本期耗用或销货+期末存货

用历史成本计价，则上述公式可以改写为：

本期耗用或销货成本=期初存货成本+本期购货成本-期末存货成本

期初存货成本和本期购货成本这两项数字都不难从账上取得，待通过实地盘存，确定期末存货成本，则本期销货成本即可通过上述公式进行计算。

（二）永续盘存制

永续盘存制也称账面盘存制，指对存货项目设置经常性的库存记录，即分品名规格设置存货明细账，逐笔或逐日登记收入发出的存货，并随时记列结存数。在没有发生丢失和被盗的情况下，存货账户的余额应当与实际库存相符。采用永续盘存制，并不排除对存货的实物盘点，为了核对存货账面记录，加强对存货的管理，每年至少应对存货进行一次全面盘点，具体盘点次数视企业内部控制要求而定。

企业可根据存货类别和管理要求，对有些存货实行永续盘存制，而对另一些存货实行实地盘存制，不论采用何种方法，前后各期应保持一致。

（三）存货盘亏和毁损的处理

存货清查，发生存货盘亏和毁损，在批准处理以前，应先通过“待处理财产损溢——待处理流动资产损溢”科目进行核算。盘亏和毁损时，一般按盘亏和毁损存货的实际成本（大多按盘亏、毁损的数量和该存货的期初结存单价计算确定）冲减存货的账面记录，借记“待处理财产损溢——待处理流动资产损溢”科目，贷记有关存货科目。非正常损失的存货价值应包括其实际成本和应负担的进项税两部分，发生非正常毁损（如被盗及管理不善造成大量霉烂变质等，自然灾害除外）时，应按非正常损失的价值借记“待处理财产损溢——待处理流动资产损溢”科目，按非正常损失存货的实际成本贷记有关存货科目，按非正常损失存货应负担的进项税贷记“应交税费——应交增值税（进项税转出）”科目。

查明盘亏和毁损的原因后，应按不同的原因及处理决定分别入账，借记有关科目，贷记“待处理财产损溢——待处理流动资产损溢”科目。

（1）属于自然损耗产生的定额内损耗，经批准后转做管理费用列支；

（2）属于计量收发差错和管理不善等原因造成的存货短缺或毁损，应先扣除残料价值以及可以收回的保险赔偿和过失人的赔偿，经批准也可以作为管理费用列支；

（3）属于自然灾害或意外事故造成的存货毁损，应先扣除残料价值和可以收回的保险赔偿，然后将净损失转做营业外支出。

【例 6-11】 扬帆公司根据存货盘亏和毁损，编制会计分录如下。

盘亏甲材料，实际成本为 400 元，经查属于一般经营损失。会计处理如下。

① 批准处理前。

借：待处理财产损溢——待处理流动资产损溢　　　　468
　　贷：原材料　　　　　　　　　　　　　　　　　　400
　　　　应交税费——应交增值税（进项税额转出）　　　68

② 批准处理后。

借：管理费用　　　　　　　　　　　　　　　　　468
　　贷：待处理财产损溢——待处理流动资产损溢　　　468

（四）存货盘盈的处理

企业发生存货盘盈时，应及时办理入账手续，调整存货账面结存数。借记“原材料”、“库存商品”等存货账户，贷记“待处理财产损溢——待处理流动资产损溢”账户。如果查明是由于收发计量或核算上的误差等原因造成的，在按管理权限经批准后，再冲减管理费用，借记“待处理财产损溢——待处理流动资产损溢”账户，贷记“管理费用”账户。

【例 6-12】 甲公司在年末财产清查中盘盈 K 材料 800 千克，价值 80 000 元，经查属于材料收发计量方面的错误。

① 批准处理前。

借：原材料——K 材料　　　　　　　　　　　　80 000
　　贷：待处理财产损溢——待处理流动资产损溢　　80 000

② 报批后、冲减管理费用。

借：待处理财产损溢——待处理流动资产损溢　　80 000
　　贷：管理费用　　　　　　　　　　　　　　　80 000

二、期末存货的计量

（一）存货期末计量原则

资产负债表日，存货应当按照成本与可变现净值孰低计量。即资产负债表日，当存货成本低于可变现净值时，存货按成本计量；当存货成本高于其可变现净值时，应当计提存货跌价准备，计入当期损益。其中，可变现净值，是指在日常活动中，存货的估计售价减去至完工时估计将要发生的成本、估计的销售费用以及相关税费后的金额；存货成本，是指期末存货的实际成本。

企业预计的销售存货现金流量，并不完全等于存货的可变现净值。存货在销售过程中可能发生的销售费用和相关税费，以及为达到预定可销售状态还可能发生的加工成本等相关支出，构成现金流入的抵减项目。企业预计的销售存货现金流量，扣除这些抵减项目后，才能确定存货的可变现净值。

需要注意的是，资产负债表日，同一项存货中一部分有合同价格约定，其他部分不存在合同价格的，应当分别确定其可变现净值，并与其对应的成本进行比较，分别确定存货跌价准备的计提或转回的金额，由此计提的存货跌价准备不得相互抵消。

企业应以确凿证据为基础计算确定存货的可变现净值。

（二）存货期末计量方法

1．存货减值迹象的判断

存货存在下列情况之一的，通常表明存货的可变现净值低于成本：

（1）该存货的市场价格持续下跌，并且在可预见的未来无回升的希望；

（2）企业使用该项原材料生产的产品的成本大于产品的销售价格；

（3）企业因产品更新换代，原有库存原材料已不适应新产品的需要，而该原材料的市场价格又低于其账面成本；

（4）因企业所提供的商品或劳务过时或消费者偏好改变而使市场的需求发生变化，导致市场价格逐渐下跌；

（5）其他足以证明该项存货实质上已经发生减值的情形。

存货存在下列情形之一的，通常表明存货的可变现净值为零：

（1）已霉烂变质的存货；

（2）已过期且无转让价值的存货；

（3）生产中已不再需要，并且已无使用价值和转让价值的存货；

（4）其他足以证明已无使用价值和转让价值的存货。

2．确定存货的可变现净值时应考虑的因素

（1）确定存货的可变现净值应当以取得的确凿证据为基础。

① 存货成本的确凿证据。存货的采购成本、加工成本和其他成本及以其他方式取得的存货的成本，应当以取得外来原始凭证、生产成本资料、生产成本账簿记录等作为确凿证据。

② 存货可变现净值的确凿证据。存货可变现净值的确凿证据，是指对确定存货的可变现净值有直接影响的客观证明。产成品或商品的市场销售价格、与产成品或商品相同或类似商品的市场销售价格、销售方提供的有关资料等。

（2）确定存货的可变现净值应当考虑持有存货的目的。

由于企业持有存货的目的不同，确定存货可变现净值的计算方法也不同，如用于出售的存货和用于继续加工的存货，其可变现净值的计算就不相同。因此，企业在确定存货的可变现净值时，应考虑持有存货的目的。一般地，企业持有存货的目的，一是持有以备出售，如商品、产成品，其中又分为有合同约定的存货和没有合同约定的存货；二是将在生产过程或提供劳务过程中耗用，如材料等。

（3）确定存货的可变现净值应当考虑资产负债表日后事项等的影响。

在确定资产负债表日存货的可变现净值时，不仅要考虑资产负债表日与该存货相关的价格与成本波动，而且还应考虑未来的相关事项。也就是说，不仅限于财务报告批准报出日之前发生的相关价格与成本波动，还应考虑以后期间发生的相关事项。

（三）不同情况下存货可变现净值的确定

（1）产成品、商品等（不包括用于出售的材料）直接用于出售的商品存货，没有销售合

同约定的，其可变现净值应当为：产成品或商品的一般销售价格（即市场销售价格）减去估计的销售费用和相关税费等后的金额。

【例 6-13】 2009 年 12 月 31 日，甲公司生产的 A 型机器的账面价值（成本）为 2 160 000 元，数量为 12 台，单位成本为 180 000 元/台。2009 年 12 月 31 日，A 型机器的市场销售价格（不含增值税）为 200 000 元/台。甲公司没有签订有关 A 型机器的销售合同。

本例中，由于甲公司没有就 A 型机器签订销售合同，A 型机器的可变现净值应以其一般销售价格总额 2 400 000（200 000×12）元作为计量基础确定。

（2）用于出售的材料等，应当以市场价格减去估计的销售费用和相关税费等后的金额作为其可变现净值。这里的市场价格是指材料等的市场销售价格。

【例 6-14】 2011 年，由于产品更新换代，甲公司决定停止生产 B 型机器。为减少不必要的损失，甲公司决定将原材料中专门用于生产 B 型机器的外购原材料——钢材全部出售，2010 年 12 月 31 日其账面价值（成本）为 900 000 元，数量为 10 吨。根据市场调查，此种钢材的市场销售价格（不含增值税）为 60 000 元/吨，同时销售这 10 吨钢材可能发生销售费用及税金 50 000 元。

本例中，由于企业已决定不再生产 B 型机器，因此，该批钢材的可变现净值不能再以 B 型机器的销售价格作为其计量基础，而应按钢材本身的市场销售价格作为计量基础。因此，该批钢材的可变现净值应为 550 000（60 000×10−50 000）元。

（3）需要经过加工的材料存货，如原材料、在产品、委托加工材料等，由于持有该材料的目的是用于生产产成品，而不是出售，该材料存货的价值将体现在用其生产的产成品上。因此，在确定需要经过加工的材料存货的可变现净值时，需要以其生产的产成品的可变现净值与该产成品的成本进行比较，如果该产成品的可变现净值高于其成本，则该材料应当按照其成本计量。

【例 6-15】 2011 年 12 月 31 日，甲公司库存原材料——A 材料的账面价值（成本）为 1 500 000 元，市场销售价格总额（不含增值税）为 1 400 000 元，假设不发生其他购买费用；用 A 材料生产的产成品——B 型机器的可变现净值高于成本。

本例中，虽然 A 材料在 2011 年 12 月 31 日的账面价值（成本）高于其市场价格。但是由于用其生产的产成品——B 型机器的可变现净值高于其成本，即用该原材料生产的最终产品此时并没有发生价值减损。因而，在甲公司 2011 年 12 月 31 日资产负债表的存货项目之中列示 A 材料原账面价值（成本）1 500 000 元。

如果材料价格的下降表明以其生产的产成品的可变现净值低于成本，则该材料应当按可变现净值计量。其可变现净值为在正常生产经营过程中，以该材料所生产的产成品的估计售价减去至完工时估计将要发生的成本、估计的销售费用以及相关税费后的金额确定。

【例 6-16】 2011 年 12 月 31 日，甲公司库存原材料——钢材的账面价值为 600 000 元，可用于生产 1 台 C 型机器，相对应的市场销售价格为 550 000 元，假设不发生其他购买费用。由于钢材的市场销售价格下降，用钢材作为原材料生产的 C 型机器的市场销售价格由 1 500 000 元下降为 1 350 000 元，但其生产成本仍为 1 400 000 元，即将该批钢材加工成 C 型机器尚需投入 800 000 元，估计销售费用及税金为 50 000 元。

根据上述资料，可按以下步骤确定该批钢材的账面价值。

第一步，计算用该原材料所生产的产成品的可变现净值。

C 型机器的可变现净值 = C 型机器估计售价–估计销售费用及税金

= 1 350 000–50 000 = 1 300 000（元）

第二步，将用该原材料所生产的产成品的可变现净值与其成本进行比较。

C 型机器的可变现净值 1 300 000 元小于其成本 1 400 000 元，即钢材价格的下降和 C 型机器销售价格的下降表明 C 型机器的可变现净值低于其成本，因此该批钢材应当按可变现净值计量。

第三步，计算该批钢材的可变现净值，并确定其期末价值。

该批钢材的可变现净值 = C 型机器的估计售价将该批钢材加工成 C 型机器尚需投入的成本–估计销售费用及税金

= 1 350 000–800 000–50 000 = 500 000（元）

该批钢材的可变现净值 500 000 元小于其成本 600 000 元，因此该批钢材的期末价值应为其可变现净值 500 000 元，即该批钢材应按 500 000 元列示在 2011 年 12 月 31 日资产负债表的存货项目之中。

（4）为执行销售合同或者劳务合同而持有的存货，其可变现净值应当以合同价格而不是估计售价，减去估计的销售费用和相关税费等后的金额确定。

企业与购买方签订了销售合同（或劳务合同，下同），并且销售合同订购的数量大于或等于企业持有的存货数量，在这种情况下，与该项销售合同直接相关的存货的可变现净值，应当以合同价格为计量基础。即如果企业就其产成品或商品签订了销售合同，则该批产成品或商品的可变现净值应当以合同价格作为计量基础；如果企业销售合同所规定的标的物尚未生产出来，但持有专门用于该标的物生产的材料，其可变现净值也应当以合同价格作为计量基础。

【例 6-17】 2010 年 8 月 10 日，甲公司与乙公司签订了一份不可撤销的销售合同，双方约定，2011 年 2 月 15 日，甲公司应按 200 000 元/台的价格向乙公司提供 A 型机器 10 台。2010 年 12 月 31 日，甲公司 A 型机器的账面价值（成本）为 1 360 000 元，数量为 8 台，单位成本为 170 000 元/台。2010 年 12 月 31 日，A 型机器的市场销售价格为 190 000 元/台。

本例中，根据甲公司与乙公司签订的销售合同，甲公司该批 A 型机器的销售价格已由销售合同约定，并且其库存数量小于销售合同订购的数量。因此库存 A 型机器的可变现净值应以销售合同约定的价格 1 600 000（200 000×8）元为计量基础，即估计售价为 1 600 000 元。

如果企业持有的同一项存货数量多于销售合同或劳务合同订购的数量，应分别确定其可变现净值，并与其相对应的成本进行比较，分别确定存货跌价准备的计提或转回金额。超出合同部分的存货的可变现净值，应当以一般销售价格为基础计算。

【例 6-18】 2010 年 9 月 10 日，甲公司与丁公司签订了一份不可撤销的销售合同，双方约定，2011 年 2 月 15 日，甲公司应按 180 000 元/台的价格向丁公司提供 C 型机器 10 台。2010 年 12 月 31 日，甲公司 C 型机器的账面价值为 1 920 000 元，数量为 12 台，单位成本为 160 000 元/台。2010 年 12 月 31 日，C 型机器的市场销售价格为 200 000 元/台。

本例中，甲公司该批 C 型机器的销售价格已在双方签订的销售合同中约定，但是其库存数量大于销售合同约定的数量。因此，对于销售合同约定数量内（10 台）C 型机器的可变现净值应以销售合同约定的价格总额 1 800 000（180 000×10）元为计量基础；对于超出部分（2 台）的 C 型机器的可变现净值应以一般销售价格总额 400 000（200 000×2）元为计量基础。

（四）存货跌价准备的计提与转回

1. 存货跌价准备的计提

资产负债表日，存货的可变现净值低于成本，企业应当计提存货跌价准备。

企业通常应当按照单个存货项目计提存货跌价准备。即资产负债表日，企业将每个存货项目的成本与其可变现净值逐一进行比较，按较低者计量存货。其中可变现净值低于成本的，两者的差额即为应计提的存货跌价准备。企业计提的存货跌价准备应计入当期损益。

对于数量繁多、单价较低的存货，可以按照存货类别计提存货跌价准备。如果某一类存货的数量繁多并且单价较低，企业可以按存货类别计量成本与可变现净值，即按存货类别的成本的总额与可变现净值的总额进行比较，每个存货类别均取较低者确定存货期末价值。

与在同一地区生产和销售的产品系列相关、具有相同或类似最终用途或目的，且难以与其他项目分开计量的存货，可以合并计提存货跌价准备。

存货具有相同或类似最终用途或目的，并在同一地区生产和销售，意味着存货所处的经济环境、法律环境、市场环境等相同，具有相同的风险和报酬，因此可以对其进行合并计提存货跌价准备。

【例 6-19】 甲公司按照单项存货计提存货跌价准备。2011 年 12 月 31 日，A、B 两项存货的成本分别为 300 000 元、210 000 元，可变现净值分别为 280 000 元、250 000 元，假设“存货跌价准备”科目余额为 0。

本例中，对于 A 存货，其成本 300 000 元高于其可变现净值 280 000 元，应计提存货跌价准备 20 000（300 000–280 000）元。对于 B 存货，其成本 210 000 元低于其可变现净值 250 000 元，不需计提存货跌价准备。因此，乙公司对 A、B 两项存货计提的存货跌价准备共计为 20 000 元，在当日资产负债表中列示的存货金额为 490 000（280 000+210 000）元。

【例 6-20】 丙公司 2010 年年末，A 存货的账面成本为 100 000 元，由于本年以来 A 存货的市场价格持续下跌，根据资产负债表日状况确定的 A 存货的可变现净值为 95 000 元，“存货跌价准备”期初余额为零，应计提的存货跌价准备为 5 000（100 000–95 000）元。相关账务处理如下。

借：资产减值损失——A 存货　　　　　　　　　　5 000

　　贷：存货跌价准备——A 存货　　　　　　　　　　5 000

2. 存货跌价准备的转回

当以前减记存货价值的影响因素已经消失，减记的金额应当予以恢复，并在原已计提的存货跌价准备金额内转回，转回的金额计入当期损益。

在核算存货跌价准备的转回时，转回的存货跌价准备与计提该准备的存货项目或类别应当存在直接对应关系。在原已计提的存货跌价准备金额内转回，意味着转回的金额以将存货跌价准备的余额冲减至零为限。

【例 6-21】 沿用【例 6-20】，假设 2011 年年末，丙公司存货的种类和数量、账面成本和已计提的存货跌价准备均未发生变化，但是 2011 年以来 A 存货市场价格持续上升，市场前景明显好转，至 2011 年年末根据当时状态确定的 A 存货的可变现净值为 110 000 元。

本例中，由于 A 存货市场价格上涨，2011 年年末 A 存货的可变现净值（110 000 元）高于其账面成本（100 000 元），可以判断以前造成减记存货价值的影响因素（价格下跌）已经消失。A 存货减记的金额应当在原已计提的存货跌价准备金额 5 000 元内予以恢复。相关账务处理如下。

借：存货跌价准备——A 存货　　5 000
　　贷：资产减质损失　　5 000

3．存货跌价准备的结转

企业计提了存货跌价准备，如果其中有部分存货已经销售，则企业在结转销售成本时，应同时结转对其已计提的存货跌价准备。对于因债务重组、非货币性资产交换转出的存货，也应同时结转已计提的存货跌价准备。如果按存货类别计提存货跌价准备的，应当按照发生销售、债务重组、非货币性资产交换等而转出存货的成本占该存货未转出前该类别存货成本的比例结转相应的存货跌价准备。

【例 6-22】 2010 年，甲公司库存 A 机器 5 台，每台成本为 5 000 元，已经计提的存货跌价准备合计为 6 000 元。2011 年，甲公司将库存的 5 台机器全部以每台 6 000 元的价格售出，适用的增值税税率为 17%，货款未收到。

甲公司的相关账务处理如下。

借：应收账款　　35 100
　　贷：主营业务收入——A 机器　　30 000
　　　　应交税费——应交增值税（销项税额）　　5 100
借：主营业务成本——A 机器　　19 000
　　贷：库存商品——A 机器　　19 000
借：存货跌价准备——A 机器　　6 000
　　贷：库存商品——A 机器　　6 000

本章小结

存货是指企业在日常活动中持有以备出售的产成品或商品、处在生产过程中的在产品、在生产过程或提供劳务过程中耗用的材料和物料等。企业收入的存货按实际成本计价。外购存货的采购成本，包括购买价款、相关税费、运输费、装卸费、保险费以及其他可归属于存货采购成本的费用。发出存货的计价可以采用个别计价法、先进先出法、加权平均法、移动加权平均法、计划成本法。期末存货的计量采用成本与可变现净值孰低法。存货清查主要有实地盘存制和永续盘存制，并通过“待处理财产损溢”账户进行核算。

本章思考

1．简述存货及其分类。
2．简述不同存货取得方式下，存货入账价值的确定方法。
3．企业采用不同的存货发出方法，对其财务状况和经营成果各有何影响？
4．存货清查中，发现盘盈或盘亏的存货该如何处理？

本章测试

【单选题】

1．某一般纳税企业本期购入原材料，取得增值税专用发票，原材料价款为 3 000 元，增值税 510 元，商品到达验收发现短缺，其中 5%短缺属于途中合理损耗，15%的短缺原因待查。则该材料入库的实际成本是（　　）元。

A．2 983.5　　B．3 334.5　　C．2 550　　D．2 808

2．下列项目中，不应计入工业企业存货成本的是（　　）。

A．生产过程中发生的制造费用　　B．进口原材料支付的关税

C．非正常消耗的直接材料和直接人工　　D．为特定客户设计产品的设计费

3．甲公司期末原材料的账面余额为 100 万元，数量为 10 吨。该原材料专门用于生产与乙公司所签合同约定的 20 台 X 产品。该合同约定: X 产品 20 台，每台售价 10 万元（不含增值税）。将该原材料加工成 20 台 X 产品尚需加工成本总额为 90 万元。估计销售每台 X 产品尚需发生相关税费 1 万元（不含增值税）。本期期末市场上该原材料每吨售价为 9 万元，估计销售每吨原材料尚需发生相关税费 0.1 万元。期末该原材料的账面价值为（　　）万元。

A．89　　B．85　　C．100　　D．90

4．属于收发计量差错和管理不善的材料盘亏，经批准后可转作（　　）。

A．生产成本　　B．管理费用

C．营业外支出　　D．其他应收款

5．2013 年 8 月甲公司与乙公司签订了一份不可撤销销售合同，合同约定甲公司 2014 年 2 月向新华公司销售 A 产品 8 台，每台售价 60 万元。2013 年 12 月 31 日，甲公司库存 A 产品 6 台，账面价值为 372 万元，2013 年 12 月 31 日 A 产品的市场销售价格为每台 64 万元。预计销售 6 台 A 产品需发生销售税费 24 万元。2013 年 12 月 31 日甲公司应计提的存货跌价准备为（　　）万元。

A．0　　B．36　　C．9　　D．12

【答案】1．C　　2．C　　3．D　　4．B　　5．B

第七章 固定资产

学习目标

通过本章的学习，能够：

1. 掌握固定资产的确认标准；
2. 掌握不同取得方式下固定资产的入账价值的构成及其会计处理；
3. 掌握固定资产折旧的方法以及会计处理；
4. 掌握固定资产处置的会计处理。

案例导入

ABC 公司 2009 年 1 月 1 日根据投资协议收到股东投入的一套全新的设备，该套设备的公允价值为 180 000 元，投资协议约定的价值为 200 000 元，公司在收到该套设备并办妥相关手续后，会计部门将该套设备作为固定资产以投资协议约定的 200 000 元入账。2009 年 5 月 20 日，该公司对一套设备进行大修，12 月月底完工，发生大修理费 50 000 元，该公司会计部门将该修理费作为固定资产入账。2009 年 12 月 31 日，该公司一栋厂房已经完工，达到预定可使用状态，但还未办理竣工结算手续，由于还未办理竣工结算，故该公司会计部门年末将该厂房作为固定资产入账。

该公司上述对固定资产的确认与计量是否正确？可能存在哪些问题？这些业务对公司当年损益有无影响？

第一节 固定资产概述

固定资产是企业生产经营过程中的重要劳动资料，它能够在若干个生产经营周期中发挥作用，并保持其原有的实物形态，但其价值则由于损耗而逐渐减少。

一、固定资产的概念与特征

《企业会计准则第 4 号——固定资产》规定，固定资产是指同时具有以下特征的有形资产：① 为生产商品、提供劳务、出租或经营管理而持有的；② 使用寿命超过一个会计年度。

从定义看，固定资产具有以下三个特征。

第一，为生产商品、提供劳务、出租或经营管理而持有。固定资产是企业的劳动工具或手段，而不是直接用于出售的产品。出租固定资产是指以经营租赁方式出租的机器设备类固定资产，不包括以经营租赁方式出租的建筑物，后者属于企业的投资性房地产，不属于固定资产。

第二，使用寿命超过一个会计年度。固定资产的使用寿命，是指企业使用固定资产的预计期间，或者该固定资产所能生产产品或提供劳务的数量。通常情况下，固定资产的使用寿命是指使用固定资产的预计期间，如自用房屋建筑物的使用寿命以使用年限表示。但是，对于某些机器设备或运输设备等固定资产，其使用寿命往往以该固定资产所能生产产品或提供劳务的数量来表示。例如，发电设备按其预计发电量估计使用寿命，汽车或飞机等按其预计行驶里程估计使用寿命。

第三，固定资产是有形资产。固定资产具有实物形态。这一特征将固定资产与无形资产区别开来。有些无形资产可能同时符合固定资产的其他特征，如为生产商品、提供劳务而持有，使用寿命超过一个会计年度，但是由于不具有实物形态，因此不属于固定资产。

二、固定资产的确认条件

固定资产在符合定义的前提下，同时满足下列条件的，才能加以确认。

（一）与该固定资产有关的经济利益很可能流入企业

企业在确认固定资产时，需要判断与该项固定资产有关的经济利益是否很可能流入企业。如果与该固定资产有关的经济利益很可能流入企业，并且满足固定资产确认的其他条件，那么企业应将其确认为固定资产，否则不应将其确认为固定资产。

（二）该固定资产的成本能够可靠地计量

成本能够可靠地计量是固定资产确认的一项基本条件。企业在确定固定资产成本时必须取得确凿证据，但是有时需要根据所获得的最新资料进行合理的估计。例如，对于已达到预定可使用状态的固定资产，在尚未办理竣工决算前，企业需要根据工程预算、工程造价或者工程实际发生的成本等资料，按暂估价值确定固定资产的成本，待办理了竣工决算手续后再按照实际成本调整原来的暂估价值。

三、固定资产的分类

企业的固定资产种类繁多，规格不一，为加强管理，便于组织会计核算，有必要对其进行科学、合理的分类。根据不同的管理需要和不同的分类标准，可以对固定资产进行不同的分类。

（一）按经济用途分类

固定资产按经济用途可以分为生产经营用固定资产和非生产经营用固定资产。

（1）生产经营用固定资产，是指直接参与生产经营过程或直接服务于生产经营过程的各种房屋及建筑物、机器设备、运输设备、动力传导设备、工具器具和管理用具等。

（2）非生产经营用固定资产，是指生活福利部门等非生产经营部门使用的房屋、器具以及职工住宅等。

固定资产按经济用途分类，可以归类反映和监督企业生产经营用固定资产和非生产经营用固定资产之间以及生产经营用各类固定资产之间的组成和变化情况，借以考核和分析企业固定资产的利用情况，促使企业合理地配备固定资产，充分发挥其效用。

（二）按使用情况分类

固定资产按使用情况可以分为使用中固定资产、未使用固定资产、不需用和持有待售的固定资产。

（1）使用中固定资产，是指正在使用中的生产经营性和非生产经营性固定资产。由于季节性经营或大修理等原因，暂时停止使用的固定资产仍属于企业使用中的固定资产；企业出租给其他单位使用的固定资产和内部替换使用的固定资产，也属于使用中的固定资产。

（2）未使用固定资产，是指已完工或已购建的尚未交付使用的新增固定资产以及因进行改建、扩建等原因暂停使用的固定资产。例如企业购建的尚待安装的固定资产、经营任务变更停止使用的固定资产等。

（3）不需用固定资产，是指不适合本企业需要，准备出售处理的各种固定资产。

（4）持有待售的固定资产，是指在当前情况下仅根据出售同类固定资产的惯例就可以直接出售且极有可能出售的固定资产。例如，已经与买主签订了不可撤销的销售协议等固定资产。

固定资产按使用情况分类，有利于反映企业的固定资产使用情况及其比例关系，便于分析固定资产的利用效率，挖掘固定资产的使用潜力，促使企业合理地使用固定资产。

（三）按所有权分类

固定资产按所有权可以分为自有固定资产和融资租入固定资产。

（1）自有固定资产，是指企业为了生产经营目的或其他目的而以购入或建造等方式取得的固定资产，其所有权归企业，企业可以自由地支配使用。自有固定资产又可分为自用固定资产和租出固定资产。自用固定资产是指企业用于生产经营或其他方面的固定资产；租出固定资产是指在经营性租赁方式下出租给其他单位使用的本企业的固定资产。

（2）融资租入固定资产，是指企业在租赁期间不拥有所有权但拥有实质控制权的各种固定资产。

（四）综合分类

实务中，对固定资产按其经济用途和使用情况进行综合分类，可以把企业的固定资产分为以下七大类：

（1）生产经营用固定资产；

（2）非生产经营用固定资产；

（3）租出固定资产，是指企业在经营性租赁方式下出租给外单位使用的固定资产；

（4）不需用固定资产；

（5）未使用固定资产；

（6）融资租入固定资产，是指企业以融资租赁方式租入的固定资产，在租赁期内，应视同自有固定资产管理；

（7）土地，是指过去已经估价单独入账的土地。企业取得的土地使用权不能作为固定资产管理。

由于企业的经营性质不同，经营规模各异，对固定资产的分类不可能一致，企业可以根据各自的具体情况和会计核算的需要进行必要的分类，以便更好地对固定资产进行管理。

第二节　固定资产的初始计量

固定资产的初始计量，指确定固定资产的取得成本。固定资产应当按照成本进行初始计量。固定资产的成本，是指企业购建某项固定资产达到预定可使用状态前所发生的一切合理、必要的支出。这些支出包括直接发生的价款、运杂费、包装费和安装成本等，也包括间接发生的，如应承担的借款利息、外币借款折算差额以及应分摊的其他间接费用。实务中，固定资产取得方式不同，成本构成及确定方法不尽相同。

一、外购的固定资产

小贴士

“固定资产”总账科目反映固定资产的原价。该科目借方登记企业增加的固定资产原价，贷方登记企业减少的固定资产原价，期末借方余额，反映企业期末固定资产的账面原价。“固定资产”科目应设置“固定资产登记簿”和“固定资产卡片”，按固定资产类别、使用部门和每项固定资产进行明细核算。

外购固定资产的成本包括购买价款，相关税费，使固定资产达到预定可使用状态前所发生的可归属于该项资产的运输费、装卸费、安装费和专业人员服务费等其他支出。外购固定资产分为购入不需要安装的固定资产和购入需要安装的固定资产两类。

（一）购入不需要安装的固定资产

购入不需要安装的固定资产，购入后即达到预定可使用状态，则直接按照应计入固定资产成本的金额，借记“固定资产”，贷记“银行存款”、“应付账款”、“应付票据”等科目。若购入固定资产为生产用的机器设备，则借方还应包括“应交税费——应交增值税（进项税额）”科目。

【例 7-1】 扬帆公司购入一台不需要安装的设备，取得的增值税专用发票上注明的设备价款为 150 000 元，增值税额为 25 500 元，以银行存款转账支付。假定不考虑其他相关税费。账务处理如下。

借：固定资产——设备　　150 000

　　应交税费——应交增值税（进项税额）　　25 500

贷：银行存款　　175 500

（二）购入需要安装的固定资产

小贴士

“在建工程”科目核算建造工程、安装工程等发生的实际支出。该科目的借方登记各项在建工程的实际支出，贷方登记完工工程转出的实际支出，期末借方余额反映企业尚未完工的在建工程发生的实际支出。

购入需要安装固定资产的取得成本是在购入不需要安装固定资产取得成本的基础上，加上安装调试成本等。企业购入需要安装的固定资产，只有安装调试后，达到设计要求或合同规定的标准，该项固定资产才可发挥作用，才意味着达到预定可使用状态。其账务处理为先通过“在建工程”科目归集购买价款、相关税费及安装调试成本等应计入固定资产成本的金额，待安装完毕交付使用时，再转入“固定资产”科目。

【例 7-2】 扬帆公司购入一台需要安装的设备，购买价格 100 000 元，增值税专用发票上注明的增值税为 17 000 元。设备投入安装后，支付各项安装费用 5 500 元。以上款项均通过银行存款支付。有关账务处理如下。

① 购入该项设备时。

借：在建工程——××设备　　100 000
　　应交税费——应交增值税（进项税额）　　17 000
　　贷：银行存款　　117 000

② 支付安装费用时。

借：在建工程——××设备　　5 500
　　贷：银行存款　　5 500

③ 设备安装完毕交付使用时。

借：固定资产——××设备　　105 500
　　贷：在建工程——××设备　　105 500

（三）外购固定资产的特殊考虑

1. 一笔款项购入多项没有单独标价的固定资产

以一笔款项购入多项没有单独标价的固定资产，应当按照各项资产的公允价值比例对总成本进行分配，分别确定各项固定资产的成本。

【例 7-3】 扬帆公司购入主机 A 和辅助设备 B 一套，共支付价款 100 000 元，增值税 17 000 元，安装费 3 000 元。据预测主机的寿命为 5 年，辅助设备可使用 8 年，市场价格分别为 70 000 元和 40 000 元。有关账务处理如下。

① 支付价税款及运费时。

借：在建工程　　100 000
　　应交税费——应交增值税（进项税）　　17 000
　　贷：银行存款　　117 000

② 支付安装费时。

借：在建工程　　3 000
　　贷：银行存款　　3 000

③ 安装完毕，固定资产的总成本为 100 000+3 000=103 000（元）

主机和辅助设备的寿命不同，应分别确认：

主机的价值为 70 000/110 000×103 000=65 545.45（元）

辅助设备的价值为 40 000/110 000×103 000=37 454.55（元）

借：固定资产——A　　65 545.45
　　　　　　——B　　37 454.55
　　贷：在建工程　　103 000

2. 购买固定资产的价款超过正常信用条件延期支付

企业购买固定资产通常在正常信用条件期限内付款，但也会发生超过正常信用条件购买固定资产的经济业务，如采用分期付款方式购买资产，且合同规定的付款期限比较长，超过了正常信用条件，通常在 3 年以上。在这种情况下，购货合同实质上具有融资性质，固定资产的成本应当以各期付款额的现值为基础确定。实际支付的价款与购买价款的现值之间的差额，应当在信用期间内采用实际利率法进行摊销，摊销金额除满足借款费用资本化条件的应当计入固定资产成本外，均应当在信用期内确认为财务费用，计入当期损益。

【例 7-4】 2007 年 1 月 1 日，扬帆公司与乙公司签订一项购货合同，扬帆公司从乙公司购入一台需要安装的大型机器设备。合同约定，扬帆公司采用分期付款的方式支付价款。该设备价款共计 900 000 元，首期款项 150 000 元于 2007 年 1 月 1 日支付，其余款项在 2007 年至 2011 年的 5 年间平均支付，每年的付款日期为当年 12 月 31 日。

2007 年 1 月 1 日，设备如期运抵扬帆公司并开始安装，发生运杂费和相关税费 160 000 元，已用银行存款付讫。2007 年 12 月 31 日，设备达到预定可使用状态，发生安装费 40 000 元，已用银行存款付讫。

扬帆公司按照合同约定用银行存款如期支付了款项。假定折现率为 10%，不考虑增值税。

（1）2007 年 1 月 1 日，计算购买价款的现值并进行账务处理。

150 000+150 000×（P/A,10%,5）=150 000+150 000×3.790 8=718 620（元）

① 设备投入安装，形成未确认融资费用。

借：在建工程　　718 620

　　未确认融资费用　　181 380

　　贷：长期应付款　　900 000

② 支付设备首期价款。

借：长期应付款　　150 000

　　贷：银行存款　　150 000

③ 支付运杂费和相关税费。

借：在建工程　　160 000

　　贷：银行存款　　160 000

（2）2007 年 1 月 1 日，计算信用期间未确认融资费用的分摊额，如表 7-1 所示。

表 7-1　未确认融资费用分摊表

2007 年 1 月 1 日　　单位：元

日期	分期付款额	确认的融资费用	应付本金减少额	应付本金余额
①	②	③=期初⑤×10%	④=②–③	期末⑤=期初⑤–④
2007.1.1				718 620
2007.1.1	150 000	0	150 000	568 620
2007.12.31	150 000	56 862	93 138	475 482
2008.12.31	150 000	47 548.20	102 451.80	373 030.20
2009.12.31	150 000	37 303.02	112 696.98	260 333.22
2010.12.31	150 000	26 033.32	123 966.68	136 366.54

续表

日期	分期付款额	确认的融资费用	应付本金减少额	应付本金余额
2011.12.31	150 000	13 633.46	136 366.54	0
合　计	900 000	181 380	568 620	

*尾数调整：13 633.46=150 000–136 366.54；136 366.54 为最后一期应付本金余额。

（3）2007 年 12 月 31 日，扬帆公司账务处理。

2007 年 1 月 1 日至 2007 年 12 月 31 日为设备的安装期间，未确认融资费用的分摊额符合资本化条件，计入固定资产成本。

① 确认当年应分摊的融资费用。

借：在建工程　　56 862

　　贷：未确认融资费用　　56 862

② 支付设备款。

借：长期应付款　　150 000

　　贷：银行存款　　150 000

③ 支付安装费。

借：在建工程　　40 000

　　贷：银行存款　　40 000

④ 设备达到预定可使用状态，转入固定资产。

固定资产的成本=718 620+160 000+56 862+40 000=975 482（元）

借：固定资产　　975 482

　　贷：在建工程　　975 482

（4）2008 年 1 月 1 日至 2011 年 12 月 31 日，确认应分摊的融资费用并支付设备价款。

2008 年 1 月 1 日至 2011 年 12 月 31 日，设备已经达到预定可使用状态，未确认融资费用的分摊额不再符合资本化条件，应计入当期损益。

① 2008 年 12 月 31 日。

借：财务费用　　47 548.20

　　贷：未确认融资费用　　47 548.20

借：长期应付款　　150 000

　　贷：银行存款　　150 000

② 2009 年 12 月 31 日。

借：财务费用　　37 303.02

　　贷：未确认融资费用　　37 303.02

借：长期应付款　　150 000

　　贷：银行存款　　150 000

③ 2010 年 12 月 31 日。

借：财务费用　　26 033.32

　　贷：未确认融资费用　　26 033.32

借：长期应付款　　150 000

贷：银行存款　　150 000

④ 2011年12月31日。

借：财务费用　　13 633.46

贷：未确认融资费用　　13 633.46

借：长期应付款　　150 000

贷：银行存款　　150 000

二、自行建造的固定资产

自行建造固定资产的成本，由建造该项资产达到预定可使用状态前所发生的必要支出构成，工程物资成本、人工成本、缴纳的相关税费、予资本化的借款费用以及应予分摊的间接费用等。企业为建造固定资产通过出让方式取得的土地使用权而支付的土地出让金不计入在建工程成本，应确认为无形资产。

企业自行建造固定资产包括自营建造和出包建造两种方式。无论采用何种方式，所建工程都应当按照实际发生的支出确定其工程成本并单独核算。

（一）自营方式建造固定资产

企业采用自营方式建造固定资产，意味着企业自行组织工程物资采购、自行组织施工人员从事工程施工。为在建工程准备的各种物资，应当按照实际支付的买价、不能抵扣的增值税额、运输费、保险费等相关税费，作为实际成本，并按照各种专项物资的种类进行明细核算。

工程完工达到预定可使用状态后，应将该项工程完工达到预定可使用状态前所发生的必要支出结转，作为固定资产的入账价值。工程完工后剩余的工程物资，转作本企业库存材料的，按其实际成本转作企业的库存材料；材料存在可抵扣增值税进项税额的，应当按减去增值税进项税额后的实际成本，转作企业的库存材料。盘亏、报废、毁损的工程物资，减去保险公司、过失人赔偿部分后的差额，应分别情况处理：如果工程项目尚未完工的，计入或冲减所建工程项目的成本；如果工程项目已经完工的，计入当期营业外支出或营业外收入。

企业的在建工程在达到预定可使用状态前，因试运转所发生的净支出计入工程成本。企业的在建工程项目在达到预定可使用状态前的试运转过程中形成的能够对外销售的产品，其发生的成本计入在建工程成本，销售或转为库存商品时，按实际销售收入或按预计售价冲减工程成本。

企业所建造的固定资产已达到预定可使用状态，但尚未办理竣工结算的，应当自达到预定可使用状态之日起，根据工程预算、造价或者工程实际成本等，按暂估价值转入固定资产，并按关于计提固定资产折旧的规定，计提固定资产的折旧。待办理竣工决算手续后再调整原来的暂估价值，但不需要调整原已计提的折旧额。

在建工程发生单项工程或单位工程报废或毁损，减去残料价值和过失人或保险公司等赔款后的净损失或净收益，如果工程项目尚未达到预定可使用状态，计入或冲减继续施工的工程成本；如果工程项目已经达到预定可使用状态，属于筹建期间的，计入或冲减管理费用，不属于筹建期间的，计入当期营业外支出或营业外收入；如果为非正常原因造成的报废或毁损，或在建工程项目全部报废或毁损，应将其净损失直接计入当期营业外支出。

小贴士

“工程物资”科目核算用于在建工程的各种物资的实际成本。该科目的借方登记企业购入工程物资的实际成本，贷方登记领用工程物资的实际成本，期末借方余额反映企业为工程购入但尚未领用的专用物资的实际成本。

【例 7-5】 扬帆公司自行建造仓库一座，购入为工程准备的各种物资 200 000 元，支付的增值税额为 34 000 元，实际领用工程物资（含增值税）210 600 元，剩余物资转作存货。另外还领用了生产用原材料一批，实际成本为 30 000 元，应转出的增值税为 5 100 元。应负担的工程人员薪酬 50 000 元，企业辅助生产车间为工程提供有关劳务支出 10 000 元。工程达到预定可使用状态交付使用。有关会计处理如下。

① 购入为工程准备的物资。

借：工程物资　　234 000

　　贷：银行存款　　234 000

② 工程领用物资。

借：在建工程——仓库　　210 600

　　贷：工程物资　　210 600

③ 工程领用原材料。

借：在建工程——仓库　　35 100

　　贷：原材料　　30 000

　　　　应交税费——应交增值税（进项税额转出）　　5 100

④ 应负担的工程人员薪酬。

借：在建工程——仓库　　50 000

　　贷：应付职工薪酬　　50 000

⑤ 辅助生产车间为工程提供的劳务支出。

借：在建工程——仓库　　10 000

　　贷：生产成本——辅助生产成本　　10 000

⑥ 工程达到预定可使用状态交付使用。

借：固定资产　　305 700

　　贷：在建工程——仓库　　305 700

⑦ 剩余工程物资转作存货。

借：原材料　　20 000

　　应交税费——应交增值税（进项税额）　　3 400

　　贷：工程物资　　23 400

（二）出包方式建造固定资产

企业采用出包方式建造固定资产时，通常通过招标方式将工程项目发包给建造承包商，由建造承包商组织工程项目施工。企业要与建造承包商签订建造合同。企业是建造合同的甲方，负责筹集资金和组织管理工程建设，通常称为建设单位；建造承包商是建造合同的乙方，负责建筑安装工程施工任务，通常称为施工单位。企业的新建、改建、扩建等建设项目，通常均采用出包方式。一个建设项目通常由若干单项工程构成，如构建一个火电厂包括建造发电车间、冷却塔、安装发电设备等单项工程。

1. 出包工程的成本构成

企业以出包方式建造固定资产，其成本由建造该项固定资产达到预定可使用状态前所发生的必要支出构成，包括发生的建筑工程支出、安装工程支出以及需分摊计入各固定资产价值的待摊支出。

（1）建筑工程、安装工程支出。由于建筑工程、安装工程采用出包方式发包给建造承包商承建，因此，工程的具体支出如人工费、材料费、机械使用费等由建造承包商核算。对于发包企业而言，建筑工程支出、安装工程支出是构成在建工程成本的重要内容。发包企业按照合同规定的结算方式和工程进度定期与建造承包商办理工程价款结算，结算的工程价款计入在建工程成本。

（2）待摊支出。待摊支出是指在建设期间发生的，不能直接计入某项固定资产价值，而应由所建造固定资产共同负担的相关费用，包括为建造工程发生的管理费，征地费，可行性研究费，临时设施费，公证费，监理费，应负担的税金、符合资本化条件的借款费用、建设期间发生的工程物资盘亏、报废及毁损净损失以及负荷联合试车费等。其中，征地费是指企业通过划拨方式取得建设用地发生的青苗补偿费、地上建筑物和附着物补偿费等。企业为建造固定资产通过出让方式取得土地使用权而支付的土地出让金不计入在建工程成本，应确认为无形资产（土地使用权）。

2. 出包工程的账务处理

出包方式下，“在建工程”科目主要是企业与建造承包商办理工程价款的结算科目，企业支付给建造承包商的工程价款作为工程成本，通过“在建工程”科目核算。企业应按合理估计的工程进度和合同规定结算的进度款，借记“在建工程——建筑工程（××工程）”、“在建工程——安装工程（××工程）”科目，贷记“银行存款”、“预付账款”等科目；工程完工时，按合同规定补付的工程款，借记“在建工程”科目，贷记“银行存款”等科目。企业将需安装设备运抵现场安装时，借记“在建工程——在安装设备（××设备）”科目，贷记“工程物资——××设备”科目。企业为建造固定资产发生的待摊支出，借记“在建工程——待摊支出”科目，贷记“银行存款”、“应付职工薪酬”、“长期借款”等科目。

在建工程达到预定可使用状态时，按以下步骤进行。

（1）计算分配待摊支出，待摊支出的分配率可按下列公式计算：

$$待摊支分配率=\frac{累计发生的待摊支出}{建筑工程支出+安装工程支出+在安装设备支出}\times 100\%$$

××工程应分配的待摊支出=（××工程的建筑工程支出+××工程的安装工程支出+××工程的安装设备支出）×待摊支出分配率

（2）计算确定已完工的固定资产成本。

房屋、建筑物等固定资产成本=建筑工程支出+应分配的待摊支出

需要安装设备的成本=设备成本+为设备安装发生的基础、支座等建筑工程支出+安装工程支出+应分配的待摊支出

（3）进行相应的账务处理，借记“固定资产”科目，贷记“在建工程——建筑工程”、“在建工程——安装工程”、“在建工程——在安装设备”、“在建工程——待摊支出”等科目。

【例 7-6】 甲公司经批准新建一个火电厂，包括建造发电车间、冷却塔、安装发电设备等3个单项工程。2007年2月1日，甲公司与乙公司签订合同，将火电厂新建工程出包给乙公司。双方约定，建造发电车间的价款为500万元，建造冷却塔的价款为280万元，安装发电设备的安装费用为45万元。其他有关资料如下：

（1）2007年2月1日，甲公司向乙公司预付建造发电车间的工程价款300万元；

（2）2007年5月8日，甲公司购入需安装的发电设备，价款总计380万元，款项已经支付；

（3）2007年7月2日，甲公司向乙公司预付建造冷却塔的工程价款140万元；

（4）2007年7月22日，甲公司将发电设备运抵现场，交付乙公司安装；

（5）工程项目发生管理费、可行性研究费、公证费、监理费共计11.6万元，款项已经支付；

（6）工程建造期间，由于台风造成冷却塔工程部分毁损，经核算，损失为45万元，保险公司已承诺支付30万元；

（7）2007年12月20日，所有工程完工，甲公司收到乙公司的有关工程结算单据后，补付剩余工程款。

甲公司的账务处理如下。

① 2007年2月1日，预付建造发电车间工程款。

借：预付账款——建筑工程（发电车间）　　3 000 000
　　贷：银行存款　　3 000 000

② 2007年5月8日，购入发电设备。

借：工程物资——发电设备　　3 800 000
　　贷：银行存款　　3 800 000

③ 2007年7月2日，预付建造冷却塔工程款。

借：预付账款——建筑工程（冷却塔）　　1 400 000
　　贷：银行存款　　1 400 000

④ 2007年7月22日，将发电设备交乙公司安装。

借：在建工程——安装工程（发电设备）　　3 800 000
　　贷：工程物资——发电设备　　3 800 000

⑤ 支付工程发生的管理费、可行性研究费、公证费、监理费。

借：在建工程——待摊支出　　116 000
　　贷：银行存款　　116 000

⑥ 台风造成冷却塔工程部分毁损。

借：营业外支出　　150 000
　　其他应收款　　300 000
　　贷：在建工程——建筑工程（冷却塔）　　450 000

⑦ 2007年12月20日，结算工程款并补付剩余工程款。

借：在建工程——建筑工程（发电车间）　　5 000 000
　　　　　　——建筑工程（冷却塔）　　2 800 000

——安装工程（发电设备）　　450 000

贷：银行存款　　3 850 000

预付账款——建筑工程（发电车间）　　3 000 000

——建筑工程（冷却塔）　　1 400 000

⑧ 分配待摊支出。

待摊支出分配率=116 000÷(5 000 000+2 800 000–450 000+3 800 000+450 000)×100%=1%

发电车间应分配的待摊支出=5 000 000×1%=50 000（元）

冷却塔应分配的待摊支出=(2 800 000–450 000)×1%=23 500（元）

发电设备（安装工程）应分配的待摊支出=450 000×1%=4 500（元）

发电设备（在安装设备）应分配的待摊支出=3 800 000×1%=38 000（元）

借：在建工程——建筑工程（发电车间）　　50 000

——建筑工程（冷却塔）　　23 500

——安装工程（发电设备）　　4 500

——在安装设备（发电设备）　　38 000

贷：在建工程——待摊支出　　116 000

⑨ 结转在建工程。

借：固定资产——发电车间　　5 050 000

——冷却塔　　2 373 500

——发电设备　　4 292 500

贷：在建工程——建筑工程（发电车间）　　5 050 000

——建筑工程（冷却塔）　　2 373 500

——安装工程（发电设备）　　454 500

——在安装设备（发电设备）　　3 838 000

三、其他方式取得的固定资产

（1）投资者投入的固定资产。企业接受投资者投入固定资产的成本，应当按照投资合同或协议约定的价值确定，但合同或协议约定价值不公允的除外。在投资合同或协议约定价值不公允的情况下，以该项固定资产的公允价值作为入账价值。企业接受固定资产投资时，在办理了固定资产移交手续之后，按照确定的价值，借记“固定资产”科目，贷记“实收资本”或“股本”科目，按其差额，贷记“资本公积——资本溢价或股本溢价”。

（2）盘盈固定资产的成本。作为前期差错处理，在按管理权限报经批准后，应先通过“以前年度损益调整”科目核算。

（3）通过非货币性资产交换、债务重组、企业合并等方式取得的固定资产。其会计处理分别按照《企业会计准则第 7 号——非货币性资产交换》、《企业会计准则第 12 号——债务重组》、《企业会计准则第 20 号——企业合并》等的规定确定。但是，其后续计量和披露应当按照固定资产准则的规定。

四、存在弃置义务的固定资产

对于特殊行业的特定固定资产，确定其初始成本时，还应考虑弃置费用。弃置费用通常是指根据国家法律或行政法规、国际公约等规定，企业承担的环境保护和生态恢复等义务所确定的支出，如核电站设施等的弃置和恢复环境义务。

对于这些特殊行业的特定固定资产，企业应当按照弃置费用的现值计入相关固定资产的成本和相应的预计负债。例如，石油天然气开采企业应当按照油气资产的弃置费用现值计入相关油气资产的成本；在固定资产或油气资产的使用寿命内，按照预计负债的摊余成本和实际利率计算确定的利息费用，应当在发生时计入财务费用。一般工商企业的固定资产发生的报废清理费用，不属于弃置费用，应当在发生时作为固定资产处置费用处理。

弃置费用形成的预计负债在确认后，按照实际利率法计算的利息费用应当确认为财务费用；由于技术进步、法律要求或市场环境变化等原因，特定固定资产的履行弃置义务可能发生支出金额、预计弃置时点、折现率等变动而引起的预计负债变动，应按照以下原则调整该固定资产的成本：

（1）对于预计负债的减少，以该固定资产账面价值为限扣减固定资产成本。如果预计负债的减少额超过该固定资产账面价值，则超出部分确认为当期损益。

（2）对于预计负债的增加，增加该固定资产的成本。

按照上述原则调整的固定资产，在资产剩余使用年限内计提折旧。一旦该固定资产的使用寿命结束，预计负债的所有后续变动应在发生时确认为损益。

【例 7-7】 乙公司主要从事化工产品的生产和销售。2007 年 12 月 31 日，乙公司一套化工产品生产线达到预定可使用状态并投入使用，建造成本共 8 000 万元，预计使用寿命为 15 年。根据有关法律，乙公司在该生产线使用寿命届满时应对环境进行复原，预计将发生弃置费用 200 万元。乙公司采用的折现率为 10%。乙公司与弃置费用有关的账务处理如下。

（1）2007 年 12 月 31 日，将预计弃置费用的现值计入固定资产原价。

预计弃置费用的现值=2 000 000×(P/F,10%,15)=2 000 000×0.239 4=478 800（元）

固定资产原价=80 000 000+478 800=80 478 800（元）

借：固定资产　　　　80 478 800
　贷：在建工程　　　　80 000 000
　　预计负债　　　　478 800

（2）2008 年 12 月 31 日至 2022 年 12 月 31 日利息费用的计算如表 7-2 所示。

表 7-2　利息费用计算表　　　　金额单位：元

日期	年度利息费用 预计负债	账面价值
	①=②×10%	②=上期②+①
2007		478 800.00
2008	47 880.00	526 680.00
2009	52 668.00	579 348.00
2010	57 934.80	637 282.80
2011	63 728.28	701 011.08
2012	70 101.11	771 112.19
2013	77 111.22	848 223.41
2014	84 822.34	933 045.75
2015	93 304.58	1 026 350.33
2016	102 635.03	1 128 985.36

续表

日期	年度利息费用 预计负债	账面价值
	①=②×10%	②=上期②+①
2017	112 898.54	1 241 883.90
2018	124 188.39	1 366 072.29
2019	136 607.23	1 502 679.52
2020	150 267.95	1 652 947.47
2021	165 294.75	1 818 242.22
2022	181 757.78	2 000 000.00

*尾数调整：181 757.78=2 000 000.00−1 818 242.22。

2008 年 12 月 31 日，确认利息费用的账务处理如下。

借：财务费用　　　　47 880

　贷：预计负债　　　　47 880

2009 年至 2022 年，确认利息费用的账务处理比照 2008 年的相关账务处理。

第三节　固定资产的后续计量

固定资产的后续计量主要包括固定资产折旧的计提、减值损失的确定，以及后续支出的计量。其中，固定资产减值应当按照《企业会计准则第 8 号——资产减值》处理。

一、固定资产折旧

（一）固定资产折旧的定义

折旧，是指在固定资产的使用寿命内，按照确定的方法对应计提折旧额进行系统的分摊。应计提折旧额，是指应当计提折旧的固定资产的原价值扣除其预计净残值后的金额，如果已对固定资产计提减值准备，还应当扣除已计提的固定资产减值准备累计金额。

固定资产折旧是固定资产在使用过程中由于使用或磨损而减少的价值。造成固定资产价值减少的原因主要有有形损耗和无形损耗两种。

有形损耗是指固定资产由于正常使用或自然力的影响而引起的固定资产的服务潜力的下降，导致固定资产的使用价值和价值的减少。有形损耗可以分为机械损耗和自然损耗两种。前者是由于使用而发生的有形磨损，如固定资产的机械磨损等；后者是由自然条件的侵蚀造成的，如阳光、风雨、冰雪等自然因素的侵蚀。

无形损耗是指固定资产本身服务潜力未受影响，但由于科学技术进步引起固定资产相对服务潜力下降，从而导致固定资产的使用价值和价值的减少。例如，与新推出的先进设备相比，原有设备在性能、效率上无法与其抗衡；或因技术进步，与原有设备性能相仿的新设备的生产成本和价格大大降低等。这些原因都可能导致继续使用原有设备会明显削弱企业的竞争能力，从而不得不提早废弃该项固定资产。从科学技术的发展来看，固定资产的无形损耗比其有形损耗更为严重，对计算折旧的影响更大。通常采用加速折旧法、缩短固定资产预计使用寿命等方法避免科技进步对固定资产价值的影响。

从本质上讲，折旧也是一种费用，只不过这一费用没有在计提期间付出实实在在的货币资金，但这种费用是前期已经发生的支出，而这种支出的收益在资产投入使用后的有效使用期内实现，无论是从权责发生制的原则，还是从收入与费用配比的原则来讲，计提折旧都是必要的，不提折旧或不正确地计提折旧都将错误地计算企业的产品成本（或营业成本）和损益。

（二）影响固定资产折旧的因素

固定资产折旧，是指在固定资产使用寿命内，按照确定的方法对应计提折旧总额进行的系统分摊。因此，影响固定资产折旧的因素主要包括固定资产原价、使用寿命、预计净残值和固定资产减值准备、折旧方法。

（1）固定资产的原价，指固定资产的成本。

（2）使用寿命，是指企业使用固定资产的预计期间，或者该固定资产所能生产产品或提供劳务的数量。企业在确定固定资产的使用寿命时，主要应当考虑下列因素：① 该资产的预计生产能力或实物产量；② 该资产的有形损耗，如设备使用中发生磨损、房屋建筑物受到自然侵蚀等；③ 该资产的无形损耗，如因新技术的出现而使现有的资产技术水平相对陈旧、市场需求变化使产品过时等；④法律或者类似的规定对该项资产使用的限制。

（3）预计净残值，是指假定固定资产预计使用寿命已满并处于使用寿命终了时的预期状态，企业从该项资产处置中获得的扣除预计处置费用后的金额。

（4）固定资产减值准备，指固定资产已计提固定资产减值准备累计金额。固定资产计提减值准备后，应当在剩余使用寿命内根据调整后的固定资产账面价值（固定资产账面余额扣减累计折旧和累计减值准备后的金额）和预计净残值重新计算确定折旧率和折旧额。

企业应当根据固定资产的性质和使用情况，合理确定固定资产的使用寿命和预计净残值，并根据科技发展、环境及其他因素，选择合理的固定资产折旧方法。固定资产的使用寿命、预计净残值、折旧方法等，一经确定，不得随意变更。

（三）固定资产折旧的范围

确定固定资产折旧的范围，一是要从空间范围上确定哪些固定资产应当提取折旧，哪些固定资产不应当提取折旧；二是要从时间范围上确定应计提折旧的固定资产什么时间开始提取折旧，什么时间停止提取折旧。

1. 固定资产折旧的空间范围

企业应当对所有固定资产计提折旧，但是，以下两种情况除外：

（1）已提足折旧仍继续使用的固定资产；

（2）按规定单独估价作为固定资产入账的土地。

固定资产提足折旧后，不管能否继续使用，均不再计提折旧；提前报废的固定资产，也不再补提折旧。所谓提足折旧是指已经提足该项固定资产的应计提折旧总额。

已达到预定可使用状态但尚未办理竣工决算的固定资产，应当按照估计价值确定其成本，暂估入账，并计提折旧；待办理了竣工决算手续后，再按照实际成本调整原来的暂估价值，但不需要调整原已计提的折旧额。

融资租入的固定资产，应当采用与自有应计提折旧固定资产相一致的折旧政策。能够合理确定租赁期届满时将会取得租赁资产所有权的，应当在租赁资产尚可使用年限内计提折旧；无法合理确定租赁期届满时能否取得租赁资产所有权的，应当在租赁期与租赁资产尚可使用年限两者中较短的期间内计提折旧。

处于更新改造过程而停止使用的固定资产，应将其账面价值转入在建工程，不再计提折旧。更新改造项目达到预定可使用状态转为固定资产后，再按重新确定的折旧方法和该项固定资产尚可使用寿命计提折旧。

2. 固定资产折旧的时间范围

固定资产应当按月计提折旧，当月增加的固定资产，当月不计提折旧，从下月起计提折旧；当月减少的固定资产，当月仍计提折旧，从下月起不再计提折旧。计提的折旧根据用途计入相关资产的成本或者当期损益。固定资产应自达到预定可使用状态时开始计提折旧，终止确认时或划分为持有代售非流动资产时停止计提折旧。

（四）固定资产的折旧方法

企业应当根据与固定资产有关的经济利益的预期实现方式，合理选择固定资产折旧方法。可选用的折旧方法包括年限平均法、工作量法、双倍余额递减法和年数总和法等。前两种是按照时间或完成的工作量平均计提折旧的方法，统称为直线法；后两种是在固定资产使用初期计提折旧较多而在后期计提折旧较少，从而相对加速折旧的方法，统称为加速折旧法。

1. 年限平均法

年限平均法，是指将固定资产的应计提折旧总额在固定资产的预计使用寿命（年）内平均分摊的一种折旧方法。采用这种方法，假定固定资产的服务潜力随着时间的推移而逐渐递减，其效能与固定资产的新旧程度无关。因此，固定资产的应计提折旧总额可以均匀摊配于预计使用寿命内的各个会计期间，每期折旧额均相等。其计算公式为：

$$\text{年折旧率}=\frac{1-\text{预计净残值率}}{\text{预计使用寿命(年)}}\times 100\%$$

$$\text{月折旧率}=\text{年折旧率}\div 12$$

$$\text{年折旧额}=\text{固定资产原价}\times\text{年折旧率}$$

公式中的年折旧率既可以是个别折旧率、分类折旧率，也可以是综合折旧率。

（1）个别折旧率。

个别折旧率又称单项折旧率，是按每一固定资产项目计算的折旧率，指每项固定资产的每期（年、月）折旧额与其原始成本的百分比。按个别折旧率计提的折旧额准确性高，但当企业所使用的各类固定资产数目较多时，要分别计算各项固定资产的折旧率，而且需要设置多个固定资产账户和多个累计折旧账户，这无疑会大大增加会计处理工作量。这种方法适用于固定资产数量较少，而且固定资产单位价值比较高的企业。

（2）分类折旧率。

分类折旧率是指固定资产的分类折旧额与该类固定资产的原始成本的百分比。采用这种方法，应首先把性质、结构和使用寿命接近的固定资产归为一类，再按类别计算平均折旧率。这种方法适用于使用大量同类固定资产的企业。分类折旧率的计算公式如下：

某类固定资产年分类折旧率=该类固定资产年折旧额之和该类固定资产原价之和×100%

（3）综合折旧率。

综合折旧率是指某一期间企业全部固定资产折旧额与全部固定资产原始成本的百分比。采用这种方法，是把不同性能、不同结构和不同预计使用寿命的所有固定资产全部综合起来，使用一个平均折旧率。在会计处理时，只需设置一个固定资产账户和一个累计折旧账户。这种方法适用于使用大量同类固定资产的企业。综合折旧率的计算公式如下：

固定资产年综合折旧率=各项固定资产年折旧额之和各项固定资产原价之和×100%

【例 7-8】 扬帆公司拥有设备 1 台，原价 120 000 元，预计可使用 8 年，预计净残值率 4%，则该项固定资产应计提的折旧额如下：

年折旧额=120 000×(1−4%)/8=14 400（元）

年折旧率=(1−4%)/8×100%=12%

月折旧率=12%/12=1%

月折旧额=120 000×1%=1 200（元）

采用年限平均法计提折旧的最大优点是简单易行，但它也存在一些明显的局限性。首先，这种方法只着眼于固定资产使用时间的长短，未考虑其使用强度，每期的折旧费用都是相等的。其次，固定资产的使用时间越长，磨损程度越严重，所需的修理、保养费用势必逐年增加，而其产量却可能每况愈下，单位产品负担的相应费用的不合理状况更为突出。因此，年限平均法比较适用于各个时期使用程度大致相同、不受季节影响的固定资产。

2．工作量法

工作量法又称作业量法、产量法，是指按照固定资产预计完成的总工作量平均计提折旧的一种方法。采用工作量法计提折旧，首先应确定固定资产在预计使用寿命内所能生产产品或提供劳务的总数量，如机器设备加工的产品数或工作小时数等；然后根据应计提折旧总额和预计完成的总工作量，确定每单位工作量应计提的折旧额；最后根据单位工作量折旧额和某月实际完成的工作量，计算出该月折旧额。计算公式如下：

单位工作量折旧额=固定资产原价×（1−预计净残值率）/预计完成的总工作量

某项固定资产月折旧额=该项固定资产当月工作量×单位工作量折旧额

【例 7-9】 沿用【例 7-8】的资料，若该设备在预计使用寿命内可加工产品 300 000 件，第一年生产产品 50 000 件，第二年生产产品 40 000 件。则：

单位产品应计提折旧额=120 000×（1−4%）/300 000=0.384（元）

第一年应计提折旧额=50 000×0.384=19 200（元）

第二年应计提折旧额=40 000×0.384=15 360（元）

工作量法虽然克服了年限平均法只注重资产使用时间的不足，但只关心固定资产的使用强度，把固定资产在使用中的机械损耗作为计提折旧的唯一因素，忽视了固定资产的自然损耗和无形损耗。所以，工作量法一般适用于价值较高的大型精密机床以及运输设备等固定资产折旧的计算，这些固定资产的价值较高，各月的工作量一般不很均衡，采用年限平均法计提折旧会使各月成本费用的负担不够合理。

3．加速折旧法

加速折旧法又称递减费用法，是指固定资产在预计使用寿命内所计提的折旧额呈递减趋势的一种折旧方法。采用加速折旧法时，各年的折旧额呈递减趋势。为了简化折旧计算工作，月折旧额一般按年折旧额除以 12 计算。如果某项固定资产开始计提折旧的时间不是年初（1 月份），则该年度各月的折旧额以及下一年度前几个月的折旧额（即开始计提折旧 1 年之内各月的折旧额），均按年折旧额的月平均数计算。较常用的加速折旧法有双倍余额递减法和年数总和法两种。

（1）双倍余额递减法。

双倍余额递减法是在不考虑固定资产净残值的情况下，根据每年年初固定资产账面净值和双倍的直线法折旧率计算固定资产折旧的一种方法。应用这种方法计算折旧额时，由于每年年初固定资产净值没有扣除预计净残值，所以应在其折旧年限到期前 2 年内，将固定资产净值扣除预计净残值后的余额平均摊销。计算公式如下：

年折旧率=2÷预计使用寿命（年）×100%

年折旧额=每年期初账面净值×年折旧率

最后 2 年每年应计提折旧额=（倒数第 2 年期初账面净值–预计净残值）÷2

月折旧额=年折旧额÷12

企业选用双倍余额递减法计提折旧，其账面净值就不可能被冲销完毕。因此，应当在该固定资产折旧年限到期前 2 年内改为直线法，将固定资产的账面净值扣除预计净残值后平均分摊。

【例 7-10】 扬帆公司进口一条生产线，安装完毕后，其原始成本 200 000 元，预计可使用 5 年，预计可收回残值 5 000 元，预计清理费用 3 000 元，该生产线用双倍余额递减法计提折旧。

年折旧率=2/5×100%=40%

各年应计提折旧额的计算如表 7-3 所示。

表 7-3 双倍余额递减法折旧计算表 金额单位：元

使用年次	年折旧额	累计折旧额	账面净值
0			200 000
1	80 000	80 000	120 000
2	48 000	128 000	72 000
3	28 800	156 800	43 200
4	20 600	177 400	22 600
5	20 600	200 000	0

注：第 1 年折旧额=200 000×40%=80 000（元）；第 1 年账面净值=200 000–80 000=120 000（元）。

*最后 2 年时将固定资产第 4 年年初账面净值扣除净残值后平均分摊：第 4 年、第 5 年每年折旧额=(43 200-5 000+3 000)/2=20 600（元）。

（2）年数总和法。

年数总和法又称年限合计法，是将固定资产的原价减去预计净残值后的余额，乘以一个逐年递减的折旧率计算每年折旧额的一种方法。计算公式如下：

年折旧率=尚可使用年限/预计可使用寿命的年数总和×100%

年折旧额=（固定资产原价–预计净残值）×年折旧率

月折旧率=年折旧率÷12

月折旧额=（固定资产原价–预计净残值）×月折旧率

【例 7-11】 沿用【例 7-10】的资料，假定扬帆公司该生产线按年数总和法计提折旧，各年应计提折旧额的计算如表 7-4 所示。

表 7-4　年数总和法折旧计算表

金额单位：元

使用年次	应计提折旧总额	折旧率	折旧额	累计折旧额
1	198 000	5/15	66 000	166 000
2	198 000	4/15	52 800	118 800
3	198 000	3/15	39 600	158 400
4	198 000	2/15	26 400	184 800
5	198 000	1/15	13 200	198 000

双倍余额递减法与年数总和法的区别：双倍余额递减法在计提折旧的前期不考虑固定资产的预计净残值，并按每期固定资产的账面净值为基础计提折旧，即双倍余额递减法的折旧基数每期都在变，而折旧率是不变的；年数总和法以固定资产的原价减去预计净残值后的余额为基础，折旧基数不变，变化的是折旧率。因此，双倍余额递减法的特点是固定资产的折旧率不变而折旧基数逐年递减；年数总和法的特点是固定资产的折旧基数不变，折旧率随着可使用年数的减少而递减。

（五）固定资产折旧的会计处理

企业按月计提固定资产折旧时，应根据固定资产的用途计入相关资产的成本或者当期损益。

（1）生产车间使用的固定资产，其计提的折旧应计入制造费用，并最终计入所生产产品成本。

（2）管理部门使用的固定资产，其计提的折旧应计入管理费用。

（3）销售部门使用的固定资产，其计提的折旧应计入销售费用。

（4）经营租出的固定资产，其计提的折旧应计入其他业务成本。

（5）未使用固定资产计提的折旧应计入管理费用。

（6）企业自行建造固定资产过程中使用的固定资产，其计提的折旧应计入在建工程等。

固定资产计提折旧时，应以月初应计提折旧的固定资产账面原价为依据。具体计算时，可以在上月计提折旧额的基础上，对上月固定资产的增减变动情况进行调整后，计算当月应计提的折旧额。计算公式为：

当月固定资产应计提的折旧额=上月固定资产计提的折旧额+上月增加固定资产应计提的折旧额–上月减少固定资产应计提的折旧额

小贴士

“累计折旧”科目属于“固定资产”科目的备抵科目，累计固定资产的折旧。该科目贷方登记计提的固定资产折旧，借方登记减少的固定资产转出的累计已提折旧，期末贷方余额反映提取的固定资产折旧累计数。

【例 7-12】 扬帆公司 2007 年 3 月份的固定资产折旧计算表如表 7-5 所示。

表 7-5 固定资产折旧计算表

金额单位：元

使用部门	折旧额分配费用			小计
A 车间厂房	厂房 3 000	机器设备 15 000	其他设备 900	18 900
B 车间厂房	厂房 2 000	机器设备 12 200		14 200
C 车间厂房	厂房 2 100	机器设备 13 100		15 200
厂部管理部门	房屋建筑 1 200	运输工具 1 500		2 700
合计				51 000

根据上述固定资产折旧计算表，编制会计分录如下。

借：制造费用——A 车间　　18 900
　　　　　　——B 车间　　14 200
　　　　　　——C 车间　　15 200
　　管理费用——厂部管理部门　　2 700
　　贷：累计折旧　　51 000

（六）固定资产使用寿命、预计净残值和折旧方法的复核

固定资产准则规定，企业至少应当于每年年度终了，对固定资产的使用寿命、预计净残值和折旧方法进行复核。

在固定资产使用过程中，其所处的经济环境、技术环境以及其他环境有可能对固定资产使用寿命和预计净残值产生较大影响。例如，固定资产使用强度比正常情况大大加强，致使固定资产实际使用寿命大大缩短、预计净残值减少；融资租赁合同对租赁期做了新的调整；替代该项固定资产的新产品出现，致使其实际使用寿命缩短、预计净残值减少等。此时，如果不对固定资产预计使用寿命和预计净残值进行调整，必然不能真实反映其为企业提供经济利益的期间及每期实际的资产消耗，据此提供的会计信息就很可能是不真实的，进而影响会计信息使用者做出恰当的经济决策。为了避免出现这种情况，企业至少应当于每年年度终了，对固定资产的使用寿命和预计净残值进行复核。如果固定资产使用寿命预计数与原先估计数有差异，应当调整固定资产使用寿命；如果固定资产预计净残值预计数与原先估计数有差异，应当调整预计净残值。

在固定资产使用过程中，其所处的经济环境、技术环境以及其他环境的变化也可能致使与固定资产有关的经济利益的预期实现方式发生重大改变。企业至少应当于每年年度终了，对固定资产的折旧方法进行复核。如果固定资产给企业带来经济利益的方式发生重大变化，企业应相应改变固定资产折旧方法。例如，某企业以前年度采用年限平均法计提固定资产折旧，但在此次年度复核中发现，与该固定资产相关的技术发生很大变化，采用年限平均法计提折旧已很难反映该项固定资产给企业带来经济利益的方式，因此，企业决定将年限平均法改为加速折旧法。

固定资产使用寿命、预计净残值和折旧方法的改变应当作为会计估计变更，按照会计估计变更的有关规定进行会计处理。

二、固定资产的后续支出

固定资产的后续支出是指固定资产使用过程中发生的更新改造支出、修理费用等。

固定资产后续支出的处理原则为：与固定资产有关的更新改造等后续支出，符合固定资产确认条件的，应当计入固定资产成本，同时将被替换部分的账面价值扣除；不符合固定资产确认条件的，应当在发生时计入当期损益。

（一）资本化的后续支出

固定资产发生的可资本化的后续支出，通过“在建工程”科目核算。企业对固定资产进行更新改造时符合资本化条件的，应将该固定资产的原价、已计提的累计折旧和减值准备转销，将其账面价值转入在建工程，并停止计提折旧。待更新改造等工程完工并达到预定可使用状态时，再从在建工程转为固定资产，并按重新确定的使用寿命、预计净残值和折旧方法计提折旧。资本化的后续支出通过“在建工程”科目核算。

【例 7-13】 甲公司是一家从事印刷业的企业，其有关业务资料如下。

（1）2006 年 12 月，该公司自行建成了一条印刷生产线并投入使用，建造成本为 568 000 元。采用年限平均法计提折旧，预计净残值率为固定资产原价的 3%，预计使用年限为 6 年。

（2）2009 年 1 月 1 日，由于生产的产品适销对路，现有生产线的生产能力已难以满足公司生产发展的需要，但若新建生产线成本过高、周期过长，于是公司决定对现有生产线进行改扩建，以提高其生产能力。假定该生产线未发生减值。

（3）2009 年 1 月 1 日至 3 月 31 日，经过 3 个月的改扩建，完成了对该印刷生产线的改扩建工程，共发生支出 268 900 元，全部以银行存款支付。

（4）该生产线改扩建工程达到预定可使用状态后，可大大提高生产能力，预计将使其使用年限延长 4 年，即预计使用年限为 10 年。假定改扩建后的生产线的预计净残值率为改扩建后固定资产账面价值的 3%，折旧方法仍为年限平均法。

（5）为简化计算，不考虑其他相关税费，公司按年度计提固定资产折旧。

本例中，印刷生产线改扩建后生产能力将大大提高，能够为企业带来更多的经济利益，改扩建的支出金额也能可靠计量，因此该后续支出符合固定资产的确认条件，应计入固定资产的成本。

有关的会计处理如下。

① 2007 年 1 月 1 日至 2008 年 12 月 31 日的 2 年间，即固定资产后续支出发生前。

该条生产线的应计提折旧额=568 000×（1–3%）=550 960（元）

年折旧额=550 960/6=91 826.67（元）

各年计提固定资产折旧的会计分录如下。

借：制造费用	91 826.67	
贷：累计折旧		91 826.67

② 固定资产转入改扩建。

2009 年 1 月 1 日生产线的账面价值=568 000–91 826.67×2=384 346.66（元）

借：在建工程	384 346.66	
累计折旧	183 653.34	
贷：固定资产		568 000

③ 2009 年 1 月 1 日至 3 月 31 日，发生改扩建工程支出。

借：在建工程	268 900	
贷：银行存款		268 900

④ 2009 年 3 月 31 日，生产线改扩建工程达到预定可使用状态。

后续支出全部资本化后的生产线账面价值=384 346.66+268 900=653 246.66（元）

借：固定资产　　　　　　　　　　　　　　653 246.66

　　贷：在建工程　　　　　　　　　　　　　　653 246.66

⑤ 2009 年 3 月 31 日，在建工程转为固定资产后，按重新确定的使用寿命、预计净残值和折旧方法计提折旧。

应计提折旧总额=653 246.66×(1−3%)=633 649.26（元）

月折旧额=633 649.26/(7×12+9)=6 813.43（元）

年折旧额=6 813.43×12=81 761.16（元）

2009 年应计提折旧额=6 813.43×9=61 320.87（元）

会计分录如下。

借：制造费用　　　　　　　　　　　　　　61 320.87

　　贷：累计折旧　　　　　　　　　　　　　　61 320.87

2010 年至 2016 年每年计提折旧的会计分录如下。

借：制造费用　　　　　　　　　　　　　　81 761.16

　　贷：累计折旧　　　　　　　　　　　　　　81 761.16

企业在发生可资本化的固定资产后续支出时，可能涉及替换原固定资产的某组成部分。如果满足固定资产的确认条件，应当将发生的后续支出资本化，计入固定资产成本，同时将被替换部分的账面价值扣除。这样可以避免将替换部分的成本和被替换部分的成本同时计入固定资产成本，导致固定资产成本虚高。在实务中，如果企业不能确定被替换部分的账面价值，可将替换部分的成本视为被替换部分的账面价值。

【例 7-14】 甲公司有营业厅一栋，成本为 1 800 000 元，已计提折旧 419 040 元。该营业厅内有一部电梯，成本为 200 000 元，未单独确认为固定资产。2007 年 1 月，为吸引顾客，甲公司决定更换一部观光电梯。支付的新电梯购买价款为 320 000 元（含增值税），安装费用 31 000 元，以银行存款支付；旧电梯的回收价格为 100 000 元，款项尚未收到。甲公司的账务处理如下。

① 2007 年 1 月，购入观光电梯。

借：工程物资　　　　　　　　　　320 000

　　贷：银行存款　　　　　　　　　　320 000

② 2007 年 1 月，将营业厅的账面价值转入在建工程。

借：在建工程　　　　　　　　　　1 380 960

　　累计折旧　　　　　　　　　　419 040

　　贷：固定资产　　　　　　　　　　1 800 000

③ 2007 年 1 月，转销旧电梯的账面价值。

旧电梯的账面价值=200 000−200 000/1 800 000×419 040=153 440（元）

借：其他应收款　　　　　　　　　100 000

　　营业外支出　　　　　　　　　53 440

　　贷：在建工程　　　　　　　　　　153 440

④ 2007 年 1 月，安装新电梯。

借：在建工程　　　　　　　　　　351 000

贷：工程物资　　　　　　　　　　　　　320 000

　　银行存款　　　　　　　　　　　　　31 000

⑤ 电梯安装完毕，达到预定可使用状态投入使用。

借：固定资产　　　　　　　　　　　1 578 520

　贷：在建工程　　　　　　　　　　　1 578 520

企业对固定资产进行定期检查发生的大修理费用，符合资本化条件的，可以计入固定资产的成本，不符合资本化条件的，应当费用化，计入当期损益。固定资产在定期大修理期间，照旧折旧。

【例 7-15】 2007 年 1 月 25 日，甲公司对所属一家商场进行装修，发生如下支出：领用生产用原材料 40 000 元，购进该批原材料时支付的增值税进项税额为 6 800 元；辅助生产车间为商场装修工程提供的劳务支出为 14 660 元；发生的有关人员薪酬 29 640 元。2007 年 12 月 26 日，商场装修完工，达到预定可使用状态交付使用，甲公司预计下次装修时间为 2018 年 12 月。假定该商场的装修支出符合固定资产确认条件，该商场预计尚可使用年限为 6 年，装修形成的固定资产预计净残值为 1 100 元，采用年限平均法计提折旧，不考虑其他因素。2010 年 12 月 31 日，甲公司决定对该商场重新进行装修。甲公司的账务处理如下。

① 装修领用原材料。

借：在建工程　　　　　　　　　　　　46 800

　贷：原材料　　　　　　　　　　　　　40 000

　　应交税费——应交增值税（进项税额转出）　6 800

② 辅助生产车间为装修工程提供劳务。

借：在建工程　　　　　　　　　　　　14 660

　贷：生产成本——辅助生产成本　　　　14 660

③ 发生工程人员薪酬。

借：在建工程　　　　　　　　　　　　29 640

　贷：应付职工薪酬　　　　　　　　　　29 640

④ 装修工程达到预定可使用状态交付使用。

借：固定资产　　　　　　　　　　　　91 100

　贷：在建工程　　　　　　　　　　　　91 100

⑤ 2008 年度计提装修形成的固定资产折旧。

因预计下次装修时间为 2018 年 12 月，两次装修间隔 10 年，大于固定资产尚可使用年限 6 年，因此，应按固定资产预计尚可使用年限 6 年计提折旧。

每年应计提折旧额=(91 100–1 100)/6=15 000（元）

借：管理费用　　　　　　　　　　　　15 000

　贷：累计折旧　　　　　　　　　　　　15 000

2009 年度、2010 年度计提装修形成固定资产折旧的会计分录同 2008 年度。

⑥ 2010 年 12 月 31 日重新装修。

借：营业外支出　　　　　　　　　　　46 100

　　累计折旧　　　　　　　　　　　　45 000

　贷：固定资产　　　　　　　　　　　　91 100

融资租入固定资产发生的装修费用等后续支出，满足固定资产确认条件的，应在两次装修间隔期间、剩余租赁期与固定资产尚可使用年限三者中较短的期间内，采用合理的方法单独计提折旧。

（二）费用化的后续支出

与固定资产有关的修理费用等后续支出，不符合固定资产确认条件的，应当根据不同情况分别在发生时计入当期管理费用或销售费用。

一般情况下，固定资产投入使用之后，由于固定资产磨损、各个组成部分的耐用程度不同或使用条件不同，可能会出现固定资产局部被损坏的情况，为了维持固定资产的正常运转和使用，充分发挥其使用效能，企业会对固定资产进行必要的维护修理。固定资产的日常维护支出（包括日常修理费用、大修理费用等）只是确保固定资产的正常工作状态，一般不产生未来的经济利益；通常不符合固定资产的确认条件，在发生时应直接计入当期损益，不得采用预提或待摊方式处理。企业生产车间（部门）和行政管理部门等发生的固定资产修理费用等后续支出，应在发生时计入“管理费用”科目；企业专设销售机构相关的固定资产修理费用等后续支出，应在发生时计入“销售费用”科目。企业固定资产更新改造支出不满足固定资产确认条件的，在发生时应直接计入当期损益。

【例 7-16】 2007 年 1 月 23 日，扬帆公司对某办公楼进行维修，维修过程中领用原材料一批，价值为 120 000 元，为购买该批原材料支付的增值税进项税额为 20 400 元，应支付维修人员薪酬为 43 320 元。扬帆公司的账务处理如下。

借：管理费用	183 720	
贷：原材料		120 000
应交税费——应交增值税（进项税额转出）		20 400
应付职工薪酬		43 320

第四节 固定资产的处置及清查

固定资产的处置包括出售、转让、报废、毁损、对外投资、非货币性交换、债务重组等情况。处于处置状态的固定资产不再用于生产商品、提供劳务、出租或经营管理，因此不再符合固定资产的定义，应予终止确认。

一、固定资产终止确认的条件

固定资产满足下列条件之一的，应当予以终止确认：

（1）该固定资产处于处置状态。固定资产处置包括固定资产的出售、转让、报废或毁损、对外投资、非货币性资产交换、债务重组等。处于处置状态的固定资产不再用于生产商品、提供劳务、出租或经营管理，因此不再符合固定资产的定义，应当予以终止确认。

（2）该固定资产预期通过使用或处置不能产生经济利益。固定资产的确认条件之一是“与该固定资产有关的经济利益很可能流入企业”，如果一项固定资产预期通过使用或处置不能产生经济利益，那么它就不再符合固定资产的定义和确认条件，应当予以终止确认。

二、固定资产处置的账务处理

企业出售、转让、报废固定资产或发生固定资产毁损，应当将处置收入扣除账面价值和相关税费后的金额计入当期损益。固定资产的账面价值是固定资产成本扣减累计折旧和累计减值准备后的金额。固定资产处置通过“固定资产清理”科目进行核算。

小贴士

“固定资产清理”科目核算因出售、报废和毁损等原因转入清理的固定资产价值及其在清理过程中所发生的清理费用和清理收入的情况，该科目借方登记转入清理的固定资产净值、清理过程中发生的清理费用以及应交的税金，贷方登记清理固定资产的变价收入、保险公司或过失人的赔偿款等。该科目应按被清理的固定资产设置明细账，进行明细核算。

企业因出售、报废或毁损、对外投资、非货币性资产交换、债务重组等处置固定资产，其会计处理一般可分以下几个步骤。

第一，固定资产转入清理。固定资产转入清理时，按固定资产的账面价值借记“固定资产清理”科目，按已计提的累计折旧，借记“累计折旧”科目，按已计提的减值准备，借记“固定资产减值准备”科目，按固定资产账面余额，贷记“固定资产”科目。

第二，发生的清理费用。固定资产清理过程中发生的清理费用以及应支付的相关税费，借记“固定资产清理”科目，贷记“银行存款”、“应交税费”等科目。

第三，出售收入和残料等的处理。企业收回出售固定资产的价款、报废固定资产的残料价值和变价收入等，应冲减清理支出。按实际收到的出售价款及残料变价收入等，借记“银行存款”、“原材料”等科目，贷记“固定资产清理”等科目。

第四，保险赔偿的处理。企业计算或收到的应由保险公司或过失人赔偿的损失，应冲减清理支出，借记“其他应收款”、“银行存款”等科目，贷记“固定资产清理”科目。

第五，清理净损益的处理。固定资产清理完成后的净损失，属于生产经营期间正常的处理损失，借记“营业外支出——处置非流动资产损失”科目，贷记“固定资产清理”科目；属于生产经营期间由于自然灾害等非正常原因造成的损失，借记“营业外支出——非常损失”科目，贷记“固定资产清理”科目。固定资产清理完成后的净收益，借记“固定资产清理”科目，贷记“营业外收入”科目。

【例 7-17】 扬帆公司有旧厂房一幢，因使用期满经批准报废。该厂房原价 450 000 元，累计已计提折旧 400 000 元，已计提减值准备 35 000 元。在清理过程中，以银行存款支付清理费用 12 700 元。拆除的残料，一部分作价 15 000 元，由仓库收作维修材料；另一部分变卖，取得收入 6 800 元已存入银行。编制会计分录如下。

① 固定资产转入清理。

借：	固定资产清理	15 000
	累计折旧	400 000
	固定资产减值准备	35 000

贷：固定资产　　450 000

② 支付清理费用。

借：固定资产清理　　12 700

　　贷：银行存款　　12 700

③ 材料入库并收到变价收入。

借：原材料　　15 000

　　银行存款　　6 800

　　贷：固定资产清理　　21 800

④ 结转固定资产清理净损失。

借：营业外支出——处置非流动资产损失　　5 900

　　贷：固定资产清理　　5 900

三、持有待售的固定资产

持有待售的固定资产，是指满足以下条件的非流动资产（包括固定资产）：一是企业已经就处置该非流动资产做出决议，二是企业已经与受让方签订了不可撤销的转让协议；三是该项转让将在一年内完成。持有待售的非流动资产包括单项资产和处置组。处置组是指作为整体出售或其他方式一并处置的一组资产，具体表现为一组资产组、一个资产组或某个资产组中的一部分。如果处置组是一个资产组，并且按照《企业会计准则第 8 号——资产减值》的规定将企业合并中取得的商誉分摊至该资产组，或者该资产组是这种资产组中的一项经营，则该处置组应当包括企业合并取得的商誉。

企业持有待售的固定资产，应当调整其预计净残值，使该项固定资产的预计净残值能够反映其公允价值减去处置费用后的金额，但不得超过符合持有待售条件时该项固定资产的原账面价值。原账面价值高于预计净残值的差额，应作为资产减值损失计入当期损益。在编制资产负债表时，企业可将持有待售的固定资产与其他固定资产一起合并列示在“固定资产”项目中，但需在报表附注中披露持有待售的固定资产名称、账面价值、公允价值、预计处置费用和预计处置时间等。持有待售的固定资产不计提折旧，按照账面价值与公允价值减去处置费用后的净额孰低进行计量。

某项资产或处置组被划归为持有待售，但后来不再满足持有待售的固定资产的确认条件，企业应当停止将其划归为持有待售，并按照下列两项金额中较低者计量：

（1）该资产或处置组被划归为持有待售之前的账面价值，按照其假定在没有被划归为持有待售的情况下原应确认的折旧、摊销或减值进行调整后的金额；

（2）决定不再出售之日的再收回金额。

符合持有待售条件的无形资产等其他非流动资产，比照上述原则处理，此处所指其他非流动资产不包括递延所得税资产、《企业会计准则第 22 号——金融工具确认和计量》规范的金融资产、以公允价值计量的投资性房地产和生物资产、保险合同中产生的合同权利。

四、固定资产盘亏的会计处理

固定资产是一种单位价值较高、使用期限较长的有形资产，因此，企业应当健全制度，加强管理，定期或者至少于每年年末对固定资产进行清查盘点，以保证固定资产核算的真实性和完整性。如果清查中发现固定资产损溢的应及时查明原因，在期末结账前处理完毕。

固定资产盘亏，通过“待处理财产损溢——待处理固定资产损溢”科目核算，固定资产盘亏造成的损失，应当计入当期损益。发现固定资产盘亏时，应按盘亏固定资产的账面价值借记“待处理财产损溢——待处理固定资产损溢”科目，按已计提的折旧借记“累计折旧”科目，按已计提的减值准备借记“固定资产减值准备”科目，按固定资产原价贷记“固定资产”科目；经有关部门审批后转销时，借记“营业外支出——盘亏损失”科目，贷记“待处理财产损溢——待处理固定资产损溢”科目。

【例 7-18】 扬帆公司进行财产清查时盘亏设备一台，其账面原价为 80 000 元，已计提折旧 30 000 元，该设备已计提的减值准备为 5 000 元。经查，该设备丢失的原因在于保管员看守不当。报经有关部门批准后，由保管员赔偿 8 000 元，其余转为营业外支出。编制会计分录如下。

① 盘亏固定资产。

借：待处理财产损溢——待处理固定资产损溢	45 000	
累计折旧	30 000	
固定资产减值准备	5 000	
贷：固定资产		80 000

② 报经批准后转销。

借：其他应收款	8 000	
营业外支出——盘亏损失	37 000	
贷：待处理财产损溢——待处理固定资产损溢		45 000

本章小结

本章重点阐明了不同来源固定资产的价值构成及相关会计处理、折旧的概念、应计提折旧固定资产的范围、固定资产折旧的计算方法以及固定资产处置的会计处理等。其中，固定资产的取得方式包括购买、自行建造、投资者投入、非货币性资产交换、债务重组、接受捐赠、盘盈等，取得方式的不同，其成本的具体确定方法不尽相同，会计处理也不同；固定资产的折旧方法包括年限平均法、工作量法、双倍余额递减法和年数总和法等；固定资产的处置均通过“固定资产清理”科目核算。固定资产盘亏通过“待处理财产损溢”科目核算。

本章思考

1．固定资产有哪些特征？什么样的资产可确认为固定资产？
2．固定资产的初始确认和终止确认的条件分别是什么？
3．为什么要对固定资产计提折旧？折旧的计提方法有哪些？
4．如何判别固定资产减值？固定资产减值与固定资产折旧有什么不同？
5．固定资产的后续支出有哪些？会计上应该怎样处理？
6．为什么固定资产会发生处置？固定资产盘亏如何进行会计处理？

本章测试

【单选题】

1．甲公司 2003 年 12 月投入使用一台设备，该设备原值 62 万元。预计可使用 5 年，净残值为 2 万元，采用年数总和法计提折旧。2005 年年末，对该设备进行检查后，估计其可收回金额为 20 万元，仍可使用 3 年，净残值为 0，折旧方法仍采用年数总和法。则 2006 年该设备应提折旧额为（　　）万元。

A．11　　B．11.2　　C．10　　D．12.4

2．如果购买固定资产的价款超过正常信用条件延期支付，实质上具有融资性质的，下列说法中正确的是（　　）。

A．固定资产的成本以购买价款的现值为基础确定

B．固定资产的成本以购买价款为基础确定

C．实际支付的价款与购买价款的现值之间的差额，无论是否符合资本化条件，均应当在信用期间内计入当期损益

D．实际支付的价款与购买价款的现值之间的差额，无论是否符合资本化条件，均应当在信用期间内资本化

3．关于固定资产的使用寿命、预计净残值和折旧方法，下列说法中正确的是（　　）。

A．与固定资产有关的经济利益预期实现方式有重大改变的，应当调整预计净残值

B．与固定资产有关的经济利益预期实现方式有重大改变的，应当调整固定资产使用寿命

C．与固定资产有关的经济利益预期实现方式有重大改变的，应当改变固定资产折旧方法

D．使用寿命预计数与原先估计数有差异的，应当调整固定资产使用寿命和折旧方法

4．下列固定资产中，不应计提折旧的固定资产有（　　）。

A．大修理的固定资产　　B．当月减少的固定资产

C．正处于改良期间的经营租入固定资产　　D．融资租入的固定资产

5．甲公司为增值税一般纳税人，采用自营方式建造一厂房，实际领用工程物资 400 万元（含增值税）。另外领用本公司外购的产品一批，账面价值为 240 万元，该产品适用的增值税税率为 17%，计税价格为 300 万元；发生的在建工程人员工资和应付福利费分别为 150 万元和 21 万元。假定该生产线已达到预定可使用状态；不考虑除增值税以外的其他相关税费。该厂房的入账价值为（　　）万元。

A．922　　B．851.8　　C．862　　D．751

6．甲公司 2004 年 9 月初增加小轿车一辆，该项设备原值 88 000 元，预计可使用 8 年，净残值为 8 000 元，采用直线法计提折旧。至 2006 年年末，对该项设备进行检查后，估计其可收回金额为 56 875 元，减值测试后，该固定资产的折旧方法、年限和净残值等均不变。则 2007 年应计提的固定资产折旧额为（　　）元。

A．10 000　　B．8 500　　C．11 391.3　　D．9 000

【答案】1．C　2．A　3．C　4．C　5．C　6．B

第八章 投资性房地产

学习目标

通过本章学习，能够：

1. 掌握投资性房地产的概念、范围及特点；
2. 掌握投资性房地产的确认条件；
3. 掌握投资性房地产初始计量与后续计量的会计处理；
4. 掌握投资性房地产成本模式、公允价值模式及其转换。

案例导入

2009 年 5 月 10 日，新宇公司与德恒公司签订了一项经营租赁合同，约定自 2009 年 6 月 1 日起，新宇公司以年租金 8 000 000 元租赁使用德恒公司拥有的一块 400 000 平方米的场地，租赁期为 8 年。2009 年 7 月 1 日，新宇公司又将这块场地转租给庆朗公司，以赚取租金差价，租赁期为 5 年。以上交易假设不违反国家有关规定。

思考：这项土地使用权对新宇公司、德恒公司和庆朗公司有何不同？三家公司如何确认、计量这项土地使用权？

第一节 投资性房地产概述

房地产是土地和房屋及其权属的总称。在我国，土地归国家或集体所有，企业只能取得土地使用权。因此，房地产中的土地是指土地使用权。房屋是指土地上的房屋等建筑物及构筑物。随着我国房地产市场日益活跃，出现了将房地产用于赚取租金或增值收益的活动。

一、投资性房地产的概念

投资性房地产，是指为赚取租金或资本增值，或两者兼有而持有的房地产。投资性房地产具有以下特征。

（一）投资性房地产是一种经营性活动

投资性房地产的主要形式是出租建筑物、出租土地使用权，这实质上属于一种让渡资产使用权的行为。房地产租金就是让渡资产使用权取得的使用费收入，是企业为完成其经营目标所从事的经营性活动以及与之相关的其他活动形成的经济利益总流入。投资性房地产的另一种形式是持有并准备增值后转让的土地使用权，尽管其增值收益通常与市场供求、经济发展等因素有关，但目的是为了增值后转让以赚取增值收益，也是企业为完成其经营目标所从事的经营性活动以及与之相关的其他活动形成的经济利益总流入。根据税法的规定，企业出租房地产、转让土地使用权均被视为一种经营活动，其取得的房地产租金收入或土地使用权转让收益应当缴纳营业税等。按照国家有关规定认定的闲置土地，不属于持有并准备增值后转让的土地使用权。

（二）投资性房地产在用途、状态、目的等方面区别于作为生产经营场所的房地产和用于销售的房地产

企业持有的房地产除了用作生产经营活动场所和对外销售之外，出现了将房地产用于赚取租金或增值收益的活动，甚至是个别企业的主营业务。这就需要将投资性房地产单独作为一项资产核算和反映，与自用的厂房、办公楼等房地产和作为存货（已建完工商品房）的房地产加以区别，从而更加清晰地反映企业所持有房地产的构成情况和盈利能力。企业在首次执行房地产准则时，应当根据投资性房地产的定义对企业资产进行重新分类，凡是符合投资性房地产定义和确认条件建筑物和土地使用权，应当归为投资性房地产。

对某些企业而言，投资性房地产属于日常经营性活动，形成的租金收入或转让增值收益确认为企业的主营业务收入。但对于大部分企业而言，投资性房地产是与经营性活动相关的其他经营活动，形成的租金收入或转让增值收益构成企业的其他业务收入。房地产租金收入的确认、计量和披露适用《企业会计准则第 21 号——租赁》的规定。

（三）投资性房地产有两种后续计量模式

企业通常应当采用成本模式对投资性房地产进行后续计量，只有在满足特定条件的情况下，既有确凿证据表明其所有投资性房地产的公允价值能够持续可靠取得的，才可以采用公允价值模式进行后续计量。同一企业只能采用一种模式对所有投资性房地产进行后续计量，不得同时采用两种计量模式进行后续计量。

二、投资性房地产的范围

投资性房地产的范围限定为已出租的土地使用权、持有并准备增值后转让的土地使用权和已出租的建筑物。

（一）属于投资性房地产的范围

1. 已出租的土地使用权

已出租的土地使用权，是指企业通过出让或转让方式取得，并以经营租赁方式出租的土地使用权。企业计划用于出租但尚未出租的土地使用权，不属于此类。企业取得的土地使用权通常包括在一级市场上以交纳土地出让金的方式取得的土地使用权，也包括在二级市场上接受其他单位转让的土地使用权。

例如，甲公司与乙公司签署了土地使用权租赁协议，甲公司以年租金 720 万元租赁使用乙公司拥有的 40 万平方米土地使用权。那么，自租赁协议约定的租赁期开始日起，这项土地使用权属于乙公司的投资性房地产。又如，甲公司与乙公司签订了一项经营租赁合同，乙公司将其持有使用权的一块土地出租给甲公司，以赚取租金，为期 10 年。甲公司又将这块土地转租给丙公司，以赚取租金差价，为期 3 年。假设不违反国家有关规定。本例中，对于甲公

司，这项土地使用权不能予以确认，也不属于其投资性房地产；对于乙公司，自租赁期开始日起，这项土地使用权属于其投资性房地产。所以，对于以经营租赁方式租入土地使用权再转租给其他单位的，不能确认为投资性房地产。

2．持有并准备增值后转让的土地使用权

持有并准备增值后转让的土地使用权，是指企业通过出让或转让方式取得的、准备增值后转让的土地使用权。例如，企业发生转产或厂址搬迁，部分土地使用权停止自用，管理层决定继续持有这部分土地使用权，待其增值后转让以赚取增值收益。

企业依法取得土地使用权后，应当按照国有土地有偿使用合同或建设用地批准书规定的期限动工开发建设。但是，按照国家有关规定认定的闲置土地，不属于持有并准备增值后转让的土地使用权，也不属于投资性房地产。根据 1999 年 4 月 26 日国土资源部发布的《闲置土地处置办法》（中华人民共和国国土资源部令第 5 号）的规定，闲置土地是指土地使用者依法取得土地使用权后，未经原批准用地的人民政府同意，超过规定的期限未动工开发建设的建设用地。

具有下列情形之一的，也可以认定为闲置土地：

（1）国有土地有偿使用合同或者建设用地批准书未规定动工开发建设日期，自国有土地有偿使用合同生效或者土地行政主管部门建设用地批准书颁发之日起满 1 年未动工开发建设的；

（2）已动工开发建设但开发建设的面积占应动工开发建设总面积不足 1/3 或者已投资额占总投资额不足 25%且未经批准中止开发建设连续满 1 年的；

（3）法律、行政法规规定的其他情形。《闲置土地处置办法》还规定，经法定程序批准，对闲置土地可以选择延长开发建设时间（不超过 1 年）、改变土地用途、办理有关手续后继续开发建设等方案。

3．已出租的建筑物

已出租的建筑物，是指企业拥有产权的、以经营租赁方式出租的建筑物，包括自行建造或开发活动完成后用于出租的建筑物。企业在判断和确认已出租的建筑物时，应当把握以下几点。

（1）用于出租的建筑物是指企业拥有产权的建筑物。企业以经营租赁方式租入再转租的建筑物不属于投资性房地产。例如，甲企业与乙企业签订了一项经营租赁合同，乙企业将其持有产权的一栋办公楼出租给甲企业，为期 5 年。甲企业一开始将该办公楼改装后用于自行经营餐馆。2 年后，由于连续亏损，甲企业将餐馆转租给丙公司，以赚取租金差价。在这种情况下，对于甲企业而言，该栋楼不属于其投资性房地产；对于乙企业，自租赁期开始日起，该栋办公楼就属于其投资性房地产。

（2）已出租的建筑物是企业已经与其他方签订了租赁协议，约定以经营租赁方式出租的建筑物。自租赁协议规定的租赁期开始日起，经营租出的建筑物才属于已出租的建筑物。企业计划用于出租但尚未出租的建筑物，不属于已出租的建筑物。例如，甲企业在当地房地产交易中心通过竞拍取得一块土地的使用权。甲企业按照合同规定对这块土地进行了开发，并在这块土地上建造了一栋商场，拟用于整体出租，但尚未找到合适的承租人。本例中，这栋商场不属于投资性房地产。直到甲企业与承租人签订经营租赁合同，自租赁期开始日起，这栋商场才能转换为投资性房地产；同时，相应的土地使用权（无形资产）也应当转换为投资性房地产。

（3）企业将建筑物出租，按租赁协议向承租人提供的相关辅助服务在整个协议中不重大的，应当将该建筑物确认为投资性房地产。例如，企业将其办公楼出租，同时向承租人提供维护、保安等日常辅助服务，企业应当将其确认为投资性房地产。例如，甲企业在中关村购买了一栋写字楼，共12层。其中1层经营出租给某家大型超市，2～5层经营出租给乙公司，6～12层经营出租给丙公司。甲企业同时为该写字楼提供保安、维修等日常辅助服务。本例中，甲企业将写字楼出租，同时提供的辅助服务不重大，对于甲企业而言，这栋写字楼属于甲企业的投资性房地产。

（二）不属于投资性房地产的范围

1. 自用房地产

自用房地产是指为生产商品、提供劳务或者经营管理而持有的房地产，如企业生产经营用的厂房、办公楼、出租给本企业职工居住的宿舍（带福利性质，间接为企业服务）和自行经营的旅馆饭店等属于固定资产，企业生产经营用的土地使用权属于无形资产。但是企业将其拥有的旅馆饭店部分或全部出租，且出租的部分能够单独计量和出售的，出租的部分可以确认为投资性房地产。

2. 作为存货的房地产

作为存货的房地产通常是指房地产开发企业在正常经营过程中销售的或为销售而正在开发的商品房和土地。这部分房地产属于房地产开发企业的存货，其生产、销售构成企业的主营业务活动，产生的现金流量也与企业的其他资产密切相关。因此，具有存货性质的房地产不属于投资性房地产。

从事房地产经营开发的企业依法取得的、用于开发后出售的土地使用权，属于房地产开发企业的存货，即使房地产开发企业决定待增值后再转让其开发的土地，也不得将其确认为投资性房地产。

实务中，存在某项房地产部分自用或作为存货出售、部分用于赚取租金或资本增值的情形。如某项投资性房地产不同用途的部分能够单独计量和出售的，应当分别确认为固定资产（或无形资产、存货）和投资性房地产。例如，甲开发商建造了一栋商住两用楼盘，其中，1层出租给一家大型超市，已签订经营租赁合同；其余楼层均为普通住宅，正在公开销售中。这种情况下，如果一层商铺能够单独计量和出售，应当确认为甲企业的投资性房地产；其余楼层为甲企业的存货，即开发产品。

第二节　投资性房地产的确认与初始计量

一、投资性房地产的确认

某个项目要被确认为投资性房地产，首先应当符合投资性房地产的概念，其次要同时满足投资性房地产的两个确认条件：①与该投资性房地产有关的经济利益很可能流入企业；②该投资性房地产的成本能够可靠地计量。对已出租的土地使用权、已出租的建筑物，其作为投资性房地产的确认时点一般为租赁期开始日。但是对企业持有以备经营出租的空置建筑物或在建建筑物，董事会或类似机构做出书面决议，表明其经营出租且持有意图短期内不再发生变化的，即使尚未签定租赁协议，也应视为投资性房地产。对持有并准备增值后转让的土地使用权，其作为投资性房地产的确认时点为企业将自用土地使用权停止自用，准备增值后转让的日期。

二、投资性房地产的初始计量

投资性房地产应当按照成本进行初始计量，不同来源的房地产其成本构成不同。

小贴士

企业设置“投资性房地产”、“投资性房地产累计折旧”、“投资性房地产累计摊销”、“投资性房地产减值准备”等总账科目核算投资性房地产。“投资性房地产”科目期末借方余额，反映企业投资性房地产的价值。企业应当按照投资性房地产类别和项目并分“成本”和“公允价值变动”进行明细核算。

（一）外购的投资性房地产

对于企业外购的房地产，只有在购入房地产的同时开始对外出租（自租赁期开始日起，下同）或用于资本增值，才能称之为外购的投资性房地产。外购投资性房地产的成本包括购买价款、相关税费和可直接归属于该资产的其他支出。其中，可直接归属于该资产的其他支出包括法律服务费、交易费用等。企业购入的房地产，部分用于出租（或资本增值）、部分自用，出租（或资本增值）部分能够单独确认的，应按照不同部分的公允价值占公允价值总额的比例将成本在不同部分之间进行合理分配。

【例 8-1】 甲公司于 2007 年 1 月 1 日支付 1 000 万元价款和 10 万元相关税费购入了 800 平方米商业用房，当日出租给乙公司。账务处理如下。

借：投资性房地产　　　　10 100 000

　　贷：银行存款　　　　　　10 100 000

（二）自行建造的投资性房地产

自行建造投资性房地产的成本，由建造该项房地产达到预定可使用状态前发生的必要支出构成，包括土地开发费、建筑成本、安装成本、应予以资本化的借款费用、支付的其他费用和分摊的间接费用等。建造过程中发生的非正常损失直接计入当期损益，不计入建造成本。

【例 8-2】 甲公司采用出包方式建造商用楼，用于出租，总投资 4 000 万元。2007 年 2 月 1 日支付工程款 1 000 万元，账务处理如下。

借：在建工程——商用楼　　　　10 000 000

　　贷：银行存款　　　　　　10 000 000

2007 年其余付款略；2007 年 12 月 23 日，工程达到预定可使用状态，开始办理经营租赁手续，在建工程余额为 4 000 万元，则：

借：投资性房地产　　　　40 000 000

　　贷：在建工程——商用楼　　　　40 000 000

（三）非投资性房地产转换为投资性房地产

企业自行建造房地产达到预定可使用状态后一段时间才对外出租或用于资本增值的，应当先将自行建造的房地产确认为固定资产、无形资产或存货，自租赁期开始日或用于资本增值之日起，从固定资产、无形资产或存货转换为投资性房地产。

第三节　投资性房地产的后续计量

投资性房地产的后续计量有成本和公允价值两种模式，通常在资产负债表日应当采用成本模式，只有满足特定条件时可以采用公允价值模式。在一定的条件下可以由成本模式转换为公允价值模式，但是，同一企业只能采用一种模式对所有投资性房地产进行后续计量，不得同时采用两种计量模式。

一、采用成本模式的投资性房地产后续计量

采用成本模式计量的建筑物的后续计量，适用《企业会计准则第 4 号——固定资产》；采用成本模式计量的土地使用权的后续计量，适用《企业会计准则第 6 号——无形资产》。对投资性房地产采用成本模式计量，应当计提折旧或摊销；存在减值迹象的，应当按照《企业会计准则第 8 号——资产减值》的规定进行处理。

（1）企业外购、自行建造的投资性房地产达到预定可使用状态时，按照其实际成本，借记“投资性房地产”科目，贷记“银行存款”、“投资性房地产——在建”等科目。

（2）按照固定资产或无形资产的有关规定，按期（月）计提折旧或进行摊销，借记“其他业务成本”等科目，贷记“投资性房地产累计折旧（摊销）”等科目。

（3）取得的租金收入，借记“银行存款”等科目，贷记“其他业务收入”等科目。

（4）投资性房地产存在减值迹象的，应当适用资产减值的有关规定。经减值测试后确定发生减值的，应当计提减值准备，借记“资产减值损失”科目，贷记“投资性房地产减值准备”科目。

【例 8-3】 A 公司采用成本模式对投资性房地产进行后续计量。营业税税率为 5%。有关资料如下：

（1）2006 年 12 月 18 日，公司以银行存款购入一栋写字楼，价款为 51 000 万元，其中包括土地使用权为 1 000 万元，公司将其作为投资性房地产，写字楼预计尚可使用的年限为 40 年，土地使用权预计尚可使用的年限为 50 年。写字楼和土地使用权的预计净残值为零，均采用直线法计提折旧和进行摊销，假定按年计提折旧和进行摊销。

（2）2007 年 1 月 A 公司与 B 公司签订租赁协议，将该写字楼整体出租给 B 公司，租期为 3 年，年租金为 2 000 万元，每年年初支付。

（3）租赁期满后，将写字楼转为自用办公楼。

根据上述资料，相关会计分录如下。

① 编制 2006 年 12 月 18 日购入房地产的有关会计分录。

借：投资性房地产　　　　510 000 000

贷：银行存款　510 000 000

② 编制收到租金及有关营业税的相关会计分录。

借：银行存款　20 000 000

贷：其他业务收入　20 000 000

借：营业税金及附加　1 000 000

贷：应交税费——应交营业税　1 000 000

③ 编制按年对投资性房地产计提折旧和进行摊销的会计分录。

借：其他业务成本　12 700 000

贷：投资性房地产累计折旧　12 500 000

投资性房地产累计摊销　200 000

二、采用公允价值模式的投资性房地产后续计量

（一）采用公允价值模式的前提条件

企业只有存在确凿证据表明投资性房地产的公允价值能够持续可靠取得，才可以采用公允价值模式对投资性房地产进行后续计量。企业一旦选择采用公允价值计量模式，就应当对其所有投资性房地产均采用公允价值模式进行后续计量。在极少数情况下，采用公允价值对投资性房地产进行后续计量的企业，有证据表明，当企业首次取得某项非在建投资性房地产（或某项现有房地产在改变用途后首次成为投资性房地产）时，该投资性房地产公允价值不能持续可靠取得的，应当对该投资性房地产采用成本计量模式计量直至处理，并假设无残值。采用公允价值模式对投资性房地产进行后续计量的企业，对于在建投资性房地产（包括企业首次取得的在建投资性房地产），如果其公允价值无法可靠确定，但预期该房地产完工后的公允价值能够持续可靠取得的，应当以成本计量该在建投资性房地产，其公允价值能够可靠计量时或其完工后（两者孰早），再以公允价值计量。但是，采用成本模式对投资性房地产进行后续计量的企业，即使有证据表明，企业首次取得某项投资性房地产时，该投资性房地产公允价值能够持续可靠取得，该企业仍应对该项投资性房地产采用成本模式进行后续计量。

采用公允价值模式计量的投资性房地产，应当同时满足下列条件。

（1）投资性房地产所在地有活跃的房地产交易市场。所在地通常是指投资性房地产所在的城市；对于大中型城市来说，应当为投资性房地产所在的城区。

（2）企业能够从活跃的房地产交易市场上取得同类或类似房地产的市场价格及其他相关信息，从而对投资性房地产的公允价值做出合理的估计。同类或类似的房地产，对建筑物而言，是指所处地理位置和地理环境相同、性质相同、结构类型相同或相近、新旧程度相同或相近、可使用状况相同或相近的建筑物；对土地使用权而言，是指同一城区、同一位置区域、所处地理环境相同或相近、可使用状况相同或相近的土地。

企业对投资性房地产的计量模式一经确定，不得随意变更。成本模式转为公允价值模式的，应当作为会计政策变更，按照《企业会计准则第 28 号——会计政策、会计估计变更和差错更正》处理。已采用公允价值模式计量的投资性房地产，不得从公允价值模式转为成本模式。确定投资性房地产的公允价值时，应当参照活跃市场上同类或类似房地产的现象市场价

格（市场公开报价）；无法取得同类或类似房地产现行市场价格的，应当参照活跃市场上同类或类似房地产的最近交易价格，并考虑交易情况、交易日期、所在区域等因素，从而对投资性房地产的公允价值做出合理的估计；也可以给予预计未来获得的租金收益和相关现金流量的现值计量。“同类或类似”的房地产，对建筑物而言，是指所处地理位置和地理环境相同、性质相同、结构类型相同或相近、新旧程度相同或相近、可使用状况相同或相近的建筑物；对土地使用权而言，是指同一位置区域、所处地理环境相同或相近、可使用状况相同或相近的土地。

（二）采用公允价值模式进行后续计量的会计处理

采用公允价值模式进行后续计量的投资性房地产，应当遵循以下会计处理。

（1）企业外购、自行建造的投资性房地产达到预定可使用状态时，按照其实际成本，借记“投资性房地产——成本”科目，贷记“银行存款”、“在建工程”等科目。

（2）不对投资性房地产计提折旧或摊销。企业应当以资产负债表日投资性房地产的公允价值为基础调整其账面价值，公允价值与原账面价值之间的差额计入当期损益。

资产负债表日，投资性房地产的公允价值高于其账面余额的差额，借记“投资性房地产——公允价值变动”科目，贷记“公允价值变动损益”科目；公允价值低于其账面余额的差额做相反的会计分录。

（3）取得的租金收入，确认为其他业务收入。借记“银行存款”等科目，贷记“其他业务收入”等科目。

【例 8-4】 2007 年 1 月 1 日，A 公司支付 3 000 万元取得一栋办公用房用于出租（属于投资性房地产），每年租金 200 万元，在每年年初一次性收取。2007 年 12 月 31 日，该办公用房的公允价值为 3 100 万元，该投资性房地产采用公允价值模式。则 A 公司账务处理如下。

① 2007 年年初，购买投资性房地产。

借：投资性房地产——成本　　30 000 000
　　贷：银行存款　　30 000 000
借：银行存款　　2 000 000
　　贷：预收账款　　2 000 000

② 2007 年年末，确认租金收入。

借：预收账款　　2 000 000
　　贷：其他业务收入　　2 000 000

③ 资产负债表日以公允价值为基础调整投资性房地产账面价值。

借：投资性房地产——公允价值变动　　1 000 000
　　贷：公允价值变动损益　　1 000 000

以后年度依此类推。

【例 8-5】 甲公司为从事房地产经营开发的企业。2007 年 8 月，甲公司与鑫海有限公司签订租赁协议，约定将其开发的一栋精装修的写字楼于开发完成的同时开始租赁给鑫海有限公司使用，租赁期为 10 年。当年 10 月 1 日，该写字楼开发完成并开始起租，写字楼的造价为 9 000 万元。由于该栋写字楼地处商业繁华区，所在城区有活跃的房地产交易市场，而且能够从房地产交易市场上取得同类房地产的市场报价，所以公司决定采用公允价值模式对该项出租的房地产进行后续计量。2007年12月31日，该写字楼的公允价值为9 200万元。2008年12月31日，该写字楼的公允价值为9 300万元。账务处理如下。

① 2007年10月1日，开发完成写字楼并出租。

借：投资性房地产——××写字楼（成本）　　90 000 000

　贷：开发产品　　90 000 000

② 2007年12月31日，以公允价值为基础调整其账面价值，公允价值与原账面价值之间的差额计入当期损益。

借：投资性房地产——××写字楼（公允价值变动）　　2 000 000

　贷：公允价值变动损益　　2 000 000

③ 2008年12月31日，公允价值又发生变动。

借：投资性房地产——××写字楼（公允价值变动）　　1 000 000

　贷：公允价值变动损益　　1 000 000

三、投资性房地产后续计量模式的变更

企业对投资性房地产的计量模式一经确定，不得随意变更。只有在房地产市场比较成熟、能够满足采用公允价值模式条件的情况下，才允许企业对投资性房地产从成本模式计量变更为公允价值模式计量。以成本模式转为公允价值模式的，应当作为会计政策变更处理，计量模式变更时，公允价值与账面价值的差额调整期初留存收益（未分配利润）。已采用公允价值计量的投资性房地产不得从公允价值模式转为成本模式。

在投资性房地产由成本模式转换为公允价值模式时，如果在转换当日投资性房地产的公允价值大于投资性房地产的账面价值，那么，企业变更投资性房地产计量模式时，应当按照计量模式变更日投资性房地产的公允价值借记“投资性房地产——成本”科目，按照已计提的折旧或摊销借记“投资性房地产累计折旧”、“投资性房地产累计摊销”等科目，按照已计提的投资性房地产减值准备借记“投资性房地产减值准备”科目，按照原账面余额贷记“投资性房地产”科目，按照投资性房地产公允价值与其账面价值之间的差额贷记或借记“利润分配——未分配利润”科目。

【例8-6】 甲公司将某一栋写字楼租赁给鑫海有限公司使用，并一直采用成本模式进行后续计量。2009年1月1日，公司认为，出租给鑫海有限公司使用的写字楼，其所在地的房地产交易市场比较成熟，具备了采用公允价值模式计量的条件，决定对该项投资性房地产从成本模式转换为公允价值模式计量。该写字楼的原造价为9 000万元，已计提折旧270万元，账面价值为8 730万元。2009年1月1日，该写字楼的公允价值为9 500万元。

假设甲公司按净利润的10%计提盈余公积，则账务处理如下。

借：投资性房地产——××写字楼（成本）　　95 000 000

　　投资性房地产累计折旧（摊销）　　2 700 000

　贷：投资性房地产——××写字楼　　90 000 000

　　　利润分配——未分配利润　　6 930 000

　　　盈余公积　　770 000

四、投资性房地产的后续支出

与投资性房地产有关的后续支出，如改扩建或装修支出等，如果满足投资性房地产的确认条件，则应当计入投资性房地产成本；如果不满足投资性房地产的确认条件，如维修费等，则应当在发生时计入当期损益。

（一）资本化的投资性房地产后续支出

企业发生的与投资性房地产有关的后续支出，如果满足投资性房地产的确认条件，应当将其资本化。

采用成本模式计量的，在投资性房地产进入改良或装修阶段后，应将其账面价值转入“投资性房地产——在建”科目。即借记“投资性房地产——在建”、“投资性房地产累计折旧（摊销）”等科目，贷记“投资性房地产”科目。发生资本化的改良或装修支出，通过“投资性房地产——在建”科目归集，即借记“投资性房地产——在建”科目，贷记“银行存款”、“工程物资”、“原材料”、“应交税费”等科目。改良或装修完成后，借记“投资性房地产”科目，贷记“投资性房地产——在建”科目。

采用公允价值模式计量的，在投资性房地产进入改良或装修阶段后，借记“投资性房地产——在建”科目，贷记“投资性房地产——成本”、“投资性房地产——公允价值变动”等科目。改良或装修完成后，借记“投资性房地产——成本”科目，贷记“投资性房地产——在建”科目。

【例 8-7】 2007 年 1 月份，A 公司与 B 公司的一项房屋租赁合同即将到期。A 公司决定在租赁期满后对该房屋进行改良。该投资性房地产采用成本模式计量，账面价值为 230 万元，已计提折旧 50.6 万元。改良过程中发生的支出可予以资本化。在改良期间，该投资性房地产停止使用。在改良过程中，发生工人工资 10 万元，领用原材料 20 万元，与该原材料有关的增值税税额为 3.4 万元。假定不考虑其他因素。甲公司的会计处理如下。

（1）投资性房地产转入在建工程。

借：投资性房地产——在建	1 794 000	
投资性房地产累计折旧	506 000	
贷：投资性房地产——成本		2 300 000

（2）改良过程中领用原材料及发生工人工资。

借：投资性房地产——在建	334 000	
贷：应付职工薪酬		100 000
原材料		200 000
应交税费——应交增值税（进项税额转出）		34 000

（3）改良工程结束达到预定可使用状态。

借：投资性房地产——成本	2 128 000	
贷：投资性房地产——在建		2 128 000

（二）费用化的投资性房地产后续计量

企业发生的与投资性房地产有关的后续支出，如果不满足投资性房地产的确认条件应当在发生时计入当期损益，借记“其他业务成本”科目，贷记“银行存款”、“工程物资”、“原材料”等科目。

第四节 投资性房地产的转换和处置

当房地产用途发生改变，且满足一定条件时，应当将投资性房地产转换为其他资产或者将其他资产转换为投资性房地产。同时，在转换过程中需区分采用的是成本计量模式还是公允价值计量模式进行不同的会计处理。而当投资性房地产被处置，或者永久退出使用且预计不能从其处置中取得经济利益时，应当终止确认该项投资性房地产。

一、投资性房地产的转换

（一）房地产的转换形式及转换日

1. 房地产转换形式

房地产的转换，实质上是因房地产用途发生改变而对房地产进行的重新分类。企业有确凿证据表明房地产用途发生改变，才能将投资性房地产转换为非投资性房地产或者将非投资性房地产转换为投资性房地产，如自用办公楼改为出租等。确凿证据包括两个方面，一是企业董事会或类似机构应当就改变房地产用途形成正式的书面决议，二是房地产因用途改变而发生实际状态上的改变，如从自用状态改为出租状态。投资性房地产转换形式主要包括以下几个方面。

（1）投资性房地产开始自用。即投资性房地产转为自用房地产。在此种情况下，转换日为房地产达到自用状态，企业开始将房地产用于生产商品、提供劳务或者经营管理的日期。

（2）作为存货的房地产改为出租，通常指房地产开发企业将其持有的开发产品以经营租赁的方式出租，则存货转换为投资性房地产。

（3）自用土地使用权停止自用，用于赚取租金或资本增值，相应的无形资产转换为投资性房地产。

（4）自用建筑物停止自用改为出租，则由固定资产转换为投资性房地产。

（5）用于经营出租的房地产重新开发用于对外销售，从投资性房地产转为存货。

2. 投资性房地产转换日的确定

转换日是指房地产的用途发生改变、状态相应发生改变的日期。转换日的确定标准主要包括以下几个方面。

（1）投资性房地产开始自用，转换日是指房地产达到自用状态，企业开始将房地产用于生产商品、提供劳务或者经营管理的日期。

（2）投资性房地产转换为存货，转换日为租赁期届满、企业董事会或类似机构做出书面决议明确表明将其重新开发用于对外销售的日期。

（3）出租存货性质的房地产、自用建筑物或土地使用权的转换日通常为租赁期开始日。租赁期开始日是指承租人有权行使其使用租赁资产权利的日期。

（二）房地产转换的会计处理

1. 成本模式下的转换

当投资性房地产采用成本模式计量时，应当将房地产转换前的账面价值作为转换后的入账价值，即一般房地产与投资性房地产互换时，采用直接结转。

（1）采用成本模式计量的投资性房地产转为自用房地产时，应当按该项投资性房地产在转换日的账面余额、累计折旧、资产减值准备等，分别转入“固定资产”、“累计折旧”、“固定资产减值准备”等科目。按其账面余额借记“固定资产”、“无形资产”科目，按该项投资性房地产的成本贷记“投资性房地产——成本”；按照投资性房地产已计提的累计折旧或摊销，借记“投资性房地产累计折旧（摊销）”科目，贷记“累计折旧”或“累计摊销”科目；按照投资性房地产原已计提的减值准备，借记“投资性房地产减值准备”科目，贷记“固定资产减值准备”、“无形资产减值准备”科目。

【例 8-8】 2007 年 4 月 30 日，甲公司因投资性房地产用途发生变化，决定将某投资性房地产转换为自用房地产。当日，该投资性房地产已计提累计折旧 12 万元，已计提减值准备 5 万元。假定该投资性房地产账面原价为 35 万元，不考虑其他因素。会计处理如下。

借：固定资产	350 000	
贷：投资性房地产		350 000
借：投资性房地产累计折旧——××投资性房地产	120 000	
贷：累计折旧——××固定资产		120 000
借：投资性房地产减值准备	50 000	
贷：固定资产减值准备		50 000

（2） 企业将作为存货的房地产转换为以成本模式计量的投资性房地产，应当按该项存货在转换日的账面价值，借记“投资性房地产”科目；原已计提跌价准备的，借记“存货跌价准备”科目，贷记“开发产品”等科目。

【例 8-9】 A 公司为从事房地产经营开发的企业。2007 年 5 月，公司与鑫海有限公司签订租赁协议，将其开发的一栋精装修的写字楼整体租赁给鑫海有限公司使用，租赁期开始日 2007 年 6 月 1 日，租赁期为 10 年。2007 年 6 月 1 日，该写字楼账面余额为 7 000 万元，未计提存货跌价准备，转换后采用成本模式计量。账务处理如下。

借：投资性房地产——××写字楼	70 000 000	
贷：开发产品		70 000 000

（3）将自用土地使用权或建筑物等转换为以成本模式计量的投资性房地产，应当按该土地使用权或建筑物在转换日的原价、累计折旧（摊销）、减值准备等，分别转入“投资性房地产”、“投资性房地产累计折旧（摊销）”、“投资性房地产减值准备”科目。按其账面余额借记“投资性房地产”科目，贷记“固定资产”或“无形资产”科目；按照投资性房地产已计提的累计折旧或摊销借记“累计折旧”或“累计摊销”科目，贷记“投资性房地产累计折旧（摊销）”科目；按照投资性房地产原已计提的减值准备借记“固定资产减值准备”或“无形资产减值准备”科目，贷记 “投资性房地产减值准备”科目。

【例 8-10】 甲公司于 2007 年 1 月 1 日支付 2 000 万元土地出让金取得一块土地使用权，使用年限 50 年，准备筹建办公楼。账务处理如下。

借：无形资产——土地使用权　　20 000 000
　　贷：银行存款　　20 000 000

2007 年年末摊销土地使用权。

借：管理费用　　400 000
　　贷：累计摊销　　400 000

2008 年 1 月 1 日，该土地使用权出租，公司将无形资产转入投资性房地产，采用成本模式计量。

借：投资性房地产　　20 000 000
　　累计摊销　　400 000
　　贷：无形资产——土地使用权　　20 000 000
　　投资性房地产累计摊销　　400 000

【例 8-11】 A 公司对投资性房地产采用成本模式计量，于 2007 年 7 月 1 日将自用的办公楼用于出租，转为投资性房地产。该办公楼的账面原价为 1 500 万元，已提折旧 400 万元。则转换时：

借：投资性房地产　　15 000 000
　　累计折旧　　4 000 000
　　贷：固定资产　　15 000 000
　　　　投资性房地产累计折旧　　4 000 000

2．公允价值模式下的转换

（1）采用公允价值模式计量的投资性房地产转换为自用房地产时，应当以其转换当日的公允价值作为自用房地产的账面价值，公允价值与原账面价值的差额计入当期损益（公允价值变动损益）。转换日，按该项投资性房地产的公允价值借记“固定资产”或“无形资产”等科目，按该项投资性房地产的成本贷记“投资性房地产——成本”科目，按该项投资性房地产的累计公允价值变动，贷记或借记“投资性房地产——公允价值变动”科目，按其差额贷记或借记“公允价值变动损益”科目。

【例 8-12】 2008 年 10 月 15 日，甲公司因租赁期满，将出租的写字楼收回，准备作为办公楼用于本企业的行政管理。2008 年 12 月 1 日，该写字楼正式开始自用，相应由投资性房地产转换为自用房地产，当日的公允价值为 4 800 万元。该项房地产在转换前采用公允价值模式计量，原账面价值为 4 750 万元，其中，成本为 4 500 万元，公允价值变动为增值 250 万元。账务处理如下。

借：固定资产　　48 000 000
　　贷：投资性房地产——写字楼（成本）　　45 000 000
　　　　　　　　　　——写字楼（公允价值变动）　　2 500 000
公允价值变动损益　　500 000

（2）企业将作为存货的房地产转换为采用公允价值模式计量的投资性房地产，应当按其在转换日的公允价值借记“投资性房地产——成本”科目，原已计提跌价准备的借记“存货跌价准备”科目，按其账面余额贷记“开发产品”等科目，按其差额贷记“资本公积——其他资本公积”科目或借记“公允价值变动损益”科目。

转换当日的公允价值小于原账面价值的，其差额计入当期损益（公允价值变动损益）；

转换当日的公允价值大于原账面价值的，其差额作为资本公积（其他资本公积）。待处置该项投资性房地产时，原计入资本公积的部分应当转入处置当期损益（其他业务收入）。

【例 8-13】甲公司将一栋写字楼出租给鑫海有限公司，租赁日 2007 年 4 月 15 日该写字楼的公允价值为 41 000 万元，开发成本 45 000 万元。2007 年 12 月 31 日，该项投资性房地产的公允价值为 43 000 万元。2008 年 4 月租赁期届满，甲公司收回该项投资性房地产，并于 2008 年 4 月 30 日以 46 000 万元出售，出售款项已收讫。账务处理如下。

① 2007 年 4 月 15 日。

借：投资性房地产——××写字楼（成本） 410 000 000
　　公允价值变动损益 40 000 000
　　贷：开发产品 450 000 000

② 2007 年 12 月 31 日。

借：投资性房地产——××写字楼（公允价值变动） 20 000 000
　　贷：公允价值变动损益 20 000 000

③ 2008 年 4 月 30 日出售时。

借：银行存款 460 000 000
　　贷：其他业务收入 460 000 000

借：其他业务成本 430 000 000
　　贷：投资性房地产——××写字楼（成本） 410 000 000
　　　　　　　　　　——××写字楼（公允价值变动） 20 000 000

同时，将投资性房地产累计公允价值变动转入其他业务收入。

公允价值变动减值 40 000 000 元–公允价值变动增值 20 000 000 元=公允价值变动减值 20 000 000 元

借：其他业务收入 20 000 000
　　贷：公允价值变动损益 20 000 000

【例 8-14】沿用【例 8-13】的资料，假设转换后采用公允价值模式计量，2007 年 4 月 15 日该写字楼的公允价值为 47 000 万元。2007 年 12 月 31 日，该项投资性房地产的公允价值为 48 000 万元。2008 年 4 月租赁期届满，公司收回该项投资性房地产，并于 2008 年 4 月 30 日以 55 000 万元出售，出售款项已收讫。账务处理如下。

① 2007 年 4 月 15 日。

借：投资性房地产——××写字楼（成本） 470 000 000
　　贷：开发产品 450 000 000
　　　　资本公积——其他资本公积 20 000 000

② 2007 年 12 月 31 日。

借：投资性房地产——××写字楼（公允价值变动） 10 000 000
　　贷：公允价值变动损益 10 000 000

③ 2008 年 4 月 30 日出售时。

借：银行存款 550 000 000
　　贷：其他业务收入 550 000 000

借：其他业务成本 480 000 000

贷：投资性房地产——××写字楼（成本） 470 000 000

——××写字楼（公允价值变动） 10 000 000

同时，将资产性房地产累计公允价值变动转入其他业务收入。

借：公允价值变动损益 10 000 000

贷：其他业务收入 10 000 000

同时，将转换时原计入资本公积的部分转入其他业务收入。

借：资本公积——其他资本公积 20 000 000

贷：其他业务收入 20 000 000

（3）将自用土地使用权或建筑物等转换为采用公允价值模式计量的投资性房地产，应当按其在转换日的公允价值借记“投资性房地产——成本”科目，按已计提的累计摊销或累计折旧等借记“累计摊销”或“累计折旧”等科目，原已计提减值准备的借记“无形资产减值准备”或“固定资产减值准备”科目，同时，按其账面余额贷记“固定资产”或“无形资产”等科目，按其差额贷记“资本公积——其他资本公积”科目或借记“公允价值变动损益”科目。

【例 8-15】2007 年 6 月，甲公司打算搬迁至新建办公楼，由于原办公楼处于商业繁华地段，公司准备将其出租，以赚取租金收入。2007 年 10 月，公司完成了搬迁工作，原办公楼停止自用。2007 年 12 月，公司与鑫海有限公司签订了租赁协议，将其原办公楼租赁给鑫海有限公司使用，租赁期开始日为 2008 年 1 月 1 日，租赁期限为 3 年。在本例中，公司应当于租赁期开始日（2008 年 1 月 1 日）将自用房地产转换为投资性房地产。由于该办公楼处于商业区，房地产交易活跃，该企业能够从市场上取得同类或类似房地产的市场价格及其他相关信息，假设公司对出租的办公楼采用公允价值模式计量。假设 2008 年 1 月 1 日，该办公楼的公允价值为 35 000 万元，其原价为 50 000 万元，已提折旧 14 250 万元。

甲公司 2008 年 1 月 1 日的账务处理如下。

借：投资性房地产——××办公楼（成本） 350 000 000

公允价值变动损益 7 500 000

累计折旧 142 500 000

贷：固定资产 500 000 000

【例 8-16】甲公司采用公允价值模式计量投资性房地产，营业税税率为 5%。有关资料如下。

（1）2006 年 12 月 1 日，公司与鑫海有限公司签订协议，将自用的办公楼出租给鑫海有限公司，租期为 3 年，每年年初收取租金 1 000 万元，2007 年 1 月 1 日为租赁期开始日，2009 年 12 月 31 日到期。转换日的公允价值为 30 000 万元，该固定资产账面原价为 20 000 万元，已计提的累计折旧为 10 000 万元，未计提减值准备。各年 1 月 1 日均收到租金。

（2）2007 年 12 月 31 日该投资性房地产的公允价值为 30 500 万元。

（3）2008 年 12 月 31 日该投资性房地产的公允价值为 30 800 万元。

（4）2009 年 12 月 31 日租赁协议到期，公司收回办公楼作为自有办公楼，该办公楼的公允价值为 30 700 万元。

相关会计分录如下。

① 2007 年 1 月 1 日转换日转换为投资性房地产。

借：投资性房地产——成本 300 000 000

累计折旧　　100 000 000
贷：固定资产　　200 000 000
资本公积——其他资本公积　　200 000 000

② 各年1月1日收到租金。

借：银行存款　　10 000 000
贷：其他业务收入　　10 000 000
借：营业税金及附加　　500 000
贷：应交税费——应交营业税　　500 000

③ 2007年12月31日调整投资性房地产公允价值。

借：投资性房地产——公允价值变动　　5 000 000
贷：公允价值变动损益　　5 000 000

④ 2008年12月31日调整投资性房地产公允价值。

借：投资性房地产——公允价值变动　　3 000 000
贷：公允价值变动损益　　3 000 000

⑤ 2009年12月31日租赁协议到期。

借：固定资产　　307 000 000
公允价值变动损益　　1 000 000
贷：投资性房地产——成本　　300 000 000
投资性房地产——公允价值变动　　8 000 000

二、投资性房地产的处置

当投资性房地产被处置，或者永久退出使用且预计不能从其处置中取得经济利益时，应当终止确认该项投资性房地产。企业出售、转让、报废投资性房地产或者发生投资性房地产毁损时，应当将处置收入扣除其账面价值和相关税费后的金额计入当期损益（将实际收到的处置收入计入其他业务收入，所处置投资性房地产的账面价值计入其他业务成本）。

（一）按成本模式计量的投资性房地产

处置投资性房地产时，应按实际收到的金额，借记“银行存款”等科目，贷记“其他业务收入”科目。按该项投资性房地产的账面价值借记“其他业务成本”科目，按该项投资性房地产的账面余额贷记“投资性房地产”科目，按该项投资性房地产的累计折旧或累计摊销借记“投资性房地产累计折旧（摊销）”科目，已计提减值准备的，借记“投资性房地产减值准备“科目。

【例8-17】 甲公司于2007年12月31日将一建筑物对外出租并采用成本模式计量，租期为3年，每年12月31日收取租金150万元。出租时，该建筑物的成本为2 800万元，已提折旧500万元，已提减值准备300万元，尚可使用年限为20年，公允价值为1 800万元。公司对该建筑物采用年限平均法计提折旧，无残值。

2008年12月31日该建筑物的公允价值减去处置费用后的净额为2 000万元，预计未来现金流量现值为1 950万元。2009年12月31日该建筑物的公允价值减去处置费用后的净额为1 650万元，预计未来现金流量现值为1 710万元。2010年12月31日该建筑物的公允价值减去处置费用后的净额为 1 650 万元，预计未来现金流量现值为 1 700 万元。

2010 年 12 月 31 日租赁期满，将投资性房地产对外出售，收到 1 830 万元存入银行。假定不考虑相关税费。

相关会计分录如下。

① 2007 年 12 月 31 日。

借：投资性房地产　　28 000 000
　　累计折旧　　5 000 000
　　固定资产减值准备　　3 000 000
　　贷：固定资产　　28 000 000
　　　　投资性房地产累计折旧　　5 000 000
　　　　投资性房地产减值准备　　3 000 000

② 2008 年 12 月 31 日。

借：银行存款　　1 500 000
　　贷：其他业务收入　　1 500 000
借：其他业务成本　　1 000 000
　　贷：投资性房地产累计折旧　　1 000 000

2008 年 12 月 31 日，投资性房地产的账面价值为 2 000 − 100=1 900（万元），可收回金额为 2 000 万元，按规定，计提的减值准备不能转回。

③ 2009 年 12 月 31 日。

借：银行存款　　1 500 000
　　贷：其他业务收入　　1 500 000
借：其他业务成本　　1 000 000
　　贷：投资性房地产累计折旧　　1 000 000

2009 年 12 月 31 日，投资性房地产的账面价值为 1 900 − 100=1 800（万元），可收回金额为 1 710 万元，应计提减值准备 90 万元。

借：资产减值损失　　900 000
　　贷：投资性房地产减值准备　　900 000

④ 2010 年 12 月 31 日。

借：银行存款　　1 500 000
　　贷：其他业务收入　　1 500 000
借：其他业务成本　　950 000
　　贷：投资性房地产累计折旧　　950 000

2010 年 12 月 31 日，该项投资性房地产对外出售，收取款项 1 830 万元存入银行。

借：银行存款　　18 300 000
　　贷：其他业务收入　　18 300 000
借：其他业务成本　　16 150 000
　　投资性房地产累计折旧　　7 950 000
　　投资性房地产减值准备　　3 900 000
　　贷：投资性房地产　　28 000 000

（二）按公允价值模式计量的投资性房地产

处置投资性房地产时，应按实际收到的金额，借记“银行存款”等科目，贷记“其他业务收入”科目。按该项投资性房地产的账面余额，借记“其他业务成本”科目，按其成本，贷记“投资性房地产——成本”科目，贷记或借记“投资性房地产（公允价值变动）”科目；同时，按该项投资性房地产的公允价值变动，借记或贷记“公允价值变动损益”科目，贷记或借记“其他业务收入”科目；按该项投资性房地产在转换日记入资本公积的金额，借记“资本公积——其他资本公积”科目，贷记“其他业务收入”科目。

【例 8-18】A 房地产公司于 2007 年 1 月 1 日将一幢商品房对外出租并采用公允价值模式计量，租期为 3 年，每年 12 月 31 日收取租金 100 万元。出租时，该幢商品房的成本为 2 000 万元，公允价值为 2 200 万元。2007 年 12 月 31 日该幢商品房的公允价值为 2 150 万元，2008 年 12 月 31 日该幢商品房的公允价值为 2 120 万元，2009 年 12 月 31 日该幢商品房的公允价值为 2 050 万元。2010 年 1 月 5 日将该幢商品房对外出售，收到 2 080 万元存入银行。假定按年确认公允价值变动损益和确认租金收入。相关会计分录如下。

① 2007 年 1 月 1 日。

借：投资性房地产——成本	22 000 000	
贷：开发产品		20 000 000
资本公积——其他资本公积		2 000 000

② 2007 年 12 月 31 日。

借：银行存款	1 000 000	
贷：其他业务收入		1 000 000
借：公允价值变动损益	500 000	
贷：投资性房地产——公允价值变动		500 000

③ 2008 年 12 月 31 日。

借：银行存款	1 000 000	
贷：其他业务收入		1 000 000
借：公允价值变动损益	300 000	
贷：投资性房地产——公允价值变动		300 000

④ 2009 年 12 月 31 日。

借：银行存款	1 000 000	
贷：其他业务收入		1 000 000
借：公允价值变动损益	700 000	
贷：投资性房地产——公允价值变动		700 000

⑤ 2010 年 1 月 5 日。

借：银行存款	20 800 000	
贷：其他业务收入		20 800 000
借：其他业务成本	20 500 000	
投资性房地产——公允价值变动	1 500 000	
贷：投资性房地产——成本		22 000 000

借：资本公积——其他资本公积　　2 000 000
　　贷：其他业务收入　　2 000 000
借：其他业务收入　　1 500 000
　　贷：公允价值变动损益　　1 500 000

本章小结

本章主要介绍了投资性房地产的范围、初始确认、后续计量、转换以及处置的相关问题，学习本章应重点注意判断投资性房地产的范围，以及在转换过程中的以公允模式计量下将自用房地产转为投资性房地产及日后处置的会计处理。

本章思考

1．属于投资性房地产的范围主要有哪些？
2．投资性房地产的确认条件有哪些？
3．投资性房地产的后续计量有哪几种模式？其会计处理有何不同？
4．《企业会计准则第3号——投资性房地产》是一项新准则，2007年披露年报的1 570家上市公司中，存在投资性房地产的有630家上市公司，占1 570家的40.13%。这些公司绝大多数对投资性房地产采用了成本计量模式。仅18家上市公司（占右此类业务公司数的2.86%）采用公允价值对投资性房地产进行后续计量。由投资性房地产公允价值计量产生的公允价值变动净收益为22.79亿元，占有此类业务的18家公司净利润的2.61%，占1 570家上市公司净利润的0.23%。

新会计准则要求将投资性房地产从原来的固定资产和无形资产中独立出来单独列示有什么现实意义？而投资性房地产的会计处理和固定资产的会计处理会有哪些不同？

本章测试

【单选题】

1．关于投资性房地产后续计量模式的转换，下列说法中正确的是（　　）。
　A．成本模式转为公允价值模式的，应当作为会计估计变更
　B．已采用公允价值模式计量的投资性房地产，不得从公允价值模式转为成本模式
　C．已采用成本模式计量的投资性房地产，不得从成本模式转为公允价值模式
　D．企业对投资性房地产的计量模式可以随意变更
2．下列不属于投资性房地产的是（　　）。
　A．房地产开发企业将作为存货的商品房以经营租赁方式出租
　B．企业拥有并自行经营的饭店

C．企业持有并准备增值后转让的土地使用权

D．企业开发完成后用于出租的房地产

3．企业将建筑物出租，按租赁协议向承租人提供的相关劳务，下列说法中正确的是（　　）。

A．企业将建筑物出租，按租赁协议向承租人提供的相关辅助服务在整个协议中不重大的，应当将该建筑物确认为投资性房地产

B．企业将建筑物出租，按租赁协议向承租人提供的相关劳务在整个协议中重大的，应当将该建筑物确认为投资性房地产

C．企业将建筑物出租，按租赁协议向承租人提供的相关劳务，无论在整个协议中是否重大，均应当将该建筑物确认为投资性房地产

D．企业将建筑物出租，按租赁协议向承租人提供的相关劳务，无论在整个协议中是否重大，均不应当将该建筑物确认为投资性房地产

【答案】1．B　　2．B　　3. A

第九章　长期股权投资

学习目标

通过本章的学习，能够：

1. 掌握长期股权投资初始成本的确定及其会计处理；
2. 掌握成本法的适用范围及其会计处理；
3. 掌握权益法的适用范围及其会计处理；
4. 掌握长期股权投资追加及处置的会计处理。

案例导入

青岛海尔股份有限公司的投资业务的目的何在？

青岛海尔股份有限公司2001年年报披露了如下内容：2001年1月12日公司增发A股，发行价格为18元/股，共获得现金17.54亿元。随后，公司于2001年1月21日将募集到的资金另加自有资金共计20亿元一次性支付给青岛海尔投资发展有限公司，以此收购青岛海尔投资发展有限公司原来持有的青岛海尔空调器有限公司的74.45%的股权。这样本次股权收购完成后，连同原已持有的25.5%的股权，青岛海尔股份有限公司就持有青岛海尔空调器有限公司99.95%的股权，成为绝对控股股东。

思考：从会计角度来看，这项投资对三方当事人具有什么意义呢？对于青岛海尔股份有限公司来说，在当时的会计准则背景下应采用什么会计方法来核算该项投资？对其会计报表又会产生什么影响？而在新准则下对会计方法的选择及其对会计报表的影响又有怎样的变化呢？

资料来源：根据青岛海尔股份有限公司2001年年报数据整理。

第一节　长期股权投资概述

根据《企业会计准则第2号——长期股权投资》对长期股权投资作如下解释：指投资方对被投资单位实施控制、重大影响的权益性投资，以及对其合营企业的权益性投资。

在确定能否对被投资单位实施控制时，投资方应当按照《企业会计准则第33号——合并财务报表》的有关规定进行判断。投资方能够对被投资单位实施控制的，被投资单位为其子公司。投资方属于《企业会计准则第33号——合并财务报表》规定的投资性主体且子公司不纳入合并财务报表的情况除外。

重大影响，是指投资方对被投资单位的财务和经营政策有参与决策的权力，但并不能够控制或者与其他方一起共同控制这些政策的制定。在确定能否对被投资单位施加重大影响时，应当考虑投资方和其他方持有的被投资单位当期可转换公司债券、当期可执行认股权证等潜在表决权因素。投资方能够对被投资单位施加重大影响的，被投资单位为其联营企业。

在确定被投资单位是否为合营企业时，应当按照《企业会计准则第 40 号——合营安排》的有关规定进行判断。合营安排，是指一项由两个或两个以上的参与方共同控制的安排。合营安排具有下列特征：

（1）各参与方均受到该安排的约束；

（2）两个或两个以上的参与方对该安排实施共同控制。

任何一个参与方都不能够单独控制该安排，对该安排具有共同控制的任何一个参与方均能够阻止其他参与方或参与方组合单独控制该安排。

长期股权投资的披露，适用《企业会计准则第 41 号——在其他主体中权益的披露》。

第二节　长期股权投资的初始计量

一、长期股权投资初始计量原则

长期股权投资在取得时，应按初始投资成本入账。长期股权投资的初始投资成本应分别按企业合并和非企业合并两种情况确定。

二、企业合并的长期股权投资

企业合并形成的长期股权投资，应当按照下列规定确定其初始投资成本。

（一）同一控制下的企业合并形成的长期股权投资

对于同一控制下的企业合并，从能够对参与合并各方在合并前及合并后均实施最终控制的一方来看，最终控制方在企业合并前及合并后能够控制的资产并没有发生变化。合并方通过企业合并形成的对被合并方的长期股权投资，其成本代表的是在被合并方账面所有者权益中享有的份额。

1．合并方以支付现金、转让非现金资产或承担债务方式作为合并对价的

合并方以支付现金、转让非现金资产或承担债务方式作为合并对价的，应当在合并日按照被合并方所有者权益在最终控制方合并财务报表中的账面价值的份额作为长期股权投资的初始投资成本。长期股权投资初始投资成本与支付的现金、转让的非现金资产及所承担债务账面价值之间的差额，应当调整资本公积；资本公积不足冲减的，调整留存收益。

合并方发生的审计、法律服务、评估咨询等中介费用以及其他相关管理费用，应当于发生时计入当期管理费用。

小贴士

“长期股权投资”科目核算企业持有的采用成本法和权益法核算的长期股权投资。企业采用权益法对长期股权投资进行核算的，应当设置“成本”、“损益调整”、“其他权益变动”三个二级明细科目。采用成本法对长期股权投资进行核算的，可按被投资单位进行明细核算。

企业应当在合并日按照取得被合并方所有者权益账面价值的份额，借记“长期股权投资”科目，按应享有被投资单位已宣告但尚未发放的现金股利或利润，借记“应收股利”科目，按支付的合并对价的账面价值贷记“银行存款”、“固定资产清理”等科目，按照长期股权投资的初始投资成本与作为对价的账面价值之间的贷方差额，贷记“资本公积——资本溢价或股本溢价”科目，如为借方差额，应借记“资本公积—资本溢价或股本溢价”科目。如果“资本公积”科目贷方余额不足冲减的，应当依次借记“盈余公积”、“利润分配——未分配利润”等科目。

【例 9-1】 A公司和B公司同为C公司的子公司。2002年2月1日，A公司与B公司达成合并协议，约定A公司以固定资产、无形资产和银行存款1 200万元向B公司投资，占B公司股份总额的60%。2002年2月1日，B公司所有者总额为4 000万元；A公司参与企业合并的固定资产原价为1 400万元，已计提折旧400万元，未计提固定资产减值准备；无形资产账面原价为1 000万元，已摊销500万元，未计提无形资产减值准备。假定A公司所有者权益中资本公积（资本溢价）余额为400万元。A公司的会计处理如下。

借：固定资产清理	10 000 000	
累计折旧	4 000 000	
贷：固定资产		14 000 000
借：长期股权投资	24 000 000	
累计摊销	5 000 000	
资本公积——资本溢价	3 000 000	
贷：固定资产清理		10 000 000
无形资产		10 000 000
银行存款		12 000 000

2．合并方以发行权益性证券作为合并对价的

合并方以发行权益性证券作为合并对价的，应当在合并日按照被合并方所有者权益在最终控制方合并财务报表中的账面价值的份额作为长期股权投资的初始投资成本。将发行股份的面值总额作为股本，长期股权投资初始投资成本与所发行股份面值总额之间的差额，应当调整资本公积；资本公积不足冲减的，调整留存收益。

具体进行会计处理时，在合并日应按取得被合并方所有者权益账面价值的份额，借记“长期股权投资”科目，按应享有被投资单位已宣告但尚未发放的现金股利或利润，借记“应收股利”科目，按发行权益性证券的面值，贷记“股本”科目，按其差额，贷记“资本公积——资本溢价或股本溢价”科目；如为借方差额，应借记“资本公积——资本溢价或股本溢价”科目，资本公积不足冲减的，借记“盈余公积”、利润分配——未分配利润“科目。

【例 9-2】 甲公司和丙公司同为丁公司的子公司。2007年2月1日，甲公司与丙公司达成合并协议，约定甲公司以增发的权益性证券作为对价向丙公司投资，占丙公司股份总额的55%。2007年2月1日，甲公司增发的权益性证券成功，共增发普通股股票100万股，每股面值1元，实际发行价格为1.5元；丙公司所有者权益总额为4 000万元。在发行普通股过程中，甲公司共发生相关税费5万元，与发行普通股股票直接相关的手续费、佣金10万元，均以银行存款支付。甲公司的会计处理如下。

借：长期股权投资	22 000 000	

贷：股本　　1 000 000

资本公积——股本溢价　　21 000 000

借：资本公积——股本溢价　　150 000

贷：银行存款　　150 000

上述按照合并日应享有被合并方账面所有者权益的份额确定长期股权投资的初始投资成本时，对于被合并方账面所有者权益，应当在考虑以下几个因素的基础上计算确定形成长期股权投资的初始投资成本。

（1）合并前被合并方与合并方采用的会计政策、会计期间应当一致。企业合并前合并方与被合并方采用的会计政策、会计期间不同的，在以被合并方账面所有者权益为基础确定形成长期股权投资成本时，应首先基于重要性信息质量要求，按照合并方会计政策、会计期间对被合并方资产、负债的账面价值进行调整，在此基础上计算确定形成长期股权投资的初始投资成本。

（2）被合并方的账面所有者权益是指被合并方的所有者权益相对于最终控制方而言的账面价值。例如，甲公司为某一集团母公司，分别控制乙公司和丙公司。2007 年 1 月 1 日，甲公司从集团外部购入丁公司 80%股权（属于非同一控制下企业合并）并能够控制丁公司的财务和经营政策。购买日，丁公司可辨认资产、负债的公允价值为 5 000 万元，账面价值为 3 500 万元。2009 年 1 月 1 日，乙公司购入甲公司所持丁公司的 80%股权，形成同一控制下的企业合并。2007 年 1 月 1 日至 2008 年 12 月 31 日，丁公司按照购买 H 公允价值净资产计算实现的净利润为 1 200 万元；按照购买日账面价值净资产计算实现的净利润为 1 500 万元。无其他所有者权益变动。2009 年 1 月 1 日合并日，丁公司的所有者权益相对于甲公司而言的账面价值为：自 2007 年 1 月 1 日丁公司净资产公允价值 5 000 万元持续计算至 2008 年 12 月 31 日的账面价值 6 200（5 000+1 200）万元。乙公司购入丁公司的初始投资成本为 4 960[(5 000+1 200)×80%] 万元。

（3）同一控制下企业合并形成的长期股权投资，如果子公司按照改制时确定的资产、负债经评估确认的价值调整资产、负债账面价值的，合并方应当按照取得子公司经评估确认的净资产的份额作为长期股权投资的初始投资成本。

（4）如果被合并方本身编制合并财务报表的，被合并方的账面价值所有者权益的价值应当以其财务报表为基础确定。

3. 通过多次交换交易，分步取得股权最终形成企业合并的

在个别财务报表中，应当以持股比例计算的合并日应享有被合并方账面所有者权益份额作为该项投资的初始投资成本。初始投资成本与其原长期股权投资账面价值加上合并日取得股份新支付对价的公允价值之和的差额，调整资本公积（资本溢价或股本溢价），资本公积不足冲减的，冲减留存收益。

（二）非同一控制下的控股合并形成的长期股权投资

1. 一次交换交易实现的企业合并

非同一控制下的企业合并，购买方应在购买日按照《企业会计准则第 20 号——企业合并》确定的合并成本作为长期股权投资的初始投资成本，即一次交换交易实现的企业合并，合并成本包括购买方付出的资产、发生或承担的负债、发行的权益性证券的公允价值之和。

具体来说，非同一控制下的企业合并，企业在购买日应当按照确定的企业合并成本作为长期股权投资的初始投资成本（不含应自被投资单位收取的现金股利或利润），借记“长期股权投资”科目，按应享有被投资单位已宣告但尚未发放的现金股利或利润，借记“应收股利”科目，按照合并中支付对价的账面价值，贷记“银行存款”、“固定资产清理”等科目，按照长期股权投资的初始投资成本与所支付对价账面价值之间的差额，贷记“营业外收入”或“投资收益”等科目，或借记“营业外支出”、“投资收益”等科目。按发生的直接相关费用，借记“管理费用”科目，贷记“银行存款”等科目。可供出售的金融资产持有期间公允价值变动形成的其他综合收益应一并转入投资收益，借记“资本公积——其他资本公积”科目，贷记“投资收益”科目。

非同一控制下企业合并涉及库存商品等作为合并对价的，应按库存商品的公允价值，贷记“主营业务收入”或“其他业务收入”科目，并同时结转相关的成本。

【例 9-3】 2007 年 2 月 8 日，甲公司与丙公司达成合并协议，约定甲公司以一台固定资产和银行存款 350 万元向丙公司投资，占丙公司股份总额的 60%。该固定资产的账面原价为 8 430 万元，已计提累计折旧 430 万元，已计提固定资产减值准备 100 万元，公允价值为 8 400 万元。假定甲公司与丙公司在此之前不存在任何投资关系，不考虑其他相关税费。甲公司的会计处理如下。

借：固定资产清理	79 000 000	
累计折旧	4 300 000	
固定资产减值准备	1 000 000	
贷：固定资产		84 300 000
借：长期股权投资	87 500 000	
贷：固定资产清理		79 000 000
银行存款		3 500 000
营业外收入		5 000 000

2. 多次交换交易实现的企业合并

通过多次交换交易，分步取得股权最终形成企业合并的，在个别财务报表中，应当以购买日之前所持有被购买方的股权投资的账面价值与购买日新增投资成本之和，作为企业合并成本。其中，企业合并前对持有的长期股权投资采用成本法核算的，长期股权投资在购买日的成本应为原账面余额与购买日为取得进一步的股份而新支付的对价的公允价值之和；企业合并前对长期股权投资采用权益法等方法核算的，长期股权投资在购买日的初始投资成本为原权益法下长期股权投资的账面价值加上购买日取得进一步股份新支付对价的公允价值之和；达到企业合并前对长期股权投资采用公允价值计量的（例如，原分类为可供出售金融资产的股权投资），长期股权投资在购买日的初始投资成本为原公允价值计量的账面价值加上购买日取得进一步股份新支付对价的公允价值之和。购买日之前持有的被购买方股权涉及其他综合收益的，应当在处置该项投资时将与其相关的其他综合收益（例如，可供出售金融资产公允价值变动计入资本公积的部分）转入当期投资收益。

【例 9-4】 A 公司于 2007 年 3 月以 12 000 万元取得 B 公司 25%的股权，因能够对 B 公司施加重大影响，所以对所取得的长期股权投资按照权益法核算，于 2007 年 12 月 31 日确认对 B 公司的投资收益为 450 万元。2008 年 4 月，A 公司又斥资 15 000 万元取得 B 公司另外

10%的股权。假定A公司在取得B公司的长期股权投资以后，B公司并未宣告发放现金股利或利润。A公司按净利润的10%提取盈余公积。A公司对该项长期股权投资未计提任何减值准备。账务处理如下。

借：盈余公积　　450 000
　　利润分配——未分配利润　　4 050 000
　　贷：长期股权投资　　4 500 000

借：长期股权投资　　150 000 000
　　贷：银行存款　　150 000 000

购买日对B公司长期股权投资的账面余额=(12 450–450) + 15 000=27 000（万元）

三、不形成企业合并的长期股权投资

不形成企业合并的长期股权投资是指以其他方式取得无控制关系的长期股权投资，主要是指以现金购入的长期股权投资、以发行权益性证券取得的长期股权投资、接受投资者投入的长期股权投资、通过非货币性资产交换取得的长期股权投资、通过债务重组取得的长期股权投资。其他方式取得长期股权投资初始投资成本的确定应遵循以下规定。

（一）以现金购入的长期股权投资

以支付现金取得的长期股权投资，应当按照实际支付的购买价款作为初始投资成本，包括与取得长期股权投资直接相关的税费及其他必要支出。但所支付价款中包含的被投资单位已宣告但尚未发放的现金股利或利润应作为应收项目核算，不构成取得长期股权投资的成本。

【例9-5】 甲公司于2007年2月10日自公开市场买入乙公司20%的股份，实际支付价款16 000万元。另外，在购买过程中支付手续费等相关费用200万元。甲公司取得该部分股权后能够对乙公司的市场经营决策施加重大影响。会计分录如下。

借：长期股权投资　　162 000 000
　　贷：银行存款　　162 000 000

（二）以发行权益性证券取得的长期股权投资

以发行权益性证券取得的长期股权投资，应当按照发行权益性证券的公允价值作为初始投资成本，但不包括被投资单位已宣告但尚未发放的现金股利或利润。

为发行权益性证券支付给有关证券承销机构等的手续费、佣金等与权益性证券发行直接相关的费用，不构成取得长期股权投资的成本。该部分费用应自权益性证券的溢价发行收入中扣除，权益性证券的溢价收入不足以冲减的，应冲减盈余公积和未分配利润。按照权益性证券的公允价值借记“长期股权投资”科目，按权益性证券的面值贷记“股本”科目，按权益性证券的公允价值与其面值之间的差额贷记“资本公积——股本溢价”科目。

【例9-6】 2007年6月29日，A公司与B公司达成合并协议，约定A公司以增发的权益性证券作为对价向B公司投资。当日，A公司权益性证券增发成功，共增发普通股股票130万股，每股面值1元，实际发生价格2元。假定A公司另外支付25万元佣金及手续费。A公司的会计处理如下。

借：长期股权投资　　2 600 000
　　贷：股本　　1 300 000
　　　　资本公积——股本溢价　　1 300 000
借：资本公积——股本溢价　　250 000
　　贷：银行存款　　250 000

（三）接受投资者投入的长期股权投资

投资者投入的长期股权投资，应当按照投资合同或协议约定的价值作为初始投资成本，但合同或协议约定价值不公允的除外。具体来说，接受投资者投入的长期股权投资，企业应当按照投资合同或协议约定的价值以及相关的税费等作为初始投资成本借记“长期股权投资”科目，按照投资者出资构成实收资本（或股本）的部分贷记“实收资本”、“股本”等科目，按照支付的相关税费贷记“银行存款”等科目，按照上述借贷方之间的差额贷记“资本公积——资本（股本）溢价”科目。

【例 9-7】 2007 年 4 月 15 日，甲公司接受乙公司所持有的对丙公司的长期股权投资。乙公司对丙公司长期股权投资的账面余额为 1 200 万元，未计提长期股权投资减值准备。甲公司和乙公司约定的对丙公司的长期股权投资价值为 3 700 万元，乙公司占甲公司所有者权益总额的 60%。假定在 2007 年 4 月 15 日，甲公司所有者权益总额为 6 000 万元，不考虑其他相关税费。甲公司会计处理如下。

借：长期股权投资　　37 000 000
　　贷：实收资本　　36 000 000
　　　　资本公积——资本溢价　　1 000 000

（四）以非货币性资产交换或债务重组取得的长期股权投资

以非货币性资产交换或债务重组取得长期股权投资的核算请按照《企业会计准则第 7 号——非货币性资产交换》、《企业会计准则第 12 号——债务重组》的规定确定。

第三节　长期股权投资的后续计量

长期股权投资在持有期间，根据投资企业对被投资单位的影响程度及其是否存在活跃市场、公允价值是否可靠计量等进行划分，应当分别采用成本法及权益法进行核算。

一、长期股权投资的成本法

（一）成本法的定义和适用范围

采用成本法核算的，长期股权投资应当按照初始投资成本计价。长期股权投资的成本法适应于以下几种情况。

（1）投资企业能够对被投资单位实施控制的长期股权投资。

投资企业能够对被投资单位实施控制的，被投资单位为其子公司，投资企业应当将子公司纳入合并财务报表的合并范围。投资企业对子公司的长期股权投资应当采用成本法核算，编制合并财务报表时按照权益法进行调整。

（2）投资企业对被投资单位不具有共同控制或重大影响，并且在活跃市场中没有报价、公允价值不能可靠计量的长期股权投资。

（二）成本法的核算

长期股权投资采用成本法核算的一般程序如下。

（1）初始投资或追加投资时，按照初始投资或追加投资时的成本增加长期股权投资的账面价值核算。

（2）除取得投资时实际支付的价款或对价中包含的已宣告但尚未发放的现金股利或利润外，投资企业应当按照享有被投资单位宣告发放的现金股利或利润确认投资收益，不管有关利润分配是属于对取得投资前还是取得投资后被投资单位实现净利润的分配。

投资企业在确认自被投资单位应分得的现金股利或利润后，应当考虑有关长期股权投资是否发生减值。在判断该类长期股权投资是否存在减值迹象时，应当关注长期股权投资的账面价值是否大于享有被投资单位净资产（包括相关商誉）账面价值的份额等情况。出现类似情况时，企业应当按照《企业会计准则第 8 号——资产减值》的规定对长期股权投资进行减值测试，可收回金额低于长期股权投资账面价值的，应当计提减值准备。

【例 9-8】 2009 年 1 月 1 日，A 股份有限公司以银行存款购入 B 公司 10%的股份，并准备长期持有，实际投资成本为 22 万元。B 公司于 2009 年 5 月 2 日宣告分派 2008 年度的现金股利 20 万元，A 公司于 2009 年 5 月 11 日收到现金股利。如果 B 公司 2009 年 1 月 1 日股东权益合计为 240 万元，其中，股本为 200 万元，未分配利润为 40 万元；2009 年实现净利润 80 万元；第二年 5 月 1 日宣告分派现金股利 60 万元，A 公司于当年 5 月 10 日收到现金股利。B 公司为一家未上市企业，其股权不存在活跃的市场价格。A 股份有限公司在取得该部分投资后，未参与被投资单位的生产经营决策。A 股份有限公司的账务处理如下。

① 2009 年 1 月 1 日，购入 B 公司的股票。

借：长期股权投资　　220 000
　　贷：银行存款　　220 000

② 2009 年 5 月 2 日，宣告分派现金股利。

借：应收股利　　20 000
　　贷：投资收益　　20 000

③2009 年 5 月 11 日，收到现金股利。

借：银行存款　　20 000
　　贷：应收股利　　20 000

④第二年 5 月 1 日，宣告分派现金股利。

借：应收股利　　60 000
　　贷：投资收益　　60 000

⑤第二年 5 月 10 日，收到现金股利。

借：银行存款　　60 000
　　贷：应收股利　　60 000

被投资单位股东权益账面价值=240–20+80–60=240（万元）

投资单位长期股权投资账面价值=22 万元

故按持股比例计算未发生减值，不用计提减值准备。

二、长期股权投资的权益法

（一）权益法的定义及其适用范围

权益法，是指投资以初始投资成本计量后，在投资持有期间根据投资企业享有被投资单位所有者权益的份额的变动对投资的账面价值进行调整的方法。投资企业对被投资单位具有共同控制或重大影响的长期股权投资，即对合营企业投资及对联营企业投资，应当采用权益法核算。

（二）权益法核算

1. 初始投资成本的调整

投资企业取得对联营企业或合营企业的投资后，对于取得投资时投资成本与应享有被投资单位可辨认净资产公允价值份额之间的差额，应区别情况分别处理。

（1）长期股权投资的初始投资成本大于取得投资时应享有被投资单位可辨认净资产公允价值份额的，该部分差额从本质上是投资企业在取得投资过程中通过购买作价体现出的与所取得股权份额相对应的商誉及被投资单位不符合确认条件的资产价值，不调整长期股权投资的初始投资成本。

【例 9-9】 2007 年 2 月 1 日，B 公司以银行存款 300 万元向 C 公司投资，占 C 公司有表决权资本的 30%，采用权益法核算。当日，C 公司可辨认净资产公允价值为 900 万元。假定不考虑其他因素。B 公司的会计处理如下。

借：长期股权投资——投资成本　　3 000 000

　贷：银行存款　　3 000 000

（2）长期股权投资的初始投资成本小于投资时应享有被投资单位可辨认净资产公允价值份额的，其差额体现为双方在交易作价过程中转让方的让步，该部分经济利益流入应作为收益处理，应当计入取得投资当期的营业外收入，同时调整增加长期股权投资的账面价值。

【例 9-10】 2007 年 1 月 1 日，A 公司以银行存款 400 万元向 B 公司投资，占 B 公司有表决权股份的 25%，采用权益法核算。当日，B 公司可辨认净资产公允价值为 1 700 万元。假定不考虑其他因素。A 公司的会计处理如下。

借：长期股权投资——投资成本　　4 000 000

　贷：银行存款　　4 000 000

营业外收入=17 000 000 × 25%–4 000 000 = 250 000（元）

借：长期股权投资——投资成本　　250 000

　贷：营业外收入　　250 000

2. 投资损益的确认

投资方取得长期股权投资后，应当按照应享有或应分担的被投资单位实现的净损益和其他综合收益的份额，分别确认投资收益和其他综合收益，同时调整长期股权投资的账面价值；投资方按照被投资单位宣告分派的利润或现金股利计算应享有的部分，相应减少长期股权投资的账面价值；投资方对于被投资单位除净损益、其他综合收益和利润分配以外所有者权益的其他变动，应当调整长期股权投资的账面价值并计入所有者权益。

采用权益法核算的长期股权投资，在确认应享有或应分担被投资单位的净利润或净亏损时，在被投资单位账面净利润的基础上，应考虑以下因素的影响并进行适当调整。

（1）被投资单位采用的会计政策及会计期间与投资企业不一致的，应按投资企业的会计政策及会计期间对被投资单位的财务报表进行调整。

在权益法下，投资企业与被投资单位被看作一个整体，其所产生的损益应当在一致的会计政策基础上确定，被投资企业采用的会计政策与投资企业不同的，投资企业应当基于重要性原则，按照投资企业的会计政策及会计期间对被投资单位的损益和财务报表进行调整。

（2）以取得投资时被投资单位固定资产、无形资产的公允价值为基础计提的折旧额或摊销额，以及以投资企业取得投资时有关资产的公允价值为基础计算确定的资产减值准备金额等对被投资单位净利润的影响。

被投资单位个别利润表中的净利润是以其持有的资产、负债账面价值为基础持续计算的，而投资企业在取得投资时，是以被投资单位有关资产、负债的公允价值为基础确定投资成本的，取得投资后应确认的投资收益代表的是被投资单位资产、负债在公允价值计量的情况下在未来期间通过经营产生的损益中归属于投资企业的部分。取得投资时有关资产、负债的公允价值与其账面价值不同的，未来期间，在计算归属于投资企业应享有的净利润或应承担的净亏损时，应以投资时被投资单位有关资产对投资企业的成本即取得投资时的公允价值为基础计算确定，从而产生了需要对被投资单位账面净利润进行调整的情况。

应予以关注的是，在对被投资单位的净利润进行调整时，应考虑重要性原则，不具有重要性的项目可不予调整。符合下列条件之一的，投资企业以被投资单位的账面净利润为基础，计算确认投资损益，同时应在财务报表附注中说明不能按照准则中的规定进行核算的原因。

① 投资企业无法合理确定取得投资时被投资单位各项可辨认资产等的公允价值。某些情况下，投资的作价可能因为受到一些因素的影响，不是完全以被投资单位可辨认净资产的公允价值为基础的，或者因为被投资单位持有的可辨认资产相对比较特殊，无法取得其公允价值。在这种情况下，因为被投资单位可辨认资产的公允价值无法取得，所以无法以公允价值为基础对被投资单位的净损益进行调整。

② 投资时被投资单位可辨认资产的公允价值与其账面价值之间的差额不具有重要性的。在这种情况下，因为被投资单位可辨认资产的公允价值与其账面价值差额不大，所以要求进行调整不符合重要性原则及成本效益原则。

③ 其他原因导致无法取得被投资单位的有关资料，不能按照准则中规定的原则对被投资单位的净损益进行调整的。例如，要对被投资单位的净利润按照准则中的规定进行调整，需要了解被投资单位的会计政策以及对有关资产价值量的判断等信息，在无法获得被投资单位相关信息的情况下，则无法对净利润进行调整。

【例 9-11】 甲公司于 2007 年 1 月 10 日购入乙公司 30%的股份，购买价款为 2 200 万元，并自取得投资之日起派人参与乙公司的生产经营决策。取得投资当日，乙公司可辨认净资产公允价值为 6 000 万元。除表 9-1 所列项目外，乙公司其他资产、负债的公允价值与账面价值相同。

表 9-1　乙公司部分资产价值分析　　金额单位：万元

资产	账面原价	已计提或摊销	公允价值	乙公司预计使用年限/年	甲公司取得投资后剩余使用年限/年
存货	500	—	700	—	—
固定资产	1 200	240	1 600	20	16
无形资产	700	140	800	10	8
小计	2 400	380	3 100	—	—

假定乙公司于 2007 年实现净利润 600 万元，其中在甲公司取得投资时的账面存货有 80% 对外出售，甲公司与乙公司的会计年度及采用的会计政策相同。固定资产、无形资产均按直线法提取折旧或摊销，预计净残值均为零。

甲公司在确定其应享有的投资收益时，应在乙公司实现净利润的基础上，根据取得投资时乙公司有关资产的账面价值与其公允价值差额的影响进行调整（假定不考虑所得税影响）：

存货账面价值与公允价值的差额应调减的利润 = (700–500) × 80% = 160（万元）

固定资产公允价值与账面价值差额应调整增加的折旧额 = 1 600/19–1 200/20 = 40（万元）

无形资产公允价值与账面价值差额应调整增加的摊销额 = 800/8–700/10 = 30（万元）

调整后的净利润 = 600–160–40–30 = 370（万元）

甲公司应享有份额 = 370 × 30% = 111（万元）

确认投资收益的账务处理如下。

借：长期股权投资——损益调整 1 110 000

　　贷：投资收益　　　　　　　　1 110 000

（3）在确认投资收益时，除考虑公允价值的调整外，对于投资企业与其联营企业及合营企业之间发生的未实现内部交易损益应予抵消。即投资企业与联营企业及合营企业之间发生的未实现内部交易损益按照持股比例计算归属于投资企业的部分应当予以抵销，在此基础上确认投资损益。投资企业与被投资单位发生的内部交易损失，按照《企业会计准则第 8 号——资产减值》等规定属于资产减值损失的，应当全额确认。投资企业对于纳入其合并范围的子公司与其联营企业及合营企业之间发生的内部交易损益，也应当按照上述原则进行抵消，在此基础上确认投资损益。

应当注意的是，该未实现内部交易损益的抵销既包括顺流交易也包括逆流交易，其中，顺流交易是指投资企业向其联营企业或合营企业出售资产，逆流交易是指联营企业或合营企业向投资企业出售资产。当该未实现内部交易损益体现在投资企业或其联营企业、合营企业持有的资产账面价值中时，相关的损益在计算确认投资损益时应予抵销。

① 对于投资企业向联营企业或合营企业出售资产的顺流交易，在该交易存在未实现内部交易损益的情况下（即有关资产未对外部独立第三方出售），投资企业在采用权益法计算确认应享有联营企业或合营企业的投资损益时，应抵销该未实现内部交易损益的影响，同时调整对联营企业或合营企业长期股权投资的账面价值。当投资方向联营企业或合营企业出资或是将资产出售给联营企业或合营企业，同时有关资产由联营企业或合营企业持有时，投资方对于投出或出售资产产生的损益确认仅限于归属于联营企业或合营企业其他投资者的部分。即在顺流交易中，投资方投出资产或出售资产给其联营企业或合营企业产生的损益中，按照持股比例计算确定归属于本企业的部分不予确认。

合并报表中的调整分录如下。

借：营业收入（售价×持股比例）

　　贷：营业成本（成本×持股比例）

　　　　投资收益（差额）

【例 9-12】 甲公司持有乙公司 20%有表决权股份，能够对乙公司生产经营决策施加重大影响。2007 年，甲公司将其账面价值为 600 万元的商品以 1 000 万元的价格出售给乙公司。至 2007 年资产负债日，该批商品尚未对外部第三方出售。假定甲公司取得该项投资时，乙公司各项可辨认资产、负债的公允价值与其账面价值相同，两者在以前期间未发生过内部交易。乙公司 2007 年净利润为 2 000 万元。假定不考虑所得税因素。

甲公司在该项交易中实现利润 400 万元，其中的 80（400×20%）万元是针对本企业持有的对联营企业的权益份额，在采用权益法计算确认投资损益时应予抵销，即甲公司应进行的账务处理如下。

借：长期股权投资——损益调整　　　　320[(2 000–400)×20%]

　　贷：投资收益　　　　　　　　　　　　320

甲公司如需编制合并财务报表，在合并财务报表中对该未实现内部交易损益应在个别报表已确认投资损益的基础上进行以下调整。

借：营业收入　　　　　　200(1 000×20%)

　　贷：营业成本　　　　　　120(600×20%)

　　　　投资收益　　　　　　80

上述两笔分录合并起来变成下面的分录。

借：长期股权投资——损益调整　　320

　　主营业务收入　　　　　　　200

　　贷：主营业务成本　　　　　　120

　　　　投资收益　　　　　　　　400(2 000×20%)

② 对于联营企业或合营企业向投资企业出售资产的逆流交易，在该交易存在未实现内部交易损益的情况下（即有关资产未对外部独立第三方出售），投资企业在采用权益法计算确认应享有联营企业或合营企业的投资损益时，应抵销该未实现内部交易损益的影响。当投资企业自其联营企业或合营企业购买资产时，在将该资产出售给外部独立第三方之前，不应确认联营企业或合营企业因该交易产生的损益中本企业应享有的部分。

因逆流交易产生的未实现内部交易损益，在未对外部独立第三方出售之前，体现在投资企业持有资产的账面价值当中。投资企业对外编制合并财务报表的，应在合并财务报表中对长期股权投资及包含未实现内部交易损益的资产账面价值进行调整，抵销有关资产账面价值中包含的未实现内部交易损益，并相应调整对联营企业或合营企业的长期股权投资。

在合并报表中作如下调整分录。

借：长期股权投资——损益调整

　　贷：存货等

【例 9-13】 甲公司于 2007 年 1 月取得乙公司 20%有表决权股份，能够对乙公司施加重大影响。假定甲公司取得该项投资时，乙公司各项可辨认资产、负债的公允价值与其账面价值相同。2007 年 8 月，乙公司将其成本为 600 万元的某商品以 1 000 万元的价格出售给甲公司，甲公司将取得的商品作为存货。至2007年资产负债日，甲公司仍未对外出售该存货。乙公司2007年实现净利润为3 200万元。假定不考虑所得税因素。

甲公司在按照权益法确认应享有乙公司2007年净损益时，应进行以下账务处理。

借：长期股权投资——损益调整　　　　560(2 800×20%)

　　贷：投资收益　　　　560

进行上述处理后，投资企业有子公司，需要编制合并财务报表的，在合并财务报表中，因该未实现内部交易损益体现在投资企业持有存货的账面价值当中，应在合并财务报表中进行以下调整。

借：长期股权投资——损益调整　　　　80

　　贷：存货　　　　80

假定在2008年，甲公司将该商品以1 000万元的价格对外部独立第三方出售，因该部分内部交易损益已经实现，甲公司在确认应享有乙公司2008年净损益时，应考虑将原未确认的该部分内部交易损益计入投资损益，即应在考虑其他因素计算确定的投资损益基础上调整增加80万元。

首先，把上述两笔分录进行合并变成下面分录。

借：长期股权投资——损益调整　　　　640(3 200×20%)

　　贷：投资收益　　　　560[(3 200–400)×20%]

　　　　存货　　　　80[(1 000–600) ×20%]

③ 合营方向合营企业投出非货币性资产产生损益的处理。合营方向合营企业投出或出售非货币性资产的相关损益，应当按照以下原则处理。

A. 符合下列情况之一的，合营方不应确认该类交易的损益：与投出非货币性资产所有权有关的重大风险和报酬没有转移给合营企业；投出非货币性资产的损益无法可靠计量；投出非货币性资产交易不具有商业实质。如果投资企业存在控股子公司，需要编制合并报表时，不需要编制抵销分录。

B. 合营方转移了与投出非货币性资产所有权有关的重大风险和报酬并且投出资产留给合营企业使用，应在该项交易中确认归属于合营企业其他合营方的利得和损失。交易表明投出或出售的非货币性资产发生减值损失的，合营方应当全额确认该部分损失。

C. 在投出非货币性资产的过程中，合营方除了取得合营企业长期股权投资外还取得了其他货币性资产或非货币性资产，应当确认该项交易中与所取得其他货币性、非货币性资产相关的损益。

B和C类投资会对损益产生影响，同时需要考虑投出的非货币性资产中未实现的内部交易，如果需要编制合并报表时，需要抵销投资时投出的非货币性资产中未实现的内部损益。

3. 取得现金股利或利润的处理

采用权益法核算的长期股权投资，投资企业自被投资单位取得的现金股利或利润，应抵减长期股权投资的账面价值。在被投资单位宣告分派现金股利或利润时，借记“应收股利”科目，贷记“长期股权投资——损益调整”科目；自被投资单位取得的现金股利或利润超过已确认损益调整的部分应视同投资成本的收回，冲减长期股权投资的账面价值，贷记“长期股权投资——成本”科目。

4. 超额亏损的确认

投资企业确认应分担被投资单位发生的损失，原则上应以长期股权投资及其他实质上构成对被投资单位净投资的长期权益减记至零为限，投资企业负有承担额外损失义务的除外。

其他实质上构成对被投资单位净投资的长期权益，通常是指长期性的应收项目，如企业对被投资单位的长期债权，该债权没有明确的清收计划且在可预见的未来不准备收回的，实质上构成被投资单位的净投资。应予以说明的是，该类长期权益不包括投资企业与被投资单位之间因销售商品、提供劳务等日常活动所产生的长期债权。

采用权益法核算的情况下，投资企业在确认应分担被投资单位发生的亏损时，应按照以下顺序处理。

首先，减记长期股权投资的账面价值。

其次，在长期股权投资的账面价值减记至零的情况下，考虑是否有其他构成长期权益的项目，如果有，则以其他实质上构成对被投资单位长期权益的账面价值为限，继续确认投资损失，冲减长期应收项目等的账面价值。

最后，在有关其他实质上构成对被投资单位长期权益的价值也减记至零的情况下，如果按照投资合同或协议约定，投资企业需要承担额外损失弥补等义务的，则应按预计将承担的义务金额确认预计负债，计入当期投资损失。

企业在实务操作过程中，在发生投资损失时，应借记“投资收益”科目，贷记“长期股权投资——损益调整”科目。在长期股权投资的账面价值减记至零以后，考虑其他实质上构成对被投资单位净投资的长期权益，继续确认的投资损失应借记“投资收益”科目，贷记“长期应收款”科目；因投资合同或协议约定导致投资企业需要承担额外义务的，按照或有事项准则的规定，对于符合确认条件的义务，应确认为当期损失，同时确认预计负债，借记“投资收益”科目，贷记“预计负债”科目。除上述情况仍未确认的应分担被投资单位的损失，应在账外备查登记。

在确认了有关的投资损失以后，被投资单位于以后期间实现盈利的，应按以上相反的顺序分别减记已确认的预计负债，恢复其他长期权益及长期股权投资的账面价值，同时确认投资收益，即应当按顺序分别借记“预计负债”、“长期应收款”、“长期股权投资”科目，贷记“投资收益”科目。

【例 9-14】 甲企业持有乙企业 40%的股权，能够对乙企业施加重大影响。2007 年 12 月 31 日该项长期股权投资的账面价值为 4 000 万元。乙企业 2008 年由于一项主要经营业务市场条件发生变化，当年度亏损 6 000 万元。假定甲企业在取得该投资时，乙企业各项可辨认资产、负债的公允价值与其账面价值相等，双方所采用的会计政策及会计期间也相同。则甲企业当年度应确认的投资损失为 2 400 万元。确认上述投资损失后，长期股权投资的账面价值变为 1 600 万元。

如果乙企业 2008 年的亏损额为 12 000 万元，甲企业按其持股比例确认应分担的损失为 4 800 万元，但长期股权投资的账面价值仅为 4 000 万元，如果没有其他实质上构成对被投资单位净投资的长期权益项目，则甲企业应确认的投资损失仅为 4 000 万元，超额损失在账外进行备查登记。在确认了 4 000 万元的投资损失，长期股权投资的账面价值减记至零以后，如果甲企业账上仍有应收乙企业的长期应收款 1 600 万元，该款项从目前情况看，没有明确的清收计划（并非产生于商品购销等日常活动），则甲企业应进行的账务处理如下。

借：投资收益　　　　　　　　　　　　40 000 000

　　贷：长期股权投资——损益调整　　　　　　40 000 000

借：投资收益　　　　　　　　　　　　　　　　　　　8 000 000

　　贷：长期应收款　　　　　　　　　　　　　　　　　　8 000 000

5．被投资单位除净损益以外其他所有者权益变动的会计处理

采用权益法核算长期股权投资时，投资企业对于被投资单位净损益以外所有者权益的其他变动，在持股比例不变的情况下，应按照持股比例与被投资单位除净损益以外所有者权益的其他变动中归属于本企业的部分，相应调整长期股权投资的账面价值，同时增加或减少资本公积。

【例 9-15】 甲股份有限公司对乙股份有限公司的投资占其有表决权资本的比例为 40%，能够对乙公司施加重大影响。2007 年 3 月 2 日，乙股份有限公司接受外商投资企业投资，发生外币资本折算差额 100 万元。甲股份有限公司的会计处理如下：

借：长期股权投资——其他权益变动　　　　　　　　400 000

　　贷：资本公积——其他资本公积　　　　　　　　　　400 000

第四节　长期股权投资追加与处置

一、追加投资

（1）投资方对联营企业的权益性投资，其中一部分通过风险投资机构、共同基金、信托公司或包括投资连接险（简称投连险）基金在内的类似主体间接持有的，无论以上主体是否对这部分投资具有重大影响，投资方都可以按照《企业会计准则第 22 号——金融工具确认和计量》的有关规定，对间接持有的该部分投资选择以公允价值计量并将其变动计入损益，并对其余部分采用权益法核算。

投资方因追加投资等原因能够对被投资单位施加重大影响或实施共同控制但不构成控制的，应当将按照《企业会计准则第 22 号——金融工具确认和计量》确定的原持有股权投资的公允价值加上新增投资成本之和，作为改按权益法核算的初始投资成本。原持有的股权投资分类为可供出售金融资产的，其公允价值与账面价值之间的差额，以及原计入其他综合收益的累计公允价值变动应当转入改按权益法核算的当期损益。

长期股权投资的分类及核算方法概况，如图 9-1 所示。

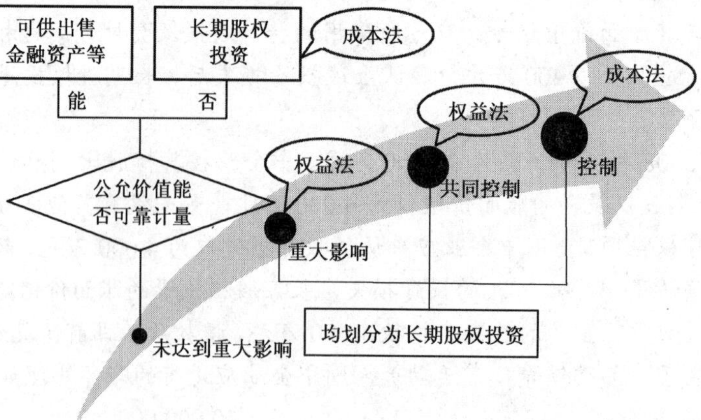

图 9-1　长期股权投资的分类及核算方法

（2）投资方因追加投资等原因能够对非同一控制下的被投资单位实施控制的，在编制个别财务报表时，应当将原持有的股权投资账面价值加上新增投资成本之和，作为改按成本法核算的初始投资成本。购买日之前持有的股权投资因采用权益法核算而确认的其他综合收益，应当在处置该项投资时在与被投资单位直接处置相关资产或负债相同的基础上进行会计处理。购买日之前持有的股权投资按照《企业会计准则第 22 号——金融工具确认和计量》的有关规定进行会计处理，原计入其他综合收益的累计公允价值变动应当在改按成本法核算时转入当期损益。在编制合并财务报表时，应当按照《企业会计准则第 33 号——合并财务报表》的有关规定进行会计处理。

【例 9-16】 A 公司于 2009 年 2 月取得 B 公司 10%的股权，成本为 600 万元，取得投资时 B 公司可辨认净资产公允价值总额为 5 600 万元（假定公允价值与账面价值相同）。因对被投资单位不具有重大影响且无法可靠确定该项投资的公允价值，所以 A 公司对其采用成本法核算。本例中 A 公司按照净利润的 10%提取盈余公积。

2010 年 1 月 2 日，A 公司又以 1 200 万元的价格取得 B 公司 12%的股权，当日 B 公司可辨认净资产公允价值总额为 8 000 万元。取得该部分股权后，按照 B 公司章程规定，A 公司能够派人参与 B 公司的生产经营决策，对该项长期股权投资转为采用权益法核算。本例中假定 A 公司在取得对 B 公司 10%股权后至新增投资日，双方未发生任何内部交易，B 公司通过生产经营活动实现的净利润为 600 万元，未派发现金股利或利润。除所实现净利润外，未发生其他计入资本公积的交易或事项。

① 2010 年 1 月 2 日，A 公司应确认对 B 公司的长期股权投资。

借：长期股权投资　　　　　　　　12 000 000
　　贷：银行存款　　　　　　　　　　12 000 000

对于新取得的股权，其成本为 1 200 万元，与取得该投资时按照持股比例计算确定应享有被投资单位可辨认净资产公允价值的份额 960(8 000×12%)万元之间的差额为投资作价中体现的商誉，该部分商誉不要求调整长期股权投资的成本。

② 对长期股权投资账面价值的调整。

确认该部分长期股权投资后，A 公司对 B 公司投资的账面价值为 1 800 万元。对于原 10%股权的成本 600 万元与原投资时应享有被投资单位可辨认净资产公允价值份额 560 (5 600×10%) 万元之间的差额 40 万元，属于原投资时体现的商誉，该部分差额不调整长期股权投资的账面价值。

对于被投资单位可辨认净资产在原投资时至新增投资交易日之间公允价值的变动(8 000－5 600)相对于原持股比例的部分 240 万元，其中属于投资后被投资单位实现净利润的部分 60(600×10%) 万元，应调整增加长期股权投资的账面余额，同时调整留存收益；除实现净损益外由其他原因导致的被投资单位可辨认净资产公允价值的变动 180 万元，应当调整追加长期股权投资的账面余额，同时计入资本公积(其他资本公积)。针对该部分投资的账务处理如下。

借：长期股权投资　　　　　　　　2 400 000
　　贷：资本公积——其他资本公积　　　1 800 000
　　　　盈余公积　　　　　　　　　　　　60 000
　　　　利润分配——未分配利润　　　　540 000

二、处置投资

（1）投资方因处置部分股权投资等原因丧失了对被投资单位的共同控制或重大影响的，处置后的剩余股权应当改按《企业会计准则第22号——金融工具确认和计量》核算，其在丧失共同控制或重大影响之日的公允价值与账面价值之间的差额计入当期损益。原股权投资因采用权益法核算而确认的其他综合收益，应当在终止采用权益法核算时采用与被投资单位直接处置相关资产或负债相同的基础上进行会计处理。

投资方因处置部分权益性投资等原因丧失了对被投资单位的控制的，在编制个别财务报表时，处置后的剩余股权能够对被投资单位实施共同控制或施加重大影响的，应当改按权益法核算，并对该剩余股权视同自取得时即采用权益法核算进行调整；处置后的剩余股权不能对被投资单位实施共同控制或施加重大影响的，应当改按《企业会计准则第22号——金融工具确认和计量》的有关规定进行会计处理，将其在丧失控制之日的公允价值与账面价值间的差额计入当期损益。在编制合并财务报表时，应当按照《企业会计准则第33号——合并财务报表》的有关规定进行会计处理。

【例9-17】 A公司原持有B公司60%的股权，长期股权投资账面余额为6 000万元，未计提减值准备。2009年1月6日，A公司将其持有的对B公司长期股权投资中的1/3出售给C企业，出售取得价款3 600万元，当日被投资单位可辨认净资产公允价值总额为16 000万元。A公司原取得B公司60%股权时，B公司可辨认净资产公允价值总额为9 000万元（假定公允价值与账面价值相同）。自A公司取得对B公司长期股权投资后至部分处置投资前，B公司实现净利润5 000万元。其中，自A公司取得投资日至2009年年初实现净利润4 000万元，假定B公司一直未进行利润分配。除所实现净损益外，B公司未发生其他计入资本公积的交易或事项。本例中A公司按净利润的10%提取盈余公积。

在出售20%的股权后，A公司对B公司的持股比例为40%，在被投资单位董事会中派有代表，但不能对B公司生产经营决策实施控制。对B公司长期股权投资应由成本法改为按照权益法核算。

① 确认长期股权投资处置损益。

借：银行存款　　36 000 000
　　贷：长期股权投资　　20 000 000
　　　　投资收益　　16 000 000

② 调整长期股权投资账面价值。

剩余长期股权投资的账面价值为4 000万元，与原投资时应享有被投资单位可辨认净资产公允价值之间的差额400 (4 000–9 000×40%) 万元为商誉，该部分商誉的价值不需要对长期股权投资的成本进行调整。

处置投资以后按照持股比例计算享有被投资单位自购买日至处置投资日期间实现的净损益为2 000 (5 000×40%)万元，应调整增加长期股权投资的账面价值，同时调整留存收益。企业应进行以下账务处理。

借：长期股权投资　　20 000 000
　　贷：盈余公积　　1 600 000

利润分配——未分配利润　　14 400 000

投资收益　　4 000 000

对联营企业或合营企业的权益性投资全部或部分分类为持有待售资产的，投资方应当按照《企业会计准则第 4 号——固定资产》的有关规定处理，对于未划分为持有待售资产的剩余权益性投资，应当采用权益法进行会计处理。

已划分为持有待售的对联营企业或合营企业的权益性投资，不再符合持有待售资产分类条件的，应当从被分类为持有待售资产之日起采用权益法进行追溯调整。分类为持有待售期间的财务报表应当作相应调整。

（2）处置长期股权投资，其账面价值与实际取得价款之间的差额，应当计入当期损益。采用权益法核算的长期股权投资，处置该项投资时，在采用与被投资单位直接处置相关资产或负债相同的基础上，按相应比例对原计入其他综合收益的部分进行会计处理。

【例 9-18】 甲企业原持有乙企业 40%的股权，2007 年 12 月 20 日，甲企业决定出售持有的乙企业股权的 1/4，出售时甲企业账面上对乙企业长期股权投资的构成为：投资成本 1 200 万元，损益调整 320 万元，其他权益变动 200 万元，出售取得价款 470 万元。甲企业应确认的处置损益如下。

借：银行存款　　4 700 000

　　贷：长期股权投资　　4 300 000

　　　　投资收益　　400 000

同时，还应将原计入资本公积的部分按比例转入当期损益。

借：资本公积——其他资本公积　　500 000

　　贷：投资收益　　500 000

第五节　长期股权投资的减值

投资方应当关注长期股权投资的账面价值是否大于享有被投资单位所有者权益账面价值的份额等情况。出现类似情况时，投资方应当按照《企业会计准则第 8 号——资产减值》对长期股权投资进行减值测试，可收回金额低于长期股权投资账面价值的，应当计提减值准备。

本章小结

长期股权投资在取得时，应按照初始投资成本入账。长期股权投资的初始成本应分别按同一控制下控股合并与非同一控制下控股合并两种类型来确定其初始投资成本；持有期间，应当分别采用成本法及权益法进行核算。采用成本法核算的长期股权投资应当按照初始投资成本计价。具有共同控制或重大影响的长期股权投资，即对合营企业投资及对联营企业投资，应当采用权益法核算。企业处置长期股权投资时，应相应结转与所售股权相对应的长期股权投资的账面价值，出售所得价款与处置长期股权投资账面价值之间的差额，应确认为处置损益。

本章思考

1．投资企业能够对被投资单位实施控制主要有几种情况？

2．投资方对被投资方具有重大影响时为何要采用权益法核算？

3．同一控制下的企业合并形成的长期股权投资的初始投资成本是什么？

4．在什么情况下，企业的长期股权投资应当采用成本法核算？

5．顺流交易和逆流交易分别对长期股权投资的核算有何影响？

6．长期股权投资追加及处置的核算原理是什么？

本章测试

【单选题】

1．非同一控制下的企业合并取得长期股权投资发生的下列项目中，不应计入初始投资成本的有（　　）。

A．作为合并对价发行的权益性证券的公允价值

B．企业合并中发行权益性证券发生的手续费、佣金等费用

C．为进行企业合并而支付的审计费用

D．为进行企业合并而支付的评估费用

2．以发行权益性证券方式取得的长期股权投资，为发行权益性证券支付给证券承销商的手续费、佣金等费用，应计入（　　）。

A．长期股权投资成本　　B．管理费用

C．财务费用　　D．资本公积

3．对于企业采用成本法核算的长期股权投资，下列说法正确的有（　　）。

A．对于被投资企业所有者权益的增加额，投资企业应按其享有的份额调增长期股权投资的账面价值

B．对于被投资企业宣告分派的属于投资企业投资后实现的净利润，投资企业应按其享有的份额确认为当期投资收益

C．对于被投资企业属于投资企业投资后实现的净利润，投资企业应按其享有的份额调增长期股权投资的账面价

D．对于被投资企业宣告分派利润或现金股利时，投资企业应按持股比例计算应分得的部分，一般应冲减长期股权投资的账面价值

4．投资企业采用权益法核算长期股权投资，在被投资企业宣告分派现金股利时，按其应分得的部分贷记（　　）科目。

A．“投资收益”　　B．“其他业务收入”

C．“应收股利”　　D．“长期股权投资”

5．甲投资企业于2007年1月1日取得对联营企业30%的股权，取得投资时被投资单位

的固定资产公允价值为800万元，账面价值为600万元，固定资产的预计使用年限为10年，净残值为零，按照直线法计提折旧。被投资单位2007年度利润表中净利润为1 000万元。不考虑所得税和其他因素的影响，投资企业按权益法核算2007年应确认的投资收益为（　　）万元。

A. 300　　B. 306　　C. 294　　D. 120

6. M、N两家公司属于非同一控制下的独立公司。M公司于2007年7月1日以本企业的无形资产对N公司投资，取得N公司60%的股份。该无形资产原值1 500万元，已累计摊销400万元，已提取减值准备50万元，7月1日该无形资产公允价值为1 250万元。N公司2007年7月1日所有者权益为2 000万元。M公司由于该项投资计入当期损益的金额为（　　）万元。

A. 250　　B. 50　　C. 200　　D. 500

【答案】1. B　2. D　3. B　4. D　5. C　6. C

第十章　无形资产及其他长期资产

学习目标

通过本章学习，能够：

1. 掌握无形资产的特点与内容；
2. 掌握无形资产的会计处理。

案例导入

2007年我国上市公司开始实施《企业会计准则》中允许对符合资本化条件的无形资产开发之处予以资本化，这一规定的出台为企业增加利润提供了新的途径。比如按照2007年颁布的《企业会计准则》新规定，四川长虹在本年度资本化处理的开发支出为65 522 518.46元，致使本公司本年净利润达到442 104 289.34元，而上年净利润为312 486 830.69元，增长幅度达到41.5%；同时一汽轿车在2007年将发生的开发（120 118 009.44）支出全部予以资本化之后，2007年净利润达到了347 398 531.77元，而上年的净利润仅为276 528 366.04元，本年度开发支出所占净利润比例达到近35%。

案例显示，企业开发支出的资本化对企业净利润影响非常重大，而在企业无形资产的开发中所发生的支出，何种应予以资本化，何种应予以费用化，分别应符合怎样的条件，而开发支出资本化与费用化的处理将对公司利润产生怎样的影响等，这些问题将逐一解答。

第一节　无形资产

《企业会计准则第6号——无形资产》（简称CAS6）规范了无形资产的会计核算和相关信息披露、会计信息质量要求。根据准则内容，本节主要阐述无形资产的性质及分类、无形资产的确认和初始计量、后续计量以及处置的会计处理。

一、无形资产的性质及内容

（一）无形资产的性质

无形资产是指企业拥有或者控制的没有实物形态的可辨认非货币性资产。无形资产具有以下特征。

1. 由企业拥有或者控制并能为其带来未来经济利益的资源

预计能为企业带来未来经济利益，是作为一项资产的本质特征，无形资产也不例外。通常情况下，企业拥有或者控制的无形资产应当拥有其所有权并且能够为企业带来未来经济利益。但在某些情况下并不需要企业拥有其所有权，如果企业有权获得某项无形资产产生的经济利益，同时又能约束其他人获得这些经济利益，则说明企业控制了该无形资产，或者说控制了该无形资产产生的经济利益，具体表现为企业拥有该无形资产的法定所有权，或者使用权并受法律的保护。比如，企业自行研制的技术通过申请依法取得专利权后，在一定期限内拥有了该专利技术的法定所有权；又比如企业与其他企业签订合约转让商标权，由于合约的签订，使商标使用权转让方的相关权利受到法律的保护。

2．无形资产不具有实物形态

无形资产通常表现为某种权利、某项技术或是某种获取超额利润的综合能力。它们不具有实物形态，看不见、摸不着。比如，土地使用权、非专利技术等。无形资产为企业带来经济利益的方式与固定资产不同，固定资产是通过实物价值的磨损和转移来为企业带来未来经济利益，而无形资产很大程度上是通过自身所具有的技术等优势为企业带来未来经济利益，不具有实物形态是无形资产区别于其他资产的特征之一。

某些无形资产的存在有赖于实物载体。比如，计算机软件需要存储在介质中。但这并不改变无形资产本身不具有实物形态的特性。在确定一项包含无形和有形要素的资产是属于固定资产，还是属于无形资产时，需要通过判断来加以确定，通常以哪个要素更重要作为判断的依据。例如，计算机控制的机械工具没有特定计算机软件就不能运行时，则说明该软件是构成相关硬件不可缺少的组成部分，该软件应作为固定资产处理；如果计算机软件不是相关硬件不可缺少的组成部分，则该软件应作为无形资产核算。无论是否存在实物载体，只要将一项资产归类为无形资产，则不具有实物形态仍然是无形资产的特征之一。

3．无形资产具有可辨认性

作为无形资产进行核算，该资产必须是能够区别于其他资产可单独辨认的，如企业持有的专利权、非专利技术、商标权、土地使用权、特许权等。从可辨认性角度考虑，商誉是与企业整体价值联系在一起的，无形资产的定义要求无形资产是可辨认的，以便与商誉清楚地区分开来。企业合并中取得的商誉代表了购买方为从不能单独辨认并独立确认的资产中获得预期未来经济利益而付出的代价。这些未来经济利益可能产生于取得的可辨认资产之间的协同作用，也可能产生于购买者在企业合并中准备支付的，但不符合在财务报表上确认条件的资产。从计量上来讲，商誉是企业合并成本大于合并中取得的各项可辨认资产、负债公允价值份额的差额，代表的是企业未来现金流量大于每一单项资产产生未来现金流量的合计金额，其存在无法与企业自身区分开来，由于不具有可辨认性，虽然商誉也是没有实物形态的非货币性资产，但不构成无形资产。符合以下条件之一的，则认为其具有可辨认性。

（1）能够从企业中分离或者划分出来，并能单独用于出售或转让等，而不需要同时处置在同一获利活动中的其他资产，则说明无形资产可以辨认。某些情况下无形资产可能需要与有关的合同一起用于出售、转让等，这种情况下也视为可辨认无形资产。

（2）产生于合同性权利或其他法定权利，无论这些权利是否可以从企业或其他权利和义务中转移或者分离。如一方通过与另一方签订特许权合同而获得的特许使用权，通过法律程序申请获得的商标权、专利权等。

如果企业有权获得一项无形资产产生的未来经济利益，并能约束其他方获取这些利益，则表明企业控制了该项无形资产。例如，对于会产生经济利益的技术知识，若其受到版权、贸易协议约束（如果允许）等法定权利或雇员保密法定责任的保护，那么说明该企业控制了相关利益。

客户关系、人力资源等，由于企业无法控制其带来的未来经济利益，不符合无形资产的定义，不应将其确认为无形资产。

内部产生的品牌、报刊名、刊头、客户名单和实质上类似项目的支出不能与整个业务开发成本区分开来。因此，这类项目不应确认为无形资产。

4．无形资产属于非货币性资产

非货币性资产，是指企业持有的货币资金和将以固定或可确定的金额收取的资产以外的其他资产。无形资产由于没有发达的交易市场，一般不容易转化成现金，在持有过程中为企业带来未来经济利益的情况不确定，不属于以固定或可确定的金额收取的资产属于非货币性资产。货币性资产主要有现金、银行存款、应收账款、应收票据和短期有价证券等。它们的共同特点是直接表现为固定的货币数额，或在将来收到一定货币数额的权利。应收款项等资产也没有实物形态，其与无形资产的区别在于无形资产属于非货币性资产，而应收款项等资产则不属于非货币性资产。另外，虽然固定资产也属于非货币性资产，但其为企业带来经济利益的方式与无形资产不同，固定资产是通过实物价值的磨损和转移来为企业带来未来经济利益，而无形资产很大程度上是通过某些权利、技术等优势为企业带来未来经济利益。

（二）无形资产的内容

无形资产按其经济内容分类主要包括专利权、非专利技术、商标权、著作权、土地使用权和特许权等。

（1）专利权。专利权是指国家专利主管机关依法授予发明创造专利申请人对其发明创造在法定期限内所享有的专有权利，包括发明专利权，实用新型专利权和外观设计专利权。发明专利权的期限为 20 年，实用新型专利权和外观设计专利权的期限为 10 年，均自申请日起计算。企业无须将其所拥有的一切专利权都予以资本化，作为无形资产核算。只有那些能够给企业带来较大经济价值，并且成本可靠计量的专利才作为无形资产核算。

（2）非专利技术。非专利技术也称专有技术，是指不为外界所知，在生产经营活动中应采用了的，不享有法律保护的，可以带来经济效益的各种技术和诀窍。非专利技术一般包括工业专有技术、商业贸易专有技术、管理专有技术等。非专利技术可以用蓝图、配方、技术记录、操作方法的说明等具体资料表现出来，也可以通过卖方派出技术人员进行指导或接受买方人员进行技术实习等手段实现。非专利技术并不是专利法的保护对象，非专利技术用自我保密的方式来维护其独占性，具有经济性、机密性和动态性等特点。

在非专利技术研究过程中发生的相关费用，会计核算上一般将其全部列作当期费用处理，不作为无形资产核算。从外部购入的，应按实际发生的一切支出，予以资本化，作为无形资产入账核算。非专利技术可以作为资产对外投资，也可以转让。

（3）商标权。商标是用来辨认特定的商品或劳务的标记。商标权是指企业专门在某种指定的商品上使用特定的名称、图案、标记的权利。注册商标包括商品商标、服务商标、集体商标和证明商标。商标注册人拥有商标专用权，受法律保护。商标权的内容包括独占使用权和禁止使用权。独占使用权是指商标权享有人在商标的注册范围内独家使用其商标的权利；禁止使用权是指商标权享有人排除和禁止他人对商标独占使用权进行侵犯的权利。注册商标的有效期为 10 年，自核准注册之日起计算。注册商标有效期满，需要继续使用的，应当在期满前6个月内申请续展注册；在此期间未能提出申请的，可以给予6个月的宽展期。宽展期满仍未提出申请的，注销其注册商标。每次续展注册的有效期为10年。

（4）著作权。著作权也称版权，是指著作权人对其创作的文学、科学和艺术作品依法享有的出版、发行等方面的专有权利。著作权可以转让、出售或者赠与。著作权包括两方面的权利，即精神权利（人身权利）和经济权利（财产权利）。前者指作者署名、发表作品、确认作者身份、保护作品的完整性、修改已经发表的作品等项权利，包括发表权、署名权、修改权和保护作品完整权；后者指以出版、表演、广播、展览、录制唱片、摄制影片等方式使用作品以及因授权他人使用作品而获得经济利益的权利。公民作品著作权的保护期为作者终生及其死亡后50年，截止于作者死亡后第50年的12月31日。

（5）土地使用权。土地使用权是指国家准许某一企业在一定时期对国有土地享有开发、利用、经营的权利。根据我国土地管理法的规定，我国土地实行公有制，任何单位和个人不得侵占、买卖或者以其他形式非法转让。国有土地可依法确定给国有企业、集体企业等单位，其使用权可依法转让。土地使用权的取得方式有行政划拨、外购（缴纳土地出让金）及投资者投入等。作为投资性房地产或固定资产的土地，按照投资性房地产或固定资产核算；外购和接受投资的土地使用权作为无形资产核算。

（6）特许权。特许权也称为经营特许权、专营权，指在某一地区经营或销售某种特定商品的权利，或是一家企业接受另一家企业使用其商标、商号、技术秘密等的权利。前者是由政府机构授权，准许企业使用或在一定地区享有经营某种业务的特权，如水、电、邮电通信等专营权，烟草专卖权，等等；后者是指企业间依照签订的合同，有限期或无限期地使用另一家企业的某些权利，如连锁店的分店等。会计上的特许权主要是指后一种情况。只有支付了费用取得的特许权才能作为无形资产入账。

二、无形资产的确认

无形资产的确认是指将符合无形资产确认条件的项目，作为企业的无形资产加以记录并将其列入企业资产负债表的过程。无形资产应当在符合定义的前提下，同时满足下列条件的，才能予以确认。

1. 与该资产相关的预计未来经济利益很可能流入企业

作为企业无形资产予以确认的项目，必须具备产生的经济利益很可能流入企业这项基本条件。“很可能”是指事件发生概率“大于50%但小于或等于95%”。企业在判断无形资产产生的经济利益是否很可能流入时，应当对无形资产在预计使用寿命内可能存在的各种经济因素做出合理估计，并且应当有明确证据支持。

会计实务中，要确定无形资产创造的经济利益是否很可能流入企业，需要运用职业判断。在实施这种判断时，需要考虑的相关的因素主要有，是否存在相关的新技术、新产品冲击，是否存在与无形资产相关的技术或据其生产的产品的市场，企业是否有足够的人力资源、高素质的管理队伍、相关的硬件设备、相关的原材料等。总之，在实施判断时，企业的管理部门应对无形资产在使用寿命内存在的各种因素做出最稳健的估计。

2. 该资产的成本能够可靠计量

成本能够可靠地计量是资产确认的一项基本条件。对于无形资产来说，这个条件显得十分重要。例如，企业内部产生的品牌、报刊名等，因其成本不能够可靠地计量，因而不应确认为无形资产。

企业无形项目的支出，除下列情形外，均应于发生时计入当期损益：① 符合无形资产准则规定的确认条件、构成无形资产成本的部分；② 非同一控制下企业合并中取得的、不能单独确认为无形资产、构成购买日确认的商誉的部分。

三、无形资产的初始计量

无形资产应当按照实际成本进行初始计量，即以取得无形资产并使之达到预定用途而发生的全部支出，作为无形资产的成本。不同来源的无形资产，其初始成本构成不尽相同。

（一）外购的无形资产成本

外购无形资产的实际成本，包括购买价款、相关税费以及直接归属于使该项资产达到预定用途所发生的其他支出。其中，直接归属于使该项资产达到预定用途所发生的其他支出包括使无形资产达到预定用途所发生的专业服务费用、测试无形资产是否能够正常发挥作用的费用等。但不包括为引入新产品进行宣传发生的广告费、管理费用及其他间接费用，也不包括无形资产已经达到预定用途以后发生的费用。无形资产达到预定用途后发生的支出不构成无形资产的成本。

小贴士

“无形资产”科目核算企业持有的无形资产成本，包括专利权、非专利技术、商标权、著作权、土地使用权等。可按无形资产项目进行明细核算。科目借方反映外购、自行开发的无形资产的增加，贷方反映处置无形资产，期末借方余额，反映企业无形资产的成本。

企业应根据购入无形资产的实际成本，借记“无形资产”科目，贷记“银行存款”等科目。

【例 10-1】 扬帆公司 2007 年 1 月 1 日以 200 万元外购一项专利权，同时还发生相关费用 6 万元，那么该外购专利权的成本也计入账，价值为 206 万元。应做会计分录如下。

借：无形资产　　2 060 000

　　贷：银行存款　　2 060 000

购买无形资产的价款超过正常信用条件延期支付，如付款期在 3 年以上、实质上具有融资性质的，即采用分期付款方式购买无形资产的（这项业务两项性质：一是购买业务，二是向销售方借款），无形资产的成本以购买价款的现值为基础确定，现值与应付价款之间的差额作为未确认融资费用，在付款期间内按照实际利率法确认为利息费用。

【例 10-2】 扬帆公司 2007 年 1 月 2 日从腾飞有限公司购入一项商标权，价款 320 万元，1 年后付清款项，市场利率 10%。在这种情况下，扬帆公司应按 320 万元进行折现作为购入商标权的成本，并以此金额入账。

无形资产现值=3 200 000/(1+10%)=2 909 090.91（元）

未确认的融资费用=3 200 000–2 909 090.91=290 909.09（元）

扬帆公司账务处理如下。

借：无形资产——商标权　　　　2 909 090.91
　　未确认的融资费用　　　　290 909.09
　　贷：长期应付款　　　　　　3 200 000

第 1 年年底付款。

借：长期应付款　　　　3 200 000
　　贷：银行存款　　　　　　3 200 000

借：财务费用　　　　290 909.09
　　贷：未确认的融资费用　　　　290 909.09

（二）自行开发的无形资产成本

通常情况下，企业自创商誉以及内部产生的无形资产不确认无形资产，如企业内部产生的品牌、报刊名等。研究与开发活动发生的费用，除了要遵循无形资产确认和初始计量的一般要求外，还需要满足其他特定的条件，才能确定为一项无形资产。

1．研究与开发阶段的划分

对于企业内部研究开发项目，应当区分研究阶段与开发阶段分别进行核算。

（1）研究阶段。

研究阶段是指为获取并理解新的科学或技术知识而进行的独创性的有计划调查。有关研究活动的例子包括：意于获取知识而进行的活动；研究成果或其他知识的应用研究、评价和最终选择；材料、设备、产品、工序、系统或服务替代品的研究；新的或经改进的材料、设备、产品、工序、系统或服务的可能替代品的配制、设计、评价和最终选择等。

研究阶段的特点主要有以下几种。

① 计划性。研究阶段是建立在有计划的调查基础上的，即研发项目已经董事会或者相关管理层的批准，已着手收集相关资料、进行市场调查等。例如，某药品公司为研究开发某药品，已经董事会或者相关管理层的批准，正着手进行有计划的收集相关资料、进行市场调查、比较市场中相关药品的药性、效用等活动。

② 探索性。研究阶段基本上是探索性的，是为获取新的技术和知识以及开展进一步的开发活动而进行资料及相关方面的准备，在这一阶段不会形成阶段性成果。

从研究活动的特点看，研究是否能在未来形成成果，即通过开发后是否会形成无形资产具有很大的不确定性，企业也无法证明其能够带来未来经济利益的无形资产的存在，因此，研究阶段的有关支出在发生时，应当予以费用化计入当期损益（管理费用）。

（2）开发阶段。

开发阶段是指在进行商业性生产或使用前，将研究成果或其他知识应用于某项计划或设计，以生产出新的或具有实质性改进的材料、装置、产品等。例如，生产前或使用前的原型和模型的设计、建造和测试；含新技术的工具、夹具、模具和冲模的设计；不具有商业性生产经济规模的试生产设施的设计、建造和运营；新的或经改造的材料、设备、产品、工序、系统或服务所选定的替代品的设计、建造和测试等。

开发阶段的特点。

① 具有针对性。开发阶段是建立在研究阶段基础上的，对项目的开发具有针对性。

② 形成成果的可能性较大。进入开发阶段的研发项目往往形成成果的可能性较大。

企业能够证明开发阶段支出满足无形资产的定义及相关确认条件，所发生的开发支出可资本化，确认为无形资产的成本。

（3）研究阶段与开发阶段的不同点。

① 目标不同。研究阶段一般目标不具体、不具有针对性，而开发阶段多是针对具体目标、产品、工艺等。

② 对象不同。研究阶段一般很难具体到特定项目上，而开发阶段往往形成对象化的成果。

③ 风险不同。研究阶段的成功概率很难判断，一般成功率很低，风险比较大，而开发阶段的成功率较高、风险相对较小。

④ 结果不同。研究阶段的结果多是研究报告等基础性成果，而开发阶段的结果则多是具体的新技术、新产品等。

2．开发阶段有关支出资本化的条件

企业内部研究开发项目开发阶段的支出，同时满足下列条件的，应当确认为无形资产。

（1）完成该无形资产以使其能够使用或出售在技术上具有可行性。判断无形资产的开发在技术上具有可行性，应当以目前阶段的成果为基础，并提供相关证据和材料，证明企业进行开发所需的技术条件等已经具备，不存在技术上的障碍或其他不确定性。比如，企业已经完成了全部计划、设计和测试活动，这些活动是使资产能够达到设计规划书中的功能、特征和技术所必需的活动，或经过专家鉴定等。

（2）具有完成该无形资产并使用或出售的意图。企业能够说明其持有开发无形资产的目的，比如，具有完成该无形资产并使用或出售的意图。

（3）无形资产产生经济利益的方式。无形资产能够为企业带来未来经济利益，应当对运用该无形资产生产的产品市场情况进行可靠预计，以证明所生产的产品存在市场并能够带来经济利益的流入，或能够证明市场上存在对该类无形资产的需求。无形资产将在内部使用的，应当证明其有用性。

（4）有足够的技术、财务资源和其他资源支持，以完成该无形资产的开发，并有能力使用或出售该无形资产。企业能够证明具有无形资产开发所需的技术、财务和其他资源，以及获得这些资源的相关计划。自有资金不足以提供支持的，是否存在外部其他方面的资金支持，如银行等金融机构愿意为该无形资产的开发提供所需资金的声明等。

（5）归属于该无形资产开发阶段的支出能够可靠地计量。企业对于开发活动的支出应当能够单独核算。比如，直接发生的研发人员工资、材料费，以及相关设备折旧费等能够对象化；同时从事多项研究开发活动的，所发生的支出能够按照合理的标准在各项研究开发活动之间进行分配。研发支出无法明确分配的，应当计入当期损益，不计入开发活动的成本。

企业内部研究开发项目开发阶段的支出，不能同时满足以上条件的，不能确认为无形资产，应于发生时计入当期损益，进行费用化处理。

3．内部开发的无形资产的计量

内部开发活动形成的无形资产成本，由可直接归属于该资产的创造、生产并使该资产能够以管理层预定的方式运作的所有必要文出组成。可直接归属成本包括开发该无形资产时耗费的材料、劳务成本、注册费，在开发过程中使用的其他专利权和特许权的摊销，以及按照借款费用处理原则可资本化的利息支出。在开发无形资产过程中发生的，除上述可直接归属于无形资产开发活动之外的其他销售费用、管理费用等间接费用，无形资产达到顶定用途前所发生的可辨认的无效和初始运作损失，为运行该无形资产发生的培训支出等不构成无形资产的开发成本。

值得说明的是，内部开发无形资产的成本仅包括在满足资本化条件的时点至无形资产达到预定用途前发生的支出总和，对于同一项无形资产在开发过程中达到资本化条件之前已经费用化计入当期损益的支出不再进行调整。

4. 内部研究开发费用的会计处理

（1）基本原则。

企业内部研发无形资产，在研究阶段的支出全部费用化，计入当期损益（管理费用）；开发阶段的支出符合条件的资本化，不符合资本化条件的计入当期损益（管理费用）。如果确实无法区分研究阶段的支出和开发阶段的支出，应将其所发生的研发支出全部费用化，计入当期损益。

（2）具体账务处理方法。

小贴士

“研发支出”属于成本类会计科目。它核算企业进行研究与开发无形资产过程中发生的各项支出。本科目应当按照研究开发项目，分别“费用化支出”与“资本化支出”进行明细核算。

① 企业自行开发无形资产发生的研发支出，不满足资本化条件的，借记“研发支出——费用化支出”科目，满足资本化条件的，借记“研发支出——资本化支出”科目，贷记“原材料”、“银行存款”、“应付职工薪酬”等科目。

② 企业以其他方式取得的正在进行中的研究开发项目，应按确定的金额，借记“研发支出——资本化支出”科目，贷记“银行存款”等科目。以后发生的研发支出，应当比照上述区分资本化和费用化进行会计处理。

③ 研究开发项目达到预定用途形成无形资产的，应按“研发支出——资本化支出”科目的余额，借记“无形资产”科目，贷记“研发支出——资本化支出”科目。

④ 企业应根据自行研究开发项目在研究阶段发生的支出，借记“研发支出——费用化支出”科目，贷记相关科目；期末应根据发生的全部研究支出，借记“管理费用”科目，贷记“研发支出——费用化支出”科目。

企业取得的仍处于研究阶段的无形资产，在取得后发生的支出也应当按照上述规定处理。我国无形资产准则对研究与开发费用规定的处理原则，与相关国际会计准则基本相同。

【例 10-3】 扬帆公司 2007 年自行研发一项专利技术并获得成功，在整个研发阶段发生的相关支出如下：各种材料支出 100 万元，人工支出 80 万元，其他费用 5 万元。申报阶段发生律师费、咨询费、注册费等费用 5 万元。支出总计 190 万元，其中符合资本化条件的支出为 150 万元，应确认为无形资产的价值组成部分，即进行资本化。

根据以上资料，编制会计分录如下。

① 发生各项支出。

借：研发支出——资本化支出　　　　1 500 000

　　　　　　——费用化支出　　　　400 000

贷：原材料　　1 000 000

应付职工薪酬　　800 000

银行存款　　100 000

② 期末。

借：管理费用　　400 000

贷：研发支出——费用化支出　　400 000

③ 登记注册后。

借：无形资产——专利权　　1 500 000

贷：研发支出——资本化支出　　1 500 000

（三）投资者投入的无形资产成本

投资者投入无形资产的成本，应当按照投资合同或协议约定的价值确定，但合同或协议约定价值不公允的除外。也就是说，企业在确定通过投资获得的无形资产成本时，应区分以下情况来处理。

（1）一般情况下，企业接受投资获得的无形资产，其成本按投资合同或协议约定的价值确定（合同或协议约定价值公允）。企业接受无形资产投资时，应按双方协商确认的价值计价，借记“无形资产”科目，贷记“实收资本”科目。如果无形资产的价值大于投资方在企业注册资本中占有的份额，其差额应贷记“资本公积”科目。

【例 10-4】 某公司为甲、乙两个股东 2007 年 2 月 3 日共同投资设立的股份有限公司。经营 1 年后，甲、乙股东之外的另一个投资者丙要求加入该公司。经协商，甲、乙同意丙以一项专利技术投入，三方协议确定该专利技术的价值为 356 万元，且该价值较为公允。此时应做账务处理如下。

借：无形资产——专利技术　　3 560 000

贷：实收资本　　3 560 000

（2）若合同或协议约定价值不公允，则应按照公允价值作为投资者投入无形资产的成本。

【例 10-5】 A 公司为一家上市公司，今年拟增发新股。甲企业为其老股东，经与 A 公司协商，拟以一项专利权抵缴新购股款（50 万股，1 元/股）。双方确认，甲企业用于抵缴股款的专利权价值为 260 万元，但专利权的公允价值（市价）为 350 万元。

在这个例子中，A 公司在接受甲公司投入的专利权时，因为双方协议价值不公允，应按公允价值 350 万元作为专利权的入账价值。相关账务处理如下。

借：无形资产　　3 500 000

贷：股本　　500 000

资本公积　　3 000 000

（四）土地使用权的处理

企业取得的土地使用权通常应确认为无形资产。土地使用权用于自行开发建造厂房等地上建筑物时，土地使用权的账面价值不与地上建筑物合并计算其成本，而仍作为无形资产进行核算，土地使用权与地上建筑物分别进行摊销和提取折旧。但下列情况除外。

（1）房地产开发企业取得的土地使用权用于建造对外出售的房屋建筑物，相关的土地使用权应当计入所建造的房屋建筑物成本。

（2）企业外购的房屋建筑物，实际支付的价款中包括土地以及建筑物的价值，则应当对支付的价款按照合理的方法，例如公允价值比例，在土地和地上建筑物之间进行分配；如果确实无法在地上建筑物与土地使用权之间进行合理分配的，应当按照《企业会计准则第 4 号——固定资产》的规定，确认为固定资产原价。

企业改变土地使用权的用途，将其用于出租或增值目的时，应将其转为投资性房地产。

（五）通过非货币性资产交换、债务重组和政府补助取得的无形资产成本

非货币性资产交换、债务重组、企业合并等方式取得的无形资产的成本应当分别按照《企业会计准则第 7 号——非货币性资产交换》、《企业会计准则第 12 号——债务重组》和《企业会计准则第 16 号——政府补助》相关规定处理。

（六）企业合并中取得的无形资产成本

企业合并取得的无形资产，根据《企业会计准则第 20 号——企业合并》的规定，公允价值能够可靠计量的，应当单独确认为无形资产。企业合并取得的无形资产，通常按照合同或法律规定产生的权利加以确认；某些并非合同或法律规定的权利，但能够与被购买企业的其他资产区分并单独出售或转让的，应当确认为无形资产。

四、无形资产的后续计量

无形资产初始确认和计量后，在其后使用该项无形资产期间内应以成本减去累计摊销额和累计减值损失后的余额计量。无形资产摊销是无形资产补偿的一种方式，基础工作是估计其使用寿命，只有使用寿命有限的无形资产应当摊销，使用寿命不确定的无形资产不予摊销。无形资产摊销主要涉及无形资产应摊销金额、摊销开始月份、摊销方法、摊销年限、残值等因素。企业应当在取得无形资产时分析判断其使用寿命，应区分无形资产使用寿命为有限和不确定两种情况分别处理。

1. 使用寿命有限的无形资产

（1）无形资产的使用寿命。

使用寿命有限的无形资产，应当估计该使用寿命的年限或者构成使用寿命的产量等类似计量单位的数量，其应摊销金额应当在使用寿命内系统、合理地摊销。企业应当在取得无形资产时分析判断其使用寿命。

在确定无形资产的使用寿命时，主要应综合考虑以下因素：一是该资产通常的产品寿命周期、可获得的类似资产使用寿命的信息；二是技术、工艺等方面的现实情况及对未来发展的估计；三是该资产在其运用中的行业稳定性和以该资产生产的产品或劳务的市场需求变化；四是现在或潜在的竞争者预期采取的行动；五是为从该资产获得预期未来经济利益所要求的维护支出的水平，以及公司达到这个水平的能力和意向；六是对该资产的控制期限，以及该资产适用的法律或类似限制，如特许使用期间、租赁期间等；七是与企业持有的其他资产使用寿命的关联性等，即该资产的使用寿命是否依赖于企业其他资产的使用寿命。

企业持有的无形资产通常来源于合同性权利或是其他法定权利，而且合同规定或法律规定有明确的使用年限。

① 来源于合同性权利或其他法定权利的无形资产，其使用寿命不应超过合同性权利或其他法定权利的期限。但如果企业使用资产的预期的期限短于合同性权力或其他法定权力规定的期限的，则应当按照企业预期使用期限确定其使用寿命。

② 如果合同性权利或其他法定权利能够在到期时因续约等延续，且有证据表明企业续约不需要付出大额成本，则续约期应当计入使用寿命。

③ 合同或法律没有规定使用寿命的，企业应当综合各方面情况，聘请相关专家进行论证，或与同行业的情况进行比较以及参考历史经验等，确定无形资产为企业带来未来经济利益的期限。

（2）无形资产的摊销方法。

企业摊销无形资产，应当自无形资产可供使用（即其达到预定用途）时起，至不再作为无形资产确认时止，即无形资产的成本应自取得当月起在预计使用年限内分期摊销，无形资产摊销的开始月份为取得当月。

企业选择的无形资产摊销方法，应当反映与该项无形资产有关的经济利益的预期实现方式。企业用于摊销无形资产的方法可采用平均年限法（直线法）、余额递减法和产量法等。受技术陈旧因素影响较大的专利权和专有技术等无形资产，可采用类似固定资产加速折旧的方法进行摊销；有特定产量限制的特许经营权或专利权，应采用产量法进行摊销。无法可靠确定预期实现方式的，应当采用直线法摊销。无形资产的摊销金额一般应当计入当期损益，其他会计准则另有规定的除外。

无形资产的摊销金额一般应当计入当期损益，如果是正常的摊销，计入“管理费用”，如果是出租的无形资产，摊销计入“其他业务成本”；如果某项无形资产包含的经济利益通过所生产的产品或其他资产实现，其摊销金额应当计入相关资产的成本。如某专利专门为某种产品所购入，则其摊销领计入产品成本（“制造费用”科目）。

（3）残值的确定。

除下列情况外，无形资产残值应当视为零：

① 有第三方承诺在无形资产使用寿命结束时购买该无形资产；

② 可以根据活跃市场得到预计残值信息，并且该市场在无形资产使用寿命结束时很可能存在。

无形资产的残值意味着，在其经济寿命结束之前，企业预计将会处置该无形资产，并且从该处置中获得利益。估计无形资产的残值应以资产处置时的可收回金额为基础，此时的可收回金额是指在预计出售日，出售一项使用寿命已满且处于类似使用状况下，同类无形资产预计的处置价格（扣除相关税费）。残值确定以后，在持有无形资产的期间，至少应于每年年末进行复核，预计其残值与原估计金额不同的，应按照会计估计变更进行处理。如果无形资产的残值重新估计后高于账面价值，无形资产不再摊销，直到残值降低于账面价值时再恢复摊销。

小贴士

“累计摊销”科目是“无形资产”科目的备抵科目，反映累计摊销额。摊销无形资产价值时，应借记“管理费用”科目，贷记“累计摊销”科目。

【例 10-6】 沿用【例 10-1】的资料，该项专利权法律规定的有效年限为 30 年，合同规定的受益年限为 20 年，采用平均年限法摊销，预计净残值为零。

根据以上资料，编制每月会计分录如下。

年摊销额 = 2 060 000/20 = 103 000（元）

月摊销额 = 103 000/12 = 8 583（元）

借：管理费用　　　　　　　　　　　　　　　　8 583

　　贷：累计摊销　　　　　　　　　　　　　　　　8 583

值得注意以下几点：

① 无形资产的应摊销金额为其成本扣除预计残值后的金额。已计提减值准备的无形资产，还应扣除已计提的无形资产减值准备累计金额。

② 企业至少应当于每年年度终了，对使用寿命有限的无形资产的使用寿命及摊销方法进行复核。无形资产的使用寿命及摊销方法与以前估计不同的，应当改变摊销期限和摊销方法。

③ 无形资产摊销年限一经确定，不得随意变更。因为客观经济环境改变确实需要变更摊销年限的，应作为会计估计变更处理；否则，应视作滥用会计估计变更，按重大会计差错处理。

2．使用寿命不确定的无形资产

根据可获得的情况判断，有确凿证据表明无法合理估计其使用寿命的无形资产，才能作为使用寿命不确定的无形资产，不能随意判断某无形资产为使用寿命不确定的无形资产。无形资产准则规定，使用寿命不确定的无形资产不应摊销。

企业应当在每个会计期间对使用寿命不确定的无形资产的使用寿命进行复核。如果有证据表明无形资产的使用寿命是有限的，则应当估计其使用寿命，并按无形资产准则规定处理；如果重新复核后仍为不确定的，则应当在每个会计期间进行减值测试。如经减值测试表明已发生减值，则需要计提相应的减值准备，具体账务处理为，借记“资产减值损失”科目，贷记“无形资产减值准备”科目。

【例 10-7】2009 年 1 月 1 日，甲公司自行研发的某项非专利技术已经达到预定可使用状态，累计研究支出为 800 000 元，累计开发支出为 2 500 000 元（其中符合资本化条件的支出为 2 000 000 元）。有关调查表明，根据产品生命周期、市场竞争等方面情况综合判断，该非专利技术将在不确定的期间内为企业带来经济利益。

由此，该非专利技术可视为使用寿命不确定的无形资产，在持有期间内不需要进行摊销。

2010 年年底，甲公司对该项非专利技术按照资产减值的原则进行减值测试，经测试表明其已发生减值。2010 年年底，该非专利技术的可收回金额为 1 800 000 元。

甲公司的账务处理如下。

① 2009 年 1 月 1 日，非专利技术达到预定用途。

借：无形资产——非专利技术　　　　　　　　2 000 000

　　贷：研发支出——资本化支出　　　　　　　　2 000 000

② 2010 年 12 月 31 日，非专利技术发生减值。

借：资产减值损失——非专利技术（2 000 000–1 800 000）　200 000

　　贷：无形资产减值准备——非专利技术　　　　　200 000

五、无形资产的处置和报废

无形资产的处置主要指无形资产出售、对外出租、对外捐赠，或者在无法为企业带来未来经济利益时，应予以终止确认并转销。

（一）无形资产的出售

无形资产的出售是指将无形资产的所有权让渡给他人。即在出售以后，企业不再对该项无形资产拥有占有、使用、收益、处置的权利。

企业出售无形资产时，应将出售所得的价款与该项无形资产账面价值后的差额，确认为资产处置利得或损失（营业外收入或营业外支出）。此时，账面价值为账面余额减除累计摊销和减值准备后的余额。企业应按出售无形资产所得价款借记“银行存款”等科目，按应交纳的相关税费贷记“应交税费”等科目，按已摊销的累计摊销额借记“累计摊销”科目，按其账面余额贷记“无形资产”科目，如果计提了减值准备还应借记“无形资产减值准备”科目，并按其差额贷记“营业外收入——处置非流动资产利得”或借记“营业外支出——处置非流动资产损失”科目。

【例 10-8】 甲公司出售一项无形资产，收取价款 100 000 元，应交营业税 5 000 元，应交城市维护建设税 350 元，应交教育费附加 150 元，用银行存款支付律师费 2 500 元。该项无形资产的原始价值为 150 000 元，累计摊销额为 40 000 元，计提减值准备 20 000 元。编制会计分录如下。

借：银行存款	97 500	
无形资产减值准备	20 000	
累计摊销	40 000	
贷：应交税费——应交营业税		5 000
——应交城市维护建设税		350
——应交教育费附加		150
无形资产	150 000	
营业外收入——处置非流动资产利得		2 000

（二）无形资产的出租

无形资产的出租是指将无形资产的使用权让渡给他人，企业仍保留对无形资产的所有权。企业出租无形资产取得的收入，在满足收入确认条件的前提下，应作为其他业务收入处理。取得收入时，应借记“银行存款”等科目，贷记“其他业务收入”科目。

企业取得无形资产出租收入以后，还应交纳营业税、城市维护建设税和教育费附加等。按照配比原则，这些税费应由取得的收入来补偿。结转应交纳的相关税费时，应借记“营业税金及附加”科目，贷记“应交税费”科目。

企业在出租无形资产的过程中，还可能支付律师费、咨询费等费用。这些费用，也应由取得的收入来补偿。支付费用时，应借记“其他业务成本”科目，贷记“银行存款”等科目。

【例 10-9】 扬帆公司将一项专利技术出租给 A 企业使用，该专利技术账面余额为 500 万元，摊销期限为 10 年。出租合同规定，承租方每销售一件用该专利生产的产品，必须支付出租方 10 元专利技术使用费。假定承租方当年销售该产品 10 万件，且不考虑其他相关税费。出租方的账务处理如下。

借：银行存款　　　　　　　　　　　　1 000 000
　　贷：其他业务收入　　　　　　　　　　1 000 000
借：其他业务成本　　　　　　　　　　500 000
　　贷：累计摊销　　　　　　　　　　　　500 000

（三）无形资产的报废

无形资产报废是指无形资产由于已被其他新技术所代替或不再受法律保护等原因，预期不能为企业带来未来经济利益而进行的处置。无形资产预期不能为企业带来未来经济利益的，应当将该无形资产的账面价值予以转销。无形资产报废时，应按照累计摊销额借记“累计摊销”科目，按照计提的减值准备借记“无形资产减值准备”科目，按其账面余额贷记“无形资产”科目，按其差额借记“营业外支出”科目。

【例 10-10】 某公司的一项专利技术生产的产品没有市场，应予以转销。该专利技术账面余额 600 万元，摊销期限为 10 年，采用直线法进行摊销，已摊销了 6 年，假定无残值，计提的减值准备 200 万元。假定不考虑其他因素，账务处理如下。

借：无形资产减值准备　　　　　　　　2 000 000
　　累计摊销　　　　　　　　　　　　3 600 000
　　营业外支出——处置无形资产损失　　400 000
　　贷：无形资产——专利技术　　　　　　6 000 000

第二节　其他长期资产

其他长期资产主要包括商誉和长期待摊费用。商誉是一种不可单独辨认的资产；长期待摊费用是无实物形态的、需长期摊销的费用。

一、商誉

（一）商誉的性质及分类

商誉是指企业获得超额收益的能力。通常是指企业由于所处的地理位置优越，或由于信誉好而获得了客户的信任，或由于组织得当、生产经营效益高，或由于技术先进、掌握了生产诀窍等原因而形成的无形价值。这种无形价值具体表现在该企业的获利能力超过了一般企业的获利水平。

商誉不能独立存在，它具有附着性特征，与企业的有形资产和企业的环境紧密相连。影响企业商誉形成的因素很复杂，企业经营管理水平起了重要的作用，在此，人的因素是第一位的。企业如果具有良好的声誉，就会获得客户信赖；如果具有严密的组织，生产效率也将十分显著。所以商誉是一种不可辨认的资产，既不能单独转让、出售，也不能以独立的一项资产作为投资，不存在单独的转让价值。它只能依附于企业整体，商誉的价值是通过企业整体收益水平来体现的。

依据取得方式的不同，商誉可分为外购商誉和自创商誉。外购商誉是指由于非同一控制下企业合并中采用购买法进行核算而形成的商誉价值；自创商誉是企业自身在市场竞争中长期稳定地获取收益以至于获得超额收益而形成的价值，或称之为非外购商誉。企业自创商誉以及内部产生的品牌、报刊名等，因其成本无法明确区分，不应当确认为无形资产。

（二）商誉的评估

商誉的评估是资产评估的一种。商誉的评估方法取决于对商誉含义的理解。商誉价值量的大小是通过企业的收益水平来体现的，由于它属于集合性、附着性强的一种无形资产，因而只能采取整体的方法进行计算，而不能像其他可确指的无形资产那样进行单项计算。商誉的整体评估可采用超额收益资本化法和割差法。

（三）商誉的确认与计量

1．确认

《企业会计准则第 20 号——企业合并》指出，非同一控制下的企业合并中，购买方对合并成本大于合并中取得的被购买方可辨认净资产公允价值份额的差额，应当确认为商誉。初始确认后的商誉，应当以其成本扣除累计减值损失的金额计量。商誉的减值应当按照《企业会计准则第 8 号——资产减值》的规定进行减值测试。

2．计量

购买方在购买日应当将合并成本与被购买方可辨认净资产公允价值份额进行比较。购买方对合并成本大于合并中取得的被购买方可辨认净资产公允价值份额的差额，应当确认为商誉。其中，合并成本为购买方在购买日为取得对被购买方的控制权而付出的资产、发生或承担的负债以及发行的权益性证券的公允价值；被购买方可辨认净资产公允价值，是指合并中取得的被购买方可辨认资产的公允价值减去负债及或有负债公允价值后的余额。

小贴士

企业合并形成的商誉专门设置“商誉”科目予以核算，当企业合并形成商誉价值时，借记本科目，贷记有关科目，本科目期末借方余额反映企业商誉的价值。

资产负债表日，商誉发生减值的，可以单独设置“商誉减值准备”科目，比照“无形资产减值准备”科目进行处理。企业根据资产减值准则确定商誉发生减值的，按应减记的金额，借记“资产减值损失”科目，贷记本科目或“商誉减值准备”科目。

【例 10-11】 甲公司以公允价值为 1 500 万元、账面价值为 950 万元的资产作为对价对澳海有限公司进行吸收合并，购买日澳海有限公司持有资产的情况如表 10-1 所示。

表 10-1　澳海有限公司持有资产情况表　　金额单位：万元

项　目	账面价值	公允价值
固定资产	600	850
长期股权投资	550	650
长期借款	350	350
净资产	800	1 150

说明：甲公司合并澳海有限公司时支付对价资产的公允价值1 500万元，所以其合并成本为1 500万元。购买日，澳海有限公司可辨认资产、负债的公允价值为固定资产850万元、长期股权投资650万元、长期借款350万元、净资产1 150万元。甲公司的合并商誉为350（1 500–1 150）万元。甲公司的合并会计处理如下。

借：固定资产	8 500 000	
长期股权投资	6 500 000	
商誉	3 500 000	
贷：长期借款		3 500 000
相关资产		15 000 000

二、长期待摊费用

（一）长期待摊费用的性质

长期待摊费用是指企业已经发生，但应由本期和以后各期负担的分摊期限在1年以上的各项费用，如已足额提取折旧的固定资产的改建支出、以经营租赁方式租入的固定资产发生的改良支出等。长期待摊费用是无实物形态的、需长期摊销的费用。长期待摊费用是一种预付费用，一经发生，其消费过程就已结束，不具有抵偿债务的价值。与无形资产相比，其本身没有交换价值，不可转让。应当由本期负担的借款利息、租金等，不得作为长期待摊费用处理。

（二）长期待摊费用的确认

企业在确认长期待摊费用时，一般应考虑两个条件：①受益期间在1年以上；②未来会计期间获得的收益能够抵补分期摊销的支出。

如果预计未来会计期间获得的收益不能抵补分摊的支出，按照谨慎性原则，可以将当期发生的支出全部计入当期损益。此外，对于受益期间虽然在1年以上但数额很小的支出，按照重要性原则，也可以不予分期摊销，直接计入当期损益。

（三）长期待摊费用的账务处理

小贴士

长期待摊费用应当设置“长期待摊费用”科目单独核算，借方发生额反映发生的长期待摊费用，贷方发生额反映摊销的长期待摊费用；期末余额在借方，反映企业尚未摊销完毕的长期待摊费用。核算时，“长期待摊费用”科目可按费用项目设置明细账，进行明细核算。

企业发生的长期待摊费用，借记“长期待摊费用”科目，贷记“银行存款”、“原材料”等科目。长期待摊费用在费用项目的受益期限内分期平均摊销，如租入固定资产改良支出应当在租赁期限与租赁资产尚可使用年限两者较短的期限内平均摊销；其他长期待摊费用应当在受益期内平均摊销。摊销时，借记“管理费用”、“销售费用”等科目，贷记“长期待摊费用”科目。

【例10-12】2007年8月20日，A公司对采用经营租赁方式租入的一条生产线进行改良，发生如下有关支出：领用生产用原材料 24 000 元，购进该批原材料时支付的增值税进项税额为 4 080 元；辅助生产车间为生产线改良提供的劳务支出为 2 560 元；发生的有关人员薪酬 54 720 元。2007 年 12 月 31 日，生产线改良工程完工，达到预定可使用状态交付使用。假定该生产线预计尚可使用年限为 6 年，剩余租赁期为 5 年；采用年限平均法计提折旧；不考虑其他因素。相关的账务处理如下。

① 改良工程领用原材料。

借：在建工程　　28 080
　贷：原材料　　24 000
　　应交税费——应交增值税（进项税额转出）　　4 080

② 辅助生产车间为改良工程提供劳务。

借：在建工程　　2 560
　贷：生产成本——辅助生产成本　　2 560

③ 发生工程人员薪酬。

借：在建工程　　54 720
　贷：应付职工薪酬　　54 720

④ 改良工程达到预定可使用状态交付使用。

借：长期待摊费用　　85 360
　贷：在建工程　　85 360

⑤ 2008 年度进行改良支出的摊销。

因生产线预计尚可使用年限为 6 年，剩余租赁期为 5 年，因此，应按两者中的较短者即剩余租赁期 5 年进行摊销。每年应摊销金额 = 85 360/5 = 17 072（元）。

借：制造费用　　17 072
　贷：长期待摊费用　　17 072

2009 年至 2012 年年度改良支出摊销的会计分录同 2008 年度。

如果长期待摊费用的项目不能使以后会计期间受益，则应当将尚未摊销的该项目的摊余价值全部转入当期损益。

本章小结

本章主要讲述了无形资产的概念、确认条件、计量，无形资产的取得、摊销期限的确定、摊销的账务处理和出租、出售无形资产的处理方法，同时还介绍了商誉的概念及形成，以及长期待摊费用的账务处理。本章重点掌握无形资产的取得，以及后续计量中的摊销期限的确定，摊销的账务处理和出租、出售无形资产的处理方法。

本章思考

1. 无形资产的特征有哪些？

2．无形资产的出租与出售在核算上有哪些区别？

3．无形资产的摊销主要分为哪几种情况？

4．何为商誉，商誉是怎样形成的?

本章测试

【单选题】

1．关于企业内部研究开发项目的支出，下列说法中错误的是（　　）。

A．企业内部研究开发项目的支出，应当区分研究阶段支出与开发阶段支出

B．企业内部研究开发项目研究阶段的支出，应当于发生时计入当期损益

C．企业内部研究开发项目开发阶段的支出，应确认为无形资产

D．企业内部研究开发项目开发阶段的支出，可能确认为无形资产，也可能确认为费用

2．某企业出售一项3年前取得的专利权，该专利取得时的成本为20万元，按10年摊销，出售时取得收入25万元，营业税率为5%。不考虑城市维护建设税和教育费附加，则出售该项专利时影响当期的损益为（　　）万元。

A．5　　B．9.75　　C．15　　D．16

3．按照现行规定，下列各项中，股份有限公司应作为无形资产入账的是（　　）。

A．开办费　　B．为获得土地使用权支付的土地出让金

C．商誉　　D．开发新技术过程中发生的研究开发费

4．东风公司2007年3月1日开始自行开发成本管理软件，在研究阶段发生材料费用10万元，开发阶段发生开发人员工资100万元，福利费20万元，支付租金30万元。开发阶段的支出满足资本化条件。2007年3月16日，东风公司自行开发成功该成本管理软件，并依法申请了专利，支付注册费1.5万元，律师费2.5万元，东风公司2006年3月20日为向社会展示其成本管理软件，特举办了大型宣传活动，支付费用50万元，则东风公司无形资产的入账价值应为（　　）万元。

A．213.5　　B．3.5　　C．154　　D．163.5

5．无形资产的期末借方余额，反映企业无形资产的（　　）。

A．成本　　B．摊余价值　　C．账面价值　　D．可收回金额

6．A公司于2004年1月5日购入专利权支付价款225万元。该无形资产预计使用年限为7年，法律规定年限为5年。2005年12月31日，由于与该无形资产相关的经济因素发生不利变化，致使其发生减值，A公司估计可收回金额为90万元。假定无形资产按照直线法进行摊销。则至2006年年底，无形资产的累计摊销额为（　　）万元。

A．0　　B．45　　C．130　　D．120

【答案】1．C　2．B　3．B　4．C　5．A　6．C

第十一章　非货币性资产交换

学习目标

通过本章学习，能够

1. 掌握非货币性资产交换换入资产的计价基础；
2. 掌握换入资产成本以公允价值为基础入账的非货币性资产交换会计处理；
3. 掌握换入资产成本以账面价值为基础入账的非货币性资产交换会计处理。

案例导入

2009 年春节前，浙江海利士电器有限公司的员工高高兴兴地把公司发的福利搬回家，除了水果，还有几箱汇源果汁。这些作为福利的果汁，公司不仅没有花一分钱，还让公司的业绩增长了不少。一年前，海利士电器有限公司的袁经理与汇源果汁谈业务时，对方提出用果汁“换购”冰柜。双方一合计，觉得这个主意简直是“两全其美”：海利士电器可以用果汁作为促销礼品、还可以发给员工当福利，而汇源果汁用海利士冰柜奖励经销商、当作展示柜。这样，既节约了现金支出也扩大了销售额。

2008 年下半年以来，金融危机对双方企业的冲击都不小，愈发显示出“以物换物”的好处。袁经理算了一笔账：2008 年海利士电器有限公司与汇源果汁共交换了四次，每次交易额大约在 5 000 000 元左右，给双方各自扩大了 20 000 000 元左右的销售额。如果以占销售额 30%的广告促销与采购成本计算，双方各自节约了 6 000 000 多元现金支出。除了看得见的好处，双方企业更加深了彼此间的合作与信任。“有钱一起赚，有事一起扛，一起渡难关嘛。”袁经理说，“易物”还易到了宝贵的感情。

吃到甜头的汇源果汁甚至把“鼓励员工开拓易物渠道”写进了内部管理规章。汇源果汁的唐经理亲自办理过不少“易物”交易，成功用果汁与汽车、广告、电器甚至物流服务进行“交换”。一年的交易金额至少在一个亿以上，公司上下以及经销商都对此很满意。

思考：1. 果汁与冰柜的以物易物的交易方式给交易双方带来了哪些好处？

2. 交易双方如何对此项以物易物方式进行会计处理？

资料来源：《钱江晚报》 2009.1.31 A7 版

第一节　非货币性资产交换的认定

交易双方为满足各自的生产经营需要会发生的一种非经常性的特殊交易行为——非货币性资产交换，它不仅可以提高资产的利用效率，同时在一定程度上可以减少双方货币性资产的流出。

一、非货币性资产交换的界定

非货币性资产交换是交易双方主要以存货、固定资产、无形资产和长期股权投资等非货币性资产进行的交换。实务工作中，交易双方通过非货币性资产交换一方面可以满足各自生产经营的需要，同时可在一定程度上减少货币性资产的流出。如某企业需要另一个企业拥有的一项设备，而另一个企业需要该企业生产的产品作为原材料，双方就可能会出现非货币性资产交换行为，这样就可在一定程度上减少货币性资产的流出。非货币性资产交换因不涉及或只涉及少量的货币性资产，所以，换入资产成本的计量基础以及对换出资产损益的确定与以货币性资产取得非货币性资产不同，必须运用不同的计量基础和判断标准。

非货币性资产是指货币性资产以外的资产。货币性资产，是指企业持有的货币资金和将以固定或可确定的金额收取的资产，包括现金、银行存款、应收账款和应收票据以及准备持有至到期的债券投资等。非货币性资产有别于货币性资产的最基本特征是，其在将来为企业带来的经济利益，即货币金额，是不固定的或不可确定的。例如，企业持有固定资产的主要目的是用于生产经营，通过折旧方式将其磨损价值转移到产品成本中，然后通过产品销售获得补偿，但是产品更新、技术改造、市场环境变化等因素使固定资产在将来为企业带来的经济利益，即货币金额，是不固定的或不可确定的，因此，固定资产属于非货币性资产。资产负债表列示的项目中属于非货币性资产的项目通常有存货（原材料、包装物、低值易耗品、库存商品、委托加工物资、委托代销商品等）、长期股权投资、不准备持有至到期的债券投资、投资性房地产、固定资产、在建工程、工程物资、无形资产等。

非货币性资产交换一般不涉及货币性资产，有时也涉及少量货币性资产即补价。《企业会计准则第 7 号——非货币性资产交换》规定，认定涉及少量货币性资产的交换为非货币性资产交换，通常以补价占整个资产交换金额的比例是否低于 25%作为参考比例。也就是说，支付的货币性资产占换入资产公允价值（或占换出资产公允价值与支付的货币性资产之和）的比例，或者收到的货币性资产占换出资产公允价值（或占换入资产公允价值和收到的货币性资产之和）的比例低于 25%的，视为非货币性资产交换；高于 25%（含 25%）的，视为货币性资产交换，适用《企业会计准则第 14 号——收入》等相关准则的规定。

小贴士

非货币性资产交换一般不涉及货币性资产，或只涉及少量的货币性资产即补价。

判断是否为非货币性资产交换：

$$\text{少量25\%比例}\begin{cases}\text{1. 收到补价 比例 } \dfrac{\text{收到补价}}{\text{换出资产的公允价值}}\\[2ex]\text{2. 支付补价 比例 } \dfrac{\text{支付补价}}{\text{换出资产的公允价值}+\text{支付补价}}\end{cases}$$

（注意：分子分母均不包含增值税。）

二、非货币性资产交换不涉及的交易和事项

非货币性资产交换不涉及以下交易和事项。

（一）与所有者或所有者以外方面的非货币性资产非互惠转让

所谓非互惠转让，是指企业将其拥有的非货币性资产无代价地转让给其所有者或其他企业，或由其所有者或其他企业将非货币性资产无代价地转让给该企业。非货币性资产交换准则所述的非货币性资产交换是企业之间主要以非货币性资产形式的互惠转让，即企业取得一项非货币性资产，必须以付出自己拥有的非货币性资产作为代价，而不是单方向的非互惠转让。实务中，企业与所有者的非互惠转让，如以非货币性资产作为股利发放给股东等，属于资本性交易，适用《企业会计准则第 37 号——金融工具列报》；企业与所有者以外方面发生的非互惠转让，如政府无偿提供非货币性资产给企业建造固定资产，属于政府以非互惠方式提供非货币性资产，适用《企业会计准则第 16 号——政府补助》。

（二）在企业合并、债务重组中和以发行股票形式取得的非货币性资产

在企业合并、债务重组中取得的非货币性资产，其成本确定分别适用《企业会计准则第 20 号——企业合并》和《企业会计准则第 12 号——债务重组》；企业以发行股票形式取得的非货币性资产，相当于以权益工具（如发行股票方式）换入非货币性资产，其成本确定适用《企业会计准则第 37 号——金融工具列报》。

第二节　非货币性资产交换的确认与计量

非货币性资产交换采用何种价值进行计量？若采用公允价值计量，交换需要满足哪些条件，换入资产的成本如何确定？若采用账面价值，换入资产的成本又如何确认？用公允价值进行计量时需要满足交换具有商业实质，只有具有商业实质的非货币性资产交换才能采用公允价值计量。

一、确认与计量原则

在非货币性资产交换的情况下，不论是一项资产换入一项资产、一项资产换入多项资产、多项资产换入一项资产，还是多项资产换入多项资产，换入资产的成本都遵循下面两种计量基础。

（一）公允价值

非货币性资产交换同时满足下列两个条件的，应当以公允价值和应支付的相关税费作为换入资产的成本，公允价值与换出资产账面价值的差额计入当期损益。

（1）该项交换具有商业实质。

（2）换入资产或换出资产的公允价值能够可靠地计量。资产存在活跃市场，是资产公允价值能够可靠计量的明显证据，但不是唯一要求。属于以下三种情形之一的，公允价值视为能够可靠计量。

①换入资产或换出资产存在活跃市场。

②换入资产或换出资产不存在活跃市场，但同类或类似资产存在活跃市场。

③换入资产或换出资产不存在同类或类似资产可比市场交易的，可采用估值技术确定公允价值，但需满足一定的条件。采用估值技术确定的公允价值必须符合以下条件之一，才可被视为能够可靠计量。一是采用估值技术确定的公允价值估计数的变动区间很小。这种情况是指虽然企业通过估值技术确定的资产的公允价值不是一个单一的数据，但是介于一个变动范围很小的区间内。二是在公允价值估计数变动区间内，各种用于确定公允价值估计数的概率能够合理确定。这种情况是指采用估值技术确定的资产公允价值在一个变动区间内，区间内出现各种情况的概率或可能性能够合理确定，企业可以采用类似《企业会计准则第 13 号——或有事项》计算最佳估计数的方法确定资产的公允价值。

换入资产和换出资产公允价值均能够可靠计量的，应当以换出资产公允价值作为确定换入资产成本的基础。一般来说，取得资产的成本应当按照所放弃资产的对价来确定，在非货币性资产交换中，换出资产就是放弃的对价，如果其公允价值能够可靠确定，应当优先考虑按照换出资产的公允价值作为确定换入资产成本的基础。但如果有确凿证据表明换入资产的公允价值更加可靠的，应当以换入资产公允价值为基础确定换入资产的成本，这种情况多发生在非货币性资产交换存在补价的情况，因为存在补价表明换入资产和换出资产公允价值不相等，一般不能直接以换出资产的公允价值作为换入资产的成本。

（二）账面价值

不具有商业实质或交换涉及资产的公允价值均不能可靠计量的非货币性资产交换，应当按照换出资产的账面价值和应支付的相关税费作为换入资产的成本，无论是否支付补价，均不确认损益。收到或支付的补价作为确定换入资产成本的调整因素。其中，收到补价方应当以换出资产的账面价值减去补价加上应支付的相关税费作为换入资产的成本；支付补价方应当以换出资产的账面价值加上补价和应支付的相关税费作为换入资产的成本。

二、商业实质的判断

非货币性资产交换具有商业实质，是换入资产能够采用公允价值计量的重要条件之一。在确定资产交换是否具有商业实质时，企业应当重点考虑该项资产交换的发生预期使企业未来现金流量发生变动的程度，通过比较换出资产和换入资产预计产生的未来现金流量或其现值，确定非货币性资产交换是否具有商业实质。只有当换出资产和换入资产预计未来现金流量或其现值两者之间的差额较大时，才能表明交易的发生使企业经济状况发生了明显改变，非货币性资产交换因而具有商业实质。

（一）判断条件

企业发生的非货币性资产交换，符合下列条件之一的，视为具有商业实质。

1．换入资产的未来现金流量在风险、时间和金额方面与换出资产显著不同

通常包括但不仅限于以下几种情况。

（1）未来现金流量的风险、金额相同，时间不同。比如，某企业以一批存货换入一项设备，存货因流动性强，能够在较短的时间内产生现金流量，而设备作为固定资产要经过较长的时间才能为企业带来现金流量。假定两者产生的未来现金流量风险和总额均相同，但由于两者产生现金流量的时间跨度相差较大，则可以判断上述存货与固定资产的未来现金流量显著不同，因而该两项资产的交换具有商业实质。

（2）未来现金流量的时间、金额相同，风险不同。比如，A 企业以其用于经营出租的一幢公寓楼与 B 企业同样用于经营出租的一幢公寓楼进行交换，两幢公寓楼的租期、每期租金总额均相同，但是 A 企业是租给一家财务及信用状况良好的企业（该企业租用该公寓是给其单身职工居住），B 企业的客户则都是单个租户。相比较而言，A 企业取得租金的风险较小，B 企业由于租给散户，租金的取得依赖于各单个租户的财务和信用状况，两者现金流量流入的风险或不确定性程度存在明显差异，因而两幢公寓楼的未来现金流量显著不同，进而可判断该两项资产的交换具有商业实质。

（3）未来现金流量的风险、时间相同，金额不同。比如，某企业以一项商标权换入另一企业的一项专利技术，预计两项无形资产的使用寿命相同，在使用寿命内预计为企业带来的现金流量总额相同。但是由于换入的专利技术是新开发的，预计开始阶段产生的未来现金流量明显少于后期，而该企业拥有的商标每年产生的现金流量比较均衡，两者各年产生的现金流量金额差异明显，因而上述商标权与专利技术的未来现金流量显著不同，可判断该两项资产的交换具有商业实质。

2. 换入资产与换出资产的预计未来现金流量现值不同，且其差额与换入资产和换出资产的公允价值相比是重大的

企业若按照上述第 1 项条件难以判断某项非货币性资产交换是否具有商业实质，可再根据第 2 项条件，通过计算换入资产和换出资产的预计未来现金流量现值，进行比较后判断。资产预计未来现金流量的现值，应当按照资产在持续使用过程中和最终处置时所产生的预计未来现金流量，通过恰当的折现率进行折现后的金额加以确定。

（二）交换涉及的资产类别与商业实质的关系

企业在判断非货币性资产交换是否具有商业实质时，可以从资产是否属于同一类别进行分析。因为不同类非货币性资产因其产生经济利益的方式不同，一般来说其产生的未来现金流量风险、时间和金额也不相同，因而不同类非货币性资产之间的交换是否具有商业实质，通常较易判断。不同类非货币性资产是指在资产负债表中列示的不同大类的非货币性资产，比如存货、固定资产、投资性房地产、生物资产、长期股权投资、无形资产等都是不同类别的资产。

例如，企业以一项用于出租的投资性房地产交换一项固定资产自用，在这种情况下，企业就将未来现金流量由每期产生的租金流，转化为该项资产独立产生或包括该项资产的资产组协同产生的现金流。通常情况下，由定期租金带来的现金流量与用于生产经营用的固定资产产生的现金流量在风险、时间和金额方面有所差异，因此，这两项资产的交换应当视为具有商业实质。

（三）关联方之间交换资产与商业实质的关系

在确定非货币性资产交换是否具有商业实质时，企业应当关注交易各方之间是否存在关联方关系。关联方关系的存在可能导致发生的非货币性资产交换不具有商业实质。

小技巧

企业发生的非货币性资产交换，符合下列条件之一的，视为具有商业实质			
1．换入资产的未来现金流量在风险、时间和金额方面与换出资产显著不同换入资产的未来资产显著不同，通常包括但不仅限于右侧3种情况：	（1）未来现金流量的时间、金额相同，风险不同 比如：交易性金融资产和设备	（2）未来现金流量的风险、金额相同，时间不同 比如：存货和设备	（3）未来现金流量的风险、时间相同，金额不同
2．换入资产与换出资产的预计未来现金流量现值不同，且其差额与换入资产和换出资产的公允价值相比是重大的			
关联方之间交换资产与商业实质的关系			
在确定非货币性资产交换是否具有商业实质时，企业应当关注交易各方之间是否存在的关联方关系。关联方关系的存在可能导致发生的非货币性资产交换不具有商业实质			

第三节　非货币性资产交换的会计处理

非货币性资产交换可以是两种资产交换，也可以是多种非货币性资产之间的交换，本节根据非货币性资产确认与计量原理完成这些交易的会计处理。

一、以公允价值计量的会计处理

非货币性资产交换具有商业实质且公允价值能够可靠计量的，应当以换出资产的公允价值和应支付的相关税费作为换入资产的成本，除非有确凿证据表明换入资产的公允价值比换出资产公允价值更加可靠。

在以公允价值计量的情况下，不论是否涉及补价，只要换出资产的公允价值与其账面价值不相同，就一定会涉及损益的确认。因为非货币性资产交换损益通常是换出资产公允价值与换出资产账面价值的差额，通过非货币性资产交换予以实现。

非货币性资产交换的会计处理，视换出资产的类别不同而有所区别。

（1）换出资产为存货的，应当视同销售处理，根据《企业会计准则第14号——收入》按照公允价值确认销售收入，同时结转销售成本。相当于按照公允价值确认的收入和按账面价值结转的成本之间的差额，也即换出资产公允价值和换出资产账面价值的差额，在利润表中作为营业利润的构成部分予以列示。

（2）换出资产为固定资产、无形资产的，换出资产公允价值和换出资产账面价值的差额计入营业外收入或营业外支出。

（3）换出资产为长期股权投资、可供出售金融资产的，换出资产公允价值和换出资产账面价值的差额计入投资收益。

换入资产与换出资产涉及相关税费的，如换出存货视同销售计算的增值税销项税额，换入资产作为存货应当确认的可抵扣增值税进项税额，以及换出固定资产、无形资产视同转让应交纳的营业税等，按照相关税收规定计算确定。

（一）不涉及补价的情况

【例 11-1】2009 年 8 月，甲公司以生产经营过程中使用的一台设备交换乙家具公司生产的一批办公家具，换入的办公家具作为固定资产管理。设备的账面原价为 100 000 元，在交换日的累计折旧为 35 000 元，公允价值为 75 000 元。办公家具的账面价值为 80 000 元，在交换日的公允价值为 75 000 元，计税价格等于公允价值。乙公司换入甲公司的设备是生产家具过程中需要使用的设备。

假设甲公司此前没有为该项设备计提资产减值准备，整个交易过程中，除支付运杂费 1 500 元外没有发生其他相关税费。假设乙公司此前也没有为库存商品计提存货跌价准备，销售办公家具的增值税税率为 17%，其在整个交易过程中没有发生除增值税以外的其他税费。

甲公司的账务处理如下。

借：固定资产清理　　65 000

　　累计折旧　　35 000

　　贷：固定资产——设备　　100 000

借：固定资产清理　　1 500

　　贷：银行存款　　1 500

借：固定资产——办公家具　　75 000

　　贷：固定资产清理　　66 500

　　　　营业外收入　　8 500

乙公司的账务处理如下。

根据增值税的有关规定，企业以库存商品换入其他资产，视同销售行为发生，应计算增值税销项税额，交纳增值税。

换出办公家具的增值税销项税额为 75 000 × 17%=12 750（元）

借：固定资产——设备　　87 750

　　贷：主营业务收入　　75 000

　　　　应交税费——应交增值税（销项税额）　　12 750

借：主营业务成本　　80 000

　　贷：库存商品——办公家具　　80 000

（二）涉及补价的情况

在以公允价值确定换入资产成本的情况下，发生补价的，支付补价方和收到补价方应当分情况进行处理。

（1）支付补价方：应当以换出资产的公允价值加上支付的补价（即换入资产的公允价值）和应支付的相关税费作为换入资产的成本；换入资产成本同换出资产账面价值与支付的补价、应支付的相关税费之和的差额应当计入当期损益。

（2）收到补价方：应当以换入资产的公允价值（或换出资产的公允价值减去补价）和应支付的相关税费作为换入资产的成本；换入资产成本与收到的补价之和同换出资产账面价值与应支付的相关税费之和的差额应当计入当期损益。

在涉及补价的情况下，对于支付补价方而言，作为补价的货币性资产构成换入资产所放弃对价的一部分；对于收到补价方而言，作为补价的货币性资产构成换入资产的一部分。

【例 11-2】 甲公司与乙公司经协商，甲公司以其拥有的全部用于经营出租的一幢公寓楼与乙公司持有的以交易为目的的股票投资交换。甲公司的公寓楼符合投资性房地产定义，公司未采用公允价值模式计量。在交换日，该幢公寓楼的账面原价为 400 万元，已提折旧 80 万元，未计提减值准备，在交换日的公允价值和计税价格均为 450 万元，营业税税率为 5%；乙公司持有的以交易为目的的股票投资账面价值为 300 万元，乙公司对该股票投资采用公允价值模式计量，在交换日的公允价值为 400 万元。由于甲公司急于处理该幢公寓楼，乙公司仅支付了 30 万元给甲公司。乙公司换入公寓楼后仍然继续用于经营出租，并拟采用公允价值计量模式，甲公司换入股票投资后仍然用于交易。转让公寓楼的营业税尚未支付，假定除营业税外，该项交易过程中不涉及其他相关税费。

对甲公司而言，收到的补价 30 万元在换入资产的公允价值 430 万元（换入股票投资公允价值 400 万元+收到的补价 30 万元）中所占的比例为 7%，由于 7%<25%，因而属于非货币性资产交换。

对乙公司而言，支付的补价 30 万元在换入资产的公允价值 450 万元中所占的比例为 6.7%，由于 6.7%<25%，因而属于非货币性资产交换。

甲公司的账务处理如下。

借：其他业务成本	3 200 000	
投资性房地产累计折旧	800 000	
贷：投资性房地产		4 000 000
借：营业税金及附加	225 000	
贷：应交税费——应交营业税		225 000
借：交易性金融资产	4 000 000	
银行存款	300 000	
贷：其他业务收入		4 300 000

乙公司的账务处理如下：

借：投资性房地产	4 500 000	
贷：交易性金融资产		3 000 000
银行存款		300 000
投资收益		1 200 000

二、以换出资产账面价值计量的会计处理

非货币性资产交换不具有商业实质，或者虽然具有商业实质但换入资产和换出资产的公允价值均不能可靠计量的，应当以换出资产账面价值为基础确定换入资产成本，无论是否支付补价，均不确认损益。

一般来讲，如果换入资产和换出资产的公允价值都不能可靠计量时，该项非货币性资产交换通常不具有商业实质，因为在这种情况下，很难比较两项资产产生的未来现金流量在时间、风险和金额方面的差异，很难判断两项资产交换后对企业经济状况改变所起的不同效用。

【例 11-3】 甲公司拥有一台专有设备，该设备账面原价 300 万元，已计提折旧 220 万元；

乙公司拥有一幢古建筑物，账面原价 200 万元，已计提折旧 140 万元。两项资产均未计提减值准备。甲公司决定以其专有设备交换乙公司的古建筑物，改造为办公室使用，该专有设备是生产某种产品必需的设备。由于专有设备系当时专门制造，性质较为特殊，其公允价值不能可靠计量。乙公司拥有的建筑物因建筑年代久远，性质比较特殊，其公允价值也不能可靠计量。双方商定，乙公司以两项资产账面价值的差额为基础，支付甲公司 10 万元补价。假定交易中没有涉及相关税费。

分析：该项资产交换涉及收付货币性资产，即补价 10 万元。对甲公司而言，收到的补价 10 万元占换出资产账面价值 80 万元的比例为 12.5%，而 12.5%<25%，因此该项交换属于非货币性资产交换；乙公司的情况与此类似。由于两项资产的公允价值不能可靠计量，因此，甲、乙公司换入资产的成本均应当按照换出资产的账面价值确定。

甲公司的账务处理如下。

借：固定资产清理	800 000	
累计折旧	2 200 000	
贷：固定资产——专有设备		3 000 000
借：固定资产——建筑物	700 000	
银行存款	100 000	
贷：固定资产清理		800 000

乙公司的账务处理如下：

借：固定资产清理	600 000	
累计折旧	1 400 000	
贷：固定资产——建筑物		2 000 000
借：固定资产——专有设备	700 000	
贷：固定资产清理		600 000
银行存款		100 000

小技巧

在具有商业实质的情况下，要按公允价值计量，换出资产要确认损益，就是说名义上视同销售了，这个损益确认其实没有什么特别的地方，因为既然会计上要确认损益，那么其实就和实际的销售是一样的，那么这些资产销售或者处置的时候确认什么损益在非货币性资产交换中就确认什么损益，当然不具有商业实质的情况下，换出资产是按照账面价值结转的，那么也不存在损益确认问题。

三、涉及多项非货币性资产交换的会计处理

涉及多项非货币性资产交换的情况包括，企业以一项非货币性资产同时换入另一企业的多项非货币性资产，或同时以多项非货币性资产换入另一企业的一项非货币性资产，或以多项非货币性资产同时换入另一企业的多项非货币性资产，也可能涉及补价。在涉及多项非货币性资产的交换中，企业无法将换出的某一资产与换入的某一特定资产相对应。与单项非货币性资产之间的交换一样，在涉及多项非货币性资产交换的计量中，企业也应当首先判断是

否符合非货币性资产交换准则以公允价值计量的两个条件，再分别视情况确定各项换入资产的成本。

涉及多项非货币性资产的交换一般可以分为以下几种情况。

（1）资产交换具有商业实质，且各项换出资产和各项换入资产的公允价值均能够可靠计量。在这种情况下，换入资产的总成本应当以换出资产的公允价值总额为基础确定，除非有确凿证据证明换入资产的公允价值总额更可靠。各项换入资产的成本，应当按照各项换入资产的公允价值占换入资产公允价值总额的比例，对换入资产总成本进行分配，确定各项换入资产的成本。

（2）资产交换具有商业实质且换入资产的公允价值能够可靠计量，但换出资产的公允价值不能可靠计量。在这种情况下，换入资产的总成本应当以换入资产的公允价值总额为基础确定。各项换入资产的成本，应当按照各项换入资产的公允价值占换入资产公允价值总额的比例，对换入资产总成本进行分配，确定各项换入资产的成本。

（3）资产交换具有商业实质且换出资产的公允价值能够可靠计量，但换入资产的公允价值不能可靠计量。在这种情况下，换入资产的总成本应当以换出资产的公允价值总额为基础确定。各项换入资产的成本，应当按照各项换入资产的原账面价值占换入资产原账面价值总额的比例，对按照换出资产公允价值总额确定的换入资产总成本进行分配，确定各项换入资产的成本。

（4）资产交换不具有商业实质，或换入资产和换出资产的公允价值均不能可靠计量。在这种情况下，换入资产的总成本应当以换出资产原账面价值总额为基础确定。各项换入资产的成本，应当按照各项换入资产的原账面价值占换入资产原账面价值总额的比例，对以换出资产账面价值总额为基础确定的换入资产总成本进行分配，确定各项换入资产的成本。

实际上，上述第（1）、（2）、（3）种情况，换入资产总成本都是按照公允价值计量，但各单项换入资产成本的确定，视各单项换入资产的公允价值能否可靠计量而分情况处理；第（4）种情况不符合公允价值计量的条件，换入资产总成本按照换出资产账面价值总额确定，各单项换入资产成本按照各单项换入资产的原账面价值占换入资产原账面价值总额的比例确定。

（一）以公允价值计量的情况

【例 11-4】 甲公司和乙公司均为增值税一般纳税人，适用的增值税税率均为 17%。2009 年 5 月，为适应业务发展的需要，经协商甲公司决定以生产经营过程中使用的发电设备、车床以及库存商品换入乙公司生产经营过程中使用的货运车、轿车、客运汽车。甲公司发电设备的账面原价为 150 万元，在交换日的累计折旧为 30 万元，公允价值为 100 万元；车床的账面原价为 120 万元，在交换日的累计折旧为 60 万元，公允价值为 80 万元；库存商品的账面余额为 300 万元，公允价值为 350 万元，公允价值等于计税价格。乙公司货运车的账面原价为 150 万元，在交换日的累计折旧为 50 万元，公允价值为 150 万元；轿车的账面原价为 200 万元，在交换日的累计折旧为 90 万元，公允价值为 100 万元；客运汽车的账面原价为 300 万元，在交换日的累计折旧为 80 万元，公允价值为 240 万元。乙公司另外以银行存款向甲公司支付补价 40 万元。

假定甲公司和乙公司都没有为换出资产计提减值准备；整个交易过程中没有发生除增值

税以外的其他相关税费；甲公司换入乙公司的货运车、轿车、客运汽车均作为固定资产使用和管理；乙公司换入甲公司的发电设备、车床作为固定资产使用和管理，换入的库存商品作为原材料使用和管理。甲公司开具了增值税专用发票。

分析：本例涉及收付货币性资产，应当计算收到的货币性资产占甲公司换出资产公允价值总额的比例（等于支付的货币性资产占乙公司换出资产公允价值与支付的补价之和的比例），即：

$$40/(100+80+350) = 7.55\%<25\%$$

可以认定这一涉及多项资产的交换行为属于非货币性资产交换，适用非货币性资产交换准则进行会计处理。

甲公司的账务处理如下。

① 根据增值税的有关规定，企业以库存商品换入其他资产，视同销售行为发生，应计算增值税销项税额，交纳增值税。

换出原材料的增值税销项税额=350 × 17%=59.5（万元）

② 计算换入资产、换出资产公允价值总额。

换出资产公允价值总额=100+80+350=530（万元）

换入资产公允价值总额=150+100+240=490（万元）

③ 计算换入资产总成本。

换入资产总成本=换出资产公允价值－收到的补价+应支付的相关税费

=(100+80+350)－40+350 × 17%

=549.5（万元）

④ 计算确定换入各项资产的公允价值占换入资产公允价值总额的比例。

货运车公允价值占换入资产公允价值总额的比例=150/(150+100+240) × 100%=30.61%

轿车公允价值占换入资产公允价值总额的比例=100/(150+100+240) × 100%=20.41%

客运汽车公允价值占换入资产公允价值总额的比例=240/(150+100+240) × 100%=48.98%

⑤ 计算确定换入各项资产的成本。

货运车的成本=549.5 × 30.61%=168.20（万元）

轿车的成本=549.5 × 20.41%=112.15（万元）

客运汽车的成本=549.5 × 48.98%=269.15（万元）

⑥ 会计分录。

借：固定资产清理	1 800 000	
累计折旧	900 000	
贷：固定资产——发电设备		1 500 000
——车床		1 200 000
借：固定资产——货运车	1 682 000	
——轿车	1 121 500	
——客运汽车	2 691 500	
银行存款	400 000	

贷：固定资产清理　　　　　　　　　　　　1 800 000
　　主营业务收入　　　　　　　　　　　　3 500 000
　　应交税费——应交增值税（销项税额）　　595 000

借：主营业务成本　　　　　　　　　　3 000 000
　贷：库存商品　　　　　　　　　　　　3 000 000

乙公司的账务处理如下。

① 根据增值税的有关规定，企业以其他资产换入原材料，视同购买行为发生，应计算增值税进项税额，抵扣增值税。

换入原材料的增值税进项税额=350 × 17%=59.5（万元）

② 计算换入资产、换出资产公允价值总额。

换入资产公允价值总额=100+80+350=530（万元）

换出资产公允价值总额=150+100+240=490（万元）

③ 确定换入资产总成本。

换入资产总成本=换出资产公允价值+支付的补价－可抵扣的增值税进项税额

=490+40–59.5

=470.5（万元）

④ 计算确定换入各项资产的公允价值占换入资产公允价值总额的比例。

发电设备公允价值占换入资产公允价值总额的比例=100/(100+80+350) × 100%=18.87%

车床公允价值占换入资产公允价值总额的比例=80/(100+80+350) × 100%=15.09%

原材料公允价值占换入资产公允价值总额的比例=350/(100+80+350) × 100%=66.04%

⑤ 计算确定换入各项资产的成本。

发电设备的成本=470.5 × 18.87%=88.78（万元）

车床的成本=470.5 × 15.09%=71.00（万元）

原材料的成本=470.5 × 66.04%=310.72（万元）

⑥ 会计分录。

借：固定资产清理　　　　　　　　　　4 300 000
　　累计折旧　　　　　　　　　　　　2 200 000
　贷：固定资产——货运车　　　　　　　1 500 000
　　　　　　　——轿车　　　　　　　　2 000 000
　　　　　　　——客运汽车　　　　　　3 000 000

借：固定资产——发电设备　　　　　　887 800
　　　　　　——车床　　　　　　　　710 000
　　原材料　　　　　　　　　　　　3 107 200
　　应交税费——应交增值税（进项税额）　595 000
　贷：固定资产清理　　　　　　　　　　4 300 000
　　　银行存款　　　　　　　　　　　　400 000
　　　营业外收入　　　　　　　　　　　600 000

（二）以账面价值计量的情况

【例 11-5】 2007 年 6 月，甲公司因经营战略发生较大转变，产品结构发生较大调整，原生产其产品的专有设备、专利技术等已不符合生产新产品的需要，经与乙公司协商，将其专用设备连同专利技术与乙公司正在建造过程中的一幢建筑物、乙公司对丙公司的长期股权投资进行交换。甲公司换出专有设备的账面原价为 800 万元，已提折旧 500 万元；专利技术账面原价为 300 万元，已摊销金额为 180 万元。乙公司在建工程截止到交换日的成本为 350 万元，对丙公司的长期股权投资账面价值为 100 万元。由于甲公司持有的专有设备和专利技术市场上已不多见，因此，公允价值不能可靠计量。乙公司的在建工程因完工程度难以合理确定，其公允价值不能可靠计量；由于丙公司不是上市公司，乙公司对丙公司长期股权投资的公允价值也不能可靠计量。假定甲、乙公司均未对上述资产计提减值准备。

分析：本例不涉及收付货币性资产，属于非货币性资产交换。由于换入资产、换出资产的公允价值均不能可靠计量，甲、乙公司均应当以换出资产账面价值总额作为换入资产的总成本，各项换入资产的成本应当按各项换入资产的原账面价值占换入资产原账面价值总额的比例分配后确定。

甲公司的账务处理如下。

① 计算换入资产、换出资产账面价值总额。

换入资产账面价值总额=350+100=450（万元）

换出资产账面价值总额=(800-500)+(300–180)=420（万元）

② 确定换入资产总成本。

换入资产总成本=换出资产账面价值=420（万元）

③ 计算各项换入资产原账面价值占换入资产原账面价值总额的比例。

在建工程占换入资产原账面价值总额的比例=350/(350+100) × 100%=77.8%

长期股权投资占换入资产原账面价值总额的比例=100/(350+100) × 100%=22.2%

④ 确定各项换入资产成本。

在建工程成本=420 × 77.8%=326.76（万元）

长期股权投资成本=420 × 22.2%=93.24（万元）

⑤ 根据增值税法规定，换出设备的增值税销项税额=（800–500）× 17%=51（万元）

⑥ 会计分录。

借：固定资产清理	3 000 000	
累计折旧	5 000 000	
贷：固定资产——专有设备		8 000 000
借：在建工程	3 267 600	
长期股权投资	932 400	
累计摊销	1 800 000	
贷：固定资产清理		3 000 000
无形资产——专利技术		3 000 000

乙公司的账务处理如下。

① 计算换入资产、换出资产账面价值总额。

换入资产账面价值总额= (800–500) + (300–180) =420（万元）

换出资产账面价值总额=350+100=450（万元）

② 确定换入资产总成本。

换入资产总成本=换出资产账面价值=450（万元）

③ 计算各项换入资产原账面价值占换入资产原账面价值总额的比例。

专有设备占换入资产原账面价值总额的比例=300/(300+120) × 100%=71.4%

专有技术占换入资产原账面价值总额的比例=120/(300+120) × 100%=28.6%

④ 确定各项换入资产成本。

专有设备成本=450 × 71.4%=321.3（万元）

专利技术成本=450 × 28.6%=128.7（万元）

⑤ 会计分录。

借：固定资产——专有设备	3 213 000	
无形资产——专利技术	1 287 000	
贷：在建工程		3 500 000
长期股权投资		1 000 000

小贴士

所谓的多项资产换进来该怎么计价的问题，其实很简单，第一步就把换进来的不同的资产看作一个资产，计算出总的应该入账的价值，这个计算已经没有什么难度了；第二步就是如何分了，每项资产按比例划分即可。

本章小结

本章主要阐述非货币性资产交换的认定、确认计量和会计处理。通过本章学习，首先应掌握判断一项交易是不是非货币性资产交换。其次，非货币性资产交换的确认和计量应明确使用公允价值还是账面价值计量。如果具有商业实质，并且能够取得公允价值，就按公允价值计量；如果不具有商业实质，或者具有商业实质但公允价值不能可靠计量的，则用成本计价，按换出资产的账面价值计量。第三，换入多项资产的，如果资产入账价值是按公允价值入账的，则用全部的入账价值乘以换入的公允价值比例，对换入资产总成本进行分配，从而确定各项换入资产的成本；如果资产入账价值是按账面价值入账的，则用全部的入账价值乘以换入的账面价值比例来计算。

本章思考

1．准备持有至到期的债券投资为什么不算非货币性资产？

2．商业实质如何判断？

3．在非货币性资产的交换过程中相关税费会涉及哪些税种？

4．涉及多项非货币性资产的交换过程可以分为几种情况？每种情况的换入资产的总成本如何确定？

本章测试

【单选题】

1．以下交易具有商业实质的是（　　）。

A．以一项固定资产换入一项固定资产

B．以一项长期股权投资换入一项长期股权投资

C．以一批存货换入一项设备

D．以一批商品换入一批商品

2．企业进行具有商业实质且公允价值能够可靠计量的非货币性资产交换，同一事项可能同时影响双方换入资产入账价值的因素是（　　）。

A．企业支付的补价或收到的补价

B．企业为换出资产支付的运杂费

C．企业换出资产计提的资产减值准备

D．企业换出资产的账面价值

3．下列项目中，属于货币性资产的是（　　）。

A．作为交易性金融资产的股票投资

B．准备持有至到期的债券投资

C．可转换公司债券

D．作为可供出售金融资产的权益工具

4．某企业2011年1月10日用一批库存商品换入一台设备，并收到对方支付的银行存款30万元。该批库存商品的账面价值为120万元，不含增值税的公允价值为150万元，计税价格为140万元，适用的增值税税率为17%；换入设备的原账面价值为160万元，公允价值为143.8万元，假设该交换具有商业实质，则该企业因此项交换影响损益的金额为（　　）万元。

A．30　　B．31.2　　C．150　　D．140

5．2010年1月，甲公司以一项专利权换入乙公司的一台设备。甲公司换出专利权的摊余价值为105万元，已提减值准备为15万元，公允价值为100万元，营业税为5万元。乙公司换出设备的账面价值为90万元，公允价值为100万元。假设该交换不具有商业实质，不考虑与设备有关的税费。则甲公司换入设备的入账价值为（　　）万元。

A．100　　B．90　　C．110　　D．95

【答案】1．C　2．A　3．B　4．A　5．B

第十二章 资产减值

学习目标

通过本章学习，能够：

1. 熟悉认定资产可能发生减值的迹象；
2. 掌握资产可收回金额的计量以及资产减值损失的确定原则；
3. 掌握资产组的认定方法及其减值的处理。

案例导入

资产减值对上市公司净利润的影响大幅降低

1 714 家上市公司 2009 年资产减值损失合计为 1 541.62 亿元，较 2008 年的 4 017.21 亿元减少 2 475.59 亿元，同比下降 61.62%。从减值损失对净利润的影响看，2009 年资产减值损失占净利润的比例为 13.56%，较 2008 年的 44.72%下降 31.16 个百分点，对净利润的影响较 2008 年大幅降低。

目前的资产减值损失主要包括坏账损失、存货跌价损失、可供出售金融资产减值损失、持有至到期投资减值损失、商誉减值损失等共 17 项。从各项资产减值损失增减变动情况可见，除了长期股权投资、在建工程和无形资产这三项资产的减值损失 2009 年比 2008 年有所增长外，其余各项资产的减值损失 2009 年均比 2008 年下降，其中可供出售金融资产减值损失减少金额最大，达到 982.60 亿元，其次是存货减值损失，减少金额为 601.37 亿元。另外，贷款损失和固定资产减值损失也分别较 2008 年下降 430.81 和 277.94 亿元。

从各项资产减值损失占资产减值损失总额的比例看，2009 年资产减值损失的主要来源是应收款项（坏账）、固定资产和贷款这三项资产产生的减值损失，金额分别为 930.67、217.38、179.24 亿元，占减值损失总计的比例分别为 60.37%、14.10%、11.63%。

思考：企业需要对哪些资产计提减值准备？为什么要对这些资产计提减值准备？如何计提减值准备？资产减值对于企业的资产负债表和利润表有何影响？

资料来源：中国证监会会计部 2009 年上市公司执行企业会计准则监管报告

第一节 资产减值概述

由于种种原因，资产所带来的经济利益的流入可能会低于其账面价值，在这种情况下，资产就发生了减值。需要计提减值准备的资产很多，本章涉及减值的资产项目仅仅是适用于《企业会计准则第 8 号——资产减值》的资产，主要包括固定资产、无形资产等非流动资产的减值。凡是适用于第 8 号准则的资产，其减值准备一经计提，在以后期间不允许转回。

一、资产减值的范围

资产是企业过去的交易或者事项形成的、由企业拥有或者控制的、预期会给企业带来经济利益的资源。资产的主要特征之一是它必须能够为企业带来经济利益的流入。如果资产不能够为企业带来经济利益或者带来的经济利益低于其账面价值，那么该资产就不能再予以确认或者不能再以原账面价值予以确认，否则不符合资产的定义，也无法反映资产的实际价值，其结果会导致企业资产虚增和利润虚增。因此，当企业资产的可收回金额低于其账面价值时，即表明资产发生了减值，企业应当确认资产减值损失，并把资产的账面价值减记至可收回金额。

企业所有的资产在发生减值时，原则上都应当对所发生的减值损失及时加以确认和计量，因此，资产减值包括所有资产的减值。但是，由于有关资产特性不同，其减值会计处理也有所差别，因而所适用的具体准则也不尽相同。关于持有至到期投资和可供出售金融资产、应收款项以及存货的减值问题分别在第三章、第四章和第五章中论述过了，因此本章中的资产减值主要指的是适用于《企业会计准则第 8 号——资产减值》的资产的减值处理问题。《企业会计准则第 8 号——资产减值》中界定的资产减值的资产范围如图 12-1 所示。

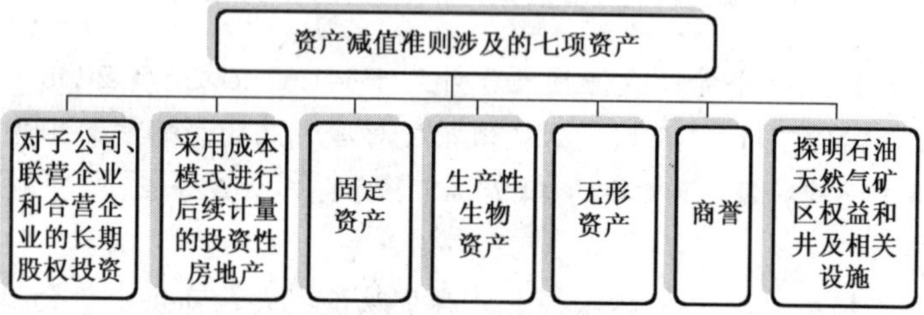

图 12-1　准则中界定的资产减值的资产范围

小贴士

注意：本章不涉及的资产范围，包括存货、以公允价值模式进行后续计量的投资性房地产、消耗性生物资产、建造合同形成的资产、递延所得税资产、融资租赁中出租人未担保余值、金融资产等。本章介绍的七类资产的减值，一经计提，以后期间不可以转回。

二、资产减值的迹象

企业在资产负债表日应当判断资产是否存在可能发生减值的迹象。如果资产存在减值的迹象，则应当进行减值测试，估计资产的可收回金额。可收回金额低于账面价值的，应当按照可收回金额低于账面价值的金额计提减值准备。

资产可能发生减值的迹象主要可从外部信息来源和内部信息来源两方面加以判断。

（一）企业外部信息来源的资产减值迹象判断

从企业外部信息来源来看，以下情况均属于资产可能发生减值的迹象，企业需要据此估计资产的可收回金额，决定是否需要确认减值损失。

（1）资产的市价当期大幅度下跌，其跌幅明显高于因时间的推移或者正常使用而预计的下跌。

（2）企业经营所处的经济、技术或者法律等环境以及资产所处的市场在当期或者将在近期发生重大变化，从而对企业产生不利影响。

（3）市场利率或者其他市场投资报酬率在当期已经提高，从而影响企业计算资产预计未来现金流量现值的折现率，导致资产可收回金额大幅度降低。

（二）企业内部信息来源的资产减值迹象判断

从企业内部信息来源来看，以下情况均属于资产可能发生减值的迹象，企业需要据此估计资产的可收回金额，决定是否需要确认资产减值损失。

（1）有证据表明资产已经陈旧过时或者其实体已经损坏。

（2）资产已经或者将被闲置、终止使用或者计划提前处置。

（3）企业内部报告的证据表明资产的经济绩效已经低于或者将低于预期，例如资产所创造的净现金流量或者实现的营业利润（或者亏损）远远低于（或者高于）预计金额，资产在建造或者收购时所需的现金支出远远高于最初的预算，资产在经营或者维护中所需的现金支出远远高于最初的预算等。

特别要说明的是，上述列举的资产减值迹象并不能穷尽所有的减值迹象，企业应当根据实际情况来认定资产可能发生减值的迹象。

小贴士

资产存在减值迹象是资产进行减值测试的必要前提，但是有两项资产除外，即因企业合并形成的商誉和使用寿命不确定的无形资产。这两类资产无论是否存在减值迹象，都应当至少于每年年度终了进行减值测试。

第二节　资产可收回金额的计量

一、估计资产可收回金额的基本方法

根据《企业会计准则第 8 号——资产减值》，资产存在减值迹象的，应当估计其可收回金额，然后将所估计的资产可收回金额与其账面价值相比较，以确定资产是否发生了减值，以及是否需要计提资产减值准备并确认相应的减值损失。在估计资产可收回金额时，原则上应当以单项资产为基础，如果企业难以对单项资产的可收回金额进行估计，应当以该资产所属的资产组为基础确定资产组的可收回金额。有关资产组的认定及其减值处理将在本章第四节中阐述。

资产可收回金额的估计，应当根据其公允价值减去处置费用后的净额与资产预计未来现金流量的现值两者之间较高者确定。因此，要估计资产的可收回金额，通常需要同时估计该资产的公允价值减去处置费用后的净额和资产预计未来现金流量的现值，但是在下列情况下，可以有例外或者做特殊考虑。

（1）资产的公允价值减去处置费用后的净额与资产预计未来现金流量的现值，只要有一

项超过了资产的账面价值，就表明资产没有发生减值，不需要再估计另一项金额。

（2）没有确凿证据或者理由表明资产预计未来现金流量现值显著高于其公允价值减去处置费用后的净额的，可以将资产的公允价值减去处置费用后的净额视为资产的可收回金额。企业持有待售的资产往往属于这种情况，即该资产在持有期间（处置之前）所产生的现金流量可能很少，其最终取得的未来现金流量往往就是资产的处置净收入，在这种情况下，以资产公允价值减去处置费用后的净额作为其可收回金额是适宜的，因为资产的未来现金流量现值不大可能会显著高于其公允价值减去处置费用后的净额。

（3）资产的公允价值减去处置费用后的净额如果无法可靠估计的，应当以该资产预计未来现金流量的现值作为其可收回金额。

二、资产的公允价值减去处置费用后的净额的估计

资产的公允价值减去处置费用后的净额，通常反映的是资产被出售或者处置时可以收回的净现金收入。其中，资产的公允价值是指在公平交易中，熟悉情况的交易双方自愿进行资产交换的金额；处置费用是指可以直接归属于资产处置的增量成本，包括与资产处置有关的法律费用、相关税费、搬运费以及为使资产达到可销售状态所发生的直接费用等，但是财务费用和所得税费用等不包括在内。

企业在估计资产的公允价值减去处置费用后的净额时，应当按照下列顺序进行。

首先，应当根据公平交易中资产的销售协议价格减去可直接归属于该资产处置费用的金额确定资产的公允价值减去处置费用后的净额。这是估计资产的公允价值减去处置费用后的净额的最佳方法，企业应当优先采用这一方法。但是在实务中，企业的资产往往都是内部持续使用的，取得资产的销售协议价格并不容易，因此需要采用其他方法估计资产的公允价值减去处置费用后的净额。

其次，在资产不存在销售协议但存在活跃市场的情况下，应当根据该资产的市场价格减去处置费用后的金额确定。资产的市场价格通常应当按照资产的买方出价确定。但是难以获得资产在估计日的买方出价的，企业可以以资产最近的交易价格作为其公允价值减去处置费用后的净额的估计基础，其前提是资产的交易日和估计日之间有关经济、市场环境等没有发生重大变化。

再次，在既不存在资产销售协议又不存在资产活跃市场的情况下，企业应当以可获取的最佳信息为基础，根据在资产负债表日处置资产时，公平交易的双方提供的交易价格减去资产处置费用后的金额来估计资产的公允价值减去处置费用后的净额。在实务中，该金额可以参考同行业类似资产的最近交易价格或者结果进行估计。

最后，如果企业按照上述要求仍然无法可靠估计资产的公允价值减去处置费用后的净额的，应当以该资产预计未来现金流量的现值作为其可收回金额。

三、资产预计未来现金流量的现值的估计

资产预计未来现金流量的现值，应当按照资产在持续使用过程中和最终处置时所产生的预计未来现金流量，选择恰当的折现率对其进行折现后的金额加以确定。因此，预计资产未来现金流量的现值，主要应当综合考虑以下因素：①资产的预计未来现金流量；②资产的使用寿命；③资产的折现率。其中，资产使用寿命的预计与《企业会计准则第 4 号——固定资

产》、《企业会计准则第 6 号——无形资产》等规定的使用寿命的预计方法相同。以下重点阐述资产未来现金流量和折现率的预计方法。

（一）资产未来现金流量的预计

1．预计资产未来现金流量的基础

为了估计资产未来现金流量的现值，需要首先预计资产的未来现金流量。为此，企业管理层应当在合理和有依据的基础上对资产剩余使用寿命内整个经济状况进行最佳估计，并将资产未来现金流量的预计建立在经企业管理层批准的最近财务预算或者预测数据之上。但是出于数据可靠性和便于操作等方面的考虑，建立在该预算或者预测基础上的预计现金流量最多涵盖 5 年，企业管理层如能证明更长的期间是合理的，可以涵盖更长的期间。

2．预计资产未来现金流量应当包括的内容

（1）资产持续使用过程中预计产生的现金流入。

（2）为实现资产持续使用过程中产生的现金流入所必需的预计现金流出（包括为使资产达到预定可使用状态所发生的现金流出）。该现金流出应当是可直接归属于或者可通过合理和一致的基础分配到资产中的现金流出，后者通常是指那些与资产直接相关的间接费用。

对于在建工程、开发过程中的无形资产等，企业在预计其未来现金流量时，就应当包括预期为使该类资产达到预定可使用（或者可销售）状态而发生的全部现金流出数。

（3）资产使用寿命结束时，处置资产所收到或者支付的净现金流量。该现金流量应当是在公平交易中，熟悉情况的交易双方自愿进行交易时，企业预期可从资产的处置中获取或者支付的、减去预计处置费用后的金额。

3．预计资产未来现金流量应当考虑的因素

（1）以资产的当前状况为基础预计资产未来现金流量。

企业资产在使用过程中有时会因为改良、重组等原因而发生变化，在预计资产未来现金流量时，企业应当以资产的当前状况为基础，不应当包括与将来可能会发生的、尚未做出承诺的重组事项或者资产改良有关的事项。

（2）预计资产未来现金流量不应当包括筹资活动和所得税收付产生的现金流量。

企业预计的资产未来现金流量，不应当包括筹资活动产生的现金流入或者流出以及与所得税收付有关的现金流量。其原因如下：一是所筹集资金的货币时间价值已经通过折现因素予以考虑；二是折现率要求以税前基础计算确定。因此，现金流量的预计也必须建立在税前的基础之上，这样可以有效避免在资产未来现金流量现值的计算过程中可能出现的重复计算等问题，以保证现值计算的正确性。

（3）预计资产未来现金流量对通货膨胀因素的考虑应当和折现率相一致。

如果折现率考虑了因一般通货膨胀而导致的物价上涨影响因素，资产预计未来现金流量也应对这一影响因素予以考虑；反之，如果折现率没有考虑因一般通货膨胀而导致的物价上涨影响因素，资产预计未来现金流量也不应当予以考虑。总之，在考虑通货膨胀因素的问题上，资产未来现金流量的预计和折现率的预计应当保持一致。

（4）内部转移价格应当予以调整。

在一些企业集团里，出于对集团整体战略发展的考虑，某些资产生产的产品或者其他产出可能是供集团内部其他企业使用或者对外销售的，所确定的交易价格或者结算价格基于内部转移价格，而内部转移价格很可能与市场交易价格不同。在这种情况下，为了如实测算企业资产的价值，就不应当简单地以内部转移价格为基础预计资产未来现金流量，而应当采用在公平交易中企业管理层能够达成的最佳的未来价格估计数进行预计。

4．预计资产未来现金流量的方法

资产未来现金流量通常应当根据资产未来每期最有可能产生的现金流量进行预测，这种方法通常叫做传统法，它使用单一的未来每期预计现金流量和单一的折现率计算资产未来现金流量的现值。

【例 12-1】 A 企业拥有甲固定资产，该固定资产剩余使用年限为 3 年。企业预计未来 3 年内，该资产每年可为企业产生的净现金流量分别为：第一年 100 万元，第二年 50 万元，第三年 10 万元。该现金流量通常为最有可能产生的现金流量，企业应以该现金流量的预计数为基础计算资产的现值。

在实务中，影响资产未来现金流量的因素较多，带有很大的不确定性，使用单一的现金流量可能并不会如实地反映资产创造现金流量的实际情况，因此企业应当采用期望现金流量法预计资产未来现金流量。

【例 12-2】 沿用【例 12-1】的资料，假定利用甲固定资产生产的产品受市场行情波动影响大，企业预计未来 3 年每年的现金流量情况如表 12-1 所示。

表 12-1　甲固定资产现金流量情况表

单位：万元

年　次	产品行情好（30%的可能性）	产品行情一般（60%的可能性）	产品行情差（10%的可能性）
第 1 年	150	100	50
第 2 年	80	50	20
第 3 年	20	10	0

在本例中，采用期望现金流量法比传统法更为合理。在期望现金流量法下，资产未来现金流量应当根据每期现金流量期望值进行预计，每期现金流量期望值按照各种可能情况下的现金流量与其发生概率加权计算。按照表 12-1 提供的情况，企业应当计算资产每年的预计未来现金流量如下：

第 1 年的预计现金流量（期望现金流量）=150 × 30%+100 × 60%+50 × 10%=110（万元）

第 2 年的预计现金流量（期望现金流量）=80 × 30%+50 × 60%+20 × 10%=56（万元）

第 3 年的预计现金流量（期望现金流量）=20 × 30%+10 × 60%+0 × 10%=12（万元）

企业在预计资产未来现金流量的现值时，如果资产未来现金流量的发生时间不确定，企业应当根据资产在每一种可能情况下的现值及其发生概率直接加权计算资产未来现金流量的现值。

（二）折现率的预计

为了资产减值测试的目的，计算资产未来现金流量现值时所使用的折现率应当是反映当前市场货币时间价值和资产特定风险的税前利率。该折现率是企业在购置或者投资资产时所要求的必要报酬率。

企业在确定折现率时，应当首先以该资产的市场利率为依据。该资产的利率无法从市场获得的，可以使用替代利率估计。替代利率在估计时，可以根据企业加权平均资金成本、增量借款利率或者其他相关市场借款利率做适当调整后确定。调整时，应当考虑与资产预计现金流量有关的特定风险以及其他有关政治风险、货币风险和价格风险等。

企业在估计资产未来现金流量现值时，通常应当使用单一的折现率。但是，资产未来现金流量的现值对未来不同期间的风险差异或者利率的期间结构反应敏感的，企业应当在未来各不同期间采用不同的折现率。

（三）资产未来现金流量现值的预计

在预计资产未来现金流量和折现率的基础之上，资产未来现金流量的现值只需将该资产的预计未来现金流量按照预计的折现率在预计期限内加以折现即可确定。其计算公式如下：

资产未来现金流量的现值(NPV)=Σ第 t 年预计资产未来现金流量(NCFt)(1+折现率 R)^t

【例 12-3】 甲航运公司于 2000 年年末对一艘远洋运输船只进行减值测试。该船舶账面价值为 16 000 万元，预计尚可使用年限为 8 年。

该船舶的公允价值减去处置费用后的净额难以确定，因此，企业需要通过计算其未来现金流量的现值确定资产的可收回金额。假定公司当初购置该船舶用的资金是银行长期借款资金，借款年利率为 15%，公司认为 15%是该资产的最低必要报酬率（已考虑了与该资产有关的货币时间价值和特定风险），因此在计算其未来现金流量现值时，使用 15%作为其折现率（税前）。

公司管理层批准的财务预算显示：公司将于 2005 年更新船舶的发动机系统，预计为此发生资本性支出 1 500 万元，这一支出将降低船舶运输油耗、提高使用效率等，因此将提高资产的运营绩效。

为了计算船舶在 2000 年年末未来现金流量的现值，公司首先必须预计其未来现金流量。假定公司管理层批准的 2000 年年末的该船舶预计未来现金流量如表 12-2 所示。

表 12-2　2000 年年末该船舶预计未来现金流量表　　单位：万元

年　份	预计未来现金流量（不包括改良的影响金额）	预计未来现金流量（包括改良的影响金额）
2001	2 500	
2002	2 460	
2003	2 380	
2004	2 360	
2005	2 390	
2006	2 470	3 290
2007	2 500	3 280
2008	2 510	3 300

根据资产减值准则的规定，在 2000 年年末预计资产未来现金流量时，应当以资产当时的状况为基础，不应考虑与该资产改良有关的预计未来现金流量。因此，尽管 2005 年船舶的发动机系统将进行更新以改良资产绩效，提高资产未来现金流量，但是在 2000 年年末对其进行减值测试时，不应将其包括在内。即在 2000 年年末计算该资产未来现金流量的现值时，应当以不包括资产改良影响金额的未来现金流量为基础加以计算。具体如表 10-3 所示。

表 12-3　2000 年年末该船舶现金流量现值计算表　　单位：万元

年份	预计未来现金流量（不包括改良的影响金额）	以折现率为 15%的折现系数	预计未来现金流量的现值
2001	2 500	0.869 6	2 174
2002	2 460	0.756 1	1 860
2003	2 380	0.657 5	1 565
2004	2 360	0.571 8	1 349
2005	2 390	0.497 2	1 188
2006	2 470	0.432 3	1 068
2007	2 500	0.375 9	940
2008	2 510	0.326 9	821
合计	—	—	10 965

由于在 2000 年年末，船舶的账面价值（尚未确认减值损失）为 16 000 万元，而其可收回金额为 10 965 万元，账面价值高于其可收回金额，因此应当确认减值损失，并计提相应的资产减值准备。

应确认的减值损失=16 000－10 965=5 035（万元）

假定在 2001 至 2004 年间该船舶没有发生进一步减值的迹象，因此不必再进行减值测试，无须计算其可收回金额。2005 年发生了 1 500 万元的资本性支出，提高了资产绩效，导致其未来现金流量增加，但由于我国资产减值准则不允许将以前期间已经确认的资产减值损失予以转回，因此在这种情况下也不必计算其可收回金额。

第三节　资产减值损失的确认与计量

一、资产减值损失确认与计量的一般原则

企业在对资产进行减值测试并计算了资产可收回金额后，如果资产的可收回金额低于其账面价值，就应当将资产的账面价值减记至可收回金额，减记的金额确认为资产减值损失，计入当期损益，同时计提相应的资产减值准备。这样，企业当期确认的减值损失应当反映在利润表中，而计提的资产减值准备应当作为相关资产的备抵项目反映于资产负债表中，从而夯实企业资产价值，避免利润虚增，如实反映企业的财务状况和经营成果。

资产减值损失确认后，减值资产的折旧或者摊销费用应当在未来期间做相应调整，以使该资产在剩余使用寿命内，系统地分摊调整后的资产账面价值（扣除预计净残值）。例如，固定资产计提了减值准备后，固定资产账面价值将根据计提的减值准备相应抵减，因此固定资产在未来计提折旧时，应当以新的固定资产账面价值为基础计提每期折旧。

考虑到固定资产、无形资产和商誉等资产在发生减值后，价值回升的可能性比较小，通常属于永久性减值，而且从会计信息谨慎性要求考虑，为了避免确认资产重估增值和操纵利润，资产减值准则规定，资产减值损失一经确认，在以后会计期间不得转回，因而以前期间计提的资产减值准备在资产处置、出售、对外投资、以非货币性资产交换方式换出和债务重组中抵偿债务等时，才可予以转出。

二、资产减值损失的账务处理

为了正确核算企业确认的资产减值损失和计提的资产减值准备。企业应当设置“资产减值损失”科目，按照资产类别进行明细核算，反映各类资产在当期确认的资产减值损失金额。同时，应当根据不同的资产类别，分别设置“固定资产减值准备”、“在建工程减值准备"、“投资性房地产减值准备”、“无形资产减值准备”、“商誉减值准备”、“长期股权投资减值准备”、“生产性生物资产减值准备”等科目。

当企业根据资产减值准则的规定确定资产发生减值时，应当根据所确认的资产减值金额，借记“资产减值损失”科目，贷记“固定资产减值准备”、“在建工程减值准备”、“投资性房地产减值准备”、“无形资产减值准备”、“商誉减值准备”、“长期股权投资减值准备”、“生产性生物资产减值准备”等科目。在期末，企业应当将“资产减值损失”科目余额转入“本年利润”科目，结转后该科目应当没有余额。各资产减值准备科目累积每期计提的资产减值准备，直至相关资产被处置时才可予以转出。

【例 12-4】 沿用【例 12-3】的资料，根据测试和计算结果，甲航运公司应确认的船舶减值损失为 5 035 万元，账务处理如下。

借：资产减值损失——固定资产减值损失　　5 035

　　贷：固定资产减值准备　　　　　　　　　　5 035

计提资产减值准备后，船舶的账面价值变为 10 965 万元，在该船舶剩余使用寿命内，公司应当以此为基础计提折旧。如果发生进一步减值的，再做进一步的减值测试。

小贴士

资产减值损失是损益类科目，是指因资产的账面价值高于其可收回金额而造成的损失。期末需要将资产减值损失结转到本年利润。

第四节　资产组的认定及减值处理

一、资产组的认定

如果有迹象表明一项资产可能发生减值的，企业应当以单项资产为基础估计其可收回金额。但是在企业难以对单项资产的可收回金额进行估计的情况下，应当以该资产所属的资产组为基础确定资产组的可收回金额。

（一）资产组的概念

资产组是企业可以认定的最小资产组合，其产生的现金流入应当基本上独立于其他资产或者资产组。资产组应当由创造现金流入相关的资产组成。

（二）认定资产组应当考虑的因素

（1）资产组的认定以其产生的主要现金流入是否独立于其他资产或者资产组的现金流入

为依据，因此，资产组能否独立产生现金流入是认定资产组的最关键因素。比如，企业的某一生产线、营业网点、业务部门等，如果能够独立于其他部门或者单位等创造收入、产生现金流，或者其创造的收入和现金流入绝大部分独立于其他部门或者单位，并且属于可认定的最小的资产组合，则通常应将该生产线、营业网点、业务部门等认定为一个资产组。

【例 12-5】某矿业公司拥有一个煤矿，与煤矿的生产和运输相配套，建有一条专用铁路。该铁路除非报废出售，否则其在持续使用中难以脱离煤矿相关的其他资产而产生单独的现金流入，因此，企业难以对专用铁路的可收回金额进行单独估计。专用铁路和煤矿其他相关资产必须结合在一起，成为一个资产组，以估计该资产组的可收回金额。

（2）在资产组的认定中，企业几项资产的组合生产的产品（或者其他产出）存在活跃市场的，无论这些产品或者其他产出是用于对外出售还是仅供企业内部使用，均表明这几项资产的组合能够独立创造现金流入，在符合其他相关条件的情况下，应当将这些资产的组合认定为资产组。

【例 12-6】甲企业生产某单一产品，并且只拥有 A、B、C 三家工厂。三家工厂分别位于三个不同的国家，而三个国家又位于三个不同的洲。工厂 A 生产一种组件，由工厂 B 或者 C 进行组装，最终产品由 B 或者 C 销往世界各地，工厂 B 的产品可以在本地销售，也可以在 C 所在洲销售（如果将产品从 B 运到 C 所在洲更加方便的话）。

B 和 C 的生产能力合在一起尚有剩余，并没有被完全利用。B 和 C 生产能力的利用程度依赖于甲企业对于销售产品在两地之间的分配。以下分别认定与 A、B、C 有关的资产组。

假定 A 生产的产品（即组件）存在活跃市场，则 A 很可能可以认定为一个单独的资产组。原因是它生产的产品尽管主要用于 B 或者 C，但是由于该产品存在活跃市场，可以带来独立的现金流量，因此通常应当认定 A 为一个单独的资产组。在确定其未来现金流量的现值时，公司应当调整其财务预算或预测，将未来现金流量的预计建立在公平交易前提下 A 生产产品的未来价格最佳估计数，而不是其内部转移价格。

对于 B 和 C 而言，即使 B 和 C 组装的产品存在活跃市场，但由于 B 和 C 的现金流入依赖于产品在两地之间的分配，因而 B 和 C 的未来现金流入不可能单独地确定。但 B 和 C 组合在一起却是可以认定的。可产生基本上独立于其他资产或者资产组的现金流入的资产组合。B 和 C 应当认定为一个资产组。在确定该资产组未来现金流量的现值时，公司也应当调整其财务预算或预测，将未来现金流量的预计建立在公平交易的前提下，而不是其内部转移价格。

【例 12-7】沿用【例 12-6】的资料，假定 A 生产的产品不存在活跃市场。在这种情况下，由于 A 生产的产品不存在活跃市场，它的现金流入依赖于 B 或者 C 生产的最终产品的销售，因此，A 很可能难以单独产生现金流入，其可收回金额也难以单独估计。

而对于 B 和 C 而言，其生产的产品虽然存在活跃市场，但是 B 和 C 的现金流入依赖于产品在两个工厂之间的分配，B 和 C 在产能和销售上的管理是统一的，因此，B 和 C 也难以单独产生现金流量，因而也难以单独估计其可收回金额。

因此，只有 A、B、C 三个工厂组合在一起（即将甲企业作为一个整体）才很可能是一个可以认定的、能够基本上独立产生现金流入的最小的资产组合，从而将 A、B、C 的组合认定为一个资产组。

（3）应当考虑企业管理层对生产经营活动的管理或者监控方式（比如是按照生产线、业务种类还是按照地区或者区域等）和对资产的持续使用或者处置的决策方式等。例如，如果企业各生产线都是独立生产、管理和监控的，那么各生产线很可能应当认定为单独的资产组；如果某些机器设备是相互关联、互相依存的，其使用和处置是一体化决策的，那么这些机器设备很可能应当认定为一个资产组。

（三）资产组认定后不得随意变更

资产组一经确定后，在各个会计期间应当保持一致，不得随意变更，即资产组的各项资产构成通常不能随意变更。例如，甲设备在 2006 年归属于 A 资产组，在无特殊情况下，该设备在 2007 年仍然应当归属于 A 资产组，而不能随意将其变更至其他资产组。但是，由于企业重组、变更资产用途等原因，导致资产组构成确需变更的，企业可以进行变更，但企业管理层应当证明该变更是合理的，并应当在附注中做相应说明。

二、资产组减值测试

资产组减值测试的原理和单项资产是一致的，即企业需要预计资产组的可收回金额和计算资产组的账面价值，并将两者进行比较。如果资产组的可收回金额低于其账面价值，则表明资产组发生了减值损失，应当予以确认。

（一）资产组账面价值和可收回金额的确定基础

资产组账面价值的确定基础应当与其可收回金额的确定方式相一致，因为只有这样的比较才有意义。如果两者在不同的基础上进行估计和比较，则难以正确估算资产组的减值损失。

资产组的可收回金额在确定时，应当按照该资产组的公允价值减去处置费用后的净额与其预计未来现金流量的现值两者之间较高者确定。

资产组的账面价值则应当包括可直接归属于资产组并可以合理和一致地分摊至资产组的资产账面价值，通常不应当包括已确认负债的账面价值，但如不考虑该负债金额就无法确定资产组可收回金额的除外。这是因为在预计资产组的可收回金额时，既不包括与该资产组的资产无关的现金流量，也不包括与已在财务报表中确认的负债有关的现金流量，因此为了与资产组可收回金额的确定基础相一致，资产组的账面价值也不应当包括这些项目。

资产组在处置时如要求购买者承担一项负债（如环境恢复负债等），该负债金额已经确认并计入相关资产账面价值，而且企业只能取得包括上述资产和负债在内的单一公允价值减去处置费用后的净额的，为了比较资产组的账面价值和可收回金额，在确定资产组的账面价值及其预计未来现金流量的现值时，应当将已确认的负债金额从中扣除。

【例 12-8】 ABC 公司在某山区经营一座有色金属矿山，根据规定，公司在矿山完成开采后应当将该地区恢复原貌。恢复费用主要为山体表层复原费用（如恢复植被等），因为山体表层必须在矿山开发前挖走。因此，企业在山体表层挖走后确认了一项预计负债，并计入矿山成本，假定其金额为 500 万元。

2007 年 12 月 31 日，随着开采的进展，公司发现矿山中的有色金属储量远低于预期，因此，公司对该矿山进行了减值测试。考虑到矿山的现金流量状况，整座矿山被认定为一个资产组。该资产组在 2007 年年末的账面价值为 1 000 万元（包括确认的恢复山体原貌的预计负债）。

矿山（资产组）若于 2007 年 12 月 31 日对外出售，买方愿意出价 820 万元（包括恢复山体原貌成本，即已经扣减这一成本因素），预计处置费用为 20 万元，因此该矿山的公允价值减去处置费用后的净额为 800 万元。

矿山的预计未来现金流量的现值为 1 200 万元，不包括恢复费用。

为了比较资产组的账面价值和可收回金额，在确定资产组的账面价值及其预计未来现金流量的现值时，应当将已确认的负债金额从中扣除。

在本例中，资产组的公允价值减去处置费用后的净额为 800 万元，该金额已经考虑了恢复费用。该资产组预计未来现金流量的现值在考虑了恢复费用后为 700（即 1 200–500）万元。因此，该资产组的可收回金额为 800 万元。资产组的账面价值在扣除了已确认的恢复原貌预计负债后的金额为 500（即 1 000–500）万元。这样，资产组的可收回金额大于其账面价值，所以，资产组没有发生减值，不必确认减值损失。

（二）资产组减值的会计处理

根据减值测试的结果，资产组（包括资产组组合，在后述有关总部资产或者商誉的减值测试时涉及）的可收回金额低于其账面价值的，应当确认相应的减值损失。减值损失金额应当按照以下顺序进行分摊。

首先抵减分摊至资产组中商誉的账面价值。

然后根据资产组中除商誉之外的其他各项资产的账面价值所占比重，按比例抵减其他各项资产的账面价值。

以上资产账面价值的抵减，应当作为各单项资产（包括商誉）的减值损失处理，计入当期损益。抵减后的各资产的账面价值不得低于以下三者之中最高者：该资产的公允价值减去处置费用后的净额（如可确定的）、该资产预计未来现金流量的现值（如可确定的）和零。因此而导致的未能分摊的减值损失金额，应当按照相关资产组中其他各项资产的账面价值所占比重进行分摊。

【例 12-9】 XYZ 公司有一条甲生产线，该生产线生产某精密仪器，由 A、B、C 三部机器构成，成本分别为 40 万、60 万和 100 万元。使用年限为 10 年，净残值为零，以年限平均法计提折旧。各机器均无法单独产生现金流量，但整条生产线构成完整的产销单位，属于一个资产组。2007 年甲生产线所生产的精密仪器有替代产品上市，导致年底公司精密仪器的销路锐减 40%，因此对甲生产线进行减值测试。

2007 年 12 月 31 日，A、B、C 三部机器的账面价值分别为 20 万、30 万和 50 万元。估计 A 机器的公允价值减去处置费用后的净额为 15 万元，B、C 机器都无法合理估计其公允价值减去处置费用后的净额以及未来现金流量的现值。

整条生产线预计尚可使用 5 年。在估计其未来 5 年的现金流量及恰当的折现率后，得到该生产线预计未来现金流量的现值为 60 万元。由于公司无法合理估计生产线的公允价值减去处置费用后的净额，公司以该生产线预计未来现金流量的现值为其可收回金额。

鉴于 2007 年 12 月 31 日，该生产线的账面价值为 100 万元，而其可收回金额为 60 万元，生产线的账面价值高于其可收回金额，因此该生产线已经发生了减值，公司应当确认减值损失 40 万元，并将该减值损失分摊到构成生产线的三部机器中。由于 A 机器的公允价值减去处置费用后的净额为 15 万元，因此，A 机器在分摊了减值损失后的账面价值不应低于 15 万元。具体分摊过程如表 12-4 所示。

表 12-4　减值损失分摊表　　金额单位：元

项目	机器 A	机器 B	机器 C	整个生产线（资产组）
账面价值	200 000	300 000	500 000	1 000 000
可收回金额				600 000
减值损失				400 000
减值损失分摊比例	20%	30%	50%	
分摊减值损失	50 000*	120 000	200 000	370 000
分摊后账面价值	150 000	180 000	300 000	
尚未分摊的减值损失				30 000
二次分摊比例		37.5%	62.5%	
二次分摊减值损失		11 250	18 750	30 000
二次分摊后应确认的减值损失总额		131 250	218 750	400 000
二次分摊后账面价值	150 000	168 750	281 250	600 000

*注：按照分摊比例，机器 A 应当分摊减值损失 80 000（即 400 000×20%）元，但由于机器 A 的公允价值减去处置费用后的净额为 150 000 元，因此机器 A 最多只能确认减值损失 50 000（即 200 000－150 000）元，未能分摊的减值损失 30 000（即 80 000－50 000）元，应当在机器 B 和机器 C 之间进行再分摊。

根据上述计算和分摊结果，甲生产线的机器 A、机器 B 和机器 C 应当分别确认减值损失 50 000 元、131 250 元和 218 750 元，账务处理如下。

借：资产减值损失——机器 A　　50 000
　　　　　　　　——机器 B　　131 250
　　　　　　　　——机器 C　　218 750
　贷：固定资产减值准备——机器 A　　50 000
　　　　　　　　　　　——机器 B　　131 250
　　　　　　　　　　　——机器 C　　218 750

三、总部资产的减值测试

企业总部资产包括企业集团或其事业部的办公楼、电子数据处理设备、研发中心等资产。总部资产的显著特征是难以脱离其他资产或者资产组产生独立的现金流入，而且其账面价值难以完全归属于某一资产组。因此，总部资产通常难以单独进行减值测试，需要结合其他相关资产组或者资产组组合进行。资产组组合是指由若干个资产组组成的最小资产组组合，包括资产组或者资产组组合，以及按合理方法分摊的总部资产部分。

在资产负债表日，有迹象表明某项总部资产可能发生减值的，企业应当计算确定该总部资产所归属的资产组或者资产组组合的可收回金额，然后将其与相应的账面价值相比较，据以判断是否需要确认减值损失。

企业对某一资产组进行减值测试时，应当先认定所有与该资产组相关的总部资产，再根据相关总部资产能否按照合理和一致的基础分摊至该资产组分别按下列情况处理。

（1）对于相关总部资产能够按照合理和一致的基础分摊至该资产组的部分，应当将该部分总部资产的账面价值分摊至该资产组，再据以比较该资产组的账面价值（包括已分摊的总部资产的账面价值部分）和可收回金额，并按照前述有关资产组减值测试的顺序和方法处理。

（2）对于相关总部资产中难以按照合理和一致的基础分摊至该资产组的部分，应当按照下列步骤处理。

首先，在不考虑相关总部资产的情况下，估计和比较资产组的账面价值和可收回金额，并按照前述有关资产组减值测试的顺序和方法处理。

其次，认定由若干个资产组组成的最小的资产组组合，该资产组组合应当包括所测试的资产组与可以按照合理和一致的基础将该部分总部资产的账面价值分摊其上的部分。

最后，比较所认定的资产组组合的账面价值（包括已分摊的总部资产的账面价值部分）和可收回金额，并按照前述有关资产组减值测试的顺序和方法处理。

【例 12-10】 ABC公司系高科技企业，拥有A、B、C三个资产组，在2000年年末，这三个资产组的账面价值分别为200万元、300万元和400万元，没有商誉。这三个资产组为三条生产线，预计剩余使用寿命分别为10年、20年和20年，采用直线法计提折旧。由于ABC公司的竞争对手通过技术创新推出了更高技术含量的产品，并且受到市场欢迎，从而对ABC公司产品产生了重大不利影响，为此，ABC公司于2000年年末对各资产组进行了减值测试。

在对资产组进行减值测试时，首先应当认定与其相关的总部资产。ABC公司的经营管理活动由总部负责，总部资产包括一栋办公大楼和一个研发中心，其中办公大楼的账面价值为300万元，研发中心的账面价值为100万元。办公大楼的账面价值可以在合理和一致的基础上分摊至各资产组，但是研发中心的账面价值难以在合理和一致的基础上分摊至各相关资产组。对于办公大楼的账面价值，企业根据各资产组的账面价值和剩余使用寿命加权平均计算的账面价值确定的分摊比例进行分摊，具体如表12-5所示。

表 12-5　总部资产账面价值分摊表　　单位：万元

项目	资产组A	资产组B	资产组C	合计
各资产组账面价值	200	300	400	900
各资产组剩余使用寿命（年）	10	20	20	
按使用寿命计算的权重	1	2	2	
加权计算后的账面价值	200	600	800	1 600
办公大楼分摊比例（各资产组加权计算后的账面价值/占各资产组加权计算后的账面价值合计）	12.5%	37.5%	50%	100%
办公大楼账面价值分摊到各资产组的金额	37.5	112.5	150	300
包括分摊的办公大楼账面价值部分的各资产组账面价值	237.5	412.5	550	1 200

企业随后应当确定各资产组的可收回金额，并将其与账面价值（包括已分摊的办公大楼的账面价值部分）相比较，以确定相应的减值损失。考虑到研发中心的账面价值难以按照合理和一致的基础分摊至资产组，因此确定由A、B、C三个资产组组成最小资产组组合（即为ABC整个企业），通过计算该资产组组合的可收回金额，并将其与账面价值（包括已分摊的办公大楼账面价值和研发中心的账面价值）相比较，以确定相应的减值损失。假定各资产组和资产组组合的公允价值减去处置费用后的净额难以确定，企业根据它们的预计未来现金流量的现值来计算其可收回金额，计算现值所用的折现率为15%，计算过程如表12-6所示。

表 12-6　各资产组现值计算表　　单位：万元

年份	资产组 A		资产组 B		资产组 C		包括研发中心在内的最小资产组合（ABC 公司）	
	未来现金流量	现值	未来现金流量	现值	未来现金流量	现值	未来现金流量	现值
1	36	32	18	16	20	18	78	68
2	62	46	32	24	40	30	144	108
3	74	48	48	32	68	44	210	138
4	84	48	58	34	88	50	256	146
5	94	48	64	32	102	50	286	142
6	104	44	66	28	112	48	310	134
7	110	42	68	26	120	44	324	122
8	110	36	70	22	126	42	332	108
9	106	30	70	20	130	36	334	96
10	96	24	70	18	132	32	338	84
11			72	16	132	28	264	56
12			70	14	132	24	262	50
13			70	12	132	22	262	42
14			66	10	130	18	256	36
15			60	8	124	16	244	30
16			52	6	120	12	230	24
17			44	4	114	10	216	20
18			36	2	102	8	194	16
19			28	2	86	6	170	12
20			20	2	70	4	142	8
现值合计		398		328		542		1 440

根据上述资料，资产组 A、B、C 的可收回金额分别为 398 万元、328 万元和 542 万元，相应的账面价值（包括分摊的办公大楼账面价值）分别为 237.5 万元、412.5 万元和 550 万元，资产组B和C的可收回金额均低于其账面价值，应当分别确认84.5（即412.5–328）万元和8（即550–542）万元减值损失，并将该减值损失在办公大楼和资产组之间进行分摊。根据分摊结果，因资产组 B 发生减值损失 84.5 万元而导致办公大楼减值 23.05（即 84.5 × 112.5/412.5）万元，导致资产组 B 中所包括资产发生减值 61.45（84.5 × 300/412.5）万元；因资产组 C 发生减值损失 8 万元而导致办公大楼减值 2.18（即 8 × 150/550）万元，导致资产组 C 中所包括资产发生减值 5.82（即 8 × 400/550）万元。

经过上述减值测试后，资产组 A、B、C 和办公大楼的账面价值分别为 200 万元、238.55 万元、394 万元和 274.95 万元，研发中心的账面价值仍为 100 万元，由此包括研发中心在内的最小资产组组合（即 ABC 公司）的账面价值总额为 1 207.50（即 200+238.55+394+274.95+100）万元，但其可收回金额为 1 440 万元，高于其账面价值，因此，企业不必再进一步确认减值损失（包括研发中心的减值损失）。

第五节　商誉减值测试与处理

一、商誉减值测试的基本要求

企业合并所形成的商誉，至少应当在每年年度终了进行减值测试。由于商誉难以独立产生现金流量，因此，商誉应当结合与其相关的资产组或者资产组组合进行减值测试。

为了达到资产减值测试的目的，对于因企业合并形成的商誉的账面价值，应当自购买日起按照合理的方法分摊至相关的资产组；难以分摊至相关的资产组的，应当将其分摊至相关的资产组组合。这些相关的资产组或者资产组组合应当是能够从企业合并的协同效应中受益的资产组或者资产组组合，但不应当大于按照《企业会计准则第 35 号——分部报告》和《企业会计准则解释第 3 号》所确定的报告分部。

二、商誉减值测试的方法与会计处理

在对包含商誉的相关资产组或者资产组组合进行减值测试时，若与商誉相关的资产组或者资产组组合存在减值迹象，则应当首先对不包含商誉的资产组或者资产组组合进行减值测试，计算可收回金额，并与相关账面价值相比较，确认相应的减值损失。然后，再对包含商誉的资产组或者资产组组合进行减值测试，比较这些相关资产组或者资产组组合的账面价值（包括所分摊的商誉的账面价值部分）与其可收回金额，若相关资产组或者资产组组合的可收回金额低于其账面价值，应当就其差额确认减值损失。减值损失金额应当首先抵减分摊至资产组或资产组组合中商誉的账面价值，再根据资产组或者资产组组合中除商誉之外的其他各项资产的账面价值所占比重，按比例抵减其他各项资产的账面价值。与资产减值测试的处理一样，以上资产账面价值的抵减，也都应当作为各单项资产（包括商誉）的减值损失处理，计入当期损益。抵减后的各资产的账面价值不得低于以下三者之中最高者：该资产的公允价值减去处置费用后的净额、该资产预计未来现金流量的现值和零。因此而导致的未能分摊的减值损失金额，应当按照相关资产组或者资产组组合中其他各项资产的账面价值所占比重进行分摊。

由于按照《企业会计准则第 20 号——企业合并》的规定，因企业合并所形成的商誉是母公司根据其在子公司所拥有的权益而确认的商誉，子公司中归属于少数股东的商誉并没有在合并财务报表中予以确认，因此在对与商誉相关的资产组或者资产组组合进行减值测试时，因其可收回金额的预计包括归属于少数股东的商誉价值部分，所以为了使减值测试建立在一致的基础上，企业应当调整资产组的账面价值，将归属于少数股东权益的商誉包括在内，然后根据调整后的资产组账面价值与其可收回金额进行比较，以确定资产组是否发生了减值。

上述资产组如发生减值的，应当首先抵减商誉的账面价值。但由于根据上述方法计算的商誉减值损失包括了应由少数股东权益承担的部分，而少数股东权益拥有的商誉价值及其减值损失都不在合并财务报表中反映，合并财务报表只反映归属于母公司的商誉减值损失，因此应当将商誉减值损失在可归属于母公司和少数股东权益之间按比例进行分摊，以确认归属于母公司的商誉减值损失。

小贴士

商誉是指能在未来期间为企业经营带来超额利润的潜在经济价值，或一家企业预期的获利能力超过可辨认资产正常获利能力（如社会平均投资回报率）的资本化价值。商誉是企业整体价值的组成部分。在企业合并时，它是购买企业投资成本超过被合并企业净资产公允价值的差额。现行的会计准则中商誉已经不作为无形资产进行核算，因为商誉的存在无法与企业自身分离，不具有可辨认性，不属于无形资产。

本章小结

资产减值对于企业的资产和利润都有重要的影响，因此它是企业特别是上市公司进行盈余管理的重要手段。本章主要根据《企业会计准则第 8 号——资产减值》的内容，介绍了如何计提减值准备，包括单项资产、资产组以及包括总部资产的资产组减值的计提，最后论述了商誉减值的计提以及会计处理。

本章思考

1．资产减值的范围包括哪些？
2．什么叫可收回金额？如何计算？
3．什么叫资产组？资产组如何计算计提的减值准备？
4．包括总部资产的资产组的减值如何处理？
5．商誉减值如何处理？

本章测试

【单选题】

1．资产减值，是指资产的可收回金额低于其（　　）。

A．账面价值　　B．公允价值　　C．历史成本　　D．现值

2．企业应当（　　）判断资产是否存在可能发生减值的迹象。

A．不定期　　B．在资产负债表日　　C．定期　　D．年末

3．在将商誉的账面价值分摊至相关的资产组或者资产组组合时，应当首先考虑按照各资产组或者资产组组合的（　　）占相关资产组或者资产组组合公允价值总额的比例进行分摊。

A．账面价值　　B．公允价值　　C．历史成本　　D．现值

4．可收回金额应当根据资产的（　　）价值减去处置费用后的净额与资产预计未来现金流量的现值两者之间较高者确定。

A．账面　　B．重置　　C．现实　　D．公允

5．下列说法错误的是（　　）。

A．资产减值，是指资产的可收回金额低于其账面价值
B．资产组，是指企业可以认定的最小资产组合
C．资产组产生的现金流入应当基本上独立于其他资产或者资产组产生的现金流入
D．存货的减值也适用《会计准则第 8 号——资产减值》

【答案】1．A　2．B　3．B　4．D　5．D

第十三章　负　　债

学习目标

通过本章的学习，能够：

1. 掌握流动负债与非流动负债的特点；
2. 掌握应付票据与应付账款的会计处理；
3. 掌握短期薪酬的确认与计量；
4. 掌握增值税、消费税、营业税等应交税费会计处理；
5. 掌握应付公司债券发行、计息、利息调整等的账务处理；
6. 掌握可转换公司债券的会计处理。

案例导入

李某系自由职业者，其主要依靠给数家公司担任兼职会计为生。2009 年 6 月，李某受聘于西安某旅行社担任兼职会计，该旅行社性质为一人有限公司，公司股东为王某。旅行社与李某签订了劳务聘用合同，合同约定“李某代理该旅行社会计账务，工作性质为兼职，每月劳务报酬为 350 元，合同期限为一年”。2011 年 6 月双方劳务聘用合同期限届满，李某仍继续代理旅行社会计账务，在此期间旅行社给李某增加了劳务报酬，李某也一直未领取劳务报酬直至 2010 年 12 月。后李某因为工作原因与旅行社经理王某发生矛盾，王某以此为借口拒绝向李某支付劳务报酬，李某多次向旅行社交涉无果，2011 年 2 月，李某将旅行社和王某列为被告一并诉至西安市新城区人民法院，要求法院依法判令旅行社支付拖欠的劳务报酬 4 900 元及利息，并要求股东王某和旅行社承担连带责任。

原告李某向法庭提交的证据：① 劳务聘用合同；② 王某向李某出具欠李某劳务报酬 4 900 元的欠条；③ 2010 年 12 月旅行社向税务机关报送的纳税报表。

讨论：（1）李某是否为该旅行社职员？旅行社所欠工资是否为该一人有限公司的债务？

（2）作为股东王某是否应该与旅行社承担连带责任？

第一节　负债概述

负债是企业重要的资金来源，但是偿付债务需要减少企业的资源。负债按照流动性划分，可以分为流动负债和非流动负债两类，在资产负债表中亦是按照流动性来进行列报的。

一、负债的定义及分类

（一）负债的定义

负债是指由企业过去的交易或者事项形成的、预期会导致经济利益流出企业的现时义务。根据负债的定义，负债具有以下特征。

1. 负债是企业的现时义务

负债必须是企业承担的现时义务，这是负债的一个基本特征。其中，现时义务是指企业在现行条件下已承担的义务。未来发生的交易或者事项形成的义务，不属于现时义务，不应当确认为负债。

2. 负债的清偿会导致经济利益流出企业

预期会导致经济利益流出企业也是负债的一个本质特征，只有企业在履行义务时会导致经济利益流出企业的，才会符合负债的定义。如果不导致经济利益流出企业，就不符合负债的定义。在履行现时义务清偿负债时，导致经济利益流出企业的形式多种多样，例如用现金偿还或者以实物资产形式偿还，以提供劳务方式偿还，以部分转移资产、部分提供劳务形式偿还等。

3. 负债是由企业过去的交易或者事项形成的

负债应当由企业过去的交易或者事项所形成，即只有过去的交易或者事项才形成负债，企业将在未来发生的承诺、签订的合同等交易或者事项，不形成负债。

(二) 负债的分类

1. 流动负债与非流动负债

企业的负债按其偿还期限不同分为流动负债和非流动负债。

(1) 流动负债。负债满足下列条件之一的，应当归类为流动负债：①预计在 1 个正常营业周期中清偿；②主要为交易目的而持有；③自资产负债表日起 1 年内到期应予以清偿；④企业无权自主地将清偿推迟至资产负债表日后 1 年以上。

流动负债主要包括短期借款、以公允价值计量且其变动计入当期损益的金融负债、应付票据、应付账款、预收账款、应付职工薪酬、应交税费、应付利息、应付股利、其他应付款和 1 年内到期的非流动负债等。

(2) 非流动负债。流动负债以外的负债应当归类为非流动负债，主要包括长期借款、应付债券、长期应付款、专项应付款、递延所得税负债等。

与流动负债相比，非流动负债具有债务金额大、偿还期限长、可以分期偿还等特征。

(3) 流动负债与非流动负债的转化。

①对于在资产负债表日起 1 年内到期的负债，企业预计能够自主地将清偿义务展期至资产负债表日后 1 年以上的，应当归类为非流动负债；不能自主地将清偿义务展期的，即使在资产负债表日后、财务报告批准报出日前签订了重新安排清偿计划的协议，该项负债仍应归类为流动负债。

②企业在资产负债表日或之前违反了长期借款协议，导致贷款人可随时要求清偿的负债，应当归类为流动负债；贷款人在资产负债表日或之前同意提供在资产负债表日后 1 年以上的宽限期，企业能够在此期限内改正违约行为，且贷款人不能要求随时清偿的，该项负债应当归类为非流动负债。

其他非流动负债存在类似情况的，比照上述规定处理。

2. 金融负债和其他负债

(1) 金融负债，是指企业符合下列条件之一的负债：

① 向其他方交付现金或其他金融资产的合同义务；

② 在潜在不利条件下，与其他方交换金融资产或金融负债的合同义务；

③ 将来要用或可用企业自身权益工具进行结算的非衍生工具合同，且企业根据该合同将交付可变数量的自身权益工具；

④ 将来要用或可用企业自身权益工具进行结算的衍生工具合同，但以固定数量的自身权益工具交换固定金额的现金或其他金融资产的衍生工具合同除外。

（2）其他负债。其他负债是指除金融负债以外的负债，其主要特点是不具有金融工具合同和不需要支付利息，如应交税费、其他应付款、应付职工薪酬等。

本章主要按照流动性以及偿还期限阐述负债的确认和计量。

二、流动负债的性质及计价

（一）流动负债的性质

确认流动负债的目的，主要是将其与流动资产比较，反映企业的短期偿债能力。短期偿债能力是短期债权人十分关注的指标，在资产负债表上流动负债与非流动负债必须分别列示。

流动负债的特点主要体现在以下两个方面。

（1）偿还期限短，需在债权人提出要求时即期偿付，或者在 1 年或 1 个营业周期内必须履行。偿付对象容易确认，偿付金额可以准确地计算或进行合理的估计。因此，一般说来，流动负债可以明确债权人与债务人，同时待偿数额肯定或比较合理。

（2）这项义务一般要用企业的流动资产或流动负债偿还，如用银行存款归还短期借款以及归还赊欠货款、支付股利，用应付票据替换应付账款等。以非流动资产抵偿流动负债的业务较少见，如以设备或长期债券抵付货款。总之，清偿流动负债必然会减少企业的经济利益，即企业定会做出某种牺牲。

（二）流动负债的计价

负债是企业应在未来偿付的债务，从理论上讲，负债应按未来应付金额的现值计价。流动负债作为负债的一部分，亦应遵循这一原则。但由于流动负债的期限较短，一般不超过 1 年，未来应付的金额与贴现值相差不多，按照重要性原则，其差额往往忽略不计，因而流动负债一般按照业务发生时的金额计价。

三、非流动负债的性质

（一）举借非流动负债的目的

非流动负债是企业为弥补投资人投入企业的资本不足而向债权人等筹集可供企业长期使用的资金。这项资金不归企业所有，企业必须以资产或劳务偿还，而且使用这项资金也是有偿的，即必须支付利息。

企业之所以举借非流动负债，主要是弥补企业营运资金的不足和扩大企业的营运规模。另外，在一定的条件下，举债经营可以减少投资者的经营风险，增加企业收益。因为除独资企业和合伙企业外，一般投资者对企业承担的责任是以其出资为限的，又由于非流动负债利息的支出是按规定利率计算的，在支付了利息后，企业扩大经营而增加的利润是不用分配给债权人的，所以当投资利润率高于负债利率时，企业所有者的权益将增加。换句话说，企业投资者可以享有投资利润率高于负债利率带来的利润。再者，非流动负债的利息支出属于正常的经营费用，是在所得税前支付的，这样，企业在经营收益既定的前提下，举债经营可以使企业少交所得税。不过，如果企业不能取得预期的经济效益，非流动负债的利息将会产生巨大的债务负担，当企业的投资利润率低于负债利率时，负债越多，企业亏损则越大。所以，对于企业来说，是否举借非流动负债，规模多大，通过何种渠道举借等，都是企业进行财务决策时应考虑的问题。

（二）非流动负债的特点

非流动负债与流动负债相比，有以下特点。

（1）偿还期不同。以1年为限，超过1年的为非流动负债，低于1年的为流动负债。

（2）举债的目的不同。举借非流动负债的目的是为了扩展经营规模，增加长期耐用的固定资产；举借流动负债的目的是为了满足生产周转的需要。

（3）负债的数额不同。非流动负债的数额一般比较大，流动负债的数额一般比较小。由于非流动负债的数额较大，所以企业必须按计划在非流动负债到期之前筹措好偿债所需资金。

（4）举债的代价不同。非流动负债要支付利息，这项费用构成企业长期的固定性支出；而流动负债中一般只有短期借款等需支付利息，其他的项目在通常情况下不需要支付利息。

小贴士

非流动负债的列示：各项非流动负债应当分别进行核算，并在资产负债表中分列项目反映。将于1年内到期偿还的非流动负债，在资产负债表中应当作为一项流动负债，单独反映。

第二节　流动负债

流动负债包括短期借款、以公允价值计量且其变动计入当期损益的金融负债、应付票据、应付账款、预收账款、应付职工薪酬、应交税费、其他应付款等。

一、短期借款

短期借款是指企业从银行或其他金融机构借入的期限在一年以下（含一年）的各种借款。为了核算企业借入的短期借款情况，应当设置“短期借款”会计科目，该科目应按债权人及借款种类、还款时间等设置明细账。短期借款主要核算短期借款的取得、利息费用以及到期偿还等业务。

【例13-1】 甲公司2012年1月1日从银行取得偿还期为6个月的借款80 000元，年利率为6%。根据以上资料，编制分录如下。

借：银行存款　　80 000

　　贷：短期借款　　80 000

假设利息一个季度支付一次，编制会计分录如下。

（1）1月份和2月份的利息费用均为400元，共800元。

借：财务费用　　400

　　贷：应付利息　　400

（2）3月份实际支付借款利息1 200元。

借：应付利息　　800

　　财务费用　　400

　　贷：银行存款　　1 200

2012年7月1日，甲公司偿还短期借款80 000元，编制会计分录如下。

借：短期借款　　80 000

　　贷：银行存款　　80 000

二、以公允价值计量且其变动计入当期损益的金融负债

（一）金融负债概述

金融负债是负债的组成部分，主要包括短期借款、应付票据、应付债券、长期借款等。金融负债应按照企业会计准则中关于金融工具确认和计量的规定进行会计处理。

企业应当结合自身业务特点和风险管理要求，将承担的金融负债在初始确认时分为以下两类。

（1）以公允价值计量且其变动计入当期损益的金融负债。

（2）其他金融负债。其他金融负债是指没有划分为以公允价值计量且其变动计入当期损益的金融负债。通常包括应付账款、长期借款、商业银行吸收的客户存款等。

企业在金融负债初始确认时对其进行分类后，不能随意变更。确认时划分为以公允价值计量且其变动计入当期损益的金融负债，不能重新分类为其他金融负债，其他金融负债也不能重新分类为以公允价值计量且其变动计入当期损益的金融负债。

企业应当在成为金融工具合同的一方时确认金融资产或金融负债；在金融负债的现时义务全部或部分已经解除时，终止确认该金融负债或其一部分。

金融负债应当以公允价值进行初始计量，以公允价值计量且其变动计入当期损益的金融负债，应按照公允价值进行后续计量。不属于指定为以公允价值计量且其变动计入当期损益的金融负债的财务担保合同和低于市场利率贷款的贷款承诺，应按照下列两项金额中的较高者进行后续计量：

（1）按照《或有事项》确定的金额；

（2）初始确认金额扣除按照《收入》准则原则确定的累计转销额后的金额。其他金融负债应按照公允价值和相关交易费用作为初始确认金额，应按照实际利率法计算确定的摊余成本进行后续计量。

（二）以公允价值计量且其变动计入当期损益的金融负债

以公允价值计量且其变动计入当期损益的金融负债，可以进一步分为交易性金融负债和直接指定为以公允价值计量且其变动计入当期损益的金融负债。

1. 交易性金融负债

满足以下条件之一的金融负债，应当划分为交易性金融负债。

（1）承担该金融负债的目的，主要是为了近期内出售或回购。

（2）属于进行集中管理的可辨认金融工具组合的一部分，且有客观证据表明企业近期采用短期获利方式对该组合进行管理。在这种情况下，即使组合中有某个组成项目持有的期限稍长也不受影响。

（3）属于衍生工具。但是，被指定为有效套期工具的衍生工具、属于财务担保合同的衍生工具、与在活跃市场中没有报价且其公允价值不能可靠计量的权益工具投资挂钩并须通过交付该权益工具结算的衍生工具除外。其中，财务担保合同是指保证人和债权人约定，当债务人不履行债务时，保证人按照约定履行债务或者承担责任的合同。

2. 直接指定为以公允价值计量且其变动计入当期损益的金融负债

通常情况下，对于混合工具以外的金融负债，只有能够产生更相关的会计信息时才能将该项金融负债直接指定为以公允价值计量且其变动计入当期损益的金融负债。

符合以下条件之一时，说明直接指定能够产生更相关的会计信息。

（1）该指定可以消除或明显减少由于该金融负债的计量基础不同而导致的相关利得或损失在确认和计量方面不一致的情况。设立这项条件的目的在于通过直接指定为以公允价值计量并将其变动计入当期损益，来消除会计上可能存在的不配比现象。

（2）企业的风险管理或投资策略的正式书面文件已载明，该金融负债组合或该金融资产和金融负债组合以公允价值为基础进行管理、评价并向关键管理人员报告。

（三）确认与终止确认

企业成为金融工具合同的一方并承担相应义务时，应当将其确认为金融负债。企业应当在金融负债的现时义务全部或部分解除时，终止确认该金融负债或其一部分。

【例 13-2】 某企业因购买商品于 2007 年 3 月 1 日确认了一项应付账款 2 000 万元。按合同约定，该企业于 2007 年 4 月 1 日支付银行存款 2 000 万元解除了相关现时义务，此时该企业应将应付账款 2 000 万元从账上转销。如果合同约定货款应于 2007 年 4 月 1 日、4 月 30 日分 2 次等额清偿，那么该企业应在 4 月 1 日支付银行存款 1 000 万元时终止确认应付账款 1 000 万元（终止确认该金融负债的 50%），在 4 月 30 日支付剩余的货款 1 000 万元时终止确认应付账款 1 000 万元。

金融负债现时义务的解除可能还会涉及其他复杂情形，企业应当注重分析交易的法律形式和经济实质来决定是否应全部或部分终止确认金融负债。

（1）企业将用于偿付金融负债的资产转入某个机构或设立信托，偿付债务的义务仍存在的，不应当终止确认该金融负债，也不能终止确认转出的资产。虽然企业已为金融负债设立了“偿债基金”，但金融负债对应的债权人拥有全额追索的权利时，不能认为企业的相关现时义务已解除，从而不能终止确认金融负债。

（2）企业（债务人）与债权人之间签订协议，以承担新金融负债的方式替换现存金融负债，且新金融负债与现存的合同条款实质上不同的，应当终止确认现存金融负债，并同时确认新金融负债。其中，“实质上不同”是指按照新的合同条款，金融负债未来现金流量现值与原金融负债的剩余期间现金流量现值之间至少相差 10%。有关现值的计算均采用原金融负债的实际利率。

（3）企业回购金融负债一部分的，应当在回购日按照继续确认部分和终止确认部分的相对公允价值，将该金融负债整体的账面价值进行分配。分配给终止确认部分的账面价值与支付的对价（包括转出的非现金资产或承担的新金融负债）之间的差额，计入当期损益。

（四）以公允价值计量且其变动计入当期损益的金融负债的计量

1. 初始计量

对于以公允价值计量且其变动计入当期损益的金融负债，应按照其公允价值进行初始计量，相关交易费用应当在发生时直接计入当期损益。其中，金融负债的公允价值应当以市场交易价格为基础确定。

交易费用，是指可直接归属于购买、发行或处置金融工具新增的外部费用。新增的外部费用是指企业不购买、发行或处置金融工具就不会发生的费用，包括支付给代理机构、咨询公司、券商等的手续费和佣金及其他必要支出，不包括债券溢价、折价、融资费用、内部管理成本及其他与交易不直接相关的费用。交易费用构成实际利息的组成部分。

2. 后续计量

对于以公允价值计量且其变动计入当期损益的金融负债，应当按照公允价值计量，且不扣除将来结清金融负债时可能发生的交易费用；其公允价值变动形成的利得或损失，除与套期保值有关的以外，均应当计入当期损益。其利息费用直接计入当期损益。

3. 会计科目的设置

为了核算以公允价值计量且其变动计入当期损益的金融负债（包括交易性金融负债和直接指定的以公允价值计量且其变动计入当期损益的金融负债），应当设置“交易性金融负债”科目。“交易性金融负债”科目借方反映处置以公允价值计量且其变动计入当期损益的金融负债的账面余额，贷方反映承担的以公允价值计量且其变动计入当期损益的金融负债的公允价值，期末贷方余额反映企业承担的交易性金融负债的公允价值。

“交易性金融负债”科目应当按照其类别，分“成本”和“公允价值变动”进行明细核算。

【例 13-3】 某企业因购买商品于 2007 年 7 月 1 日，甲公司经批准在全国银行间债券市场公开发行 10 亿元人民币短期融资券，期限为 1 年，票面年利率 5.58%，每张面值为 100 元，到期一次性还本付息。所募集资金主要用于公司购买生产经营所需的原材料及配套件等。公司将该短期融资券指定为以公允价值计量且其变动计入当期损益的金融负债。假定不考虑发行短期融资券相关的交易费用。

2007 年 12 月 31 日，该短期融资券市场价格为每张 120 元（不含利息）；2008 年 3 月 31 日，该到期融资券市场价格为每张 110 元（不含利息）；2008 年 6 月 30 日，该短期融资券到期兑付完成。

甲公司关于该短期融资券相关的会计处理如下（金额单位：万元）。

（1）2007 年 7 月 1 日，发行短期融资券。

借：银行存款　　　　100 000

　　贷：交易性金融负债——成本　　　　100 000

（2）2007 年 12 月 31 日，年末确认公允价值变动和利息费用。

借：公允价值变动损益　　　　20 000

　　贷：交易性金融负债——公允价值变动　　　　20 000

借：投资收益　　　　2 790

贷：应付利息　　2 790

（3）2008年3月31日，季末确认公允价值变动和利息费用。

借：交易性金融负债——公允价值变动　　10 000
　　贷：公允价值变动损益　　10 000
借：投资收益　　1 395
　　贷：应付利息　　1 395

（4）2008年6月30日，短期融资券到期。

借：投资收益　　1 395
　　贷：应付利息　　1 395
借：交易性金融负债——成本　　100 000
　　　　　　　　　——公允价值变动　　10 000
　　应付利息　　5 580
　　贷：银行存款　　105 580
　　　　投资收益　　10 000

三、应付票据

应付票据是由出票人出票，委托付款人在指定的日期无条件支付确定的金额给收款人或持票人的票据。它是委托付款人允诺在一定时期内支付一定款项的书面证明。在我国，应付票据是指企业购买材料、商品或接收劳务供应等而开出、承兑的商业汇票，包括商业承兑汇票和银行承兑汇票。我国商业汇票的付款期限一般为3～6个月，最长不超过6个月。商业汇票未到期前，构成企业的一项负债，期末反映在资产负债表上的应付票据项目中。

企业应当设置“应付票据”科目进行核算。应付票据按照是否带息，可以分为带息应付票据和不带息应付票据两种。“应付票据”科目只核算票据面值，不核算利息，利息单独进行核算。

（一）不带息应付票据的处理

不带息应付票据，其面值就是票据到期时的应付金额。

企业开出、承兑商业汇票或以承兑商业汇票抵付货款、应付账款时，借记“原材料”、“库存商品”、“应付账款”、“应交税费——应交增值税（进项税额）”等科目，贷记“应付票据”科目；支付银行承兑汇票的手续费，借记“财务费用”科目，贷记“银行存款”科目；收到银行支付到期票据的付款通知，借记“应付票据”科目，贷记“银行存款”科目。

【例13-4】 甲公司采用商业汇票结算方式从乙公司购入一批原材料。根据有关发票账单，购入材料的实际成本是200万元，增值税专用发票上注明增值税税额34万元。材料已经验收入库。甲公司2007年5月1日开出3个月、不带息的商业承兑汇票（假设采用实际成本进行日常材料核算）。根据上述资料，企业应做如下会计处理（金额单位：万元）。

（1）购料时。

借：原材料　　200
　　应交税费——应交增值税（进项税额）　　34
　　贷：应付票据　　234

（2）票据到期。

借：应付票据　　234

　　贷：银行存款　　234

（二）带息应付票据的处理

企业开出的商业汇票，如为带息票据，应于资产负债表日计算应付利息，借记“财务费用”科目，贷记“应付利息”科目；票据到期支付本息时，按票据票面金额，借记“应付票据”科目，按已计提的利息借记“应付利息”，按未计提的利息借记“财务费用”科目，按实际支付的金额贷记“银行存款”科目。

（三）票据到期不能如期支付的处理

企业开出并承兑的商业承兑汇票如果不能如期支付的，应在票据到期时，将“应付票据”账面价值转入“应付账款”科目，待协商后再行处理。如果重新签发新的票据以偿原应付票据的，再从“应付账款”科目转入“应付票据”科目。

银行承兑汇票如果票据到期，企业无力支付到期票款时，承兑银行除凭票向持票人无条件付款外，对出票人尚未支付的汇票金额转做逾期贷款处理。企业无力支付到期银行承兑汇票，在接到银行转来的“××号汇票无款支付转入逾期贷款户”等有关凭证时，借记“应付票据”科目，贷记“短期借款”科目。对计收的利息，按短期借款利息的处理办法处理。

四、应付账款

应付账款是指企业因购买材料、商品或接受劳务等经营活动而应支付的款项。这是买卖双方在购销活动中由于取得货物与付款在时间上不一致而产生的负债。应付账款和应付票据不同，两者虽然都是由于交易而引起的负债，都属于流动性负债，但应付账款属于尚未结清的债务，属于赊购行为，而应付票据是一种期票，是延期付款的证明，有承诺付款的票据作为凭据。

应付账款一般在较短期限内支付。我国会计中设置“应付账款”科目进行核算，以反映这部分未来丧失的经济资源。企业由于债权单位撤销或其他原因而无法支付或无须支付的应付款项应计入营业外收入。

（一）应付账款的会计处理

一般情况下，应付账款不再单独计算利息，业务发生时的金额为未来应付的金额，延期付款的利息已经隐含在业务发生时的金额里，按照重要性原则，应付账款以业务发生时的金额作为未来应付的金额入账。企业确认应付账款入账时，借记有关科目，贷记“应付账款”科目；偿付应付账款时，借记“应付账款”科目，贷记“银行存款”等科目。

【例 13-5】 甲公司从乙公司购入原材料一批。根据有关发票账单，购入材料的实际成本是100万元，增值税专用发票上注明增值税税额17万元。材料已经验收入库、贷款尚未支付（假设采用实际成本进行日常材料核算）。根据上述资料，企业应做如下会计处理（金额单位：万元）。

（1）购料时。

借：原材料　　100

　　应交税费——应交增值税（进项税额）　　17

贷：应付账款　　117

（2）支付货款时。

借：应付账款　　117

　　贷：银行存款　　117

（二）存在现金折扣时的会计处理

应付账款中含有现金折扣时，采用总价法对含有现金折扣的应付账款进行入账，因此下例中我们以总价法进行核算。

【例 13-6】 甲公司 2007 年 4 月 3 日赊购材料一批，发票中注明买价为 500 万元，增值税为 85 万元，共计 585 万元，材料已验收入库。付款条件为 2/10，1/20，N/30，假设现金折扣不包括增值税。甲公司原材料采用实际成本进行核算。

在总价法下，甲公司的会计处理如下（金额单位：万元）：

（1）4 月 3 日购入材料。

借：原材料　　500

　　应交税费——应交增值税（进项税额）　　85

　　贷：应付账款　　585

（2）若甲公司在 10 日内付款。

借：应付账款　　585

　　贷：银行存款　　575

　　　　财务费用　　10

（3）若甲公司在 10 天以后 20 天以内付款。

借：应付账款　　585

　　贷：银行存款　　500

　　　　财务费用　　5

（4）若甲公司在 20 日后付款。

借：应付账款　　585

　　贷：银行存款　　585

五、应付职工薪酬

（一）职工与职工薪酬

1. 职工的含义

职工，指与企业订立劳动合同的所有人员，含全职、兼职和临时职工，也包括虽未与企业订立劳动合同但由企业正式任命的人员。

未与企业订立劳动合同或未由其正式任命，但向企业所提供服务与职工所提供服务类似的人员，也属于职工的范畴，包括通过企业与劳务中介公司签订用工合同而向企业提供服务的人员。

2. 职工薪酬的含义

职工薪酬，指企业为获得职工提供的服务或解除劳动关系而给予的各种形式的报酬或补偿。职工薪酬包括短期薪酬、离职后福利、辞退福利和其他长期职工福利。企业提供给职工配偶、子女、受赡养人、已故员工遗属及其他受益人等的福利，也属于职工薪酬。

短期薪酬，指企业在职工提供相关服务的年度报告期间结束后12个月内需要全部予以支付的职工薪酬，因解除与职工的劳动关系给予的补偿除外。短期薪酬具体包括职工工资、奖金、津贴和补贴，职工福利费，医疗保险费、工伤保险费和生育保险费等社会保险费，住房公积金，工会经费和职工教育经费，短期带薪缺勤，短期利润分享计划，非货币性福利及其他短期薪酬。

带薪缺勤，指企业支付工资或提供补偿的职工缺勤，包括年休假、病假、短期伤残、婚假、产假、丧假、探亲假等。

利润分享计划，指因职工提供服务而与职工达成的基于利润或其他经营成果提供薪酬的协议。

离职后福利，指企业为获得职工提供的服务而在职工退休或与企业解除劳动关系后，提供的各种形式的报酬和福利，短期薪酬和辞退福利除外。

辞退福利，指企业在职工劳动合同到期之前解除与职工的劳动关系，或者为鼓励职工自愿接受裁减而给予职工的补偿。

其他长期职工福利，指除短期薪酬、离职后福利、辞退福利之外所有的职工薪酬，包括长期带薪缺勤、长期残疾福利、长期利润分享计划等。

（二）短期薪酬的确认与计量

1．短期薪酬确认与计量原则

企业应当在职工为其提供服务的会计期间，将实际发生的短期薪酬确认为负债，并计入当期损益，其他会计准则要求或允许计入资产成本的除外。

企业发生的职工福利费，应当在实际发生时根据实际发生额计入当期损益或相关资产成本。职工福利费为非货币性福利的，应当按照公允价值计量。

企业为职工缴纳的医疗保险费、工伤保险费、生育保险费等社会保险费和住房公积金，以及按规定提取的工会经费和职工教育经费，应当在职工为其提供服务的会计期间，根据规定的计提基础和计提比例计算确定相应的职工薪酬金额，并确认相应负债，计入当期损益或相关资产成本。

2．带薪缺勤确认与计量原则

带薪缺勤分为累积带薪缺勤和非累积带薪缺勤。企业应当在职工提供服务从而增加了其未来享有的带薪缺勤权利时，确认与累积带薪缺勤相关的职工薪酬，并以累积未行使权利而增加的预期支付金额计量。企业应当在职工实际发生缺勤的会计期间确认与非累积带薪缺勤相关的职工薪酬。

累积带薪缺勤，指带薪缺勤权利可以结转下期的带薪缺勤，本期尚未用完的带薪缺勤权利可以在未来期间使用。

非累积带薪缺勤，指带薪缺勤权利不能结转下期的带薪缺勤，本期尚未用完的带薪缺勤权利将予以取消，并且职工离开企业时也无权获得现金支付。

3．利润分享计划确认与计量原则

利润分享计划同时满足下列条件的，企业应当确认相关的应付职工薪酬。

（1）企业因过去事项导致现在具有支付职工薪酬的法定义务或推定义务；

（2）因利润分享计划所产生的应付职工薪酬义务，金额能够可靠估计。属于下列三种情形之一的，视为义务金额能够可靠估计：

① 在财务报告批准报出之前企业已确定应支付的薪酬金额。

② 该短期利润分享计划的正式条款中包括确定薪酬金额的方式。

③ 过去的惯例为企业确定推定义务金额提供了明显证据。

职工只有在企业工作一段特定期间才能分享利润的，企业在计量利润分享计划产生的应付职工薪酬时，应当反映职工因离职而无法享受利润分享计划福利的可能性。

如果企业在职工为其提供相关服务的年度报告期间结束后 12 个月内，不需要全部支付利润分享计划产生的应付职工薪酬，该利润分享计划应当适用本准则其他长期职工福利的有关规定。

【例 13-7】 2007 年 4 月，甲公司当月应发工资 1 000 万元，其中，生产部门直接生产人员工资 500 万元；生产部门管理人员工资 100 万元；公司管理部门人员工资 180 万元；公司专设销售机构人员工资 50 万元；建造厂房人员工资 110 万元；内部研发存货管理系统人员工资 60 万元。公司分别按照职工工资总额的 10%、12%、2%和 10.5%计提医疗保险费、养老保险费、失业保险费和住房公积金；按照职工工资总额的 2%、2%和 1.5%计提福利费、工会经费和职工教育经费。假定公司存货管理系统已处于开发阶段并符合《企业会计准则第 6 号——无形资产》资本化为无形资产的条件。不考虑所得税的影响。

应计入生产成本的职工薪酬金额 $=500+500\times(10\%+12\%+2\%+10.5\%+2\%+2\%+1.5\%)$
$=700$（万元）

应计入制造费用的职工薪酬金额 $=100+100\times(10\%+12\%+2\%+10.5\%+2\%+2\%+1.5\%)$
$=140$（万元）

应计入管理费用的职工薪酬金额 $=180+180\times(10\%+12\%+2\%+10.5\%+2\%+2\%+1.5\%)$
$=252$（万元）

应计入销售费用的职工薪酬金额 $=50+50\times(10\%+12\%+2\%+10.5\%+2\%+2\%+1.5\%)$
$=70$（万元）

应计入在建工程成本的职工薪酬金额 $=110+110\times(10\%+12\%+2\%+10.5\%+2\%+2\%+1.5\%)$
$=154$（万元）

应计入无形资产成本的职工薪酬金额 $=60+60\times(10\%+12\%+2\%+10.5\%+2\%+2\%+1.5\%)$
$=84$（万元）

公司再分配工资、职工福利费、各种社会保险费、住房公积金、工会经费和职工教育经费等职工薪酬时，应做如下账务处理（金额单位：万元）。

借：生产成本（人工）	700	
制造费用（人工）	140	
管理费用（人工）	252	
销售费用（人工）	70	
在建工程（人工）	154	
研发支出——资本化支出（人工）	84	
贷：应付职工薪酬——工资		1 000

——职工福利 20

——社会保险费 240

——住房公积金 105

——工会经费 20

——职工教育经费 15

【例 13-8】 甲公司总部共有部门经理以上职工 50 名，公司为每人提供一辆汽车免费使用，假定每辆汽车企业每月计提折旧 1 000 元；公司共有副总裁以上高级管理人员 10 名，公司为每人租赁一套月租金为 8 000 元的公寓。该公司每月的账务处理如下。

借：管理费用（人工） 130 000

贷：应付职工薪酬——非货币性福利 130 000

借：应付职工薪酬——非货币性福利 130 000

贷：累计折旧 50 000

其他应付款 80 000

（三）离职后福利确认与计量

1. 离职后福利相关概念

企业应当将离职后福利计划分类为设定提存计划和设定受益计划。

离职后福利计划，指企业与职工就离职后福利达成的协议，或者企业为向职工提供离职后福利制定的规章或办法等。其中，设定提存计划指向独立的基金缴存固定费用后，企业不再承担进一步支付义务的离职后福利计划；设定受益计划指除设定提存计划以外的离职后福利计划。

2. 设定提存计划确认与计量原则

企业应当在职工为其提供服务的会计期间，将根据设定提存计划计算的应缴存金额确认为负债，并计入当期损益或相关资产成本。

根据设定提存计划，预期不会在职工提供相关服务的年度报告期结束后 12 个月内支付全部应缴存金额的，企业应当参照如下折现率，将全部应缴存金额以折现后的金额计量应付职工薪酬。

3. 设定受益计划确认与计量原则

1）设定受益计划的处理步骤

企业应当对所有设定受益计划义务予以折现，包括预期在职工提供服务的年度报告期间结束后的 12 个月内支付的义务。折现时所采用的折现率应当根据资产负债表日与设定受益计划义务期限和币种相匹配的国债或活跃市场上的高质量公司债券的市场收益率确定。

企业对设定受益计划的会计处理通常包括下列四个步骤：

（1）根据预期累计福利单位法，采用无偏且相互一致的精算假设对有关人口统计变量和财务变量等做出估计，计量设定受益计划所产生的义务，并确定相关义务的归属期间。企业应当按照如上折现率将设定受益计划所产生的义务予以折现，以确定设定受益计划义务的现值和当期服务成本。

（2）设定受益计划存在资产的，企业应当将设定受益计划义务现值减去设定受益计划资产公允价值所形成的赤字或盈余确认为一项设定受益计划净负债或净资产。

设定受益计划存在盈余的，企业应当以设定受益计划的盈余和资产上限两项的孰低者计量设定受益计划净资产。其中，资产上限指企业可从设定受益计划退款或减少未来对设定受益计划缴存资金而获得的经济利益的现值。

（3）根据成本分析，确定应当计入当期损益的金额。

（4）根据成本分析，确定应当计入其他综合收益的金额。

2）设定受益计划下的成本分析

报告期末，企业应当将设定受益计划产生的职工薪酬成本确认为下列组成部分：

（1）服务成本，包括当期服务成本、过去服务成本和结算利得或损失。其中，当期服务成本指职工当期提供服务所导致的设定受益计划义务现值的增加额；过去服务成本指设定受益计划修改所导致的与以前期间职工服务相关的设定受益计划义务现值的增加或减少。

（2）设定受益计划净负债或净资产的利息净额，包括计划资产的利息收益、设定受益计划义务的利息费用及资产上限影响的利息。

（3）重新计量设定受益计划净负债或净资产所产生的变动。

除非其他会计准则要求或允许职工福利成本计入资产成本，上述第（1）项和第（2）项应计入当期损益；第（3）项应计入其他综合收益，并且在后续会计期间不允许转回至损益，但企业可以在权益范围内转移这些在其他综合收益中确认的金额。

3）预期累计福利单位法下的福利计量

在预期累计福利单位法下，每一服务期间会增加一个单位的福利权利，并且需对每一个单位单独计量，以形成最终义务。企业应当将福利归属于提供设定受益计划的义务发生的期间。这一期间是指从职工提供服务以获取企业在未来报告期间预计支付的设定受益计划福利开始，至职工的继续服务不会导致这一福利金额显著增加之日为止。

企业应当根据预期累计福利单位法确定的公式将设定受益计划产生的福利义务归属于职工提供服务的期间，并计入当期损益或相关资产成本。

当职工后续年度的服务将导致其享有的设定受益计划福利水平显著高于以前年度时，企业应当按照直线法将累计设定受益计划义务分摊，确认职工提供服务而导致企业第一次产生设定受益计划福利义务至职工提供服务不再导致该福利义务显著增加的期间。在确定该归属期间时，不应考虑仅因未来工资水平提高而导致设定受益计划义务显著增加的情况。

4）重新计量设定受益计划

重新计量设定受益计划净负债或净资产所产生的变动包括下列部分：

（1）精算利得或损失，即由于精算假设和经验调整导致之前所计量的设定受益计划义务现值的增加或减少。

（2）计划资产回报，扣除包括在设定受益计划净负债或净资产的利息净额中的金额。

（3）资产上限影响的变动，扣除包括在设定受益计划净负债或净资产的利息净额中的金额。

5）设定受益计划确认时间的要求

在设定受益计划下，企业应当在下列日期孰早日将过去服务成本确认为当期费用：

（1）修改设定受益计划时。

（2）企业确认相关重组费用或辞退福利时。

6）设定受益计划结算的处理

企业应当在设定受益计划结算时，确认一项结算利得或损失。

设定受益计划结算，指企业为了消除设定受益计划所产生的部分或所有未来义务进行的交易，而不是根据计划条款和所包含的精算假设向职工支付福利。设定受益计划结算利得或损失是下列两项的差额：

（1）在结算日确定的设定受益计划义务现值。

（2）结算价格，包括转移的计划资产的公允价值和企业直接发生的与结算相关的支付。

（四）辞退福利的确认与计量

企业向职工提供辞退福利的，应当在下列两者孰早日确认辞退福利产生的职工薪酬负债，并计入当期损益：

（1）企业不能单方面撤回因解除劳动关系计划或裁减建议所提供的辞退福利时。

（2）企业确认与涉及支付辞退福利的重组相关的成本或费用时。

企业应当按照辞退计划条款的规定，合理预计并确认辞退福利产生的应付职工薪酬。辞退福利预期在其确认的年度报告期结束后 12 个月内完全支付的，应当适用短期薪酬的相关规定；辞退福利预期在年度报告期结束后 12 个月内不能完全支付的，应当适用本准则关于其他长期职工福利的有关规定。

（五）其他长期职工福利

企业向职工提供的其他长期职工福利，符合设定提存计划条件的，应当适用设定提存计划的有关规定进行处理。除此之外，企业应当适用设定受益计划的有关规定，确认和计量其他长期职工福利净负债或净资产。在报告期末，企业应当将其他长期职工福利产生的职工薪酬成本确认为下列组成部分：

（1）服务成本。

（2）其他长期职工福利净负债或净资产的利息净额。

（3）重新计量其他长期职工福利净负债或净资产所产生的变动。

为简化相关会计处理，上述项目的总净额应计入当期损益或相关资产成本。

此外，长期残疾福利水平取决于职工提供服务期间长短的，企业应当在职工提供服务的期间确认应付长期残疾福利义务，计量时应当考虑长期残疾福利支付的可能性和预期支付的期限；长期残疾福利与职工提供服务期间长短无关的，企业应当在导致职工长期残疾的事件发生的当期确认应付长期残疾福利义务。

小贴士

应付职工薪酬是企业根据有关规定应付给职工的各种薪酬，按照“工资，奖金，津贴，补贴”、“职工福利”、“社会保险费”、“住房公积金”、“工会经费”、“职工教育经费”、“解除职工劳动关系补偿”、“非货币性福利”、“其他与获得职工提供的服务相关的支出”等应付职工薪酬项目进行明细核算。

六、应交税费

应交税费是指企业在生产经营过程中按照规定应向国家缴纳的各种税费，主要包括增值税、消费税、营业税等。本章以增值税和消费税为例加以说明。

小贴士

为了总括反映各种税金及附加费的交纳情况，企业应设置“应交税费”科目，并在“应交税费”科目下设置有关明细科目进行核算。需要注意的是，企业交纳的印花税、耕地占用税以及其他不需要预计应交纳数额的税金，不通过“应交税费”科目核算。

（一）应交增值税

增值税是以从事销售货物或提供加工、修理修配劳务以及从事进口货物的单位和个人取得的增值额为课税对象而征收的一种税。在我国境内销售货物或者提供加工、修理修配劳务以及从事进口货物的单位和个人为增值税纳税义务人。按照会计核算是否健全以及企业的年销售额可以将增值税的纳税人分为一般纳税人和小规模纳税人。下面的业务以一般纳税人为例进行论述。

1．应交增值税会计科目设置

为了正确计算增值税的应纳税额，企业应交的增值税，应在“应交税费”科目下设置“应交增值税”和“未交增值税”两个明细科目进行核算。“应交增值税”明细科目的借方反映企业购进货物或接受应税劳务支付的进项税额、实际已交纳的增值税等，贷方反映销售货物或提供应税劳务应交纳的增值税额、出口货物退税、不能抵扣的进项税额转出等；期末借方余额反映企业尚未抵扣的增值税，贷方余额反映企业尚未交纳的增值税。

2．一般购销业务的处理

销售物资或提供应税劳务，按实现的营业收入和按规定收取的增值税额借记“应收账款”、“应收票据”、“银行存款”等科目，按专用发票上注明的增值税额贷记“应交税费——应交增值税（销项税额）”科目，按实现的营业收入贷记“主营业务收入”等科目。发生的销售退回，做相反的账务处理。

【例 13-9】 甲公司 2007 年 5 月 10 日购进一批原材料，增值税专用发票上注明的原材料价款为 100 万元，增值税额为 17 万元。货款已支付，材料已经到达并验收入库。2007 年 5 月 12 日，甲公司销售产品一批，价款为 500 万元（不含增值税），货款尚未收到（假设符合收入的确认条件）。假如该产品的增值税税率为 17%，不交消费税。根据上述经济业务，企业应做如下处理。

① 购进原材料。

借：原材料　　1 000 000

　　应交税费——应交增值税（进项税额）　　170 000

　　贷：银行存款　　1 170 000

② 销售产品时。

销项税额=500×17%=85（万元）

借：应收账款　　5 850 000

　　贷：主营业务收入　　5 000 000

　　　　应交税费——应交增值税（销项税额）　　850 000

企业当月交纳当月的增值税，通过“应交税费——应交增值税（已交税金）”科目核算，借记“应交税费——应交增值税（已交税金）”科目，贷记“银行存款”科目。

除了当月缴纳当月的增值税外，其他情况则通过“应交税费——未交增值税”科目进行核算。当月应交未交的增值税，借记“应交税费——应交增值税（转出未交增值税）”科目，贷记“应交税费——未交增值税”科目；对于当月多交的增值税，借记“应交税费——未交增值税”科目，贷记“应交税费——应交增值税（转出多交增值税）”科目。

（二）应交消费税

在我国境内生产、委托加工和进口应征消费税的消费品的单位和个人为消费税的纳税义务人。消费税与增值税不同，它属于价内税，即主营业务收入中包含消费税，也即是消费税应由主营业务收入来补偿。企业交纳的消费税计入“营业税金及附加”等科目，在“应交税费”科目下设置“应交消费税”明细科目核算。“应交税费——应交消费税”科目的借方发生额反映企业实际交纳的消费税和待扣的消费税，贷方发生额反映应交纳的消费税；期末贷方余额反映尚未交纳的消费税，借方余额反映多交或待扣的消费税。

企业直接对外销售的消费品，其应交纳的消费税通过“营业税金及附加”科目核算。

【例 13-10】 甲公司 2007 年 10 月份销售 10 辆摩托车，每辆计税价格 15 000 元（不含增值税），货款尚未收到，每辆成本 5 000 元。企业增值税税率 17%，摩托车消费税税率 10%。会计处理如下。

应向购买方收取的增值税=15 000×10×17%=25 500（元）

应交纳的消费税=15 000×10×10%=15 000（元）

① 销售摩托车时。

借：应收账款　　175 500

　　贷：主营业务收入　　150 000

　　　　应交税费——应交增值税（销项税额）　　25 500

借：营业税金及附加　　15 000

　　贷：应交税费——应交消费税　　15 000

② 结转成本。

借：主营业务成本　　50 000

　　贷：库存商品　　50 000

七、其他流动负债

（一）预收账款

预收账款是指企业按照合同规定向购货单位预收的款项。预收账款一般应按应付金额入账。

小贴士

“预收账款”科目，贷方反映预收的货款和补付的货款，借方反映应收的货款和退回多收的货款；期末，贷方余额反映尚未结清的预收账款，借方余额反映应收的账款。

如果预收账款比较多，可以设置 “预收账款”科目核算；而预收账款不多的企业，也可以将预收的款项直接计入“应收账款”科目的贷方，不设置“预收账款”科目。

【例 13-11】 甲公司 2007 年 4 月份接受一批订货合同，合同规定，货款总计 200 000 元（不含增值税），预计 6 个月完成。订货方预付货款 50%，另 50%待产品完工发出后再支付。增值税税率 17%。会计处理如下。

① 收到预付的货款。

借：银行存款　　　　　　　　　　　　100 000

　　贷：预收账款　　　　　　　　　　　　100 000

② 6 个月后产品发出。

借：预收账款　　　　　　　　　　　　234 000

　　贷：主营业务收入　　　　　　　　　　200 000

　　　　应交税费——应交增值税（销项税额）　34 000

③ 订货单位补付货款时。

借：银行存款　　　　　　　　　　　　134 000

　　贷：预收账款　　　　　　　　　　　　134 000

（二）应付股利

企业作为独立核算的经济实体，对其实现的经营成果除了应按照税法及有关法规的规定交税、交费外，还必须给予投资者一定的回报。企业分配给投资者的现金股利或利润，在实际支付给投资者之前，形成了一笔负债。在会计核算中应设置“应付股利”科目核算企业分配的现金股利或利润。

企业按照股东大会或类似机构审议批准的利润分配方案，按应支付的现金股利或利润，借记“利润分配”科目，贷记“应付股利”科目；实际支付时，借记“应付股利”科目，贷记“银行存款”等科目。

（三）其他应付款

企业除了应付票据、应付账款、预收账款、应付职工薪酬、应付股利、应付利息、应交税费等以外，还会发生一些应付、暂收其他单位或个人的款项，如应付租入固定资产和包装物的租金或押金等。这些应付、暂收款构成了企业的一项流动负债，在我国会计核算中，设置“其他应付款”科目进行核算。企业发生其他各项应付、暂收的款项时，借记“管理费用”等相关科目，贷记“其他应付款”科目；支付其他各项应付、暂收款项时，借记“其他应付款”科目，贷记“银行存款”科目。

第三节　非流动负债

流动负债以外的负债为非流动负债，主要包括长期借款、应付债券、长期应付款、预计负债、递延所得税负债等项目，本节主要论述长期借款、应付债券和长期应付款等非流动负债的会计处理。

一、长期借款

长期借款是企业向银行或其他金融机构借入的期限在 1 年以上（不含 1 年）的各种款项。长期借款的核算主要包括借款本金的核算、借款利息的核算、款项借入和归还的核算、外币借款发生的汇兑损益的核算等。

企业借入长期借款，按照实际收到的金额，借记“银行存款”科目，贷记“长期借款——本金”科目，按借贷双方之间的差额，记入“长期借款——利息调整”科目；资产负债表日，应当按照长期借款的摊余成本与实际利率计算利息费用借记“在建工程”、“财务费用”、“制造费用”、“研发支出”等科目，按照合同利率计算的应付利息贷记“应付利息”，二者差额记入“长期借款——利息调整”科目；归还长期借款本金，借记“长期借款——本金”科目，贷记“银行存款”科目。

【例 13-12】甲公司为了增加营运资金，于 2007 年 1 月 1 日向中国银行借入资金 1 000 万元，借款利率 8%，期限为 3 年，每年年底归还借款利息，3 年期满后一次还清本金。假设利息按单利计算，并且假定实际收到金额与借入款项一致，合同利率与实际利率相差不多，采用合同利率计算利息费用。会计处理如下。

（1）借入资金时。

借：银行存款　　　　10 000 000

　贷：长期借款——本金　　　　10 000 000

（2）核算各年利息费用。

各月核算利息费用时。

借：财务费用　　　　66 667

　贷：应付利息　　　　66 667

年底支付借款利息时。

借：应付利息　　　　800 000

　贷：银行存款　　　　800 000

（3）偿还借款本金。

借：长期借款——本金　　　　10 000 000

　贷：银行存款　　　　10 000 000

二、应付债券

（一）应付债券概述

1. 公司债券的特征

公司债券是指企业用于筹集长期（1 年期以上）、大量资金而向社会、个人及其他经济组织发行的按约定方式支付本金和利息的一种书面凭证。

公司债券主要特点是：①债券持有人只是企业的债权人，与企业只是债权债务关系，不参与公司的经营决策，不影响股东对公司的控制权；②债券到期可收回本息，股票则与公司共存；③债券利息按约定利率支付，股利则依公司经营状况确定；④债权人不参与公司利润分配，利息于所得税前抵扣利润；股东参与公司利润分配，股利不能在税前扣除。

2．债券的分类

（1）按偿还本金的方式不同，债券可以分为：①一次还本债券，是指在一个固定的到期日偿还本金的债券；②分期还本债券，是指按不同的到期日分期偿还本金的债券。

（2）按支付利息的方式不同，债券可以分为：①到期一次付息债券，是指在到期日支付全部利息的债券；②分期付息债券，是指每隔一段时间支付一次利息的债券。

（3）按是否可转换成股票，债券可以分为：①可转换公司债券，是指按一定条件可转换为发行企业普通股票的债券；②不可转换公司债券，是指不能转换为发行企业普通股票的债券。

（4）按有无担保，债券可以分为：①抵押债券，是指发行企业以特定资产作为抵押担保而发行的债券；②信用债券，是指无须抵押，单凭企业信用发行的债券。

（5）按是否记名，债券可以分为：①记名债券，是指将债券持有人的姓名登记于发行公司的债券；②不记名债券，是指无须将持有人的姓名登记于发行公司的债券。

3．公司债券的内容

企业发行的公司债券，一般要列明以下内容。

（1）债券面值。债券面值即公司债到期应偿还的本金。

（2）票面利率。票面利率是用于计算债券每期应付利息的利率，又称债券的名义利率。票面利率通常以年利率表示，如果债券在 1 年中分期付息，则需将年利率折算为相应期间的利率。

（3）付息日。付息日即支付利息的日期。不同债券可能有不同的付息日，美国企业发行的债券通常是每半年付息一次，我国企业发行的债券通常是按年付息的。

（4）到期日。到期日即最后偿还本金的日期。

（二）公司债券的发行价格

公司债券发行时的实际价格往往与面值不同，其主要原因是有债券发行时的票面利率与市场利率不同所致。债券发行的实际价格是由将来应支付的利息和债券面值按发行时的市场利率折算成的现值决定的。

1．票面利率和市场利率

（1）票面利率。票面利率是公司债券应明确的重要内容之一，这一利率将用于计算债券的发行方定期向债券投资人实际支付的利息。发行企业可能根据所需资金的多少、未来支付利息的能力以及发行时资本市场的供需情况，自行确定所发行债券的票面利率。

（2）市场利率。在债券发行时，金融市场上还存在着其他在风险和期限上与该债券类似的金融资本，这些金融资本的通行利率即为债券发行时的市场利率。

通常，市场利率与票面利率不同，这是决定债券发行价格的重要因素。由于市场利率的客观性和代表性，债券发行方应按市场利率来计算负担的利息费用，债券的持有人也应按照此利率来确定利息收入。

小贴士

债券发行价格与市场利率的关系如表 13-1 所示。

表 13-1 债券发行价格与市场利率的关系

利率	债券（现值）	实际发行价格
市场利率=票面利率	现值 = 面值	面值
市场利率>票面利率	现值 < 面值	面值–折价
市场利率<票面利率	现值 > 面值	面值+溢价

2. 债券的发行价格

债券的发行价格即为该债券未来现金流量的现值，包括以下两部分：

（1）按发行时的市场利率折算的债券面值的现值；

（2）按发行时市场利率折算的债券利息的现值。

（三）一般债券的核算

为了核算企业为筹集长期资金而发行债券的本金和利息，应当设置“应付债券”科目。“应付债券”科目可以设置“面值”、“利息调整”、“应计利息”等明细科目进行明细核算。对于公司发行的可转换公司债券中包含的债务部分也在“应付债券”中核算。

1. 债券的发行

债券发行时，按照收到的款项增加银行存款，收到的款项与账面面值之间的差额作为利息调整。

2. 利息费用的核算

资产负债表日，应按摊余成本和实际利率计算确定的债券利息费用。实际利率是指应付债券在债券存续期间的未来现金流量，折算为该债券当前账面价值所使用的利率。

核算利息费用时，借记“在建工程”、“财务费用”、“制造费用”、“研发支出”等科目；按票面利率计算确定的应付未付利息，如果属于分次付息的债券应贷记“应付利息”科目，如果属于到期一次还本付息的债券，则应贷记“应付债券——应计利息”科目；按其差额借记或贷记“应付债券——利息调整”科目。

3. 债券到期的核算

债券到期时，分次付息的应付债券的账户余额等于债券的面值；到期一次付息的债券的账户余额等于债券的面值加上应付的利息。

如果属于分次付息到期还本的债券，债券到期时，应借记“应付债券——面值”科目，贷记“银行存款”科目。如果属于到期一次还本付息的债券，应借记“应付债券——面值”科目和“应付债券——应计利息”科目，贷记“银行存款”科目。

【例 13-13】甲公司 2001 年 1 月 1 日发行 5 年期、面值为 40 000 万元人民币的公司债券，用于经营周转，票面利率为 10%，每年付息一次，本金和最后一期利息一并支付，到期日为 2005 年 12 月 31 日。假设：（1）债券发行时市场利率为 10%；（2）债券发行时市场利率为 8%；（3）债券发行时市场利率为 12%。请就三种假设分别完成债券发行的账务处理，收到的发行债券款项存入银行。

（1）若市场利率为 10%发行债券。

① 债券发行的处理。

债券的发行价格=40 000×（P/F，10%，5）+40 000×10%×（P/A，10%，5）

=40 000×0.620 92+4 000×3.790 39=40 000（万元）

借：银行存款　　　　　　　　40 000

　　贷：应付债券——面值　　　　40 000

② 债券利息费用的核算。

在这种情况下，票面利率与实际利率相等，亦即利息费用与应计的利息相同。

应付利息=40 000×10%=4 000（元）

每年所做的账务处理均如下。

借：财务费用　　　　　　　　4 000

　　贷：应付利息　　　　　　　　4 000

支付利息时。

借：应付利息　　　　　　　　4 000

　　贷：银行存款　　　　　　　　4 000

③ 债券到期的核算。

借：应付债券——面值　　　　40 000

　　应付利息　　　　　　　　4 000

　　贷：银行存款　　　　　　　　44 000

（2）若市场利率为 8%发行债券。

① 债券发行的处理。

债券的发行价格=40 000×（P/F，8%，5）+40 000×10%×（P/A，8%，5）

=40 000×0.680 58+4 000×3.992 71=43 194（万元）

借：银行存款　　　　　　　　43 194

　　贷：应付债券——面值　　　　40 000

　　　　　　　——利息调整　　　　3 194

② 利息费用的核算。

利息费用的计算如表 13-2 所示。

表 13-2　公司债券利息计算表　　　　金额单位：万元

年份	期初摊余成本（A）	利息费用（B）	现金流出（C）	期末摊余成本（D=A+B–C）
2001 年	43 194	3 456*	4 000	42 650
2002 年	42 650	3 412	4 000	42 062
2003 年	42 062	3 365*	4 000	41 427
2004 年	41 427	3 314*	4 000	40 741
2005 年	40 741	3 259**	44 000	0

注：标*的数字四舍五入取整；标**的数字考虑了计算过程中出现的尾差。

2001 年末核算利息费用。

借：财务费用　　　　　　　　3 456

　　应付债券——利息调整　　　544

　　贷：应付利息　　　　　　　　4 000

支付利息。

借：应付利息　　　　　　　　　　4 000

　　贷：银行存款　　　　　　　　　　4 000

其他年度利息费用的会计处理与上同。

③ 债券到期的核算。

借：应付债券——面值　　　　　　40 000

　　应付利息　　　　　　　　　　4 000

　　贷：银行存款　　　　　　　　　　44 000

（3）若市场利率为 12%发行债券。

① 债券发行的处理。

债券的发行价格为=40 000×（P/F，12%，5）+40 000×10%×（P/A，12%，5）

=40 000×0.567 43+4 000×3.604 78=37 116（万元）

借：银行存款　　　　　　　　　　37 116

　　应付债券——利息调整　　　　　2 884

　　贷：应付债券——面值　　　　　　40 000

② 利息费用的核算。

利息费用的计算如表 13-3 所示。

表 13-3　公司债券利息计算表　　　　金额单位：万元

年份	期初摊余成本（A）	利息费用（B）	现金流出（C）	期末摊余成本（D=A+B–C）
2001 年	37 116	4 454*	4 000	37 570
2002 年	37 570	4 508*	4 000	38 078
2003 年	38 078	4 569*	4 000	38 647
2004 年	38 647	4 638	4 000	39 285
2005 年	39 285	4 715**	44 000	0

注：标*的数字四舍五入取整；标**的数字考虑了计算过程中出现的尾差。

2001 年年末核算利息费用。

借：财务费用　　　　　　　　　　4 454

　　贷：应付利息　　　　　　　　　　4 000

　　　　应付债券——利息调整　　　　　454

支付利息。

借：应付利息　　　　　　　　　　4 000

　　贷：银行存款　　　　　　　　　　4 000

其他年度利息费用的会计处理与上同。

③ 债券到期的核算。

借：应付债券——面值　　　　　　40 000

　　应付利息　　　　　　　　　　4 000

　　贷：银行存款　　　　　　　　　　44 000

小贴士

应付债券是指企业依照法定程序发行，约定在一定期限内还本付息的具有一定价值的债券。企业应设置“应付债券”科目，本科目核算企业为筹集（长期）资金而债券本金和利息。该科目应当按照“面值”、“利息调整”、“应计利息”进行明细核算。 期末贷方余额，反映企业尚未偿还的长期债券的摊余成本。

（四）可转换公司债券

1．可转换公司债券的性质

可转换公司债券是指公司发行的、债券持有人可在一定期间之后按规定转换比率或转换价格转换成发行公司普通股票的债券。我国发行可转换公司债券采取记名式无纸化发行方式，债券最短期限为3年，最长期限为5年。企业发行的可转换公司债券在“应付债券”科目下设置“可转换公司债券”明细科目核算。

可转换公司债券具有债券性证券与权益性证券的双重性质，因而可称为混合性证券。对于可转换公司债券的持有人来说，一方面，他可以定期获取利息收入，到期收回本金；另一方面，当发行公司的股票价格上涨时，他可以将债券按规定比率转换为债券发行公司的股票，从而享受股票增值的利益。对于发行公司来说，一方面，要定期支付债券的利息，到期偿还债券的本金，因而可转换公司债券具有一般债券的债务性质；另一方面，由于赋予了债券持有人按规定条件将债券转换成股票的权利，即转换权，这种转换权与认股权相似，因而可转换公司债券又具有所有权性质。正是由于可转换公司债券的特殊性，导致了其会计处理的复杂性。从理论上讲，可转换公司债券的发行价格由两部分构成：一是债券面值及票面利息按市场利率折算的现值；二是转换权的价值。

2．可转换公司债券的会计处理

（1）可转换公司债券的初始确认。企业发行的可转换公司债券，既含有负债成分又含有权益成分，应当在初始确认时进行分拆，分别进行会计处理。企业在进行分拆时，应当先确定负债成分的公允价值并以此作为初始确认金额，在按照该可转换公司债券整体的发行价格扣除负债成分初始确认金额后的金额确定权益成分的初始确认金额。负债成分的公允价值是合同规定的未来现金流量按一定利率折现的现值。其中，利率根据市场上具有可比信用等级并在相同条件下提供几乎相同现金流量，但不具有转换权的工具适用利率确定。

发行可转换公司债券发生的交易费用，应当在负债成分和权益成分之间按照各自的相对公允价值进行分摊。

（2）可转换公司债券的转换。可转换公司债券到期转换时，应终止确认其负债部分并将其确认为权益。原来的权益部分仍旧保留为权益（从权益的一个项目结转到另一个项目）。可转换债券到期转换时不产生损失或收益。

企业可能修订可转换公司债券的条款以促使持有方提前转换，如提供更有利的转换比率或在特定日期前转换则支付额外的补偿等。在条款修订日，持有方根据修订后的条款进行转换所能获得的补偿的公允价值与根据原有条款进行转换所能获得的补偿的公允价值之差，应在利润表中确认为一项损失。

小贴士

对于可转换公司债券的负债成分，在转换为股份前，其会计处理与一般公司债券相同，即按照实际利率和摊余成本确认利息费用，按照面值和票面利率确认应付债券，差额作为利息调整进行摊销。可转换公司债券持有者在债券存续期间内行使转换权利，将可转换公司债券转换为股份时，对于债券面额不足转换 1 股股份的部分，企业应当以现金偿还。

【例 13-14】 甲公司于 2007 年 1 月 1 日按每份面值 1 000 元发行了 2 000 份可转换债券，取得总收入 200 万元。该债券期限为 3 年，票面年利率为 6%，利息按年支付；每份债券均可在债券发行 1 年后的任何时间转换为 250 股普通股。甲公司发行该债券时，二级市场上与之类似但没有转换股权的债券的市场利率为 9%。假定不考虑其他相关因素，甲公司将发行的债券划分为以摊余成本计量的金融负债。根据以上资料，编制会计分录如下。

（1）2007 年 1 月 1 日发行债券时。

负债部分金额= 2 000 000×（P/F,9%,3）+2 000 000×6%×（P/A,9%,3）

= 2 000 000×0.772 183 5+120 000×2.531 291 7=1 848 122（元）

所有者权益部分金额=2 000 000 － 1 848 122=151 878（元）

借：银行存款　　2 000 000

　　应付债券——可转换公司债券（利息调整）　　151 878

　　贷：应付债券——可转换公司债券（面值）　　2 000 000

　　　　资本公积——其他资本公积　　151 878

（2）2007 年 12 月 31 日计提和实际支付利息。

实付利息=2 000 000×6%=120 000（元）

利息费用=1 848 122×9%=166 331（元）

借：财务费用　　166 331

　　贷：应付债券——可转换公司债券（利息调整）　　46 331

　　　　应付利息　　120 000

借：应付利息　　120 000

　　贷：银行存款　　120 000

（3）2008 年 12 月 31 日债券转换前，计提和实际支付利息。

借：财务费用　　170 501

　　贷：应付债券——可转换公司债券（利息调整）　　50 501

　　　　应付利息——可转换公司债券利息　　120 000

借：应付利息　　120 000

　　贷：银行存款　　120 000

至此，转换前应付债券的摊余成本为 1 944 954 元。

（4）转换时的处理。

假定至 2008 年 12 月 31 日，甲公司股票上涨幅度较大，可转换公司债券持有方均将于当日将持有的可转换公司债券转为甲公司股份。由于甲公司对应付债券采用摊余成本后续计量，因此，在转换日，转换前应付债券的摊余成本应为 1 944 954 元，而权益部分的账面价值仍为 151 878 元。同样是在转换日，甲公司发行股票数量为 500 000 股。

借：应付债券——可转换公司债券（面值）　　2 000 000
　　资本公积——其他资本公积　　151 878
　　贷：股本　　500 000
　　　　应付债券——可转换公司债券（利息调整）　　55 046
　　　　资本公积——股本溢价　　1 596 832

三、长期应付款

企业除长期借款、应付债券以外的其他各种长期应付款项即为长期应付款，主要包括企业应付融资租赁款、以分期付款方式购入固定资产等发生的应付款项。企业应设置“长期应付款”科目进行核算。

（1）应付融资租赁款。应付融资租赁款的核算详见《高级财务会计》。

（2）以分期付款方式购入固定资产的应付款项。企业购入有关资产超过正常信用条件延期支付货款，实质上具有融资性质的，应按购买价款的现值借记“固定资产”、“在建工程”等科目，按应支付的金额贷记“长期应付款”科目，按其差额记入“未确认融资费用”科目。以后各期付款时，借记“长期应付款”科目，贷记“银行存款”科目。

本章小结

负债是指由企业过去的交易或者事项形成的、预期会导致经济利益流出企业的现时义务。本章主要按照流动性分为流动负债和非流动负债。非流动负债是指偿还期在 1 年或超过 1 年的一个营业周期以上的债务，包括长期借款、长期应付债券和其他长期应付款等。

本章思考

1. 流动负债和非流动负债是如何划分的？两者各有何特点？
2. 金融负债和非金融负债分别包括哪些内容？
3. 短期借款和长期借款的会计处理有何不同？
4. 一般纳税人应交增值税包括哪些明细科目？如何核算？
5. 消费税如何计算？委托加工的应税消费品消费税如何处理？
6. 职工薪酬包括哪些内容？如何确认和计量？
7. 债券的发行价格如何计算？溢价或折价发行的实质是什么？
8. 可转换公司债券的入账价值如何确定？转换时如何进行会计处理？

本章测试

【单选题】

1．关于金融负债的初始计量，下列说法中错误的是（　　）。

A．企业初始确认金融负债，应当按照公允价值计量

B．对于以公允价值计量且其变动计入当期损益的金融负债，相关交易费用应当直接计入当期损益

C．对于以公允价值计量且其变动计入当期损益以外的金融负债，相关交易费用应当计入初始确认金额

D．对于以公允价值计量且其变动计入当期损益的金融负债，相关交易费用应当直接计入初始确认金额

2．下列职工薪酬中，不应当根据职工提供服务的受益对象计入成本费用的是（　　）。

A．因解除与职工的劳动关系给予的补偿　　B．构成工资总额的各组成部分

C．工会经费和职工教育经费　　D．社会保险费

3．某股份有限公司于 2008 年 1 月 1 日发行 3 年期、每年 1 月 1 日付息、到期一次还本的公司债券，债券面值为 200 万元，票面年利率为 5%，实际利率为 6%，发行价格为 194.65 万元。按实际利率法确认利息费用。该债券 2009 年度确认的利息费用为（　　）万元。

A．11.78　　B．12　　C．10　　D．11.68

4．甲公司 2008 年 1 月 1 日发行三年期可转换公司债券，实际发行价款 100 000 万元，其中负债成分的公允价值为 90 000 万元。假定发行债券时另支付发行费用 300 万元。甲公司发行债券时应确认的“应付债券”的金额为（　　）万元。

A．9 970　　B．10 000　　C．89 970　　D．89 730

【多选题】

5．下列项目中，属于职工薪酬的有（　　）。

A．职工工资、奖金　　B．非货币性福利

C．发放给董事会成员的津贴和补贴　　D．因解除与职工的劳动关系给予的补偿

E．职工出差报销的飞机票

【答案】1．D　　2．A　　3．A　　4．D　　5．ABCD

第十四章　收　　入

学习目标

通过本章的学习，能够：

1. 掌握收入的定义和特点；
2. 掌握收入确认的条件以及收入主要业务的会计处理；
3. 掌握劳务收入的确认和计量、让渡资产使用权收入的确认和计量；
4. 熟悉建造合同收入和成本的确认和计量；
5. 掌握商业折扣、现金折扣、销售折让和销售退回的处理。

案例导入

ABC公司于2010年5月20日销售一批商品，商品已经发出，买方已预付部分货款，余款由ABC公司开出一张商业承兑汇票，已随发票账单一并交付买方。买方当天收到商品后，发现质量没有达到合同规定的要求，立即根据合同的有关条款与ABC公司交涉，要求ABC公司在价格上给予一定的减让，否则买方可能退货。双方当天未达成一致意见，ABC公司未采取任何弥补措施。

根据企业会计准则的规定，ABC公司2010年5月20日是否应确认收入？如果不符合收入确认条件，那么ABC公司确认销售收入应满足哪些条件？

第一节　收入概述

在市场经济条件下，收入作为影响利润指标的重要因素，越来越受到企业和投资者等众多信息使用者的重视。

一、收入的定义和特点

（一）收入的定义

《企业会计准则第14号——收入》规定，收入是指企业在日常活动中形成的、会导致所有者权益增加的、与所有者投入资本无关的经济利益的总流入，包括销售商品收入、提供劳务收入和让渡资产使用权收入等。

日常活动是指企业为完成其经营目标而从事的经常性活动以及与之相关的其他活动，例如，工业企业生产并销售产品、商业企业销售产品、软件企业为客户开发软件、安装公司提供安装服务、商业银行对外贷款、租赁公司出租资产等。因此，收入属于企业主要的、经常性的业务收入，收入及其相关成本在财务报表中应分别反映。

（二）收入的特点

（1）收入从企业的日常活动中产生，而不是从偶发的交易或事项中产生。工商企业销售商品、提供工业性劳务属于日常活动，产生的收益是收入而不是利得。但是，对于一个工商企业来说，如果其出售生产用的固定资产，则不属于日常活动，因为它不符合生产经营目标，由此而流入企业的经济利益不构成收入，只能算是利得。

（2）收入可能表现为企业资产的增加，也可能表现为企业负债的减少，或者两者兼而有之。收入可能表现为企业资产的增加，如销售商品收到货款将增加银行存款，或取得收取价款的权利从而增加应收账款等；也可能表现为企业负债的减少，常见的如企业以商品或劳务抵债；或者两者兼而有之，如商品销售的货款中部分用于抵偿债务，部分收取现金。

（3）收入能导致企业所有者权益的增加。收入能导致企业所有者权益的增加是收入的基本特征。这里的收入指的是毛收入，即没有扣除相关成本费用的收入。收入扣除相关的成本费用后，并不一定能增加所有者权益。在某些情况下，扣除相关成本费用后的收入，可能还会导致所有者权益的减少。这也就是为什么收入定义中强调经济利益总流入的原因。

（4）收入只包括本企业经济利益的流入，不包括为第三方或客户代收的款项，如企业为第三方或客户代收的增值税、旅行社代客户购买门票而收取的款项等。代收的款项，一方面增加企业的资产，另一方面增加企业的负债，不会导致企业所有者权益的增加，因此不能将其作为企业的收入来核算。

二、收入的分类

（一）按照收入形成的来源分类

按照收入的性质可以分为销售商品收入、提供劳务收入和让渡资产使用权收入、建造合同收入等。本章按照此项分类标准进行阐述的，上述收入类别分别在第二节、第三节、第四节和第五节进行详细介绍。

（二）按照企业经营业务的主次分类

按照企业经营业务的主次，可以分为主营业务收入和其他业务收入。

主营业务收入，是指企业为完成经营目标从事的经常性活动实现的收入。不同行业其主营业务收入的内容不同，工业企业的主营业务收入主要包括销售商品、自制半成品、代制品、代修品和提供工业性劳务等所取得的收入；商品流通企业的主营业务收入主要包括销售商品收入；旅游企业的主营业务收入主要包括客房收入、餐饮收入等。主营业务收入一般占企业营业收入的比重较大，对企业的经济效益产生较大的影响。

其他业务收入，是指与企业为完成其经营目标所从事的经常性活动相关的活动实现的收入，如材料销售、技术转让、固定资产出租、运输等非工业性劳务收入。这类收入的金额一般不大，收入不稳定，服务对象也不固定，在企业营业收入中所占比重较低。

第二节 销售商品收入的确认和计量

当企业销售商品的收入符合一定的条件时才能予以确认收入，而进行会计处理时要区分正常销售、已经发出但不符合销售商品收入确认条件的商品销售、涉及商业折扣、现金折扣和销售折让的销售、销售退回、采用预收款方式销售、销售材料等存货、代销商品、具有融资性质的分期收款销售、售后回购、售后租回、附有销售退回条件的商品销售、以旧换新销售这几种不同的销售方式来采用不同的会计处理。

一、销售商品收入的确认与计量

根据《企业会计准则第 14 号——收入》的规定，销售商品收入同时满足下列条件的，才能予以确认。

(一) 企业已将商品所有权上的主要风险和报酬转移给购货方

企业已将商品所有权上的主要风险和报酬转移给购货方，是指与商品所有权有关的主要风险和报酬同时转移给了购货方。其中，与商品所有权有关的风险，是指商品可能发生减值或毁损等形成的损失；与商品所有权有关的报酬，是指商品价值增值或通过使用商品等形成的经济利益。

判断企业是否已将商品所有权上的主要风险和报酬转移给购货方，应当关注交易的实质而不是形式，同时考虑所有权凭证的转移或实物的交付。如果与商品所有权有关的任何损失均不需要销货方承担，与商品所有权有关的任何经济利益也不归销货方所有，就意味着商品所有权上的主要风险和报酬转移给了购货方。

(1) 通常情况下，所有权上的风险和报酬的转移伴随着所有权凭证的转移或实物的交付而转移，如大多数零售交易、预收款销售商品、订货销售商品、托收承付方式销售商品等。

例如，甲公司与乙公司签订一项设备定制合同，约定乙公司预付部分货款供甲公司购买原材料，甲公司应严格按照乙公司的要求制造该设备。假定甲公司当年度按照乙公司的要求制造完成该设备，并送交乙公司验收合格。假定该设备不需要安装，乙公司尚未支付剩余货款。

本例中，甲公司已按合同约定制造完成该设备，并经乙公司验收合格，说明该设备所有权上的主要风险和报酬已经转移给乙公司。虽然乙公司尚未支付剩余货款，甲公司仍可以认为设备所有权上的主要风险和报酬已经转移，在同时满足销售商品收入确认的其他条件时，甲公司应当确认收入。

(2) 某些情况下，转移商品所有权凭证或交付实物后，商品所有权上的主要风险和报酬随之转移，企业只保留商品所有权上的次要风险和报酬，如交款提货方式销售商品、视同买断方式委托代销商品等。

例如，甲公司销售一批商品给乙公司。乙公司已根据甲公司开出的发票账单支付了货款，取得了提货单，但甲公司尚未将商品交移乙公司。根据本例的资料，甲公司采用交款提货的销售方式，购买方已根据销售方开出的发票账单支付货款，并取得卖方开出的提货单。在这种情况下，购买方支付货款并取得提货单，说明商品所有权上的主要风险和报酬已经转移给购货方，虽然商品并未实际交付，但甲公司仍可以确认收入。

（3）某些情况下，企业已将所有权凭证或实物交付给买方，但商品所有权上的主要风险和报酬并未转移。企业可能在以下几种情况下保留商品所有权上的主要风险和报酬。

① 企业销售的商品在质量、品种、规格等方面不符合合同规定的要求，又未根据正常的保证条款予以弥补，因而仍负有责任。

② 企业销售商品的收入是否能够取得，取决于购买方是否已将商品销售出去。如采用支付手续费的方式委托代销商品、售后回购等。

采用支付手续费方式委托代销商品，委托方发出商品时，商品所有权上的主要风险和报酬并未转移给受托方，委托方在发出商品时通常不应确认销售商品收入，而应在收到受托方开出的代销清单时确认销售商品收入。售后回购交易通常情况下属于融资交易，商品所有权上的风险和报酬没有转移，企业不应确认收入。

③ 企业尚未完成售出商品的安装或检验工作，且此项安装或检验任务是销售合同的重要组成部分。

例如，某电梯生产企业销售电梯，电梯已发出，发票账单已交付买方，买方已预付部分货款。但根据合同规定，卖方负责安装，卖方在安装并经检验合格后，买方立即支付余款。在这种情况下，电梯发出并不表示商品所有权上的主要风险和报酬已转移给买方，企业仍需对电梯进行安装，安装过程中可能存在一些不确定因素，阻碍该项销售的实现，因此只有在安装完毕并检验合格后才能确认收入。

④ 销售合同中规定了由于特定原因买方有权退货的条款，而企业又不能确定退货的可能性。

例如，某企业为推销一项新产品，规定凡购买该产品者均有 1 个月的试用期，不满意的，1 个月内给予退货。在这种情况下，该企业尽管已将商品售出，也已收到价款，但由于是新产品，无法估计退货的可能性，商品所有权上的风险和报酬实质上并未转移给买方，该企业在售出商品时不能确认收入。只有当买方正式接受商品时或退货期满时才能确认收入。

（二）企业既没有保留通常与所有权相联系的继续管理权，也没有对已售出的商品实施有效控制

企业将商品所有权上的主要风险和报酬转移给买方后，如仍然保留通常与所有权相联系的继续管理权，或仍然对售出的商品实施控制，则此项销售不能成立，不能确认相应的销售收入。

例如，某房地产企业 A 将尚待开发的土地销售给 B 企业，合同同时规定由 A 企业开发这片土地，开发后的土地售出后，利润由 A 和 B 两企业按一定比例分配。这意味着 A 企业仍保留了与该土地所有权相联系的继续管理权，该项交易实质上不是销售土地的交易，而是 A 和 B 企业共同对该项土地的开发进行投资并共享利润的交易。A 企业在销售土地时，不能确认收入。

再如，某制造商将商品销售给中间商后，如仍能要求中间商转移或退回商品，一般表明制造商对售出的商品仍在实施控制，不能确认此项销售。

（三）收入的金额能够可靠计量

收入能否可靠计量，是指收入的金额能否合理估计。收入金额能否合理估计是确认收入

的基本前提，如果收入的金额不能够合理估计，就无法确认收入。通常情况下，企业在销售商品时，售价经常已经确定，但是由于商品销售过程中某些不确定因素的影响，也有可能出现商品售价发生变动的情况，如附有销售退回条件的商品销售。在这种情况下，新的商品销售价格未确定前通常不应确认销售商品收入。

企业通常应按从购货方已收或应收的合同或协议价款确定收入金额；合同或协议价款延期收取具有融资性质时，企业应按应收的合同或协议价款的公允价值确定收入金额；已收或应收的价款不公允的，企业应按公允的交易价格确定收入金额。

（四）相关的经济利益能够流入企业

经济利益是指直接或间接流入企业的现金或现金等价物。在销售商品的交易中，与交易相关的经济利益即为销售商品的价款。相关的经济利益很可能流入企业是指销售商品价款收回的可能性大于不能收回的可能性，即销售商品价款收回的可能性超过 50%。销售商品的价款是否有把握收回，是收入确认的一个重要条件。企业在销售商品时，如果估计价款收回的可能性不大，即使收入确认的其他条件均已满足，也不应当确认收入。

（五）相关的已发生或将发生的成本能够可靠计量

根据收入和费用配比原则，与同一项销售有关的收入和费用应在同一会计期间予以确认，即企业应在确认收入的同时或同一会计期间结转相关的成本。因此，如果成本不能可靠计量，相关的收入也就不能确认，即使其他条件均已满足也不行。若已收到价款，收到的价款应确认为一项负债。

相关的已发生或将发生的成本能够可靠计量，是指与销售商品有关的已发生或将发生的成本能够合理估计。通常情况下，销售商品相关的已发生或将发生的成本能够合理估计，如库存商品的成本、商品运输费用等。如果库存商品是本企业生产的，其生产成本能够可靠计量；如果是外购的，购买成本能够可靠计量。但有时，销售商品相关的已发生或将发生的成本不能够合理估计，此时企业不应确认收入，若已收到价款，应将已收到的价款确认为负债。

企业销售商品应同时满足上述五个条件才能确认收入，任何一个条件没有满足，即使收到货款也不能确认收入。

二、销售商品收入的账务处理

（一）正常销售的账务处理

销售商品的收入在确认时，应按确定的收入金额与应收取的增值税借记“应收账款”、“应收票据”、“银行存款”等科目，按应收取的增值税贷记“应交税费——应交增值税（销项税额）”科目，按确定的收入金额贷记“主营业务收入”科目。需要交纳消费税、资源税、城市维护建设税、教育费附加等税费的，应在资产负债表日，按应交的税费金额，借记“营业税金及附加”科目，贷记“应交税费——应交消费税（应交资源税、应交城市维护建设税、应交教育费附加）”等科目。

【例 14-1】 扬帆公司销售一批商品，增值税发票上注明售价 200 000 元，增值税 34 000 元，款项尚未收到。假定消费税税率为 5%，则应交消费税 10 000 元。

假设该项销售已符合销售收入确认的五个条件，应确认收入。会计处理如下。

借：应收账款　　234 000

　贷：主营业务收入　　200 000

　　应交税费——应交增值税（销项税额）　　34 000

借：营业税金及附加　　10 000

　贷：应交税费——应交消费税　　10 000

（二）已经发出但不符合销售商品收入确认条件的商品的处理

如企业售出的商品不符合销售收入确认的五个条件中的任何一个，均不应确认收入。为了单独反映已经发出尚未确认销售收入的商品成本，企业应设置“发出商品”科目进行核算。“发出商品”科目核算在一般的销售方式下已经发出但尚未确认销售收入的商品成本。

需要说明的是，尽管发出的商品不符合收入确认条件，但如果销售该商品的纳税义务已经发生，比如已经开出增值税专用发票，则应确认应交的增值税。如果纳税义务没有发生，则不应进行上述处理。

【例 14-2】扬帆公司于 4 月 20 日以托收承付方式向 B 企业销售一批商品，成本为 60 000 元。增值税发票上注明：售价 100 000 元，增值税 17 000 元。该批商品已经发出，并已向银行办妥托收手续。此时得知 B 企业在另一项交易中发生巨额损失，资金周转十分困难。经与购货方交涉，确定此项收入目前收回的可能性不大，因此不能确认收入。

（1）发出的商品成本转入“发出商品”科目。

借：发出商品　　60 000

　贷：库存商品　　60 000

（2）同时将增值税发票上注明的增值税做如下处理。

借：应收账款　　17 000

　贷：应交税费——应交增值税（销项税额）　　17 000

（3）假定 6 月 5 日扬帆公司得知 B 企业经营情况逐渐好转，B 企业承诺近期付款，则公司可以确认收入。

借：应收账款　　100 000

　贷：主营业务收入　　100 000

（4）同时结转成本。

借：主营业务成本　　60 000

　贷：发出商品　　60 000

（5）6 月 28 日收到款项。

借：银行存款　　117 000

　贷：应收账款　　117 000

（三）销售商品涉及商业折扣、现金折扣和销售折让的账务处理

企业销售商品收入的金额通常按照从购货方已收或应收的合同或协议价款确定。在确定销售收入的金额时，应注意区分现金折扣、商业折扣和销售折让。总的来讲，在确定销售商

品收入的金额时，不应考虑预计可能发生的现金折扣、销售折让，即应按总价确认，但应按扣除商业折扣后的净额计价。

1．商业折扣

商业折扣是指企业为促进商品销售而在商品标价上给予的价格扣除。商业折扣在销售时即已发生，并不构成最终成交价格的一部分。企业销售商品涉及商业折扣的，应当按照扣除商业折扣后的金额确定销售商品收入金额。

2．现金折扣

现金折扣是指债权人为鼓励债务人在规定的期限内付款而向债务人提供的债务扣除。企业销售商品涉及现金折扣的，应当按照扣除现金折扣前的金额确定销售商品收入金额。现金折扣应在实际发生时计入财务费用。

【例 14-3】 扬帆公司在 2007 年 5 月 1 日销售一批商品 100 件，增值税发票上注明售价 10 000 元，增值税 1 700 元。企业为了及早收回货款而在合同中规定现金折扣条件为 2/10，1/20，N/30。假定计算折扣时不考虑增值税。

（1）5 月 1 日销售实现时，应按总售价确认收入。

借：应收账款	11 700	
贷：主营业务收入		10 000
应交税费——应交增值税（销项税额）		1 700

（2）假如 5 月 9 日买方付清货款，则按售价 10 000 元的 2%享受 200 元的现金折扣，实际付款 11 500（即 11 700–200）元。

借：银行存款	11 500	
财务费用	200	
贷：应收账款		11 700

（3）假如 5 月 18 日买方付清货款，则应享受的现金折扣为 10 000×1%=100 元，实际付款 11 600 元。

借：银行存款	11 600	
财务费用	100	
贷：应收账款		11 700

（4）假如买方在 5 月底付款，则应按全额付款。

借：银行存款	11 700	
贷：应收账款		11 700

3．销售折让

销售折让，是指企业因售出商品的质量不合格等原因而在售价上给予的减让。企业将商品销售给买方后，如买方发现商品在质量、规格等方面不符合要求，可能要求卖方在价格上给予一定减让。对于销售折让，企业应分别不同的情况进行处理：①已确认收入的售出商品发生销售折让的，通常应当在发生时冲减当期销售商品的收入；②已确认收入的销售折让属于资产负债表日后事项的，应当按照有关的资产负债表日后事项相关规定进行处理。

【例 14-4】 扬帆公司销售一批商品，增值税专用发票上注明的销售价格为 80 000 元，增值税为 13 600 元。货到后购货方发现商品质量不合格，要求在价格上给予 10%的折让。假定已获得税务部门开具的索取折让证明单，并开具了红字增值税专用发票。会计处理如下。

（1）销售实现。

借：应收账款——××企业　　93 600

　　贷：主营业务收入　　80 000

　　　　应交税费——应交增值税（销项税额）　　13 600

（2）发生销售折让。

借：主营业务收入　　8 000

　　应交税费——应交增值税（销项税额）　　1 360

　　贷：应收账款——××企业　　9 360

（3）收到销售商品价款。

借：银行存款　　84 240

　　贷：应收账款——××企业　　84 240

（四）销售退回的账务处理

销售退回，是指企业售出的商品由于质量、品种不符合要求等原因而发生的退货。销售退回应分不同情况进行处理。

（1）对于未确认收入的售出商品发生销售退回的。企业应按已记入“发出商品”科目的商品成本金额，借记“库存商品”科目，贷记“发出商品”科目。

（2）对于已确认收入的售出商品发生退回的，企业应在发生时冲减当期销售商品收入，同时冲减当期销售商品的成本。如该项销售退回已发生现金折扣的，应同时调整相关财务费用的金额；如该项销售退回允许扣减增值税的，应同时调整“应交税费——应交增值税（销项税额）”科目的相应金额。

（3）已确认收入的售出商品发生的销售退回属于资产负债表日后事项的，应当按照有关资产负债表日后事项的相关规定进行会计处理。

【例 14-5】 扬帆公司 2007 年 12 月 18 日向乙公司销售一批商品，开出的增值税专用发票注明的销售价款为 50 000 元，增值税税额为 8 500 元。该批商品成本为 26 000 元。为及早收回货款，扬帆公司和乙公司约定的现金折扣条件为 2/10, 1/20, N/30。乙公司在 2007 年 12 月 27 日支付货款。2008 年 4 月 5 日，该批商品因质量问题被乙公司退回，扬帆公司当日支付有关款项。假定计算现金折扣时不考虑增值税，假定销售退回不属于资产负债表日后事项。扬帆公司的账务处理如下：

（1）2007 年 12 月 18 日销售实现，按销售总价确认收入。

借：应收账款　　58 500

　　贷：主营业务收入　　50 000

　　　　应交税费——应交增值税（销项税额）　　8 500

借：主营业务成本　　26 000

　　贷：库存商品　　26 000

（2）在 2007 年 12 月 27 日收到货款时，按销售总价 50 000 元的 2%享受现金折扣 1 000（即 50 000×2%）元，实际收款 57 500（即 58 500–1 000）元。

借：银行存款　　57 500

　　财务费用　　1 000

贷：应收账款　　58 500

（3）2008 年 4 月 5 日发生销售退回。

借：主营业务收入　　50 000

应交税费——应交增值税（销项税额）　　8 500

贷：银行存款　　57 500

财务费用　　1 000

借：库存商品　　26 000

贷：主营业务成本　　26 000

（五）采用预收款方式销售商品的处理

预收款销售方式下，购买方在商品尚未收到前按合同或协议约定分期付款，销售方直到收到最后一笔款项才将商品交付购货方，表明商品所有权上的主要风险和报酬只有在收到最后一笔款项时才转移给购货方，企业应在发出商品时确认收入，在此之前预收的货款应确认为预收账款。

【例 14-6】 扬帆公司与乙公司签订协议，采用预收款方式向乙公司销售一批商品。该批商品实际成本为 600 000 元。协议约定，该批商品销售价格为 800 000 元，增值税额为 136 000 元；乙公司应在协议签订时预付 60% 的货款（按销售价格计算），剩余货款于 2 个月后支付。会计处理如下。

（1）收到 60% 货款。

借：银行存款　　480 000

贷：预收账款　　480 000

（2）收到剩余货款及增值税款。

借：预收账款　　480 000

银行存款　　456 000

贷：主营业务收入　　800 000

应交税费——应交增值税（销项税额）　　136 000

（3）结转已售商品成本。

借：主营业务成本　　600 000

贷：库存商品　　600 000

（六）销售材料等存货的处理

企业在日常活动中还可能发生对外销售不需要的原材料、随同商品对外销售单独计价的包装物等业务。企业销售原材料、包装物等存货也视同商品销售，其收入确认和计量原则比照商品销售。企业销售原材料、包装物等存货实现的收入作为其他业务收入处理，结转的相关成本作为其他业务成本处理。

【例 14-7】 扬帆公司销售一批原材料，开出的增值税专用发票上注明的售价为 10 000 元，增值税税额为 1 700 元，款项已由银行收妥。该批原材料的实际成本为 9 000 元。会计处理如下：

（1）取得原材料销售收入。

借：银行存款　　11 700

贷：其他业务收入　　10 000
　　应交税费——应交增值税（销项税额）　　1 700

（2）结转已销售原材料的实际成本。

借：其他业务成本　　9 000
　　贷：原材料　　9 000

三、其他销售业务的处理

在会计实务中，可能遇到一些特殊的销售商品业务。在将销售商品收入和计量原则运用于特殊销售商品收入的会计处理时，应结合这些特殊销售商品交易的形式，并注重交易的实质。

（一）代销商品

1. 视同买断方式

此种方式由委托方和受托方签订协议，委托方按协议价收取所代销的货款，实际售价可由受托方自定，实际售价与协议价之间的差额归受托方所有，如图 14-1 所示。如果委托方与受托方之间的协议明确标明，受托方在取得代销商品后，无论是否能够卖出、是否获利，均与委托方无关，那么委托方与受托方之间的代销商品交易与委托方直接销售商品给受托方没有实质区别。在符合销售商品收入确认条件时，委托方应确认相关销售商品的收入。如果委托方与受托方之间的协议明确标明，将来受托方没有将商品售出时可以将商品退回给委托方，或受托方因代销商品出现亏损时可以要求委托方补偿，那么委托方在交付商品时不确认收入，受托方也不作购进商品处理。受托方将商品销售后，应按实际售价确认为销售收入，并向委托方开具代销清单；委托方收到代销清单时确认销售收入。

【例 14-8】 扬帆公司委托乙企业销售 A 商品 100 件，协议价为 100 元/件，该商品成本 60 元/件，增值税税率 17%。扬帆公司收到乙企业开来的代销清单时开具增值税发票，发票上注明：售价 10 000 元，增值税 1 700 元。乙企业实际销售时开具的增值税发票上注明：售价 12 000 元，增值税为 2 040 元。假定协议表明如果乙企业没有将商品售出可以将商品退回给扬帆公司。

（1）扬帆公司的会计分录如下。

① 将 A 商品交付乙企业。

借：发出商品　　6 000
　　贷：库存商品　　6 000

② 收到代销清单。

借：应收账款——乙企业　　11 700
　　贷：主营业务收入　　10 000
　　　　应交税费——应交增值税（销项税额）　　1 700

借：主营业务成本　　6 000
　　贷：发出商品　　6 000

③ 收到乙企业汇来的货款 11 700 元。

借：银行存款　　11 700
　　贷：应收账款——乙企业　　11 700

（2）乙企业的会计分录如下。

① 收到A商品。

借：受托代销商品　　10 000

　　贷：受托代销商品款　　10 000

② 实际销售。

借：银行存款　　14 040

　　贷：主营业务收入　　12 000

　　　　应交税费——应交增值税（销项税额）　　2 040

借：主营业务成本　　10 000

　　贷：受托代销商品　　10 000

借：受托代销商品款　　10 000

　　贷：应付账款——扬帆公司　　10 000

③ 按合同协议价将款项付给扬帆公司。

借：应付账款——扬帆公司　　10 000

　　应交税费——应交增值税（进项税额）　　1 700

　　贷：银行存款　　11 700

2．收取手续费方式

此种方式即受托方根据所代销商品的数量向委托方收取手续费的销售方式。对于受托方来说，收取的手续费实际上是一种劳务收入。在这种方式下，委托方发出商品时，商品所有权上的主要风险和报酬并未转移给受托方，因此，委托方在发出商品时通常不应确认销售收入，而应在收到受托方交付的商品代销清单时确认销售收入；受托方则按应收取的手续费确认收入。这种代销方式与第一种方式相比的主要特点是，受托方通常应按照委托方规定的价格销售，不得自行改变售价。

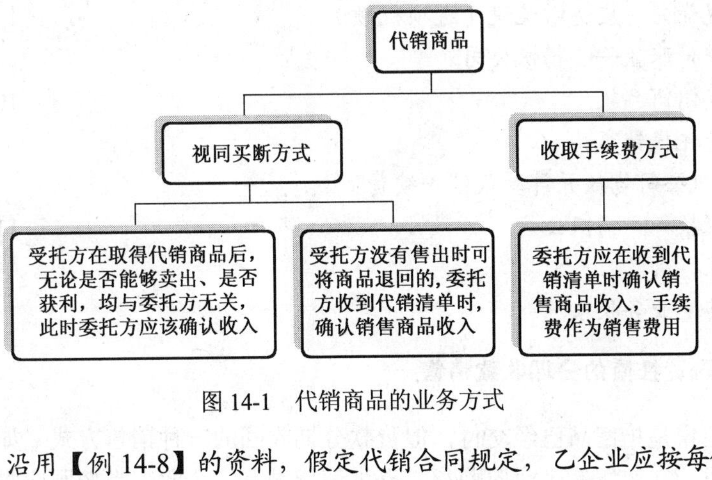

图 14-1　代销商品的业务方式

【例 14-9】 沿用【例 14-8】的资料，假定代销合同规定，乙企业应按每件 100 元销售，扬帆公司按售价的 10%支付乙企业手续费。乙企业实际销售时，即向买方开一张增值税专用发票，发票上注明A商品售价 10 000 元，增值税额 1 700 元。扬帆公司在收到乙企业交来的代销清单时，向乙企业开具一张相同金额的增值税发票。

（1）扬帆公司应做分录如下。

① 将商品交付乙企业。

借：发出商品	6 000	
贷：库存商品		6 000

② 收到代销清单。

借：应收账款——乙企业	11 700	
贷：主营业务收入		10 000
应交税费——应交增值税（销项税额）		1 700
借：主营业务成本	6 000	
贷：发出商品		6 000
借：销售费用	1 000	
贷：应收账款——乙企业		1 000

③ 收到乙企业汇来的货款净额10 700（即11 700-1 000）元。

借：银行存款	10 700	
贷：应收账款——乙企业		10 700

（2）乙企业应作分录如下。

① 收到A商品。

借：受托代销商品	10 000	
贷：受托代销商品款		10 000

② 实际销售。

借：银行存款	11 700	
贷：应付账款——扬帆公司		10 000
应交税费——应交增值税（销项税额）		1 700

③ 收到增值税专用发票。

借：应交税费——应交增值税（进项税额）	1 700	
贷：应付账款——扬帆公司		1 700
借：受托代销商品款	10 000	
贷：受托代销商品		10 000

④ 归还扬帆公司货款并计算代销手续费。

借：应付账款——扬帆公司	11 700	
贷：银行存款		10 700
其他业务收入		1 000

（二）具有融资性质的分期收款销售

分期收款销售是指商品已经交付，但货款分期收回的一种销售方式。如果延期收取的货款具有融资性质，其实质是企业向购货方提供信贷融资，企业应当按照应收的合同或协议的公允价值确定收入金额。应收的合同或协议价款的公允价值，通常应当按照其未来现金流量现值或商品现销价格确定。

应收的合同或协议价款与其公允价值之间的差额，应当在合同或协议期间内，按照应收款项的摊余成本和实际利率计算确定的金额进行摊销，作为财务费用的抵减处理。其中，实际利率是指具有类似信用等级的企业发行类似工具的现时利率，或者将应收的合同或协议价款折现为现销价格时的折现率等。

应收的合同或协议价款与其公允价值之间的差额，按照实际利率法摊销与按照直线法摊销的结果相差不大的，也可采用直线法进行摊销。

【例 14-10】2005 年 1 月 1 日，扬帆公司采用分期收款方式向乙公司销售一套大型设备，合同约定的销售价格为 2 000 万元，分 5 次于每年 12 月 31 日等额收取。该大型设备成本为 1 560 万元。在现销方式下，该大型设备的销售价格为 1 600 万元。假定扬帆公司发出商品时开出增值税专用发票，注明的增值税额为 340 万元，并于当天收到增值税额 340 万元。

根据本例的资料，扬帆公司应当确认的销售收入金额为 1 600 万元，因为未来 5 年收款额的现值等于现销方式下应收款项金额。由此可以得出：

$$400 \times (P/A，r，5) + 340 = 1\,600 + 340 = 1\,940（万元）$$

可在多次测试的基础上，用插值法计算折现率。

当 $r = 7\%$时，400×4.100 2+340=1 980.08（万元）>1 940（万元）；

当 $r = 8\%$时，400×3.992 7+340=1 937.08（万元）<1 940（万元）。

因此，$7\% < r < 8\%$。用插值法计算如下：

1 980.08–1 9401 980.08–1 937.08=7%–r7%–8%

解得 $r = 7.93\%$。

每期计入财务费用的金额如表 14-1 所示。

表 14-1　财务费用和已收回本金计算表　　金额单位：元

时间	未收现金	财务费用	收现总额	已收本金
2005 年 1 月 1 日	16 000 000			
2005 年 12 月 31 日	16 000 000	1 268 800	4 000 000	2 731 200
2006 年 12 月 31 日	13 268 800	1 052 200	4 000 000	2 947 800
2007 年 12 月 31 日	10 321 000	818 500	4 000 000	3 181 500
2008 年 12 月 31 日	7 139 500	566 200	4 000 000	3 433 800
2009 年 12 月 31 日	3 705 700	294 300*	4 000 000	3 705 700
总计		4 000 000	20 000 000	16 000 000*

*尾数调整

根据表 14-1 的计算结果，扬帆公司各期的账务处理如下。

（1）2005 年 1 月 1 日销售实现。

借：长期应收款　　20 000 000

　　银行存款　　3 400 000

　　贷：主营业务收入　　16 000 000

　　　　应交税费——应交增值税（销项税额）　　3 400 000

　　　　未实现融资收益　　4 000 000

借：主营业务成本　　15 600 000

　　贷：库存商品　　15 600 000

（2）2005 年 12 月 31 日收取货款。

借：银行存款　　4 000 000

贷：长期应收款　　4 000 000

借：未实现融资收益　　1 268 800

贷：财务费用　　1 268 800

（3）其他各年略。

（三）售后回购

售后回购，是指销售商品的同时，销售方同意日后重新买回同样或类似商品的销售方式。在这种情况下，销售方应根据合同或协议的条款判断企业是否已将商品所有权上的主要风险和报酬转移给购货方，以确定是否确认销售商品收入。在大多数情况下，售后回购交易属于融资交易，商品所有权上的主要风险和报酬没有转移，企业不应确认销售商品收入。收到的款项应确认为负债；回购价格大于原售价的差额，企业应在回购期间按期计提利息，计入财务费用。有确凿证据表明售后回购交易满足销售商品收入确认条件的，销售商品按售价确认收入，回购的商品作为购进商品处理。

【例 14-11】 2007 年 5 月 1 日，扬帆公司向乙公司销售一批商品，增值税专用发票上注明销售价格为 100 万元，增值税额为 17 万元。该批商品的实际成本为 80 万元，商品已发出，货款已收到。协议规定，扬帆公司应在 9 月 30 日将所售商品购回，回购价为 110 万元（不含增值税额）。假定不考虑其他相关税费。扬帆公司的账务处理如下。

（1）发出商品。

借：银行存款　　1 170 000

贷：其他应付款　　1 000 000

应交税费——应交增值税（销项税额）　　170 000

借：发出商品　　8 000 000

贷：库存商品　　8 000 000

（2）由于回购价大于原售价，因而应在销售与回购期间内按期计提利息费用，计提的利息费用直接计入当期财务费用。

5 月至 9 月，每月应计提的利息费用为 20 000（100 000/5）元。

借：财务费用　　20 000

贷：其他应付款　　20 000

（3）9 月 30 日，扬帆公司购回 5 月 1 日销售的商品，增值税专用发票上注明商品价款 1 100 000 元，增值税额 187 000 元（假定商品已验收入库，款项已经支付）。

借：库存商品　　8 000 000

贷：发出商品　　8 000 000

借：其他应付款　　1 100 000

应交税费——应交增值税（进项税额）　　187 000

贷：银行存款　　1 287 000

（四）售后租回

售后租回，是指销售商品的同时，销售方同意日后再租回所售商品。在这种销售方式下，销售方应根据合同或协议条款判断企业是否已将商品所有权上的主要风险和报酬转移给购货方，以确定是否确认销售收入。在大多数情况下，售后租回属于融资交易，企业不应确认销售商品收入，收到的款项应确认为负债，售价与资产账面价值之间的差额应当分不同情况进行会计处理。

（1）如果售后租回形成一项融资租赁，售价与资产账面价值之间的差额应当予以递延，并按该项租赁资产的折旧进度进行分摊，作为折旧费用的调整。

（2）如果售后租回形成一项经营租赁，应当视情况处理：①售后租回交易如果不是按照公允价值达成的，售价低于公允价值的差额应计入当期损益；但若该损失将由低于市价的未来租赁付款额来补偿时，有关损失应予以递延（递延收益），并按与确认租金费用相一致的方法在租赁期内进行分摊；如果售价大于公允价值，其大于公允价值的部分应计入递延收益，并在租赁期内分摊。②有确凿证据表明认定为经营租赁的售后租回交易是按照公允价值达成的，售价与资产账面价值的差额应计入当期损益。

（五）附有销售退回条件的商品销售

附有销售退回条件的商品销售，是指购买方依照有关协议有权退货的销售方式。在这种销售方式下，企业根据以往的经验能够合理估计退货的可能性且确认与退货相关负债的，通常应在发出商品时确认收入；企业不能合理估计退货可能性的，应在售出商品退货期满时确认收入。

（六）以旧换新销售

以旧换新销售，是指销售方在销售商品的同时回收与所购商品相同的旧商品。在这种销售方式下，销售的商品应按商品销售的方法确认收入，回收的商品作为购进商品处理。

小贴士

主营业务收入是指主要经营业务所发生的收入。具体地说，在工业企业，主营业务收入包括销售产成品，自制半成品，工业性劳务等发生的收入。其他业务收入是指企业从事主营业务以外的其他业务或附营业务所发生的收入。其特点是每笔业务金额小，收入不十分稳定，服务对象不太固定，占全部营业收入的比重低。

第三节　提供劳务收入的确认和计量

提供劳务收入的确认要视劳务的结果在资产负债表日是否能够可靠估计来选择不同的方法。关于同时提供商品和劳务的交易，应按照销售商品部分和提供劳务部分能否区分、能否单独计量来进行不同的会计处理。

一、提供劳务交易的结果能够可靠地估计

如果劳务的开始和完成分属不同的会计期间，且企业在资产负债表日提供劳务交易的结果能够可靠地估计，则应当采用完工百分比法确认提供劳务收入。

（一）提供劳务交易的结果能够可靠估计的条件

提供劳务交易的结果能够可靠估计，是指同时满足下列条件。

1. 收入的金额能够可靠计量

收入的金额能够可靠计量，是指提供劳务收入的总额能够合理地估计。通常情况下，企业应当按照已收或应收的合同或协议价款确认提供劳务收入总额。随着劳务的不断提供，可能会根据实际情况增加或减少已收或应收的合同或协议价款，此时，企业应及时调整提供劳务收入总额。

2. 相关的经济利益很可能流入企业

相关的经济利益很可能流入企业，是指提供劳务收入总额收回的可能性大于不能收回的可能性。企业在确定提供劳务收入总额能否收回时，应当结合接受劳务方的信誉、以前的经验以及双方就结算方式和期限达成的合同或协议条款等因素进行综合判断。

企业在确定提供劳务收入总额收回的可能性时，应当进行定性分析。如果确定提供劳务收入总额收回的可能性大于不能收回的可能性，即可认为提供劳务收入总额很可能流入企业。通常情况下，企业提供的劳务符合合同或协议要求，接受劳务方承诺付款，就表明提供劳务收入总额收回的可能性大于不能收回的可能性。如果企业判断提供劳务收入总额不是很可能流入企业，应当提供确凿证据。

3. 交易的完工进度能够可靠确定

交易的完工进度能够可靠确定，是指交易的完工进度能够合理地估计。企业确定提供劳务交易的完工进度，可以选用下列方法。

（1）已完工作的测量，这是一种比较专业的测量方法，由专业测量师对已经提供的劳务进行测量，并按一定的方法计算确定提供劳务交易的完工程度。

（2）已提供劳务占应提供劳务总量的比例，这种方法主要以劳务量为标准确定提供劳务交易的完工程度。

（3）已经发生的成本占估计总成本的比例，这种方法主要以成本为标准确定提供劳务交易的完工程度。只有已提供劳务的成本才能包括在已经发生的成本中，只有已提供或将提供的成本才能包括在估计成本中。

4. 交易中已发生和将发生的成本能够可靠地计量

交易中已发生和将发生的成本能够可靠地计量，是指交易中已经发生的和将要发生的成本能够合理地估计。企业应当建立完善的内部成本核算制度和有效的内部财务预算及报告制度，准确地提供每期发生的成本，并对完成剩余劳务将要发生的成本做出科学、合理的估计。同时应随着劳务的不断提供或外部情况的不断变化，随时对将要发生的成本进行修订。

（二）完工百分比法的运用

完工百分比法，是指按照提供劳务交易的完工进度确认收入和费用的方法。

企业应当在资产负债表日按照提供劳务收入总额乘以完工进度扣除以前会计期间累计已经确认劳务收入后的金额，确认当期提供劳务收入；同时，按照提供劳务估计总成本乘以完工进度扣除以前会计期间累计已确认劳务成本后的金额，结转当期劳务成本。用公式表示如下：

本年确认的收入=劳务总收入×本年末止劳务的完成程度–以前年度确认的收入

本年确认的费用=劳务估计总成本×本年末止劳务的完成程度–以前年度确认的费用

在采用完工百分比法确认提供劳务收入的情况下，企业应按计算确定的提供劳务收入的金额，借记“应收账款”、“银行存款”等科目，贷记“主营业务收入”科目；结转提供劳务成本时，借记“主营业务成本”科目，贷记“劳务成本”科目。

【例 14-12】 甲公司于 2007 年 10 月 5 日为客户定制一款软件，工期约 5 个月，合同总收入 400 万元，至 2007 年 12 月 31 日已发生成本 220 万元，预收账款 250 万元。预计开发完整个软件还将发生成本 80 万元。2007 年 12 月 31 日经专业测量师测量，软件的开发程度为 60%。

2007 年确认收入=劳务总收入×劳务的完成程度－以前年度已确认的收入

=4 000 000×60%–0

=2 400 000（元）

2007 年确认费用=劳务估计总成本×劳务的完成程度–以前年度已确认的费用

=（2 200 000+800 000）×60%–0

=1 800 000（元）

会计分录如下。

（1）发生成本。

借：劳务成本　　2 200 000

　　贷：银行存款　　2 200 000

（2）预收款项。

借：银行存款　　2 500 000

　　贷：预收账款　　2 500 000

（3）确认收入。

借：预收账款　　2 400 000

　　贷：主营业务收入　　2 400 000

（4）结转成本。

借：主营业务成本　　1 800 000

　　贷：劳务成本　　1 800 000

二、提供劳务交易的结果不能可靠估计

企业在资产负债表日提供劳务交易的结果不能够可靠估计的，即不能满足提供劳务交易的结果能够可靠估计的四个条件中的任何一个时，企业不能采用完工百分比法确认提供劳务收入。

企业在资产负债表日提供劳务交易的结果不能够可靠估计的，应当分下列情况处理：

（1）已经发生的劳务成本预计能够得到补偿的，应当按照已收或预计收回的金额确认提供劳务收入，并结转已经发生的劳务成本。在这种情况下，企业应按已经发生的劳务成本金额，借记“应收账款”、“预收账款”等科目，贷记“主营业务收入”科目；同时，借记“主营业务成本”科目，贷记“劳务成本”科目。

（2）已经发生的劳务成本预计全部不能得到补偿的，应当将已经发生的劳务成本计入当期损益，不确认提供劳务收入。在这种情况下，企业应按已经发生的劳务成本金额，借记“主营业务成本”科目，贷记“劳务成本”科目。

【例 14-13】 甲公司于 2007 年 11 月 1 日接受乙公司委托，为其培训一批学员，培训期

为6个月，当日开学。协议约定，乙公司应向甲公司支付的培训费总额为6万元，分3次等额支付，第一次在开学时预付，第二次在2008年2月1日支付，第三次在培训结束时支付。当日，乙公司预付第一次培训费。

2007年12月31日，甲公司得知乙公司经营发生困难，后两次培训费能否收回难以确定。因此，甲公司只将已发生的培训成本3万元（假定均为培训人员薪酬）中能够得到补偿的部分2万元确认为收入，将发生的3万元成本全部确认为当年费用。假定甲公司按年度编制财务报表，不考虑其他因素。

甲公司账务处理如下。

① 2007年11月1日收到乙公司预付的培训费。

借：银行存款　　20 000

　　贷：预收账款　　20 000

② 实际发生培训支出。

借：劳务成本　　30 000

　　贷：应付职工薪酬　　30 000

③ 2007年12月31日确认提供劳务收入并结转劳务成本。

借：预收账款　　20 000

　　贷：主营业务收入　　20 000

借：主营业务成本　　30 000

　　贷：劳务成本　　30 000

三、同时销售商品和提供劳务交易

企业与其他企业签订的合同或协议，有时既包括销售商品又包括提供劳务，如销售原材料同时负责运输、销售软件后继续提供技术支持、设计产品的同时负责生产等。此时，如果销售商品部分和提供劳务部分能够区分且能够单独计量，企业应当分别核算销售商品部分和提供劳务部分，将销售商品部分作为销售商品业务处理，将提供劳务的部分作为提供劳务业务处理；如果销售商品部分和提供劳务部分不能够区分，或虽能区分但不能够单独计量，则企业应当将销售商品部分和提供劳务部分全部作为销售商品业务进行处理。

【例 14-14】 扬帆公司与乙公司签订合同，向乙公司销售一部电梯并负责安装。扬帆公司开出的增值税专用发票上注明的价款合计为100万元，其中电梯销售价格为98万元，安装费为2万元，增值税额为166 600元。电梯的成本为56万元；电梯安装过程发生安装费12 000元，均为安装人员薪酬。假定电梯已经安装完成并经验收合格，款项尚未收到；安装工作是销售合同的重要组成部分。扬帆公司的账务处理如下。

（1）电梯发出结转成本。

借：发出商品　　560 000

　　贷：库存商品　　560 000

（2）实际发生安装费用。

借：劳务成本　　12 000

　　贷：应付职工薪酬　　12 000

（3）电梯销售实现，确认收入。

借：应收账款　　1 146 600

　贷：主营业务收入　　980 000

　　应交税费——应交增值税（销项税额）　　166 600

借：主营业务成本　　560 000

　贷：发出商品　　560 000

（4）确认安装收入并结转安装成本。

借：应收账款　　20 000

　贷：主营业务收入　　20 000

借：主营业务成本　　12 000

　贷：劳务成本　　12 000

借：营业税金及附加　　(20 000×3%)600

　贷：应交税费——应交营业税　　600

某些情况下企业在销售产品或提供劳务的同时会授予客户奖励积分，如航空公司给予客户的里程累计等，客户在满足一定条件后将奖励积分兑换为企业或第三方提供的免费或有折扣的商品或服务。企业对该交易事项应当分别以下情况进行处理。

（1）在销售产品或提供劳务的同时，应当将销售取得的货款或应收货款在本次商品销售或劳务提供产生的收入与奖励积分的公允价值之间进行分配，将取得的货款或应收货款扣除奖励积分公允价值的部分确认为收入，奖励积分的公允价值确认为递延收益。奖励积分的公允价值为单独销售可取得的金额。如果奖励积分的公允价值不能够直接观察到，授予企业可以参考被兑换奖励的公允价值或其他估值技术估计奖励积分的公允价值。在下列情况下，授予企业可能减少奖励积分的公允价值：①向未从初始销售中获得奖励积分的客户提供奖励积分的公允价值；②奖励积分中预期不会被客户兑换的部分。

（2）获得奖励积分的客户满足条件时有权取得授予企业的商品或服务，在客户兑换奖励积分时，授予企业应将原计入递延收益的与所兑换积分相关的部分确认为收入，确认为收入的金额应当以被兑换用于换取奖励的积分数额占预期将兑换用于换取奖励的积分总数比例为基础计算确定。获得奖励积分的客户满足条件时有权取得第三方提供的商品或劳务的，如果授予企业代表第三方归集对价，授予企业应在第三方有义务提供奖励且有权接受因提供奖励的计价时，将原计入递延收益的金额与应支付给第三方的价款之间的差额确认为收入；如果授予企业自身归集对价，应在履行奖励义务是按分配至奖励积分的对价确认收入。企业因提供奖励积分而发生的不可避免成本超过已收和应收对价时，应按《企业会计准则第13号——或有事项》有关部门亏损合同的规定处理。

四、建设经营移交方式参与公共基础设施建设业务

建设经营移交方式（BOT）参与公共基础设施建设业务，应当同时满足以下条件：①合同授予方为政府及其有关部门或政府授权进行招标的企业。②合同投资方为按照有关程序取得该特许经营权合同的企业（以下简称合同投资方）。合同投资方按照规定设立项目公司（以下简称项目公司）进行项目建设和运营。项目公司除取得建造有关基础设施的权利以外，在基础设施建造完成以后的一定期间内负责提供后续经营服务。③特许经营权合同中对所建造

基础设施的质量标准、工期、开始经营后提供服务的对象、收费标准及后续调整做出约定，同时在合同期满，合同投资方负有将有关基础设施移交给合同授予方的义务，并对基础设施在移交时的性能、状态等作出明确规定。

某些情况下，合同投资方为了服务协议目的建造或从第三方购买的基础设施，豁免合同授予方基于服务协议目的提供给合同投资方经营的现有基础设施，也应比照 BOT 业务的处理原则。

（1）与 BOT 业务相关收入的确认。

建造期间，项目公司对于所提供的建造服务应当按照《企业会计准则第 15 号——建造合同》确认相关的收入和费用。基础设施建成后，项目公司应当按照《企业会计准则第 14 号——收入》确认与后续经营服务相关的收入和费用。

建造合同收入应当按照收取或应收对价的公允价值计量，并分别以下情况在确认收入的同时，确认金融资产或无形资产。

①合同规定基础设施建成后的一定期间内，项目公司可以无条件地自合同授予方收取确定金额的货币资金或其他金融资产的；或在项目公司提供经营服务的收费低于某一限定金额的情况下，合同授予方按照合同规定负责将有关差价补偿给项目公司的，应当在确认收入的同时确认金融资产，并按照《企业会计准则第 22 号——金融工具确认和计量》的规定处理。项目公司应根据已收取或应收取对价的公允价值，借记“银行存款”、“应收账款”等科目，贷记“工程结算”科目。

②合同规定项目公司在有关基础设施建成后，从事经营的一定期间内有权利向获取服务的对象收取费用，但收费金额不确定的，该权利不构成一项无条件收取现金的权利，项目公司应当在确认收入的同时确认无形资产。建造过程如果发生借款利息，应当按照《企业会计准则第 17 号——借款费用》的规定处理。项目公司应根据应收取对价的公允价值，借记“无形资产”科目，贷记“工程结算”科目。

项目公司未提供实际建造服务，将基础设施建造发包给其他方的，不应确认建造服务收入，应当按照建造过程中支付的工程价款等考虑合同规定，分别确认为金融资产或无形资产。

（2）按照合同规定，企业为使有关基础设施保持一定的服务能力或在移交给合同授予方之前保持一定的使用状态，预计将发生的支出，应当按照《企业会计准则第 13 号——或有事项》的规定处理。

（3）按照特许经营权合同规定，项目公司应提供不止一项服务（如既提供基础设施建造服务又提供建成后经营服务）的，各项服务能够单独区分时，其收取或应收的对价应当按照各项服务的相对公允价值比例分配给所提供的各项服务。

（4）BOT 业务所建造基础设施不应作为项目公司的固定资产。

（5）在 BOT 业务中，授予方可能向项目公司提供除基础设施以外其他的资产，如果该资产构成授予方应付合同价款的一部分，不应作为政府补助处理。项目公司自授予方取得资产时，应以其公允价值确认，未提供与获取该资产相关的服务前应确认为一项负债。

小贴士

对于以建设经营移交方式（BOT）参与公共基础设施业务，在建造期间，项目公司对于所提供的建造服务确认相关的收入和费用，应依据的是《企业会计准则第 15 号——建造合同》

确认相关的收入和费用；在基础设施建成后，依据《企业会计准则第14号——收入》确认相关的收入和费用。

五、特殊劳务交易

下列提供劳务满足收入确认条件的，应按规定确认收入。

（1）安装费收入。如果安装费是与商品销售分开的，则应在年度终了根据安装的完工程度确认收入；如果安装费是销售商品收入的一部分，则应与所销售的商品同时确认收入。

（2）宣传媒介的收费。宣传媒介的佣金收入应在相关的广告或商业行为开始出现于公众面前时予以确认；广告的制作佣金收入则应在年度终了时根据项目的完成程度确认。

（3）艺术表演、招待宴会以及其他特殊活动收费，应在这些活动发生时予以确认。如果是一笔预收几项活动的费用，则这笔预收款应合理分配给每项活动，分别确认为收入。

（4）申请入会费和会员费只允许取得会籍，其他所有服务或商品都要另行收费，则在款项收回不存在重大不确定性时确认为收入；如果所收费用能使会员在会员期内得到各种服务或出版物，或者以低于非会员所负担的价格购买商品或接受劳务，则该项收费应在整个受益期内分期确认收入。

（5）特许权费收入。特许权费收入包括提供初始及后续服务、设备和其他有形资产及专门技术等方面的收入。其中属于提供设备和其他有形资产的部分，应在这些资产的所有权转移时确认为收入；属于提供初始及后续服务的部分，在提供服务时确认为收入。

（6）订制软件收入。主要是指为特定客户开发软件，不包括开发的商品化软件。订制软件收入应在资产负债表日根据开发的完成程度确认收入。

（7）长期为客户提供重复的劳务收取的劳务费，客户按期支付劳务费。通常应在相关劳务活动发生时确认收入。如某物业管理企业与某住宅小区物业产权人签订合同，为该小区所有住户提供维修、清洁、绿化、保安及代收房费、水电费等项劳务，每月末收取劳务费，该企业应在每月末将应收取的劳务费确认为当月收入。

（8）包括在商品售价内的服务费，在提供服务的期间内分期确认为收入。

第四节　让渡资产使用权收入的确认和计量

让渡资产使用权收入有多种形式，如利息收入、使用费收入、企业对外出租资产收取的租金、进行债权投资取得的利息、进行股权投资取得的现金股利。

一、让渡资产使用权收入的确认原则

利息收入和使用费收入应遵循以下确认原则。

1．相关的经济利益很可能流入企业

相关的经济利益很可能流入企业，是指让渡资产使用权收入金额收回的可能性大于不能收回的可能性。企业在确定让渡资产使用权收入金额能否收回时，应当根据对方的信誉情况、当年的效益情况以及双方就结算方式、付款期限等达成的协议等因素，进行综合判断。如果企业估计收入收回的可能性不大，就不应确认收入。

2．收入的金额能够可靠地计量

收入的金额能够可靠地计量，是指让渡资产使用权收入的金额能够合理地估计。如果让渡资产使用权收入的金额不能够合理地估计，则不应确认收入。

二、利息收入

企业应在资产负债表日，按照他人使用本企业货币资金的时间和实际利率计算确定利息收入的金额，按计算确定的利息收入的金额，借记“应收利息”、“银行存款”等科目，贷记“利息收入”、“其他业务收入”等科目。

三、使用费收入

使用费收入应按有关合同、协议的收费时间和方法确认。不同的使用费收入，其收费时间和收费方法各不相同：有一次收回一笔固定的金额的，如一次收取 10 年的场地使用费；有在协议规定的有效期内等额收回的，如合同规定在使用期内每期收取一笔固定的金额；有分期不等额收回的，如合同规定按资产使用期内每期销售额的百分比收取使用费等。

如果合同、协议规定使用费一次支付、且不提供后期服务的，应视同该项资产的销售一次确认收入；如提供后期服务的，应在合同、协议规定的有效期限内分期确认收入。如合同或协议规定分期支付使用费的，应按规定的收款时间和金额或收费方法计算确定的金额分期确认收入。使用费收入在确认时，应按确定的收入金额借记“应收账款”、“银行存款”等科目，贷记“其他业务收入”或“主营业务收入”科目。

【例 14-15】 甲公司向乙企业转让某项软件的使用权，一次性收费 400 000 元，不提供后续服务。该项交易实质上是出售软件，应视同销售进行处理。

借：银行存款　　400 000

　　贷：其他业务收入　　400 000

【例 14-16】 甲公司向乙企业转让某项专利权的使用权，转让期为 5 年，每年收取使用 60 000 元。甲公司每年应确认收入 60 000 元。

借：应收账款（或银行存款）　　60 000

　　贷：其他业务收入　　60 000

【例 14-17】 甲公司向乙企业转让其商品的商标使用权，合同规定乙企业每年年末按销售收入的 10%支付甲公司使用费，使用期 10 年。假定第一年乙企业销售收入 100 万元，第二年销售收入 150 万元，这两年的使用费按期支付。甲公司应按下列方法确认收入。

第一年年末应确认使用费收入=1 000 000×10%=100 000（元）

借：银行存款　　100 000

　　贷：其他业务收入　　100 000

第二年年末应确认使用费收入=1 500 000×10%=150 000（元）

借：银行存款　　150 000

　　贷：其他业务收入　　150 000

四、其他让渡资产使用权收入

企业对外出租资产收取的租金、进行债权投资取得的利息、进行股权投资取得的现金股利，也构成让渡资产使用权收入，有关的会计处理，请参照有关租赁、金融资产、长期股权投资等内容。

第五节　建造合同收入的确认和计量

建筑业、造船业、飞机制造业等行业是属于产品生产周期较长的行业，其产品从投产到完工往往要跨越会计年度。这些行业的产品或劳务如果到完成后确认收入，则无法做到收入与费用的配比，也就不能反映企业的经营成果。因此，对这些生产周期较长的行业，一般应根据比例在整个业务完工前分期确认其收入。

一、建造合同概述

（一）建造合同的概念

建造合同是指为建造一项或数项在设计、技术、功能、最终用途等方面密切相关的资产而订立的合同。这里所讲的资产是指房屋、道路、桥梁、水坝等建筑物以及船舶、飞机、大型机械设备等。合同的甲方称为客户，乙方称为建造承包商。

建造合同属于经济合同范畴，但它不同于一般的材料采购合同和劳务合同，而是有其自身的特征，主要表现在：①所建造的资产体积大，造价高；②资产的建设期长，一般都要跨越一个会计年度，有的长达数年；③所建造或生产的产品的价值比较大。

（二）建造合同的类型

建造合同分为两类：一类是固定造价合同，另一类是成本加成合同。

1．固定造价合同

固定造价合同是指按照固定的合同价或固定单价确定工程价款的建造合同。例如，某建造承包商与一客户签订一项建造合同，为客户建造一座办公大楼，合同规定建造办公大楼的总造价为 1 000 万元，该项合同即是固定造价合同。再如，某建造承包商与一客户签订一项建造合同，为客户建造一条 80 千米的高速公路，合同规定每千米单价为 5 000 万元，该项合同也是固定造价合同。

2．成本加成合同

成本加成合同是指以合同允许或其他方式议定的成本为基础，加上该成本的一定比例或定额费用确定工程价款的建造合同。例如，某建造承包商与一客户签订一项建造合同，为客户建造一艘船舶，双方商定以建造该艘船舶的实际成本为基础，合同总价款以实际成本加上实际成本的 10%计取，该项合同即是成本加成合同。再如，某建造承包商与一客户签订一项建造合同，为客户建造一段地铁，合同规定以建造该段地铁的实际成本 60 亿元为基础，另加 8 000 万元计取工程价款，该项合同也为成本加成合同。

固定造价合同和成本加成合同的主要区别在于风险的承担者不同，前者的风险主要由建造承包方承担，后者主要由发包方承担。

二、合同分立与合并

企业通常应当按照单项建造合同进行会计处理。但是，在某些情况下，为了反映一项或一组合同的实质，需要将单项合同进行分立或将数项合同进行合并。

（一）合同分立

有的资产虽然在形式上只签订了一项合同，但各项资产在商务谈判、设计施工、价款结算等方面都是可以相互分离的，实质上是多项合同，在会计处理上应当作为不同的核算对象。

如果一项建造合同中包括数项资产的建造，在同时具备下列条件的情况下，每项资产应分立为单项合同处理：①每项资产均有独立的建造计划；②建造承包商与客户就每项资产单独进行谈判，双方能够接受或拒绝与每项资产有关的合同条款；③每项资产的收入和成本可单独辨认。

同时具备上述三个条件，则能将建造合同进行分立，否则，合同不能分立，仍应作为一个合同进行会计处理。

例如，某建筑公司与一客户签订一项建造合同，该合同规定，建筑公司为客户建造一栋楼房和食堂。在签订合同时建筑公司与客户分别就所建的楼房和食堂进行谈判，并达成一致意见，楼房的工程造价为 400 万元，食堂的工程造价为 150 万元。楼房和食堂均有独立的施工图预算，楼房的预算成本为 370 万元，食堂的预算成本为 130 万元。根据上述资料，由于楼房和食堂均有独立的施工图预算，表明符合条件一；由于在签订合同时，建筑公司与客户分别就所建楼房和食堂进行谈判，并达成一致意见，表明符合条件二；由于楼房和食堂均有单独的造价和预算成本，表明符合条件三。因此，该项建造合同同时符合合同分立的条件，建筑公司应将建造楼房和食堂分立为两个单项合同进行会计处理。

假如该项建造合同中，没有明确规定楼房和食堂各自的工程造价，而是以 550 万元的总金额签订了该项合同，也未做出各自的预算成本，则不符合条件三，建筑公司不能将该项建造合同分立为两个单项合同，而应作为一个单项合同进行会计处理。

（二）合同合并

有的资产建造虽然在形式上签订了多项合同，但各项资产在设计、技术、功能、最终用途上是密不可分的，实质上是一项合同，在会计上应当作为一个核算对象。

一组合同无论对应单个客户还是多个客户，在同时具备下列条件的情况下，应合并为单项合同处理：①该组合同按一揽子交易签订；②该组合同密切相关，每项合同实际上已构成一项综合利润工程的组成部分；③该组合同同时或依次履行。

如果不同时符合上述三个条件，则不能将该组合同进行合并，而应以各单项合同为会计核算对象进行会计处理。

例如，某建造承包商为承包建造一个冶炼厂而与客户一揽子签订了三项建造合同，这三项合同分别是建造一个选矿车间、一个冶炼车间和一个工业污水处理系统。根据合同规定，这三个工程将由该建造承包商同时施工，并根据整个项目的施工进度办理价款结算。根据上述资料分析，由于这三项建造合同是一揽子签订的，表明符合条件一。对客户而言，只有这三项合同全部完工交付使用时，该冶炼厂才能投料生产，发挥效益；对建造承包商而言，这三项合同各自的完工进度直接关系到整个建设项目的完工进度和价款结算，由于在同一施工地点同时施工，建造承包商对工程施工人员和工程用料实行统一管理。因此，该组合同密切相关，已构成一项综合利润工程项目，表明符合条件二。该组合同同时履行，表明符合条件三。因此，这三项建造合同符合合同合并的三个条件，该建造承包商应将该组合同合并为一个合同进行会计处理，统一核算该组合同的损益。

（三）追加资产的建造

建造合同在执行中，客户有时可能会提出追加建造资产的要求，从而与建造承包商协商变更原合同内容或者另行签订建造追加资产的合同。根据不同情况，建造追加资产的合同可能与原合同合并为一项合同进行会计核算，也可能作为单项合同单独核算。

追加资产的建造，满足下列条件之一的，应当作为单项合同：①该追加资产在设计、技术或功能上与原合同包括的一项或数项资产存在重大差异；②议定该追加资产的造价时，不需要考虑原合同价款。

例如，某建筑商与客户签订了一项建造合同。合同规定，建筑商为客户设计并建造一栋教学楼，教学楼的工程造价（含设计费用）为 600 万元，预计总成本为 550 万元。合同履行一段时间后，客户决定追加建造一座地上车库，并与该建筑商协商一致，变更了原合同内容。根据上述资料，由于该地上车库在设计、技术和功能上与原合同包括的教学楼存在重大差异，表明符合条件一，因此该追加资产的建造应当作为单项合同。

三、合同收入与合同成本

（一）合同收入的组成

合同收入包括两部分内容。

1. 合同中规定的初始收入

初始收入即建造承包商与客户在双方签订的合同中最初商订的合同总金额，它构成了合同收入的基本内容。

2. 因合同变更、索赔、奖励等形成的收入

这部分收入并不构成合同双方在签订合同时已商订的合同总金额，而是在执行合同过程中由于合同变更、索赔、奖励等原因而形成的追加收入。建造承包商不能随意确认这部分收入，只有在符合规定条件时才能构成合同总收入。

（1）合同变更收入。

合同变更是指客户为改变合同规定的作业内容而提出的调整。例如，某建造承包商与一客户签订了一份金额为 5 000 万元的固定造价合同，建造一座图书馆，合同规定的建设期为 3 年。第二年，客户改变部分设计，要求建造承包商将原设计中采用的木门窗改为铝合金门窗，并同意增加变更收入 50 万元。这就属于合同变更。

因合同变更而增加的收入，应在同时具备下列条件时予以确认：①客户能够认可因变更而增加的收入；②收入能够可靠地计量。

上例中，由于变更收入 50 万元符合上述两个条件，建造承包商可在第二年将因合同变更而增加的收入 50 万元确认为合同收入的组成部分，第二年的合同总收入应为 5 050 万元。假如客户承认因变更而增加收入，但双方只达成增加 20 万元的协议，则只能将 20 万元确认为合同收入的组成部分，第二年的合同总收入应为 5 020 万元。

要注意的是，这里所说的合同变更收入确认，仅指合同变更收入可以计入合同总收入，而不是说将其在当期损益中确认。以下提到的索赔款、奖励款收入确认也有类似的含义。它们何时计入损益，在合同收入和合同费用的确认部分讨论。

（2）索赔款收入。

索赔款是指因客户或第三方的原因造成的、由建造承包商向客户或第三方收取的、用于补偿不包括在合同造价中的成本的款项。例如，某建造承包商与一客户签订了一份金额为 8 000 万元的建造合同，建造一座水电站。合同规定的建设期是 2007 年 3 月至 2010 年 8 月，同时规定，发电机由客户采购，于 2009 年 8 月交付建造承包商进行安装。在合同执行过程中，客户于 2010 年 1 月才将发电机交付建造承包商。建造承包商因客户交货延期要求客户支付延误工期款 100 万元。这一事项即为发生索赔款的例子。

因索赔款而形成的收入，应在同时具备下列条件时予以确认：①根据谈判情况，预计对方能够同意这项索赔；②对方同意接受的金额能够可靠地计量。如果不同时具备这两个条件，则不能确认索赔收入。

上例中，该项建造合同的初始收入为 8 000 万元。根据双方谈判情况，客户同意向建造承包商支付延误工期款 100 万元，符合上述两个条件，建造承包商便可于 2010 年确认因索赔而增加的收入，合同总收入为 8 100 万元。假如客户不同意支付延误工期款，则不能将 100 万元计入合同总收入，合同总收入仍为 8 000 万元；假如客户同意这项索赔，但只同意支付延误工期款 50 万元，建造承包商只能将 50 万元确认为合同收入的组成部分，在这种情况下，2010 年该项建造合同的总收入应为 8 050 万元。

（3）奖励款收入。

奖励款是指工程达到规定的标准时，客户同意支付给建造承包商的额外款项。例如，某建造承包商与一客户签订一项合同金额为 9 000 万元的建造合同，建造一座跨海大桥，合同规定建设期为 2007 年 12 月 20 日至 2009 年 12 月 20 日。2009 年 9 月，主体工程已基本完工，工程质量符合设计要求，有望提前 3 个月竣工。客户同意向建造承包商支付提前竣工奖 100 万元。这一事项即为发生奖励款的例子。

因奖励而形成的收入应在同时具备下列条件时予以确认：①根据目前合同完成情况，足以判断工程进度和工程质量能够达到或超过既定的标准；②奖励金额能够可靠地计量。如果不同时具备这两个条件，则不能确认。

上例中，提前竣工奖 100 万元符合上述两个条件，建造承包商应于 2009 年将因奖励款而形成的收入 100 万元确认为合同收入的组成部分，2009 年该项建造合同的总收入应为 9 100 万元。假定该项合同的主体工程虽于 2009 年 9 月基本完工，但是经工程监理人员认定，工程质量未达到设计要求，还需进一步施工，在这种情况下，建造承包商不能确认奖励款。

（二）合同成本的组成

合同成本是指为建造某项合同而发生的相关费用，合同成本应包括从合同签订开始至合同完成止所发生的与执行合同有关的直接费用和间接费用。

1. 直接费用

直接费用是指为完成合同所发生的、可以直接计入合同成本核算对象的各项费用支出。直接费用包括人工费用、材料费用、机械使用费和其他直接费用。

（1）人工费用，主要包括从事工程建造的人员的工资、奖金、福利费、工资性质的津贴等支出。

（2）材料费用，主要包括施工过程中耗用的构成工程实体或有助于形成工程实体的原材料、辅助材料、构配件、零件、半成品的成本和周转材料的摊销及租赁费用。周转材料是指企业在施工过程中能多次使用并可基本保持原来的实物形态而逐渐转移其价值的材料，如施工中使用的模板、挡板和脚手架等。

（3）机械使用费，主要包括施工生产过程中使用自有施工机械发生的机械使用费、租用外单位机械支付的租赁费和施工机械的安装、拆卸和进出场费。

（4）其他直接费用，是指在施工过程中发生的除上述三项以外的其他可以直接计入合同成本核算对象的费用。主要包括有关的设计和技术援助费用、施工现场材料二次搬运费、生产工具和用具使用费、检验试验费、工程定位复测费、工程点交费用、场地清理费用等。

2. 间接费用

间接费用是企业下属的施工单位或生产单位为组织和管理施工生产活动所发生的费用，包括临时设施摊销费用和施工、生产单位发生的管理人员工资、奖金、福利费、劳动保护费，固定资产折旧费及修理费，物料消耗，低值易耗品摊销，取暖费，水电费，办公费，差旅费，财产保险费，工程保修费，排污费等。间接费用应在期末按系统、合理的方法分摊计入合同成本。常见的用于间接费用分摊的方法有人工费用比例法和直接费用比例法。

3. 不计入合同成本的各项费用

下列费用属于期间费用，应在发生时计入当期损益，不计入建造合同成本。

（1）企业行政管理部门为组织和管理生产经营活动所发生的管理费用。这里的“企业行政管理部门”包括建造安装公司的总公司和船舶、飞机、大型机器设备等制造企业的总部。

（2）船舶等制造企业的销售费用。

（3）企业为建造合同借入款项所发生的不符合借款费用准则规定的资本化条件的借款费用。例如，企业在建造合同完成后发生的利息净支出、汇兑净损失、金融机构手续费以及筹资发生的其他财务费用。

四、合同收入与合同费用的确认与计量

在一个会计年度内完成的建造合同，应在完成时确认合同收入和合同费用。对于不在一个会计年度内完成的建造合同，在确认合同收入和费用时，应首先判断建造合同的结果能否可靠地估计。

（一）结果能够可靠估计的建造合同

如果建造合同的结果能够可靠地估计，企业应根据完工百分比法在资产负债表日确认合同收入和费用。完工百分比法是指根据合同完工进度确认收入与费用的方法。

1. 建造合同结果能可靠估计的认定标准

（1）固定造价合同结果能够可靠估计是指同时具备下列条件：①合同总收入能够可靠地

计量；②与合同相关的经济利益很可能流入企业；③实际发生的合同成本能够清楚地区分和可靠地计量；④合同完工进度和为完成合同尚需发生的成本能够可靠地确认。

（2）成本加成合同结果能够可靠估计是指同时具备下列条件：①与合同相关的经济利益很可能流入企业；②实际发生的合同成本能够清楚地区分和可靠地计量。

2．完工进度的确定

企业确定合同完工进度可以选用下列三种方法。

（1）根据累计实际发生的合同成本占合同预计总成本的比例确定。该方法是确定合同完工进度较常用的方法，用计算公式表示如下：

合同完工程度=累计实际发生的合同成本÷合同预计总成本×100%

例如，某建筑公司签订了一项合同总金额为 1 000 万元的建造合同，合同规定的建设期为 3 年。第一年，实际发生合同成本 300 万元，年末预计为完成合同尚未发生成本 520 万元；第二年，实际发生合同成本为 400 万元，年末预计为完成合同还需发生成本 150 万元。根据上述资料，计算合同完工进度如下：

第一年合同完工进度=300/（300+520）×100%=37%

第二年合同完工进度=（300+400）/（300+400+150）×100%=82%

（2）根据已经完成的合同工作量占合同预计总工作量的比例确定。该方法适用于合同工作量容易确定的建造合同，如道路工程、土石方挖掘、砌筑工程等，用计算公式表示如下：

合同完工程度=已经完成的合同工作量÷合同预计总工作量×100%

例如，某路桥工程公司签订了一项修建一条 100 千米公路的建造合同，合同规定的总金额为 8 000 万元，工期为 3 年。该公路第一年修建了 30 千米，第二年修建了 40 千米。根据上述资料，计算合同完工进度如下：

第一年合同完工进度=30/100×100%=30%

第二年合同完工进度=（30+40）/100×100%=70%

（3）根据实际测定的完工进度确定。该方法是在无法根据上述两种方法确定合同完工进度时所采用的一种特殊的技术测量方法，如水下施工工程等。需要指出的是，这种技术测量并不是由建造承包商自行随意测定的，而应由专业人员现场进行科学测定。

例如，某建筑公司承建一项水下作业工程，在资产负债表日，经专业人员现场测定，已完成工作量已达合同总工作量的 80%，则该合同的完工进度为 80%。

3．完工百分比法的应用

确定建造合同的完工进度后，就可以根据完工百分比法确认和计量当期的合同收入和费用。当期确认的合同收入和费用可以用下列公式计算：

当期确认的合同收入=合同总收入×完工进度−以前会计期间累计已确认的收入

当期确认的合同费用=合同估计总成本×完工进度−以前会计期间累计已确认的费用

当期确认的合同毛利=当期确认的合同收入−当期确认的合同费用

需要说明的是，公式中的完工进度实际上是累计完工进度。

对于当期完成的建造合同，应当按照实际合同总收入扣除以前会计期间累计已确认收入后的金额，确认为当期合同收入；同时，按照累计发生的合同成本扣除以前会计期间累计已确认费用后的金额，确认为当期合同费用。

【例 14-18】 甲公司与客户签订了一项总金额为 1 520 万元的固定造价合同，工程已于 2007 年 7 月 3 日开工，2009 年 7 月完工。该项合同在 2007 年末预计总成本为 1 200 万元。2008 年，客户提出变更部分设计，经双方协商，客户同意追加投资 80 万元。2008 年末，预计工程总成本为 1 280 万元。该建造合同的其他有关资料如表 14-2 所示。假定该项建造合同的结果能够可靠地估计。公司采用累计实际发生的合同成本占合同预计总成本的比例确定该项合同的完工进度。

表 14-2 建造合同的有关资料 金额单位：万元

年度	累计发生成本	已结算工程价款	实际收到价款
2007	240	192	160
2008	960	800	640
2009	1 280	608	800

甲公司有关合同收入、成本等确认和计量及相关会计处理如下。

（1）计算各年完工程度。

2007 年完工程度=240/1 200×100%=20%

2008 年完工程度=960/1 280×100%=75%

（2）2007 年度的会计处理。

① 实际发生合同成本。

借：工程施工——合同成本 2 400 000

  贷：应付职工薪酬、原材料等 2 400 000

② 记录已结算的工程价款。

借：应收账款 1 920 000

  贷：工程结算 1 920 000

③ 记录已收的工程价款。

借：银行存款 1 600 000

  贷：应收账款 1 600 000

④ 2007 年应确认的合同收入=1 520×20%=304（万元）

2007 年应确认的合同费用=1 200×20%=240（万元）

2007 年应确认的合同毛利=304–240=64（万元）

借：主营业务成本 2 400 000

  工程施工——合同毛利 640 000

  贷：主营业务收入 3 040 000

（3）2008 年度的会计处理。

① 实际发生合同成本。

借：工程施工——合同成本 7 200 000

  贷：应付职工薪酬、原材料等 7 200 000

② 记录已结算的工程价款。

借：应收账款　　8 000 000

　　贷：工程结算　　8 000 000

③ 记录已收的工程价款。

借：银行存款　　6 400 000

　　贷：应收账款　　6 400 000

④ 2008 年应确认的合同收入=(1 520+80)×75%–304=896（万元）

2008 年应确认的合同费用=1 280×75%–240=720（万元）

2008 年应确认的合同毛利=896–720=176（万元）

借：主营业务成本　　7 200 000

　　工程施工——工程毛利　　1 760 000

　　贷：主营业务收入　　8 960 000

（4）2009 年度的会计处理。

① 实际发生合同成本。

借：工程施工——合同成本　　3 200 000

　　贷：应付职工薪酬、原材料等　　3 200 000

② 记录已结算的工程价款。

借：应收账款　　6 080 000

　　贷：工程结算　　6 080 000

③ 记录已收的工程价款。

借：银行存款　　8 000 000

　　贷：应收账款　　8 000 000

④ 2009 年应确认的合同收入=1 600–304–896=400（万元）

2009 年应确认的合同费用=1 280–240–720=320（万元）

2009 年应确认的合同毛利=400–320=80（万元）

借：主营业务成本　　3 200 000

　　工程施工——合同毛利　　800 000

　　贷：主营业务收入　　4 000 000

⑤ 工程完工时将"工程施工"科目的余额与"工程结算"科目的余额对冲。

借：工程结算　　16 000 000

　　贷：工程施工——合同毛利　　3 200 000

　　　　工程施工——合同成本　　12 800 000

（二）结果不能可靠估计的建造合同

如果建造合同的结果不能可靠地估计，企业不能采用完工百分比法确认合同收入和费用，而应分以下两种情况进行会计处理。

（1）合同成本能够收回的，合同收入根据能够收回的实际合同成本加以确认，合同成本在其发生的当期确认为费用。

（2）合同成本不能收回的，应在发生时立即确认为费用，不确认收入。

【例 14-19】 甲公司与客户签订了一项总金额为 100 万元的建造合同。第一年实际发生工程成本 40 万元，双方均能履行合同规定的义务。但客户在年末时对该项工程的完工进度无法可靠估计。

在这种情况下，甲公司不能采用完工百分比法确认收入，但由于客户能够履行合同，当年发生的成本均能收回，所以，甲公司可将当年发生的成本金额同时确认为当年的收入和费用，当年不确认利润。其账务处理如下。

借：主营业务成本　　400 000

　　贷：主营业务收入　　400 000

假定甲公司当年与客户只办理价款结算 15 万元，由于客户出现财务危机，其余款项可能收不回来。在这种情况下，该公司应只将 15 万元确认为当年的收入，40 万元应确认为当年的费用。其账务处理如下。

借：主营业务成本　　400 000

　　贷：主营业务收入　　150 000

　　　　工程施工——合同毛利　　250 000

（三）合同预计损失的处理

建造承包商正在建造的资产类似于工业企业的在产品，性质上属于建造承包商的存货，期末应对其进行减值测试。如果建造合同的预计总成本超过合同总收入，则形成合同预计损失，应提取减值准备，并确认为当期费用。合同完工时，将已提取的减值准备冲减合同费用。

【例 14-20】 甲公司签订了一项总金额为 120 万元的固定造价合同，最初预计总成本为 100 万元。第一年实际发生成本 70 万元。年末，预计为完成合同尚需发生成本 55 万元。该合同的结果能够可靠估计。甲公司在年末应进行如下账务处理：

第一年合同完工进度 $=70/(70+55)\times100\%=56\%$

第一年确认的合同收入 $=120\times56\%=67.2$（万元）

第一年确认的合同费用 $=(70+55)\times56\%=70$（万元）

第一年确认的合同毛利 $=67.2-70=-2.8$（万元）

第一年预计的合同损失 $=[(70+55)-120]\times(1-56\%)=2.2$（万元）

借：主营业务成本　　700 000

　　贷：主营业务收入　　672 000

　　　　工程施工——合同毛利　　28 000

借：资产减值损失——存货跌价损失　　22 000

　　贷：存货跌价准备　　22 000

小贴士

“工程施工”科目期末借方余额反映企业尚未完工的建造合同成本和合同毛利；“工程结算”科目是用来核算施工企业根据建造合同约定向业主办理结算的累计金额，期末贷方余额反映企业尚未完工建造合同已办理结算的累计金额。工程完工后，“工程施工”和“工程结算”两科目对冲，对冲之后无余额。

本章小结

本章主要介绍了销售商品收入、提供劳务收入、以及建造合同收入的相关确认与会计处理方法，学习本章，应重点掌握通常情况下的销售商品收入处理，对于特殊情况下的销售商品应熟练进行会计操作；同时掌握利用完工百分比法确认提供劳务收入的会计处理，熟悉与建造合同收入相关的账务处理。

本章思考

1. 什么是收入？收入具有哪些特征？如何分类？
2. 确认销售商品收入的条件是什么？
3. 关于提供劳务交易的结果能否可靠估计的不同会计处理方法有哪些？
4. 提供劳务收入的核算中使用完工百分比法应满足那些条件？
5. 同时提供劳务和销售商品的业务该如何进行会计处理？
6. 合同收入与合同费用的组成内容？

本章测试

【单选题】

1．甲企业销售 A 产品每件 500 元，若客户购买 100 件（含 100 件）以上可得到 10%的商业折扣。乙公司于 2010 年 8 月 5 日购买该企业产品 200 件，款项尚未支付。按规定现金折扣条件为 2/10，1/20，N/30。适用的增值税税率为 17%。甲企业于 8 月 23 日收到该笔款项时，应给予客户的现金折扣为（　　）元。（假定计算现金折扣时不考虑增值税）

A．2 000　　B．1 800　　C．1 000　　D．900

2．对于报告年度销售或以前年度销售的商品，在年度终了后至年度财务报告批准报出前退回的，正确的会计处理是（　　）。

A．冲减本年度主营业务收入及相关的成本、税金

B．直接调整年初未分配利润

C．冲减报告年度主营业务收入及相关的成本、税金

D．冲减退回年度的收入、成本及税金

3．企业对外销售商品时，若安装或检验任务是销售合同的重要组成部分，则确认该商品销售收入的时点是（　　）。

A．发出商品时

B．开出销售发票账单时

C．收到商品销售货款时

D．商品安装完毕并检验合格时

4．下列各项关于现金折扣会计处理的表述中，正确的是（　　）。

A．现金折扣在实际发生时计入财务费用

B．现金折扣在实际发生时计入销售费用

C．现金折扣在确认销售收入时计入财务费用

D．现金折扣在确认销售收入时计入销售费用

5．企业销售商品并已确认收入，对于随后发生的销售折让，正确的会计处理是（　　）。

A．增加销售费用

B．冲减主营业务收入

C．增加主营业务成本

D．增加营业外支出

【多选题】

6．下列有关收入确认的表述中，正确的有（　　）。

A．广告的制作费应在相关广告或商业行为开始出现于公众面前时，确认为劳务收入

B．与商品销售收入分开的安装费，应在资产负债表日根据安装的完工程度确认为收入

C．对附有销售退回条件的商品销售，如不能合理地确定退货的可能性，则应在售出商品退货期满时确认收入

D．在劳务结果能够可靠估计的情况下，应在资产负债表日按完工百分比法确认收入

E．销售商品的同时提供劳务，如销售商品部分和提供劳务部分不能够区分的，或虽能区分但不能单独计量的，应将销售商品部分和提供劳务部分全部作为销售商品处理

7．下列有关收入确认的表述中，正确的有（　　）。

A．附有商品退回条件的商品销售可以在退货期满时确认收入

B．售后回购协议下，应当按销售收入的款项高于商品账面价值的差额确认收入

C．有确凿证据表明认定为经营租赁的售后租回交易是按照公允价值达成的，销售的商品可按售价确认收入

D．托收承付方式下，通常在发出商品且办妥托收手续时确认收入

E．分期收款销售商品，如延期收款具有融资性质，则企业应当按应收的合同或协议价款的公允价值确认收入

【答案】1. D　2. C　3. D　4. A　5. B　6. BCDE　7. ACDE

第十五章　费　　用

学习目标

通过本章的学习，能够：

1. 熟悉费用的概念、分类和主要内容；
2. 掌握费用确认与计量的一般原则；
3. 掌握资产负债表债务法原理；
4. 掌握资产和负债的计税基础及其暂时性差异；
5. 掌握递延所得税资产和递延所得税负债的形成。

案例导入

2011 年，新宇公司营业收入在同行排名第二，但是当年却发生了巨额亏损。经调查，主要是企业成本费用没有合理控制。现有成本控制制度：① 销售费用实报实销制度；② 为保证生产正常进行，采购制度设定为正常持有量的基础上再加 50%原材料库存；③ 生产工人执行计时工资制度。由于实报实销，销售费用持续增加；由于存货市价持续下降，大量库存给企业造成很大负担；由于计时工资，工人认为干多干少一个样，积极性不高。为强化成本费用管理，总经理决定试行成本费用管理新办法：① 取消销售费用实报实销，实行“基本工资+奖金制度”，奖金由总经理根据员工情况以“红包”形式不公开发放；② 由车间主任根据生产消耗提出订购申请，经过总经理批准后交采购部门采购；③ 改计时工资为计件工资。半年后，总经理发现，销售部门抱怨销售情况时好时坏，产品质量下降，产品库存量很大。

讨论：公司原有成本费用控制制度和试行控制制度分别存在哪些问题？对公司的成本费用有何影响？如何改进公司成本费用控制制度，增加企业利润？

第一节　费用概述

费用是指企业在日常活动中发生的、会导致所有者权益减少的、与所有者分配利润无关的经济利益的总流出。按照不同的标准，费用具有不同的分类，按照费用的经济用途，可以分为生产成本和期间费用。

一、费用的概念和特征

费用有广义和狭义之分。广义的费用泛指企业各种日常活动发生的所有耗费；狭义的费用仅指与本期营业收入相配比的那部分耗费，即营业成本。《企业会计准则——基本准则》对费用进行了如下规范：费用是指企业在日常活动中发生的、会导致所有者权益减少的、与所有者分配利润无关的经济利益的总流出。可见，我国费用概念界定在狭义的基础上。不论费用是否包括非营业活动的损失，任何一项构成企业费用的支出，必须具备如下特征：

（一）费用是企业在日常活动中发生的经济利益的总流出

日常活动是指企业为完成其经营目标所从事的经常性活动以及与之相关的其他活动。工业企业制造并销售产品、商业企业购买并销售商品、咨询公司提供咨询服务、软件开发企业为客户开发软件、安装公司提供安装服务、租赁公司出租资产等活动中发生的经济利益的总流出构成费用。工业企业对外出售不需用的原材料结转的材料成本，也构成费用。

（二）费用会减少企业的所有者权益

在经营过程中，现金支出除了企业偿债性支出和向所有者分配利润或股利以外，其他的都会减少企业所有者权益形成企业的费用。企业偿债性支出，如以现金偿付以前期间所欠付的债务，只是一项资产和一项负债的减少，所有者权益最终没有受到影响，因此不形成费用；向所有者分配利润或股利，这一现金流出虽然减少了企业的所有者权益，但属于最终利润的分配，不是经营活动的结果，也不作为费用。

（三）费用与向所有者分配利润无关

向所有者分配利润或股利属于企业利润分配的内容，不构成企业费用，因为这是一种与所有者之间因资源转换而导致的权益变动。对这一点，国外会计界有不同理解。按照“所有权理论”，企业拥有的一切净权益（包括未分配利润）都属于所有者，分配利润只是所有者权益的内部变动，不应作为费用；但若按照“主体理论”，为了取得主体最终拥有的净利润而发生的一切支出都是费用，所以在“主体理论”下，向企业所有者发放利润是一种必不可少的费用支出。

二、费用的分类

（一）按照费用的经济内容分类

费用按照其经济内容，可以分为以下费用要素：

（1）外购材料费用，是指企业为进行生产而耗费的一切从外部购进的原材料、半成品、辅助材料、包装物、修理用备件和低值易耗品等；

（2）外购燃料费用，是指企业为进行生产而耗用的一切从外部购进的各种燃料；

（3）外购动力费用，是指企业为进行生产而耗用的一切从外部购进的各种动力；

（4）职工薪酬，是指企业应计入生产费用的职工工资以及按照工资总额的一定比例提取的职工福利费等；

（5）折旧费用，是指企业所拥有或控制的固定资产计提的折旧费用；

（6）利息支出，是指企业为筹集生产经营资金而发生的利息支出；

（7）税费，是指企业应计入生产费用的各种税费，如房产税、车船使用税、土地使用税等；

（8）其他支出，是指不属于以上各费用要素的费用支出，如所得税费用。

按上列费用要素反映的费用称为要素费用。

（二）按照费用的经济用途分类

费用按照其经济用途，可以分为生产成本和期间费用两大类。

1. 生产成本

生产成本是指企业为生产一定种类和数量的产品所发生的费用，即直接材料、直接人工和制造费用的总和。

（1）直接材料，是指企业在生产产品和提供劳务过程中所消耗的直接用于产品生产并构成产品实体的原料、主要材料、外购半成品以及有助于产品形成的辅助材料。

（2）直接人工，是指企业在生产产品和提供劳务过程中，直接参加产品生产的工人工资以及按生产工人工资总额和规定的比例计算提取的职工福利费等。

（3）制造费用，是指企业为生产产品和提供劳务而发生的各项间接费用，包括工资和福利费、折旧费、办公费、水电费、机物料消耗、劳动保护费、季节性和修理期间的停工损失等。

2. 期间费用

期间费用是指不计入产品生产成本、直接计入发生当期损益的费用。企业一定期间所发生的不能直接归属于某个特定产品的生产成本的费用，归属于期间费用，在发生时直接计入当期损益。

（三）按与收入配比的方式分类

费用的发生，是企业为取得收入所必须支付的“代价”，因此，对费用的核算，最终要和相应的收入配比。费用和收入配比的方式大体有三类。

（1）直接配比。企业取得一项主营业务收入，该项产品上的所有费用（如产品的生产成本）与收入在性质上是一致的，具有直接的因果联系，称为“直接配比”。如直接人工、直接材料等。

（2）间接配比。如果某项支出同时与两种以上的受益对象有关，比如生产两种以上产品的车间动力费用或车间机器设备的折旧费，就需要经过一定的分配程序才能计入相应的产品成本，然后再按照销售或耗用程度一次或多次转化为费用，这在会计上称为“间接配比”。如制造费用等。

（3）期间配比。在实务中，有一些支出很难找到直接相关、对应的收入，比如报刊订阅费，没有确凿证据证明它与某一部分收入相关，但它却是不可或缺的。会计上，将这部分支出与其发生的期间相联系，称为“期间配比”。如财务费用、管理费用和销售费用等。

（四）按现金支出的方式分类

一般而言，费用的发生总是与一定的现金支出相对应，费用也因此常被称为“支出”。但是，并不是所有费用的发生都立即伴有相应的现金支出发生，费用与现金支出之间还有一定的“时间差”。具体来看，费用的发生与现金支出发生之间的时间关系如下。

（1）费用与现金支出同时发生。即支出现金的同时，也就发生了费用，如支付办公费、支付直接生产工人的工资等。从一个正常经营的企业来看，这一类别的费用应占相当的比重。

（2）费用在现金支出之后发生。属于这一情况的有企业固定资产折旧费用的发生、以现金购入材料但在下一个会计期间投入生产、其他各种预付费用的发生等。

（3）费用在现金支出之前发生。凡是费用的发生伴随一项负债的形成的，都属于这一类别。

第二节 费用的核算

费用的核算，首先应该划分生产费用与非生产费用的界限，其次分清生产费用与产品成本的界限，再次分清生产费用与期间费用的界限。在确认费用时，对于确认的期间费用直接计入当期损益，而对于确认的生产费用，则要通过一定的方法和程序将其分配计入相关产品的生产成本。

一、费用的确认

在确认费用时，首先应当划分生产费用与非生产费用的界限。生产费用，是指与企业日常生产经营活动有关的费用，如生产产品所发生的原材料费用、人工费用等；非生产费用，是指不应由生产费用负担的费用，如用于购建固定资产所发生的费用。其次，应当分清生产费用与产品成本的界限。生产费用与一定的时期相联系，而与生产的产品无关；产品成本与一定品种和数量的产品相联系，而不论发生在哪一期。第三，应当分清生产费用与期间费用的界限。生产费用应当计入产品成本，而期间费用直接计入当期损益。

在确认费用时，对于确认为期间费用的费用，必须进一步划分为管理费用、销售费用和财务费用。对于确认为生产费用的费用，必须根据该费用发生的实际情况区分不同的费用性质将其确认为不同产品负担的费用；对于几种产品共同发生的费用，必须按受益原则，采用一定方法和程序将其分配计入相关产品的生产成本。

二、费用的主要内容及其账务处理

（一）主营业务成本

主营业务成本是指企业销售商品、提供劳务等经常性活动所发生的成本。企业一般在确认销售商品、提供劳务等主营业务收入时或在月末，将已销售商品、已提供劳务的成本结转主营业务成本。企业采用不同的销售方式，其主营业务成本的会计处理是不同的。

企业采用现销或赊销方式销售产品，两种方式既有相同之处，也有不同之处。现销与赊销的相同之处是，两者均应在发出产品并将发票账单和提货单交给买方或办妥托收手续后，确认主营业务收入，并结转主营业务成本；两者在确定产品价款时均可能发生商业折扣。现销与赊销的不同之处是，现销能在销售产品时收回货款，一般没有风险；赊销则存在发生坏账的可能，有一定的风险。为了鼓励客户尽快付款，减少风险，赊销产品时还可能发生现金折扣。

企业不论采用现销还是赊销方式销售产品，均应按已销产品（扣除销售退回）的实际生产成本，借记“主营业务成本”科目，贷记“库存商品”科目。在企业销售的自制半成品或提供的代制、代修品等不通过库存商品库收发的情况下，结转销售成本时，应借记“主营业务成本”科目，贷记“生产成本”等科目。

月末结转销售产品成本时借记“主营业务成本”科目，贷记“库存商品”科目。

（二）营业税金及附加

营业税金及附加是指应由营业收入补偿的各种税金及附加费，主要包括营业税、消费税、资源税、城市维护建设税和教育费附加等。

（1）消费税的核算。企业销售应纳消费税的产品，应按规定计算结转应交消费税，借记“营业税金及附加”科目，贷记“应交税费——应交消费税”科目。

（2）资源税的核算。企业销售应纳资源税的产品，应按规定计算结转应交资源税，借记“营业税金及附加”科目，贷记“应交税费——应交资源税”科目。

（3）城市维护建设税的核算。企业取得销售收入以后，应按规定计算结转应交城市维护建设税，借记“营业税金及附加”科目，贷记“应交税费——应交城市维护建设税”科目。

【例 15-1】 扬帆公司 12 月份应交城市维护建设税 630 元。编制会计分录如下。

借：营业税金及附加　　630

　　贷：应交税费——应交城市维护建设税　　630

（4）教育费附加。企业取得销售收入以后，应按规定计算结转应交教育费附加，借记“营业税金及附加”科目，贷记“应交税费——应交教育费附加”科目。

【例 15-2】 扬帆公司 12 月份应交教育费附加 270 元。编制会计分录如下。

借：营业税金及附加　　270

　　贷：应交税费——应交教育费附加　　270

扬帆公司 12 月份营业税金及附加共计 900（630+270）元。

（三）其他业务成本

与其他业务相关的成本是指企业在生产经营过程中发生的除主营业务以外的各项业务发生的成本，主要包括无形资产转让、包装物和固定资产出租、提供运输等非工业性劳务和出售材料物资等。其他业务不是企业的主要经营业务，发生的次数不是很多，金额也不是很大。

其他业务成本是指为取得收入而发生的各项直接耗费，如出租包装物的价值摊销等。企业结转其他业务成本时，应借记“其他业务成本”科目，贷记“无形资产”、“包装物”、“累计折旧”、“原材料”、“银行存款”等科目。

【例 15-3】 扬帆公司 12 月份根据发生的其他业务，编制会计分录如下。

① 销售原材料一批，价款 10 000 元，增值税 1 700 元，款项已收到，存入银行。

借：银行存款　　1 1700

　　贷：其他业务收入　　10 000

　　　　应交税费——应交增值税（销项税额）　　1 700

② 结转该批原材料实际成本 8 000 元。

借：其他业务成本　　8 000

　　贷：原材料　　8 000

③ 转让一项无形资产的使用权，收取价款 40 000 元，存入银行。

借：银行存款　　40 000

　　贷：其他业务收入　　40 000

④ 转让该项无形资产过程中，用银行存款支付咨询费等 1 180 元。

借：其他业务成本　　　　　　　　　　　1 180

　　贷：银行存款　　　　　　　　　　　　　　1 180

（四）期间费用

期间费用是企业当期发生的费用中的重要组成部分，是指本期发生的、不能直接或间接归入某种产品成本的、应当直接计入当期损益的各项费用，主要包括销售费用、管理费用和财务费用。期间费用在利润表中分项目列示。

小贴士

期间费用是指不能直接归属于某个特定产品成本的费用。它是随着时间推移而发生的与当期产品的管理和产品销售直接相关，而与产品的产量、产品的制造过程无直接关系，即容易确定其发生的期间，而难以判别其所应归属的产品，因而是不能列入产品制造成本，而在发生的当期从损益中扣除。期间费用包括直接从企业的当期产品销售收入中扣除的销售费用、管理费用和财务费用。

1．销售费用

销售费用是指企业在销售产品、提供劳务等日常经营过程中发生的各项费用以及专设销售机构的各项经费。包括运输费、装卸费、包装费、保险费、展览费、广告费、租赁费（不包括融资租赁费），以及为销售本公司商品而专设的销售机构（含销售网点、售后服务网点等）的职工工资、福利费、差旅费、办公费、折旧费、修理费、业务招待费等经营费用。

企业发生的与专设销售机构相关的固定资产维修费用等后续支出，也在销售费用中核算。

企业发生的销售费用，在“销售费用”科目中按费用项目设置明细账，进行明细核算。期末，“销售费用”科目的余额结转“本年利润”科目后无余额。

【例 15-4】 扬帆公司 12 月份根据发生的销售费用，编制会计分录如下。

① 应付销售人员工资 1 000 元，应计提职工福利费 140 元。

借：销售费用　　　　　　　　　　　　　1 140

　　贷：应付职工薪酬——工资　　　　　　　　1000

　　　　　　　　　——职工福利　　　　　　　140

② 用银行存款支付广告费 6 000 元。

借：销售费用　　　　　　　　　　　　　6 000

　　贷：银行存款　　　　　　　　　　　　　　6 000

扬帆公司 12 月份销售费用共计 7 140（1 140+6 000）元。

2．管理费用

管理费用是指企业为组织和管理生产经营活动所发生的费用，包括企业在筹建期间内发生的开办费、企业的董事会和行政管理部门在企业的经营管理中发生的或者应当由企业统一负担的公司经费、工会经费、劳动保险费、董事会会费、聘请中介机构费、咨询费（含顾问费）、诉讼费、业务招待费、房产税、车船使用税、土地使用税、印花税、技术转让费、矿产资源补偿费、无形资产摊销、职工教育经费、无形资产研究阶段费用、排污费、存货盘亏或盘盈（不包括应计入营业外支出的存货损失）等。

公司经费包括总部管理人员工资、职工福利费、差旅费、办公费、折旧费、修理费、物料消耗、低值易耗品摊销及其他公司经费。

劳动保险费指离退休职工的退休金、价格补贴、医疗费（包括离退休人员参加医疗保险的医疗保险基金）、异地安家费、职工退职金、职工死亡丧葬补助费、抚恤费、按规定支付给离休干部的各项经费以及实行社会统筹办法的企业按规定提取的统筹退休基金。

董事会会费是指企业最高权力机构及其成员为执行其职能而发生的费用，如董事会成员津贴、差旅费和会议费等。

企业生产车间（部门）和行政管理部门等发生的固定资产修理费用等后续支出计入本科目。

企业发生的管理费用，在“管理费用”科目核算，并在“管理费用”科目中按费用项目设置明细账，进行明细核算。期末，“管理费用”科目的余额结转“本年利润”科目后无余额。

企业（商品流通）管理费用不多的，可不设置本科目，本科目的内容可并入“销售费用”科目核算。

【例 15-5】 扬帆公司 12 月份根据发生的管理费用，编制会计分录如下。

① 应付行政管理部门职工工资 3 000 元，应计提职工福利费 420 元。

借：管理费用　　　　3 420
　　贷：应付职工薪酬——工资　　　　3000
　　　　　　　　　　——职工福利　　　　420

② 计提总部办公用固定资产折旧费 3 000 元。

借：管理费用　　　　3 000
　　贷：累计折旧　　　　3 000

③ 无形资产摊销 2 000 元。

借：管理费用　　　　2 000
　　贷：累计摊销　　　　2 000

④ 结转应交车船使用税 100 元。

借：管理费用　　　　100
　　贷：应交税费——应交车船使用税　　　　100

⑤ 用银行存款支付业务招待费 4 000 元。

借：管理费用　　　　4 000
　　贷：银行存款　　　　4 000

⑥ 计提工会经费 3 000 元。

借：管理费用　　　　3 000
　　贷：应付职工薪酬　　　　3 000

⑦ 管理部门人员报销差旅费 2 000 元，以现金支付。

借：管理费用　　　　2 000
　　贷：库存现金　　　　2 000

扬帆公司 12 月份发生的管理费用共计 17 520（3 420+3 000+2 000+100+4 000+3 000+2 000）元。

3. 财务费用

财务费用是指企业筹集生产经营所需资金而发生的费用，包括利息净支出（减利息收入）、汇兑净损失（减汇兑收益）、金融机构手续费、企业发生的现金折扣或收到的现金折扣以及筹集生产经营资金发生的其他费用等。

为购建或生产符合资本化条件的资产而发生的应予资本化的借款费用，在“在建工程”、“制造费用”等科目核算。

企业发生的财务费用，在“财务费用”科目核算，并在“财务费用”科目中按费用项目设置明细账，进行明细核算。期末，“财务费用”科目的余额结转“本年利润”科目后无余额。企业发生财务费用时，应借记“财务费用”科目，贷记有关科目。企业取得的利息收入的数额与利息支出相比一般较小，在我国未单列科目进行核算，应抵减利息支出，借记“银行存款”等科目，贷记“财务费用”科目。

【例 15-6】 扬帆公司 12 月份根据发生的财务费用，编制会计分录如下。

（1）实际支付短期借款利息 4 000 元。

借：财务费用	4 000	
贷：银行存款		4 000

（2）收到银行存款利息 1 000 元。

借：银行存款	1 000	
贷：财务费用		1 000

扬帆公司 12 月份发生的财务费用共计 3 000（4 000–1 000）元。

小技巧

权责发生制原则和划分资本性支出和收益性支出原则是费用确认的基础。根据费用与收入之间的相互关系，企业费用的确认可归纳为以下 3 种情况：

（1）根据费用与收入的因果关系确认费用。凡是与本期收入直接相关的耗费都应确定为本期的费用，否则，不确认为费用，例如，销售成本的确认。

（2）采用一定的分摊方法，系统合理的分配费用。在实际中，有很多费用属于共同费用，需要在不同的产品之间进行分配，例如制造费用。

（3）在支出发生实际确认为费用，这主要是指期间费用。

（五）所得税费用

所得税费用的核算遵循《企业会计准则第 18 号——所得税》规范。

案例分析

蓝田股份 2000 年在中央电视台投放的巨额广告费用是由“中国蓝田总公司”投放的，因为在蓝田股份的会计报表中找不到该广告费用支出，但实际上，蓝田股份的饮料产品通过集团公司遍布于全国的销售网点销售的，仅占公司全部销售量的 1.9%。从蓝田股份现金流量表“支付给职工以及为职工支付的现金”栏中看出，2000 年度该公司职工工资支出人均每月收入仅 144.5 元，2001 年上半年人均收入为 185 元。

问题：从此案例可以看出费用处理的哪些不合理之处？

本章小结

费用是指企业在日常活动中发生的、会导致所有者权益减少的、与向所有者分配利润无关的经济利益的总流出。费用的确认应遵循权责发生制和配比原则。费用有广义和狭义之分。期间费用是直接计入损益的费用，包括管理费用、财务费用和销售费用。本章主要介绍了费用的概念、费用的特征和分类、费用的主要内容及其账务处理。学习本章应主要掌握费用的确认与计量的一般原则及核算。

本章思考

1. 简述费用的概念和特征及其分类？
2. 简述费用的主要内容，期间费用的主要内容？
3. 主营业务成本和其他业务成本的区别及其账务处理？

本章测试

【单选题】

1. 下列各项中，不应计入管理费用的是（　　）。

A. 发生的排污费　　B. 发生的矿产资源补偿费

C. 管理部门固定资产报废净损失　　D. 发生的业务招待费

2. 企业在产品生产过程中发生的期间费用，不应计入产品生产成本，而应直接计入（　　）。

A. 当期损益　　B. 生产费用　　C. 制造成本　　D. 下期费用

3. 结转出售产品成品，是从库存商品账户转入（　　）账户。

A. 制造费用　　B. 生产成本　　C. 原材料　　D. 主营业务成本

4. 下列费用中，属于管理费用列支范围的是（　　）。

A. 支付的金融机构的手续费　　B. 专设销售机构的人员工资

C. 业务招待费　　D. 利息费用

【答案】1. C　2. A　3. D　4. C

第十六章 利　润

学习目标

通过本章学习，能够：

1. 掌握利润表的主要构成；
2. 掌握利润表中费用、利得和损失的确认与计量；
3. 掌握利润分配的一般顺序及其会计处理。

案例导入

新鑫公司从2009年起对固定资产折旧由加速折旧法改为一般折旧法。折旧方法变更后，折旧率综合下降3%，折旧方法变更增加的税前利润估计约966万元。其实该公司的主营业务是制造电冰箱，电冰箱的升级换代较快，从正确地计算损益来讲，电冰箱生产线使用加速折旧方法可以比较真实地反映固定资产的损耗情况。此外该公司2009年销售退回2 400万元未在当年入账，导致销售利润虚增约265万元。以上两项虚增利润之和1 231万元，略大于当年利润总额1 214万元。

讨论：新鑫公司2009年盈利的原因？这两项业务在会计准则和税法的规定中有何不同？这两项业务对公司的会计利润和现金流量的影响有何不同？

第一节　利润概述

利润是反映企业一定期间经营成果、评价企业经营业绩的重要指标，备受报表使用者关注，利润的确认与计量一直是财务会计领域的重点问题之一。

一、企业利润的构成

利润是在一定会计期间内的经营成果。利润包括收入减去费用后的净额、直接计入当期利润的利得和损失等。利润按其构成的不同层次可以分为营业利润、利润总额和净利润三项指标。

营业利润=营业收入-营业成本-营业税金及附加-销售费用-管理费用-财务费用-资产减值损失+公允价值变动收益（-公允价值变动损失）+投资收益（-投资损失）

上式中，营业收入是指企业经营业务确认的收入总额，包括主营业务收入和其他业务收入；营业成本是指企业经营业务所发生的实际成本总额，包括主营业务成本和其他业务成本；资产减值损失是指企业计提各项资产减值准备所形成的损失；公允价值变动收益（或损失）是指企业交易性金融资产、交易性金融负债，以及采用公允价值模式计量的投资性房地产、衍生工具、套期保值业务等公允价值变动形成的应计入当期损益的利得（或损失）；投资收益（或损失）是指企业以各种方式对外投资所取得的收益（或发生的损失）。

利润总额=营业利润+营业外收入-营业外支出

净利润=利润总额-所得税费用

上述公式中有关收入、费用的大部分科目及其核算内容在第十四章和第十五章已有详细说明，这里不再赘述。

二、营业外收支

营业外收支是指与企业的生产经营活动无直接关系的各项收支。营业外收支虽然与企业生产经营活动没有多大的关系，但从企业主体来考虑，同样带来收入或形成企业的支出，也是增加或减少利润的因素，对企业的利润总额及净利润产生较大的影响。

（一）营业外收入

营业外收入是指与企业生产经营活动没有直接关系的各种收入。营业外收入并不是由企业经营资金耗费所产生的，不需要企业付出代价，实际上是一种纯收入，不可能也不需要与有关费用进行配比。因此，在会计核算上，应当严格区分营业外收入与营业收入的界限。营业外收入主要包括以下内容。

（1）非流动资产处置利得，包括固定资产处置利得和无形资产处置利得。固定资产处置利得，是指企业处置固定资产所取得的收入扣除处置费用及固定资产净值后的余额，转入营业外收入的金额。无形资产处置利得，是指企业出售无形资产所取得的收入减去出售无形资产的账面价值及发生的相关税费后的净收益。

（2）非货币性资产交换利得，指在非货币性资产交换中换出资产为固定资产、无形资产的，换入资产公允价值大于换出资产账面价值的差额，扣除相关费用后计入营业外收入的金额。

（3）逾期未退包装物没收的加收的押金，按没收的押金借记“其他应付款”科目，按应交的增值税、消费税等税费贷记“应交税费”科目，按其差额贷记“营业外收入”科目。

（4）债务重组利得，指重组债务账面价值超过清偿债务的现金、非现金资产的公允价值、所转股份的公允价值，或者重组后债务的账面价值之间的差额。

（5）盘盈利得，指企业对现金等资产清查盘点中盘盈的资产，报经批准后计入营业外收入的金额。

（6）政府补助，是指企业从政府无偿取得货币性资产或非货币性资产形成的利得。

（7）捐赠利得，是指企业接受捐赠产生的利得。

（8）罚款收入，是指企业取得的滞纳金和各种形式的罚款收入，在弥补由于对方违反合同或协议而造成的经济损失后的罚款净收入。企业取得的罚款净收入，借记“银行存款”等科目，贷记“营业外收入”科目。

（9）教育费附加返还款，是指企业收到有关方面返还的教育费附加。收到的教育费附加，借记“其他应收款”等科目，贷记“营业外收入”科目。

（10）无法支付的其他款项，是指由于债权单位撤销或其他原因而无法支付，按照规定程序经批准后转入当期损失的应付款项。借记“应付账款”等科目，贷记“营业外收入”科目。

营业外收入应当按照实际发生的金额进行核算。发生营业外收入时，直接增加企业的利润总额。

小贴士

营业外收入是指与企业生产经营活动没有直接关系的各种收入。营业外收入并不是由企业经营资金耗费所产生的，不需要企业付出代价，实际上是一种纯收入，不可能也不需要与有关费用进行配比。因此，在会计核算上，应当严格区分营业外收入与营业收入的界限。

（二）营业外支出

营业外支出是指不属于企业生产经营费用，与企业生产经营活动没有直接的关系，但应从企业实现的利润总额中扣除的支出。营业外支出主要包括非流动资产处置损失、非常损失、罚款支出、债务重组损失、捐赠支出等。

企业应当设置“营业外支出”科目核算企业发生的营业外支出，并按各营业外支出项目设置明细账，进行明细核算。

（1）非流动资产处置损失包括固定资产处置损失和无形资产处置损失，固定资产处置损失是指企业固定资产获得的收入不足以抵补处置费用和固定资产净值所发生的损失。无形资产处置损失是指企业出售无形资产所取得的收入减去出售无形资产的账面价值及发生的相关税费后的净损失。

（2）非货币性资产交换损失，是指在非货币性资产交换中换出资产为固定资产、无形资产的，换入资产公允价值小于换出资产账面价值的差额，扣除相关费用后计入营业外支出的金额。

（3）债务重组损失，是指按照债务重组会计处理规定应计入营业外支出的债务重组损失。

（4）捐赠支出，是指企业对外捐赠的各种资产的价值。

（5）非常损失，是指企业由于客观原因造成的损失，在扣除保险公司赔偿后应计入营业外支出的净损失，如自然灾害等造成的资产损失。

（6）罚款支出，是指企业由于违反经济合同、税收法规等规定而支付的各种罚款。

（7）盘亏损失，是指企业在资产清查中发现盘亏的资产，管理权限报经批准后计入营业外支出的金额。

营业外支出应当按照实际发生的金额进行核算。发生营业外支出时，在相对应的会计期间，应当冲减企业当期的利润总额。

在会计核算时，应当区别营业外收入和营业外支出进行核算。由于营业外收入和营业外支出所包括的项目互不相关，企业还应当按营业外收入的各项目和营业外支出的各项目分别设置明细账户，进行明细核算。本年度营业外收入和营业外支出的累积余额在期末时转入本年利润，结转后“营业外收入”和“营业外支出”科目应无余额。

小贴士

营业外支出是指企业发生的与其生产经营无直接关系的各项支出，如固定资产盘亏、处置固定资产净损失、出售无形资产损失、债务重组损失、计提的固定资产减值准备、计提的无形资产减值准备、计提的在建工程减值准备、罚款支出、捐赠支出、非常损失等。

三、所得税费用

所得税是企业根据应纳税所得额的一定比例上交的一种税金。所得税费用是指企业确认的应当从当期利润总额中扣除的与所得税相关的费用项目。企业在计算确定当期所得税以及递延所得税费用（或收益）的基础上，应将两者之和确认为利润表中的所得税费用。用公式表示如下：

所得税费用=当期所得税+递延所得税费用（–递延所得税收益）

递延所得税费用=递延所得税负债的增加额+递延所得税资产的减少额

递延所得税收益=递延所得税负债的减少额+递延所得税资产的增加额

应纳税所得额是企业在税前会计利润的基础上调整确定的。其计算公式为：

应纳税所得额=税前会计利润+纳税调整增加额–纳税调整减少额

式中，纳税调整增加额主要包括企业已计入当期费用但超过税法规定扣除标准的金额，以及企业已计入当期损失但税法规定不允许扣除项目的金额；纳税调整减少额主要包括税法规定允许弥补的亏损和准予免税的项目。

企业当期所得税的计算公式为：

当期所得税=应纳税所得额×适用的所得税税率

企业应根据会计准则的规定，对当期所得税加以调整计算后，据以确认应从当期利润总额中扣除的所得税费用。

小贴士

所得税费用是指企业经营利润应交纳的所得税。它核算的是企业负担的所得税，是损益类科目，但一般不等于当期应交所得税，因为可能存在“暂时性差异”。

第二节　利润形成

企业一般应按月进行利润结算，以便及时了解当期财务成果和使税务部门及时计征所得税。按月结算有困难的企业也可以按季或者按年结算利润。企业结算利润的会计处理方法有账结法和表结法两种方法。一般企业在月末、季度末通常采用表结法，年终结算利润采用账结法。

一、账结法

账结法是在每个会计期末将全部损益类账户的余额转入“本年利润”账户，通过“本年利润”账户结出当期利润和本年累计利润的方法。

企业应设置“本年利润”科目，核算企业本年度内实现的净利润（或净亏损）。期末，企业将各收益类科目的余额转入“本年利润”科目的贷方，将各成本、费用类科目的余额转入“本年利润”科目的借方。转账后，“本年利润”科目如为贷方余额，则反映本年度自年初开始累计实现的净利润；如为借方余额，则反映本年度自年初开始累计发生的净亏损。

由于在年度中尚未分配利润时，其余额应该填列在“资产负债表”中的所有者权益项目下，因此从这个意义上说，它是所有者权益性质的账户。年度终了，应将“本年利润”科目的全部累计余额，转入“利润分配”科目。如为净利润，借记“本年利润”科目，贷记“利润分配”科目；如为净亏损，做相反的会计分录。年度结账后，“本年利润”科目无余额。

二、表结法

表结法是企业在年终结算以外的月末、季末计算本期利润和本年累计利润时将全部损益类账户的余额按“利润表”的填制要求，填入到“利润表”中的各个项目中，在表中计算本期利润和本年累计利润的方法。由于在这种方法下每月并不将损益类账户的期末余额转入“本年利润”账户，因而各损益类账户的期末余额反映本月末止的本年累计余额。

【例 16-1】 扬帆公司 2010 年 3 月末和 4 月末各损益账户的期末余额如表 16-1 所示，采用表结法计算 4 月份的利润总额。

表 16-1　利润表　　　　2010 年 4 月　　　单位：元

项目	3 月末累计余额	4 月末累计余额	4 月份发生数
营业收入	589 400	798 500	209 100
减：营业成本	410 000	560 000	150 000
营业税金及附加	29 300	41 000	11 700
销售费用	7 800	9 600	1 800
管理费用	25 000	33 000	8 000
财务费用	3 000	3 900	900
营业利润	114 300	151 000	36 700
加：营业外收入	400	500	100
减：营业外支出	1 200	1 400	200
利润总额	113 500	150 100	36 600

采用表结法的具体做法如下。

（1）将各损益账户的 4 月期末余额（有些项目是两个损益类账户余额的合计数）按利润表的填制要求填入到利润表中“本年累计”栏下的各个项目中，通过利润表计算出至本月末的本年累计利润。

（2）用 4 月的利润表“本年累计”栏的各项目金额减去 3 月利润表中“本年累计”栏各对应项的金额，填入 4 月利润表“本月数”各栏内。

为了清楚地反应这一过程，表 16-1 将 3 月利润表“本年累计”栏中的数据列入 4 月利润表中以便进行对照。得到 4 月末本年累计利润总额 150 100 元，本月利润总额 36 600 元。

【例 16-2】 扬帆公司 2011 年 1 至 11 月均采用表结法计算利润，年末采用账结法结算本年利润。年末各损益类账户的期末余额如表 16-2 所示。

表 16-2 损益类账户的期末余额

单位：元

账户名称	借方余额	贷方余额
主营业务收入		1 527 000
主营业务成本	870 000	
销售费用	77 000	
营业税金及附加	6 100	
其他业务收入		960 000
其他业务成本	610 000	
管理费用	52 000	
财务费用	100 000	
投资收益		120 000
营业外收入		46 000
营业外支出	61 000	
所得税费用	276 900	

年末根据上述资料编制会计分录如下。

（1）将收入类账户结转“本年利润”。

借：主营业务收入　　1 527 000
　　其他业务收入　　960 000
　　投资收益　　120 000
　　营业外收入　　46 000
　　贷：本年利润　　2 653 000

（2）将费用类账户结转“本年利润”。

借：本年利润　　2 053 000
　　贷：主营业务成本　　870 000
　　　　其他业务成本　　610 000
　　　　营业税金及附加　　6 100
　　　　销售费用　　77 000
　　　　管理费用　　52 000
　　　　财务费用　　100 000
　　　　营业外支出　　61 000
　　　　所得税费用　　276 900

上述结转业务完成后，在本年利润账户中可以得到：本期借方发生额为 2 053 000 元，本期贷方发生额为 2 653 000 元，余额在贷方为 600 000 元。即该公司本年实现净利润 600 000 元，利润总额 876 900 元。年度终了，应将企业实现的净利润结转“利润分配”账户，结转后“本年利润”账户无余额。

结转时编制以下分录。

借：本年利润　　600 000
　　贷：利润分配——未分配利润　　600 000

第三节　利润分配

企业取得的净利润，应当按规定进行分配。利润的分配过程和结果，不仅关系到所有者的合法权益是否得到保护，而且还关系到企业能否长期、稳定地发展。

一、利润分配的一般顺序

利润分配是指将企业实现的利润（包括以前年度未分配利润和企业本期实现的净利润）按国家有关规定和企业董事会的决议对与企业有关的利益人进行分配的过程。

为了保障企业的持续发展，维护企业职工的正当权益，企业获得的利润需要按一定的顺序进行分配。除非国家另有规定，一般企业和股份有限公司按下列顺序进行分配，分配顺序不能颠倒：①弥补以前年度的亏损；②提取法定盈余公积；③支付优先股股利；④提取任意盈余公积；⑤支付普通股股利；⑥转增资本的普通股股利。

企业董事会或类似机构决议提请股东大会或类似机构批准的年度利润分配方案（除股票股利外），在股东大会或类似机构召开前应当将其列入报告年度的利润分配表。

企业经股东大会或类似机构批准的利润分配方案与董事会或类似机构提请批准的报告年度利润分配方案不一致时，其差额应当调整批准年度会计报表有关项目的年初数。

二、利润分配的会计处理

企业的利润分配通过“利润分配”账户进行。“利润分配”账户是“本年利润”的调整账户，其借方反映利润的分配数，贷方反映本年利润的结转及用盈余公积弥补的亏损等。如果企业“本年利润”为负数，应将这部分亏损结转到“利润分配”账户的借方。“利润分配”账户的期末余额如果在借方，表示历年积存的未弥补的亏损；如果在贷方，则表示历年积存的未分配利润。

为了详细反映企业利润分配情况，“利润分配”账户应按利润分配的具体内容设置 “提取法定盈余公积”、“提取任意盈余公积”、“应付现金股利或利润”、“转作股本的股利”、“盈余公积补亏”和“未分配利润”等明细账户。

企业如有其他方面的分配，也应设置相应的明细账户，如外商投资企业可以增设“提取储备基金”、“提取企业发展基金”、“提取职工奖励及福利基金”等。此外，企业按规定治理“三废”盈利净额、技术转让净收入以及国外来料加工装配业务利润等仍然可以单项留给企业的，应在“利润分配”账户下设置“单项留用利润”明细账户。

进行了以上分配之后的利润余额即为企业的未分配利润，未分配利润留待以后进行分配。

年终结算完成后，应将“利润分配”所有明细账户的余额全部转入“未分配利润”明细账户，结转后除“未分配利润”明细账外，其他各明细账户均无余额。

【例 16-3】 沿用【例 16-2】的资料，扬帆公司按税后利润的 10%计提法定盈余公积，按税后利润的 5%提取任意盈余公积，向普通股股东分配现金股利 100 000 元。

（1）提取法定盈余公积。

借：利润分配——提取法定盈余公积　　　　60 000

贷：盈余公积——法定盈余公积　　60 000

（2）提取任意盈余公积。

借：利润分配——提取任意盈余公积　　30 000

贷：盈余公积——任意盈余公积　　30 000

（3）向普通股股东分配现金股利。

借：利润分配——应付现金股利或利润　　100 000

贷：应付股利　　100 000

三、亏损的弥补

亏损的弥补有三种渠道，即税前弥补、税后弥补和盈余公积弥补。企业发生的年度亏损按税法规定可以使用下一年度的所得税前的利润弥补，但连续弥补期不能超过 5 年。连续 5 年未弥补的亏损可用企业的税后利润和盈余公积弥补。企业如果在当年发生亏损，应当将本年发生的亏损自“本年利润”科目转入“利润分配——未分配利润”科目。

因为企业需将当年实现的利润自“本年利润”科目的借方转入“利润分配——未分配利润”科目的贷方，“利润分配——未分配利润”科目的贷方发生额与“利润分配——未分配利润”科目的借方余额自然抵补，所以以当年实现的净利润弥补以前年度的亏损并不需要进行专门的账务处理。

【例 16-4】 扬帆公司 2007 年各项损益结转后，“本年利润”账户的期末余额为借方余额 90 000 元。该企业已连续 6 年亏损，经董事会决定动用法定盈余公积弥补亏损 90 000 元。

（1）将“本年利润”账户余额结转“利润分配——未分配利润”。

借：利润分配——未分配利润　　90 000

贷：本年利润　　90 000

（2）法定盈余公积弥补亏损。

借：盈余公积——法定盈余公积　　90 000

贷：利润分配——盈余公积补亏　　90 000

（3）期末结算终了，结转“利润分配”。

借：利润分配——盈余公积补亏　　90 000

贷：利润分配——未分配利润　　90 000

四、以前年度损益调整

企业年度财务报表报出后，如果由于以前年度重大会计差错等原因导致多计或少计利润，但以前年度的账目已经结清，不能再调整以前年度利润的，会计核算时应按照企业会计准则的规定：一是不再调整以前年度的账目，而是通过“以前年度损益调整”科目归集所有需要调整的以前年度损益的事项以及相关所得税，并将其余额转入“利润分配——未分配利润”科目；二是不再调整以前年度会计报表，仅调整本年度会计报表相关项目的年初数，但在对外提供比较会计报表时，应当调整会计报表相关项目的数字。

【例 16-5】 扬帆公司 2007 年 6 月发现 2006 年一项已达到预定可使用状态并已投入使用的管理用固定资产未结转在建工程，该项固定资产原始价值 35 万元，2006 年应提折旧 3 万元。该公司所得税税率为 25%。根据上述资料，应做如下会计处理。

（1）结转在建工程。

借：固定资产　　　　　　　　　　　　　　　350 000

　　贷：在建工程　　　　　　　　　　　　　　　350 000

（2）调整上年利润。

借：以前年度损益调整　　　　　　　　　　　30 000

　　贷：累计折旧　　　　　　　　　　　　　　　30 000

（3）计算多交的所得税费用。

多交所得税=30 000×25%=7 500（元）

借：应交税费——应交所得税　　　　　　　　7 500

　　贷：以前年度损益调整　　　　　　　　　　　7 500

（4）结转未分配利润。

借：利润分配——未分配利润　　　　　　　　22 500

　　贷：以前年度损益调整　　　　　　　　　　　22 500

小贴士

“以前年度损益调整”科目贷方表示企业调整增加的以前年度利润或调整减少的以前年度亏损，借方是调整减少的以前年度利润或调整增加的以前年度亏损。

第四节　每股收益

每股收益是指普通股股东每持有一股所能享有的企业利润或需承担的企业亏损。每股收益通常被用来反映企业的经营成果，衡量普通股的获利水平及投资风险，是投资者、债权人等信息使用者据以评价企业盈利能力、预测企业成长潜力，进而做出相关经济决策的重要参考指标。在财务分析中，将每股收益与其他指标相结合，可以对企业的经营业绩进行深入而广泛的分析预测，如市盈率（每股市价/每股收益）和股息支付率（每股股息/每股收益）。前者说明一个企业的成长前景，后者则表明分配与再投资的比例。每股收益是证券市场的基础性指标，直接影响上市公司股价的走势，在很大程度上具有引导投资、评价市场动态的作用。每股收益包括基本每股收益和稀释每股收益。

一、基本每股收益

基本每股收益是指企业应当按照属于普通股股东的当前净利润，除以发行在外普通股的加权平均数从而计算出的每股收益。如果企业编制合并财务表，企业也可以合并财务报表为基础计算和披露每股收益。

基本每股收益可按以下公式计算：

$$基本每股收益=\frac{净收益-优先股应享有的股利}{当期发行在外普通股加权平均数}$$

其中，净收益数据如果来源于合并报表，应当是归属于母公司普通股股东的当期合并利润，即扣除少数股东损益后的余额。

$$当期发行在外普通股加权平均数=期初发行在外普通股股数+当期新发行普通股股数\times\frac{发行在外时间}{报告期时间}-当期回购普通股股数\times\frac{已回购时间}{报告期时间}$$

【例 16-6】 某公司 2009 年期初发行在外的普通股为 20 000 万股；2 月 28 日新发行普通股 10 800 万股；12 月 1 日回购普通股 4 800 万股，以备将来奖励职工之用。该公司当年度实现净利润为 6 500 万元。2009 年度基本每股收益计算如下。

发行在外普通股加权平均数为：

20 000×12/12+10 800×10/12−4 800×1/12=28 600（万股）

或

20 000×2/12+30 800×9/12+26 000×1/12=28 600（万股）

基本每股收益=6 500/28 600=0.23（元）

二、稀释每股收益

稀释每股收益是指假设公司所发行的所有外在的稀释性潜在普通股（可转换公司债、可转换优先股、认股权证、股份期权等）均在当年年初时全部更换及全部认购为普通股后的普通股每股净收益。稀释每股收益的计算和列报主要是为了避免每股收益虚增可能带来的信息误导。例如，一家公司发行可转换公司债券融资，由于转换选择权的存在，这些可转换债券的利率低于正常同等条件下普通债券的利率，从而降低了融资成本，在经营业绩和其他条件不变的情况下，相对提高了基本每股收益金额。要求考虑可转换公司债券的影响计算和列报稀释每股收益，就是为了能够提供一个更可比、更有用的财务指标。

在计算稀释每股收益时，在原先的每股净收益基础上，分子、分母都应进行相应的调整，分母应在外流通的普通股的数量的增加而增加，分子因优先股股利的减少（假定可转换优先股转换为普通股）或债券利息的减少（假定可转换公司债转换为普通股）而发生变动。

【例 16-7】 假设某公司 2010 年 1 月 1 日发行在外的普通股 2 000 000 股，7 月 1 日增发 200 000 股，10 月 1 日回购库存股份 100 000 股，当年的净收益为 2 530 000 元。该公司在外流通的优先股 500 000 股，每股股利率为 8%，面值 1 元。

发行在外的普通股加权平均数=2 000 000+200 000×6/12−100 000×3/12=2 075 000（股）

优先股股利=1×500 000×8%=40 000（元）

每股收益=（2 530 000−40 000）/2 075 000=1.2（元/股）

本例中，如果优先股为可转换优先股，每股可转换为 2 股普通股，那么 500 000 股的优先股可转换为 1 000 000 股的普通股。同时，该公司还拥有可转换公司债券，其面值为 1 200 000 元，利率为 6%，且可转换为普通股 120 000 股，适用的所得税税率 25%。

$$稀释每股收益=[2\,530\,000+1\,200\,000\times6\%\times(1-25\%)]/(2\,075\,000+1\,000\,000+120\,000)$$
$$=0.81（元/股）$$

计算表明，如果可转换优先股和可转换债券均在当年年初转换为普通股，则将使普通股每股净收益由原先的 1.2 元下降到 0.81 元。

案例分析

华夏建通 2007 年年报附注显示，公司主营业务包括电子产品销售和技术服务业务，其中电子产品销售占比 94.81%。销售收入前五名的客户销售额即占总销售额的 100%。

与主营业务收入相对应的，应收账款期末余额中欠款金额前五名单位也占应收账款期末余额的 100%。其中，第一大欠款单位为“北京亿信世纪科技发展有限公司（下称北京亿信）”，占应收账款期末余额的 93.16%。华夏建通年报显示，该笔欠款账龄为一年以内，属于 2007 年度实现收入。北京亿信一位负责人表示，北京亿信与华夏建通确实在 2007 年度签订长期购销协议.合同规定，北京亿信将于 2008 年分批购入产品并支付货款。但华夏建通在 2007 年结束前便将未实现的购销协议余额开具了发票，并计入营业收入和应收账款，金额总计达 640 万元，占应收账款余额 93.16%，占主营业务收入 25.32%。此外，华夏建通未来实际收到的货款也可能远低于目前确认的 640 万元。华夏建通许诺回报以北京亿信低于行业平均水平的折扣。

另据报道，2007 年 8 月 13 日至 8 月 17 日，上海证监局在对公司进行现场检查时发现，华夏建通的控股子公司世信科技发展有限公司，在未向北京越洋互动文化传播右限公司交付构成社区大屏幕系统组成部分的液晶显示屏及大屏幕框架的情况下，已将 1 225 万元软件收入计入 2007 年上半年营业收入。为此，华夏建通更正了 2007 年半年报，修改前后，营业收入从 5 215.85 万元减少到 3 990.85 万元，归属母公司净利润从 1 277.65 万元下降到 236.34 万元。

讨论：

（1）描述华夏建通 2007—2009 年以来的收入、费用及利润的构成情况，并对未来盈利能力做一个简单预测。

（2）分析华夏建通的主营业务类型，收入确认基础及条件。如果改变应怎样进行披露？

（3）对于上述资料今所涉及的情况，属于什么行为？其目的与动机何在？

（4）如果对上述情况进行更正应该如何进行？

（5）上市公司为什么要操纵利润？其手段有哪些？

本章小结

本章阐释了利润的主要内容。重点讲解了利润的计算、营业外收支的内容、利润分配的一般顺序及其会计处理和每股收益的内容及其会计处理。

本章思考

1．利润的基本内容和具体结构如何？
2．利润分配的顺序是怎样的？
3．利润分配的会计处理方法有何特点？
4．基本每股收益和稀释每股收益分别如何计算？

本章测试

【单选题】

1．下列各项中，应计入营业外收入的是（　　）。
A．非货币性资产交换利得
B．处置长期股权投资产生的收益
C．出租无形资产取得的收入
D．处置投资性房地产取得的收入

2．下列各项中，应计入营业外支出的是（　　）。
A．支付的广告费
B．发生的研究与开发费用
C．罚款支出
D．摊销的出租无形资产账面价值

【多选题】

3．下列各项交易事项中，不会影响发生当期营业利润的有（　　）。
A．计提应收账款坏账准备
B．出售无形资产取得净收益
C．开发无形资产时发生符合资本化条件的支出
D．自营建造固定资产期间处置工程物资取得净收益
E．以公允价值进行后续计量的投资性房地产持有期间公允价值发生变动

4．下列交易或事项中，应确认为营业外支出的有（　　）。
A．对外捐赠支出
B．债务重组损失
C．计提的固定资产减值准备
D．出售无形资产发生的净损失
E．交纳的矿产资源补偿费

5．下列项目中，应当作为营业外收入核算的有（　　）。
A．非货币性资产交换中换出产品的公允价值大于其账面价值的差额
B．非货币性资产交换中换出固定资产的公允价值大于其账面价值的差额
C．接受捐赠收到的现金
D．出售无形资产的净收益
E．盘盈固定资产

【答案】1．A　2．C　3．BCD　4．ABD　5．BCD

第十七章 财 务 报 表

学习目标

通过本章的学习，能够：

1. 掌握财务报表及其组成；
2. 掌握资产负债表的构成及其编制方法；
3. 掌握利润表的构成及其编制方法；
4. 了解现金流量表的作用、构成及其编制方法。

案例导入

资产负债率和流动比率等能否决定企业的偿债状况？

截止到 2009 年 12 月 31 日，珠海格力电器股份有限公司资产负债表中资产总计 41 922 622 958.65 元，负债和所有者权益分别为 33 761 931 958.29 元和 8 160 691 000.36 元；流动资产和流动负债分别为 34 350 717 570.05 元和 33 742 324 472.66 元，其中货币资金余额为 17 726 244 228 元、存货为 4 423 963 935.81 元。2009 年度利润表的营业收入为 41 625 588 108.18 元，营业利润为 2 534 359 481.55 元，净利润为 2 525 985 463.99 元；现金流量表上，经营活动产生的现金流量净额为 10 976 427 212.63，期末现金及现金等价物的余额为 6 974 942 268.43 元，比上年增加 4 946 886 112.25 元。

讨论：（1）通过上述数据，计算出格力电器股份有限公司的资产负债率=年末负债总额/年末资产总额×100%=81%；流动比率=年末流动资产/年末流动负债=1.02；速动比率=年末（流动资产–存货）/年末流动负债=0.89。通常，企业的资产负债率不应该高于 70%，流动比率为 2 左右，速动比率为 1 左右，只有这样，才能有足够的资金偿还企业的债务。可见，珠海格力电器股份有限公司的各项指标均达不到标准，这是不是意味着珠海格力电器股份有限公司发生财务困难，陷入财务困境了呢？

（2）珠海格力电器股份有限公司 2009 年的利润和现金流量信息显示，公司不仅不会产生财务困难，而且财务状况相当良好，为什么计算出的财务比率却是如此不理想呢？

资料来源：根据珠海格力电器股份有限公司 2009 年的年报整理而成。

第一节 财务报表概述

财务报告包括财务报表和其他应当在财务报告中披露的相关信息和资料，分析企业的财务报表是人们评估企业价值、预测企业未来发展前景和识别企业优劣的主要手段。作为连接公司与利益相关者的纽带，我们有必要对其相关内容进行了解。

一、财务报告与财务报表的构成

财务报告，是指企业对外提供的反映企业某一特定日期的财务状况和某一会计期间的经营成果、现金流量等会计信息的文件。财务报告包括财务报表和其他应当在财务报告中披露的相关信息和资料。财务报表是对企业财务状况、经营成果和现金流量的结构性表述。为了达到财务报表决策有用和评价企业管理层受托责任的目标，一套完整的财务报表至少应当包括“四表一注”：①资产负债表；②利润表；③现金流量表；④所有者权益（或股东权益，下同）变动表；⑤附注。

财务报表可以按照不同的标准进行分类。

（1）按财务报表编报期间的不同，可以分为中期财务报表和年度财务报表。中期财务报表是以短于一个完整会计年度（自公历 1 月 1 日起至 12 月 31 日止）的报告期间为基础编制的财务报表，包括月报、季报和半年报等。中期财务报表至少应当包括资产负债表、利润表、现金流量表和附注。其中，中期资产负债表、利润表和现金流量表应当是完整报表，其格式和内容应当与年度财务报表相一致，但如果当年新施行的会计准则对财务报表格式和内容作了修改的，中期财务报表应当按照修改后的报表格式和内容编写，与此同时，在中期财务报告中提供的上年度比较财务报表的格式和内容也应当作相应的调整；与年度财务报表相比，中期财务报表中的附注披露可适当简略。上市公司应当披露的定期报告包括年度报告、中期报告和季度报告。凡是对投资者做出投资决策有重大影响的信息，均应当披露。

（2）按财务报表编报主体的不同，可以分为个别财务报表和合并财务报表。个别财务报表是由企业在自身会计核算基础上对账簿记录进行加工而编制的财务报表，它主要用以反映企业自身的财务状况、经营成果和现金流量情况。合并财务报表是以母公司和子公司组成的企业集团为会计主体，根据母公司和所属子公司的财务报表，由母公司编制的综合反映企业集团财务状况、经营成果和现金流量的财务报表。

二、财务报表列报的基本要求

列报，是指交易和事项在报表中的列示和在附注中的披露。在财务报表的列报中，“列示”通常反映资产负债表、利润表、现金流量表和所有者权益变动表等报表中的信息，“披露”通常反映附注中的信息。财务报表列报的基本要求有以下几点。

（一）遵循各项会计准则进行确认和计量

企业应当根据实际发生的交易和事项，遵循各项具体会计准则的规定进行确认和计量，并在此基础上编制财务报表。企业应当在附注中对遵循企业会计准则编制的财务报表作出声明。只有遵循了企业会计准则的所有规定时，财务报表才能称得上是遵循了企业会计准则。

企业不应以在附注中披露代替对交易和事项的确认和计量。也就是说，企业采用的不恰当的会计政策，不得通过在附注中披露等其他形式予以更正，企业应当对交易和事项进行正确的确认和计量。

（二）列报基础

持续经营是会计的基本前提，是会计确认、计量及编制财务报表的基础。企业会计准则规范的是持续经营条件下企业对所发生的交易和事项的确认、计量及报表列报；相反，如果企业出现了非持续经营，致使以持续经营为基础编制财务报表不再合理时，企业应当采用其他基础编制财务报表。

在编制财务报表的过程中，企业管理层应当对企业持续经营的能力进行评价，需要考虑的因素包括市场经营风险、企业目前或长期的盈利能力、偿债能力、财务弹性以及企业管理层改变经营政策的意向等。评价后对企业持续经营的能力产生严重怀疑的，应当在附注中披露导致对持续经营能力产生重大怀疑的重要的不确定因素。

（三）重要性和项目列报

财务报表是通过对大量的交易或其他事项进行处理而生成的，这些交易或其他事项按其性质或功能汇总归类而形成财务报表中的项目。关于项目在财务报表中是单独列报还是合并列报，应当依据重要性原则来判断。总的原则是，如果某项目不具有重要性，则将其与其他项目合并列报；如具有重要性，则应当单独列报。具体而言，应当遵循以下几点。

（1）性质或功能不同的项目，一般应当在财务报表中单独列报，但是不具有重要性的项目可以合并列报。比如存货和固定资产在性质上和功能上都有本质的差别，必须分别在资产负债表上单独列报。

（2）性质或功能类似的项目，一般可以合并列报，但是具有重要性的类别应该单独列报。比如原材料、周转材料等项目在性质上类似，均通过生产过程形成企业的产品存货，因此可以合并列报，合并之后的类别统称为“存货”，在资产负债表上单独列报。

（3）项目单独列报的原则不仅适用于报表，还适用于附注。某些项目的重要性程度不足以在资产负债表、利润表、现金流量表和所有者权益变动表中单独列示，但是对附注而言却具有重要性，在这种情况下应当在附注中单独披露。仍以上述存货为例，对某制造业企业而言，原材料、周转材料、在产品、库存商品等项目的重要性程度不足以在资产负债表上单独列示，因此在资产负债表上合并列示，但是鉴于其对该制造业企业的重要性，应当在附注中单独披露。

（4）无论是财务报表列报准则规定的单独列报项目，还是其他具体会计准则规定单独列报的项目，企业都应当予以单独列报。

重要性是判断项目是否单独列报的重要标准。企业会计准则首次对“重要性”概念进行了定义，即如果财务报表某项目的省略或错报会影响使用者据此作出经济决策，则该项目就具有重要性。企业在进行重要性判断时，应当根据所处环境，从项目的性质和金额大小两方面予以判断：一方面，应当考虑该项目的性质是否属于企业日常活动、是否对企业的财务状况和经营成果具有较大影响等因素；另一方面，判断项目金额大小的重要性，应当通过单项金额在资产总额、负债总额、所有者权益总额、营业收入总额、净利润等直接相关项目金额中所占的比重加以确定。

（四）列报的一致性

可比性是会计信息质量的一项重要质量要求，目的是使同一企业不同期间和同一期间不同企业的财务报表相互可比。为此，财务报表项目的列报应当在各个会计期间保持一致，不得随意变更，这一要求不仅针对财务报表中的项目名称，还包括财务报表项目的分类、排列顺序等方面。

在以下规定的特殊情况下，财务报表项目的列报是可以改变的：①会计准则要求改变；②企业经营业务的性质发生重大变化后，变更财务报表项目的列报能够提供更可靠、更相关的会计信息。

（五）财务报表项目金额间的相互抵销

财务报表项目应当以总额列报，资产和负债、收入和费用不能相互抵销，即不得以净额列报，但企业会计准则另有规定的除外。因为，如果相互抵销，所提供的信息就不完整，信息的可比性大为降低，难以在同一企业不同期间以及同一期间不同企业的财务报表之间实现相互可比，报表使用者难以据此做出判断。比如，企业欠客户的应付款不得与其他客户欠本企业的应收款相抵销，如果相互抵销就掩盖了交易的实质。再如，收入和费用反映了企业投入与产出之间的关系，是企业经营成果的两个方面，为了更好地反映经济交易的实质、考核企业经营管理水平以及预测企业未来现金流量，收入和费用不得相互抵销。

以下两种情况不属于抵销，而是以净额列示。

（1）资产计提减值准备，实质上意味着资产的价值确实发生了减损，资产项目应当按扣除减值准备后的净额列示，这样才反映了资产当时的真实价值，这种情况并不属于上面所述的抵销。

（2）非日常活动并非企业主要的业务，且具有偶然性，从重要性来讲，非正常活动产生的损益以收入和费用抵销后的净额列示对公允反映企业财务状况和经营成果影响不大，抵销后反而更能有利于报表使用者的理解。因此，非正常活动产生的损益应当以同一交易形成的收入扣减费用后的净额列示，并不属于抵销。例如非流动资产处置形成的利得和损失，应按处置收入扣除该资产的账面金额和相关销售费用后的余额列示。

（六）比较信息的列报

企业在列报当期财务报表时，至少应当提供所有列报项目上一可比会计期间的比较数据，以及与理解当期财务报表相关的说明，目的是向报表使用者提供对比数据，提高信息在会计期间的可比性，以反映企业财务状况、经营成果和现金流量的发展趋势，提高报表使用者的判断与决策能力。

在财务报表项目的列报确需发生变更的情况下，企业应当对上期比较数据按照当期的列报要求进行调整，并在附注中披露调整的原因和性质，以及调整的各项目金额。但是，在某些情况下，对上期比较数据进行调整并不切实可行，则应当在附注中披露不能调整的原因。

（七）财务报表表首的列报要求

财务报表一般分为表首、正表两部分，其中，在表首部分企业应当概括地说明下列基本信息。

（1）编报企业的名称，如企业名称在所属当期发生了变更的，还应明确标明。

（2）对资产负债表而言，须披露资产负债表日，而对利润表、现金流量表、所有者权益变动表而言，须披露报表涵盖的会计期间。

（3）货币名称和单位，按照我国企业会计准则的规定，企业应当以人民币作为记账本位币列报，并标明金额单位，如人民币元、人民币万元等。

（4）财务报表是合并财务报表的，应当予以标明。

（八）报告期间

企业至少应当编制年度财务报表。根据我国会计法的规定，会计年度自公历 1 月 1 日起至 12 月 31 日止。因此，在编制年度财务报表时，可能存在年度财务报表涵盖的期间短于 1 年的，比如企业在年度中间（如 3 月 1 日）开始设立等，企业应当披露年度财务报表的实际涵盖期间及其短于 1 年的原因，并应当说明由此引起财务报表项目与比较数据不具可比性这一事实。国家统一的会计制度规定企业应当编报半年度、季度和月度财务会计报告的，从其规定。

小贴士

财务报表项目应当以总额列报，资产和负债、收入和费用不能相互抵消，但下列情况不属于抵消，可以以净额列示。

（1）资产项目按扣除减值准备后的净额列示。

（2）非日常活动的发生具有偶然性，并非企业主要的业务，以净额列示更有助于报表使用者理解财务报表。

第二节　资产负债表

15 世纪，意大利的企业在报告应税财产时就采用资产负债表，当时组织形式主要是独资企业和合伙制，企业一般不编制收益和费用表。后来，为了满足银行信贷，资产负债表和审计密切相关。20 世纪 30～70 年代以来，随着“受托责任观”在企业管理的推行，评价受托责任带来的业绩和企业的盈利能力成为信息使用者关注的目标。80 年代以后，财务报表目标由“受托责任观”向“决策有用观”转变，人们对资产负债表的关注超过了利润表，对资产负债表的重视重新抬头。

一、资产负债表的内容及结构

（一）资产负债表的内容

资产负债表是反映企业在某一特定日期的财务状况的会计报表，一般包括表首标题、报表主体和附注。例如，公历每年 12 月 31 日的财务状况，它反映的就是该日的情况。资产负债表是一张静态报表，是根据“资产=负债+所有者权益”这一会计基本等式，依照一定的分类标准和一定的次序，将企业的资产、负债和所有者权益项目予以适当地排列，并对日常工作中形成的大量数据进行浓缩整理后编制而成的。关于所有者权益（即净资产）在理论上的归属问题应视“业主权理论”和“主体理论”而异。

资产负债表主要提供有关企业财务状况方面的信息，即某一特定日期关于企业资产、负债、所有者权益及其相互关系的信息。资产负债表可以提供某一日期资产的总额及其结构的信息，表明企业拥有或控制的资源及其分布情况，使用者可以一目了然地从资产负债表上了解企业在某一特定日期所拥有的资产总量及其结构；可以提供某一日期的负债总额及其结构的信息，表明企业未来需要用多少资产或劳务清偿债务以及清偿时间；可以反映所有者所拥有的权益，据以判断资本保值、增值的情况以及对负债的保障程度。即此表的任务是报告某一公司的财务状况，包括资源结构（资产的类别和数额）和财务结构（负债和所有者权益的主要类别和数额）状况。此外，资产负债表还可以提供进行财务分析的基本资料，如将流动资产与流动负债进行比较并计算出流动比率，将速动资产与流动负债进行比较并计算出速动比率等，可以表明企业的变现能力和偿债能力，从而有助于报表使用者做出经济决策。

（二）资产负债表的结构

资产负债表有两种基本格式，即报告式资产负债表和账户式资产负债表。报告式资产负债表是上下结构，上半部列示资产，下半部列示负债和所有者权益。具体排列形式有两种，一种是按“资产=负债+所有者权益”的原理排列，另一种是按“资产－负债=所有者权益”的原理排列。账户式资产负债表是左右结构，左边列示资产，右边列示负债和所有者权益，类似“T”型账户。

在我国，资产负债表采用账户式结构，即报表分为左右两方，左方列示资产各项目，反映全部资产的分布及存在形态，一般按资产的流动性大小排列；右方列示负债和所有者权益各项目，反映全部负债和所有者权益的内容及构成情况，一般按要求清偿时间的先后顺序排列。资产负债表左右双方平衡，资产总计等于负债和所有者权益总计，即“资产=负债+所有者权益”。此外，为了让使用者通过比较不同时点资产负债表的数据，掌握企业财务状况的变动情况及发展趋势，企业需要提供比较资产负债表，资产负债表应就各项目再分为“年初余额”和“期末余额”两栏分别填列。

（三）资产负债表项目的列示

为了帮助报表使用者分析、解释和评价资产负债表所提供的信息，需要对资产负债表上的项目按照它们的共同特征进行适当的分类与排列。一般来说，在资产负债表上，资产按其流动性程度的高低顺序排列，即先流动资产，后非流动资产，而非流动资产又划分为若干个大类；负债按其到期日由近至远的顺序排列，即先流动负债，后非流动负债；所有者权益则按其永久性递减的顺序排列，即实收资本、资本公积、盈余公积和未分配利润。

二、资产负债表的填列方法

（一）年初余额栏的填列方法

资产负债表“年初余额”栏内各项数字，应根据上年末资产负债表“期末余额”栏内所列数字填列。如果上年度资产负债表规定的各个项目的名称和内容同本年度不相一致，应对上年年末资产负债表各项目的名称和数字按照本年度的规定进行调整，填入表中“年初余额”栏内。

（二）期末余额栏的填列方法

资产负债表“期末余额”栏内各项数字，一般应根据资产、负债和所有者权益类科目的期末余额填列。主要包括以下方式。

1. 根据总账科目的余额填列

资产负债表中的有些项目，可直接根据有关总账科目的余额填列，如“交易性金融资产”、

“短期借款”、“应付票据”、“应付职工薪酬”等项目；有些项目则需根据几个总账科目的余额计算填列，如“货币资金”项目，需根据“库存现金”、“银行存款”、“其他货币资金”三个总账科目余额的合计数填列。

2．根据有关明细科目的余额计算填列

例如，“应付账款”项目，应当根据“应付账款”和“预付账款”两个科目所属的相关明细科目的期末贷方余额计算填列；“应收账款”项目，应当根据“应收账款”和“预收账款”两个科目所属的相关明细科目的期末借方余额计算填列。

3．根据总账科目和明细科目的余额分析计算填列

例如，“长期借款”项目，需根据“长期借款”总账科目余额扣除“长期借款”科目所属的明细科目中将在资产负债表日起 1 年内到期，并且企业不能自主地将清偿义务展期的长期借款后的金额计算填列。

4．根据总账科目与其备抵科目抵销后的净额填列

例如，“应收账款”、“长期股权投资”等项目，应根据“应收账款”、“长期股权投资”等科目的期末余额减去“坏账准备”、“长期股权投资减值准备”等科目余额后的净额填列；“固定资产”项目，应根据“固定资产”科目的期末余额减去“累计折旧”、“固定资产减值准备”科目余额后的净额填列；“无形资产”项目，应根据“无形资产”科目的期末余额减去“累计摊销”、“无形资产减值准备”科目余额后的净额填列。

小贴士

根据总账科目与其备抵科目抵销后的净额填列，只有这样才能反映资产的真实价值，比如想把资产出售，在市场上能卖出这样的价值。体现了谨慎性的会计信息质量要求。

5．综合运用上述填列方法分析填列

例如，“存货”项目，应当根据“原材料”、“库存商品”、“委托加工物资”、“周转材料”、“材料采购”、“在途物资”、“发出商品”、“材料成本差异”等总账科目期末余额的分析汇总数，减去“存货跌价准备”科目余额后的金额填列。

（三）资产负债表各项目的填列方法

1．编制的基本要求

（1）企业应按期编制资产负债表。

（2）表首应列明报表和企业的名称，列示编制该表的编制日期、货币单位和报表编号。

（3）资产负债表各项目金额均以“元”为单位，元以下填至“分”；采用外币作为记账本位币的企业，应当将以外币反映的资产负债表折合为报告货币反映的资产负债表；特别目的报表可取元、百元或千元等为整数单位。

（4）采用适当的分类方法及排列顺序。

（5）资产项目金额合计应等于负债与所有者权益项目金额之和；主要分类的明细分类的总额应分别加以列示；凡在资产负债表确认的项目，应分别列示各项目的金额、尚要合计的金额和总计金额。

（6）要体现可理解性和重要性的信息质量要求，表中名词术语应该清楚、简要，并一贯地使用那些含义确切的名词，便于使用者阅读；报表内各项目应简明扼要，使用户一目了然。

（7）企业最好编制至少两年期期末的资产负债表（比较资产负债表是指包括若干期资产、负债及所有者权益各项目数额的资产负债表），以帮助使用者了解和预测企业财务状况变化的性质及趋势。

2．资产项目的填列说明

（1）“货币资金”项目，反映企业库存现金、银行结算户存款、外埠存款、银行汇票存款、银行本票存款、信用卡存款、信用证保证金存款等的合计数。本项目应根据“库存现金”、“银行存款”、“其他货币资金”科目期末余额的合计数填列。

（2）“交易性金融资产”项目，反映企业持有的以公允价值计量且其变动计入当期损益的、为交易目的所持有的债券投资、股票投资、基金投资、权证投资等金融资产。本项目应根据“交易性金融资产”科目的期末余额填列。

（3）“应收票据”项目，反映企业因销售商品、提供劳务等而收到的商业汇票，包括银行承兑汇票和商业承兑汇票。本项目应根据“应收票据”科目的期末余额，减去“坏账准备”科目中有关应收票据计提的坏账准备期末余额后的金额填列。

（4）“应收账款”项目，反映企业因销售商品、提供劳务等经营活动应收取的款项。本项目应根据“应收账款”和“预收账款”科目所属各明细科目的期末借方余额合计数，减去“坏账准备”科目中有关应收账款计提的坏账准备期末余额后的金额填列。如“应收账款”科目所属明细科目期末有贷方余额的，应在资产负债表“预收款项”项目内填列。

（5）“预付款项”项目，反映企业按照购货合同规定预付给供应单位的款项等。本项目应根据“预付账款”和“应付账款”科目所属各明细科目的期末借方余额合计数，减去“坏账准备”科目中有关预付款项计提的坏账准备期末余额后的金额填列。如“预付账款”科目所属各明细科目期末有贷方余额的，应在资产负债表“应付账款”项目内填列。

（6）“应收利息”项目，反映企业应收取的债券投资等的利息。本项目应根据“应收利息”科目的期末余额，减去“坏账准备”科目中有关应收利息计提的坏账准备期末余额后的金额填列。

（7）“应收股利”项目，反映企业应收取的现金股利和应收取其他单位分配的利润。本项目应根据“应收股利”科目的期末余额，减去“坏账准备”科目中有关应收股利计提的坏账准备期末余额后的金额填列。

（8）“其他应收款”项目，反映企业除应收票据、应收账款、预付账款、应收股利、应收利息等经营活动以外的其他各种应收、暂付的款项。本项目应根据“其他应收款”科目的期末余额，减去“坏账准备”科目中有关其他应收款计提的坏账准备期末余额后的金额填列。

（9）“存货”项目，反映企业期末在库、在途和在加工中的各种存货的可变现净值。本项目应根据“材料采购”、“原材料”、“低值易耗品”、“库存商品”、“周转材料”、“委托加工物资”、“委托代销商品”、“生产成本”等科目的期末余额合计数，减去“受托代销商品款”、“存货跌价准备”科目期末余额后的金额填列。材料采用计划成本核算，以及库存商品采用计划成本核算或售价核算的企业，还应按加或减材料成本差异、商品进销差价后的金额填列。

（10）“1年内到期的非流动资产”项目，反映企业将于1年内到期的非流动资产项目金额。本项目应根据有关科目的期末余额填列。

（11）“其他流动资产”项目，反映企业除货币资金、交易性金融资产、应收票据、应收账款、存货等流动资产以外的其他流动资产。本项目应根据有关科目的期末余额填列。

（12）“可供出售金融资产”项目，反映企业持有的以公允价值计量的可供出售的股票投资、债券投资等金融资产。本项目应根据“可供出售金融资产”科目的期末余额填列。

（13）“持有至到期投资”项目，反映企业持有的以摊余成本计量的持有至到期投资。本项目应根据“持有至到期投资”科目的期末余额，减去“持有至到期投资减值准备”科目期末余额后的金额填列。

（14）“长期应收款”项目，反映企业融资租赁产生的应收款项、采用递延方式具有融资性质的销售商品和提供劳务等产生的长期应收款项等。本项目应根据“长期应收款”科目的期末余额，减去相应的“未实现融资收益”科目和“坏账准备”科目所属相关明细科目期末余额后的金额填列。

（15）“长期股权投资”项目，反映企业持有的对子公司、联营企业和合营企业的长期股权投资。本项目应根据“长期股权投资”科目的期末余额，减去“长期股权投资减值准备”科目期末余额后的金额填列。

（16）“投资性房地产”项目，反映企业持有的投资性房地产。企业采用成本模式计量投资性房地产的，本项目应根据“投资性房地产”科目的期末余额，减去“投资性房地产累计折旧（摊销）”和“投资性房地产减值准备”科目期末余额后的金额填列；企业采用公允价值模式计量投资性房地产的，本项目应根据“投资性房地产”科目的期末余额填列。

（17）“固定资产”项目，反映企业各种固定资产原价减去累计折旧和固定资产减值准备后的净额。本项目应根据“固定资产”科目的期末余额，减去“累计折旧”和“固定资产减值准备”科目期末余额后的金额填列。

（18）“在建工程”项目，反映企业期末各项未完工程的实际支出，包括交付安装的设备价值、未完建筑安装工程已经耗用的材料、工资和费用支出、预付出包工程的价款等的可收回金额。本项目应根据“在建工程”科目的期末余额，减去“在建工程减值准备”科目期末余额后的金额填列。

（19）“工程物资”项目，反映企业尚未使用的各项工程物资的实际成本。本项目应根据“工程物资”科目的期末余额填列。

（20）“固定资产清理”项目，反映企业因出售、毁损、报废等原因转入清理但尚未清理完毕的固定资产的净值，以及固定资产清理过程中所发生的清理费用和变价收入等各项金额的差额。本项目应根据“固定资产清理”科目的期末借方余额填列，如“固定资产清理”科目期末为贷方余额，以“－”号填列。

（21）“生产性生物资产”项目，反映企业持有的生产性生物资产。本项目应根据“生产性生物资产”科目的期末余额，减去“生产性生物资产累计折旧”和“生产性生物资产减值准备”科目期末余额后的金额填列。

（22）“油气资产”项目，反映企业持有的矿区权益和油气井及相关设施的原价减去累计折耗和相应减值准备后的净额。本项目应根据“油气资产”科目的期末余额，减去“累计折耗”科目期末余额和相应减值准备后的金额填列。

（23）“无形资产”项目，反映企业持有的无形资产，包括专利权、非专利技术、商标权、著作权、土地使用权等。本项目应根据“无形资产”科目的期末余额，减去“累计摊销”和“无形资产减值准备”科目期末余额后的金额填列。

（24）“开发支出”项目，反映企业开发无形资产过程中能够资本化形成无形资产成本的支出部分。本项目应根据“开发支出”科目中所属的“资本化支出”明细科目期末余额填列。

（25）“商誉”项目，反映企业合并中形成的商誉的价值。本项目应根据“商誉”科目的期末余额，减去相应减值准备后的金额填列。

（26）“长期待摊费用”项目，反映企业已经发生但应由本期和以后各期负担的、分摊期限在 1 年以上的各项费用。长期待摊费用中在 1 年内（含 1 年）摊销的部分，在资产负债表“1 年内到期的非流动资产”项目填列。本项目应根据“长期待摊费用”科目的期末余额，减去将于 1 年内（含 1 年）摊销的数额后的金额填列。

（27）“递延所得税资产”项目，反映企业确认的可抵扣暂时性差异产生的递延所得税资产。本项目应根据“递延所得税资产”科目的期末余额填列。

（28）“其他非流动资产”项目，反映企业除长期股权投资、固定资产、在建工程、工程物资、无形资产等资产以外的其他非流动资产。本项目应根据有关科目的期末余额填列。

3．负债项目的填列说明

（1）“短期借款”项目，反映企业向银行或其他金融机构等借入的期限在 1 年以下（含 1 年）的各种借款。本项目应根据“短期借款”科目的期末余额填列。

（2）“交易性金融负债”项目，反映企业承担的以公允价值计量且其变动计入当期损益的、为交易目的所持有的金融负债。本项目应根据“交易性金融负债”科目的期末余额填列。

（3）“应付票据”项目，反映企业购买材料、商品和接受劳务供应等而开出、承兑的商业汇票，包括银行承兑汇票和商业承兑汇票。本项目应根据“应付票据”科目的期末余额填列。

（4）“应付账款”项目，反映企业因购买材料、商品和接受劳务供应等经营活动应支付的款项。本项目应根据“应付账款”和“预付账款”科目所属各明细科目的期末贷方余额合计数填列。如“应付账款”科目所属明细科目期末有借方余额的，应在资产负债表“预付款项”项目内填列。

（5）“预收款项”项目，反映企业按照购货合同规定预付给供应单位的款项。本项目应根据“预收账款”和“应收账款”科目所属各明细科目的期末贷方余额合计数填列。如“预收账款”科目所属各明细科目期末有借方余额，应在资产负债表“应收账款”项目内填列。

（6）“应付职工薪酬”项目，反映企业根据有关规定应付给职工的工资、职工福利、社会保险费、住房公积金、工会经费、职工教育经费、非货币性福利、辞退福利等各种薪酬。外商投资企业按规定从净利润中提取的职工奖励及福利基金，也在本项目列示。

（7）“应交税费”项目，反映企业按照税法规定计算应交纳的各种税费，包括增值税、消费税、营业税、所得税、资源税、土地增值税、城市维护建设税、房产税、土地使用税、车船使用税、教育费附加、矿产资源补偿费等。企业代扣代缴的个人所得税，也通过本项目列示。企业所交纳的税金不需要预计应交数的，如印花税、耕地占用税等，不在本项目列示。本项目应根据“应交税费”科目的期末贷方余额填列，如“应交税费”科目期末为借方余额，应以“－”号填列。

（8）“应付利息”项目，反映企业按照规定应当支付的利息，包括分期付息到期还本的长期借款应支付的利息、企业发行的企业债券应支付的利息等。本项目应当根据“应付利息”科目的期末余额填列。

（9）“应付股利”项目，反映企业分配的现金股利或利润。企业分配的股票股利，不通过本项目列示。本项目应根据“应付股利”科目的期末余额填列。

（10）“其他应付款”项目，反映企业除应付票据、应付账款、预收款项、应付职工薪酬、应付股利、应付利息、应交税费等经营活动以外的其他各项应付、暂收的款项。本项目应根据“其他应付款”科目的期末余额填列。

（11）“1 年内到期的非流动负债”项目，反映企业非流动负债中将于资产负债表日后 1 年内到期部分的金额，如将于 1 年内偿还的长期借款。本项目应根据有关科目的期末余额填列。

（12）“其他流动负债”项目，反映企业除短期借款、交易性金融负债、应付票据、应付账款、应付职工薪酬、应交税费等流动负债以外的其他流动负债。本项目应根据有关科目的期末余额填列。

（13）“长期借款”项目，反映企业向银行或其他金融机构借入的期限在 1 年以上（不含 1 年）的各项借款。本项目应根据“长期借款”科目的期末余额填列。

（14）“应付债券”项目，反映企业为筹集长期资金而发行的债券本金和利息。本项目应根据“应付债券”科目的期末余额填列。

（15）“长期应付款”项目，反映企业除长期借款和应付债券以外的其他各种长期应付款项。本项目应根据“长期应付款”科目的期末余额，减去相应的“未确认融资费用”科目期末余额后的金额填列。

（16）“专项应付款”项目，反映企业取得政府作为企业所有者投入的具有专项或特定用途的款项。本项目应根据“专项应付款”科目的期末余额填列。

（17）“预计负债”项目，反映企业确认的对外提供担保、未决诉讼、产品质量保证、重组义务、亏损合同等预计负债。本项目应根据“预计负债”科目的期末余额填列。

（18）“递延所得税负债”项目，反映企业确认的应纳税暂时性差异产生的所得税负债。本项目应根据“递延所得税负债”科目的期末余额填列。

（19）“其他非流动负债”项目，反映企业除长期借款、应付债券等负债以外的其他非流动负债。本项目应根据有关科目的期末余额减去将于 1 年内（含 1 年）到期偿还数后的余额填列。非流动负债各项目中将于 1 年内（含 1 年）到期的非流动负债，应在“1 年内到期的非流动负债”项目内单独反映。

4. 所有者权益项目的填列说明

（1）“实收资本（或股本）”项目，反映企业各投资者实际投入的资本（或股本）总额。本项目应根据“实收资本”（或“股本”）科目的期末余额填列。

（2）“资本公积”项目，反映企业资本公积的期末余额。本项目应根据“资本公积”科目的期末余额填列。

（3）“库存股”项目，反映企业持有的尚未转让或注销的本公司股份金额。本项目应根据“库存股”科目的期末余额填列。

（4）“盈余公积”项目，反映企业盈余公积的期末余额。本项目应根据“盈余公积”科目的期末余额填列。

（5）“未分配利润”项目，反映企业尚未分配的利润。本项目应根据“本年利润”科目和“利润分配”科目的余额计算填列。未弥补的亏损在本项目内以“－”号填列。

三、资产负债表编制示例

【例 17-1】 扬帆股份有限公司 2012 年 12 月 31 日的资产负债表（年初余额略）及 2013 年 12 月 31 日的科目余额表分别见表 17-1 和表 17-2。假设扬帆股份有限公司 2013 年度除计提固定资产减值准备导致固定资产账面价值与其计税基础存在可抵扣暂时性差异外，其他资产和负债项目的账面价值均等于其计税基础。假定扬帆公司未来很可能获得足够的应纳税所得额用来抵扣可抵扣暂时性差异，适用的所得税税率为 25%。

表 17-1 资产负债表

会企 01 表

编制单位：扬帆股份有限公司 2012 年 12 月 31 日　　单位：元

资产	期末余额	年初余额	负债和股东权益	期末余额	年初余额
流动资产：			流动负债：		
货币资金	1 406 300		短期借款	300 000	
交易性金融资产	15 000		交易性金融负债	0	
应收票据	246 000		应付票据	200 000	
应收账款	299 100		应付账款	953 800	
预付款项	100 000		预收款项	0	
应收利息	0		应付职工薪酬	110 000	
应收股利	0		应交税费	36 600	
其他应收款	5 000		应付利息	1 000	
存货	2 580 000		应付股利	0	
一年内到期的非流动资产	0		其他应付款	50 000	
其他流动资产	100 000		一年内到期的非流动负债	1 000 000	
流动资产合计	4 751 400		其他流动负债	0	
非流动资产：			流动负债合计	2 651 400	
可供出售金融资产	0		非流动负债：		
持有至到期投资	0		长期借款	600 000	
长期应收款	0		应付债券	0	
长期股权投资	250 000		长期应付款	0	
投资性房地产	0		专项应付款	0	
固定资产	1 100 000		预计负债	0	
在建工程	1 500 000		递延所得税负债	0	
工程物资	0		其他非流动负债	0	
固定资产清理	0		非流动负债合计	600 000	
生产性生物资产	0		负债合计	3 251 400	
油气资产	0		股东权益：		
无形资产	600 000		股本	5 000 000	
开发支出	0		资本公积	0	
商誉	0		减：库存股	0	
长期待摊费用	0		盈余公积	100 000	
递延所得税资产	0		未分配利润	50 000	
其他非流动资产	200 000		股东权益合计	5 150 000	
非流动资产合计	3 650 000				
资产总计	8 401 400		负债和股东权益总计	8 401 400	

表 17-2 科目余额表

2013 年 12 月 31 日 单位：元

科目名称	借方余额	科目名称	贷方余额
库存现金	2 000	短期借款	50 000
银行存款	776 135	应付票据	100 000
其他货币资金	7 300	应付账款	953 800
交易性金融资产	0	其他应付款	50 000
应收票据	66 000	应付职工薪酬	180 000
应收账款	600 000	应交税费	226 731
坏账准备	−1 800	应付利息	0
预付账款	100 000	应付股利	3 221 585
其他应收款	5 000	一年内到期的长期负债	0
材料采购	275 000	长期借款	1 160 000
原材料	45 000	股本	5 000 000
周转材料	38 050	盈余公积	124 770.4
库存商品	2 122 400	利润分配（未分配利润）	190 717.75
材料成本差异	4 250		
其他流动资产	100 000		
长期股权投资	250 000		
固定资产	2 401 000		
累计折旧	−170 000		
固定资产减值准备	−30 000		
工程物资	300 000		
在建工程	428 000		
无形资产	600 000		
累计摊销	−60 000		
递延所得税资产	9 900		
其他长期资产	200 000		
合计	8 068 235	合计	8 068 235

根据上述资料，编制扬帆股份有限公司 2013 年 12 月 31 日的资产负债表，如表 17-3 所示。

表 17-3 资产负债表

会企 01 表

编制单位：扬帆股份有限公司 2013 年 12 月 31 日 单位：元

资产	期末余额	年初余额	负债和所有者权益（或股东权益）	期末余额	年初余额
流动资产：			流动负债：		
货币资金	785 435	1 406 300	短期借款	50 000	300 000
交易性金融资产	0	15 000	交易性金融负债	0	0
应收票据	66 000	246 000	应付票据	100 000	200 000
应收账款	598 200	299 100	应付账款	953 800	953 800
预付款项	100 000	100 000	预收款项	0	0
应收利息	0	0	应付职工薪酬	180 000	110 000
应收股利	0	0	应交税费	226 731	36 600
其他应收款	5 000	5 000	应付利息	0	1 000

续表

资产	期末余额	年初余额	负债和所有者权益（或股东权益）	期末余额	年初余额
存货	2 484 700	2 580 000	应付股利	32 215.85	0
一年内到期的非流动资产	0	0	其他应付款	50 000	50 000
其他流动资产	100 000	100 000	一年内到期的非流动负债	0	1 000 000
流动资产合计	4 139 335	4 751 400	其他流动负债	0	0
非流动资产：			流动负债合计	1 592 746.85	2 651 400
可供出售金融资产	0	0	非流动负债：		
持有至到期投资	0	0	长期借款	1 160 000	600 000
长期应收款	0	0	应付债券	0	0
长期股权投资	250 000	250 000	长期应付款	0	0
投资性房地产	0	0	专项应付款	0	0
固定资产	2 201 000	1 100 000	预计负债	0	0
在建工程	428 000	1 500 000	递延所得税负债	0	0
工程物资	300 000	0	其他非流动负债	0	0
固定资产清理	0	0	非流动负债合计	1 160 000	600 000
生产性生物资产	0	0	负债合计	2 752 746.85	3 251 400
油气资产	0	0	所有者权益（或股东权益）：		
无形资产	540 000	600 000	实收资本（或股本）	5 000 000	5 000 000
开发支出	0	0	资本公积	0	0
商誉	0	0	减：库存股	0	0
长期待摊费用	0	0	盈余公积	124 770.4	100 000
递延所得税资产	9 900	0	未分配利润	190 717.75	50 000
其他非流动资产	200 000	200 000	所有者权益（或股东权益）合计	5 315 484.15	5 150 000
非流动资产合计	3 928 900	3 650 000			
资产总计	8 068 235	8 401 400	负债和所有者权益（或股东权益）总计	8 068 235	8 401 400

小技巧

1. 会计科目表上有但资产负债表上没有的

（1）货币资金项目包含的会计科目。

（2）存货项目包含的会计科目。

（3）各种计提的减值准备。

（4）累计折旧和累计摊销。

（5）未确认融资收益、未确认融资费用、待处理流动资产损溢、递延收益。

2. 资产负债表上有但会计科目表上没有的

（1）货币资金。

（2）存货。

（3）一年内到期的非流动资产、一年内到期的非流动负债、其他流动资产、其他流动负债等。

3. 资产负债表和会计科目表存在细微差别的地方

预付款项、预收款项、开发支出、未分配利润。

第三节　利润表

利润表是用来反映企业在一定时期经营活动绩效（业绩）的一种报表。一般而言，利润是企业经济效益的综合表现，追求利润对于企业的生产和发展至关重要。作为企业经济效益的综合表现，利润不但是衡量企业作为经营主体所取得的业绩的主要指标，而且也是对企业经营成果进行分配的重要依据。由于利润是评价企业经营好坏的一个重要依据，因此，对利润表的了解与分析就显得至关重要。

一、利润表的内容及结构

（一）利润表的内容

利润表是用来反映企业在某一会计期间的经营成果的一种财务报表。例如，反映某年 1 月 1 日至 12 月 31 日经营成果的利润表，它反映的就是这一期间的利润形成情况。利润表是一张动态报表，按照各项收入、费用以及构成利润表的各个项目分类分项编制而成。

利润表的列报必须充分反映企业经营业绩的主要来源和构成，有助于使用者判断净利润的质量及其风险，有助于使用者预测净利润的持续性，从而做出正确的决策。通过利润表，可以反映企业一定会计期间收入的实现情况，如实现的营业收入有多少、实现的投资收益有多少、实现的营业外收入有多少等；可以反映一定会计期间的费用耗费情况，如耗费的营业成本有多少，营业税金及附加有多少，销售费用、管理费用、财务费用各有多少，营业外支出有多少等；可以反映企业生产经营活动的成果，即净利润的实现情况，据以判断资本保值、增值等情况。

将利润表中的信息与资产负债表中的信息相结合，还可以提供进行财务分析的基本资料。例如，将赊销收入净额与应收账款平均余额进行比较，计算出应收账款周转率；将销货成本与存货平均余额进行比较，计算出存货周转率；将净利润与资产总额进行比较，计算出资产收益率等。通过比较，可以反映出企业资金周转情况及企业的盈利能力和水平，便于报表使用者判断企业未来的发展趋势，做出经济决策。

（二）利润表的结构

常见的利润表结构主要有单步式和多步式两种。所谓单步式利润表，是将所有的收入和利得相加，然后减去所有费用和损失，即得出净利润。在这种结构中，净利润的计算仅通过一个相减的步骤，“单步式”由此得名。在单步式利润表中，所得税费用列在净利润前的最后一个项目，表明所得税与利润有关。多步式利润表是通过对当期的收入、费用、支出项目按性质加以归类，按利润形成的主要环节列示一些中间性利润指标，分步计算当期净损益。在我国，企业利润表采用的基本上是多步式结构，即将不同性质的收入和费用类别进行对比，从而可以得出一些中间性的利润数据，便于使用者理解企业经营成果的不同来源。利润表主要反映以下几方面的内容。

（1）营业收入。由主营业务收入和其他业务收入组成。

（2）营业利润。营业利润的计算方法如下：

营业利润=营业收入-营业成本-营业税金及附加-销售费用-管理费用-财务费用-资产减值损失+公允价值变动收益（-公允价值变动损失）+投资收益（-投资损失）

（3）利润总额。利润总额的计算方法如下：

利润总额=营业利润+营业外收入-营业外支出

（4）净利润。净利润为利润总额减去所得税费用后的余额。

（5）每股收益。普通股或潜在普通股已公开交易的企业，以及正处于公开发行普通股或潜在普通股过程中的企业，还应当在净利润下列示普通股每股收益信息，包括基本每股收益和稀释每股收益两项指标。

（6）综合收益，包括其他综合收益和综合收益总额。其中，其他综合收益反映企业根据企业会计准则规定未在损益中确认的各项利得和损失扣除所得税影响后的净额；综合收益总额是企业净利润与其他综合收益的合计金额。

此外，为了使报表使用者通过比较不同期间利润的实际情况，判断企业经营成果的未来发展趋势，企业需要提供比较利润表，利润表还应就各项目再分为“本期金额”和“上期金额”两栏分别填列。

二、利润表的填列方法

（一）上期金额栏的填列方法

利润表“上期金额”栏内各项数字，应根据上年该期利润表“本期金额”栏内所列数字填列。如果上年该期利润表规定的各个项目的名称和内容同本期不一致，应对上年该期利润表各项目的名称和数字按本期的规定进行调整，填入利润表“上期金额”栏内。

（二）本期金额栏的填列方法

利润表“本期金额”栏内各项数字一般应根据损益类科目的发生额以及“资本公积”科目的明细发生额分析填列。

（三）利润表各项目的填列说明

（1）“营业收入”项目，反映企业经营主要业务和其他业务所确认的收入总额。本项目应根据“主营业务收入”和“其他业务收入”科目的发生额分析填列。

（2）“营业成本”项目，反映企业经营主要业务和其他业务所发生的成本总额。本项目应根据“主营业务成本”和“其他业务成本”科目的发生额分析填列。

（3）“营业税金及附加”项目，反映企业经营业务应负担的消费税、营业税、城市维护建设税、资源税、土地增值税和教育费附加等。本项目应根据“营业税金及附加”科目的发生额分析填列。

（4）“销售费用”项目，反映企业在销售商品过程中发生的包装费、广告费等费用和为销售本企业商品而专设的销售机构的职工薪酬、业务费等经营费用。本项目应根据“销售费用”科目的发生额分析填列。

（5）“管理费用”项目，反映企业为组织和管理生产经营发生的管理费用。本项目应根据“管理费用”科目的发生额分析填列。

（6）“财务费用”项目，反映企业筹集生产经营所需资金等而发生的筹资费用。本项目应根据“财务费用”科目的发生额分析填列。

（7）“资产减值损失”项目，反映企业各项资产发生的减值损失。本项目应根据“资产减值损失”科目的发生额分析填列。

（8）“公允价值变动收益”项目，反映企业应当计入当期损益的资产或负债公允价值变动收益。本项目应根据“公允价值变动损益”科目的发生额分析填列。如为净损失，本项目以“－”号填列。

（9）“投资收益”项目，反映企业以各种方式对外投资所取得的收益。本项目应根据“投资收益”科目的发生额分析填列。如为投资损失，本项目以“－”号填列。

（10）“营业利润”项目，反映企业实现的营业利润。如为亏损，本项目以“－”号填列。

（11）“营业外收入”项目，反映企业发生的与经营业务无直接关系的各项收入。本项目应根据“营业外收入”科目的发生额分析填列。

（12）“营业外支出”项目，反映企业发生的与经营业务无直接关系的各项支出。本项目应根据“营业外支出”科目的发生额分析填列。

（13）“利润总额”项目，反映企业实现的利润。如为亏损，本项目以“－”号填列。

（14）“所得税费用”项目，反映企业应从当期利润总额中扣除的所得税费用。本项目应根据“所得税费用”科目的发生额分析填列。

（15）“净利润”项目，反映企业实现的净利润。如为亏损，本项目以“－”号填列。

（16）“基本每股收益”和“稀释每股收益”项目的列报要求在本节最后部分详细阐述。

（17）“其他综合收益”和“综合收益总额”项目。

综合收益，是指企业在某一期间与所有者之外的其他方面进行交易或发生其他事项所引起的净资产变动。综合收益的构成包括两部分：净利润和其他综合收益。其中，前者是企业已实现并已确认的收益，后者是企业未实现但根据会计准则的规定已确认的收益。利润表中的“其他综合收益”反映企业根据企业会计准则规定未在损益中确认的各项利得和损失扣除所得税影响后的净额，主要包括可供出售金额资产产生的利得（或损失）、按照权益法核算的在被投资单位其他综合收益中所享有的份额、现金流量套期工具产生的利得（或损失）、外币财务报表折算差额等；“综合收益总额”项目反映企业净利润与其他综合收益的合计金额。

同时，企业还应当在附注中详细披露其他综合收益各项目及其所得税影响，以及原计入其他综合收益、当期转入损益的金额等信息。

三、利润表编制示例

【例 17-2】 扬帆股份有限公司 2014 年度有关损益类科目本年累计发生净额如表 17-4 所示。

表 17-4　扬帆股份有限公司损益类科目 2014 年度累计发生净额

单位：元

科目名称	借方发生额	贷方发生额
主营业务收入		1 250 000
主营业务成本	750 000	
营业税金及附加	2 000	
销售费用	20 000	
管理费用	157 100	
财务费用	41 500	
资产减值损失	30 900	
投资收益		31 500
营业外计入		50 000
营业外支出	19 700	
所得税费用	112 596	

根据上述资料，编制扬帆股份有限公司 2014 年度利润表，如表 17-5 所示。

表 17-5　利润表

会企 02 表

编制单位：扬帆股份有限公司 2014 年

单位：元

项目	本期金额	上期金额（略）
一、营业收入	1 250 000	
减：营业成本	750 000	
营业税金及附加	2 000	
销售费用	20 000	
管理费用	157 100	
财务费用	41 500	
资产减值损失	30 900	
加：公允价值变动收益（损失以“–”号填列）	0	
投资收益（损失以“–”号填列）	31 500	
其中：对联营企业和合营企业的投资收益	0	
二、营业利润（亏损以“–”号填列）	280 000	
加：营业外收入	50 000	
减：营业外支出	19 700	
其中：非流动资产处置损失	（略）	
三、利润总额（亏损总额以“–”号填列）	310 300	
减：所得税费用	112 596	
四、净利润（净亏损以“–”号填列）	197 704	
五、每股收益：	（略）	
（一）基本每股收益		
（二）稀释每股收益		
六、其他综合收益		
七、综合收益总额		

第四节　现金流量表

与利润表比较，现金流量能更加真实地反映一个企业的基本情况，从最初的资金表到财务状况变动表，再到 1987 年 FASB 发布第 95 号财务会计准则公告《现金流量表》，现金流量表有着悠久的历史。但直到 20 世纪 80 年代后期，西方财务会计才以“现金流量表”的形式对外报告。我国在 1998 年发布并实施了第一个具体会计准则《企业会计准则——现金流量表》。

一、现金流量表的概念及结构

（一）现金流量表的概念

现金流量表是反映企业一定会计期间现金和现金等价物流入和流出的报表。编制现金流量表的主要目的是为财务报表使用者提供企业一定会计期间内现金和现金等价物流入和流出的信息，以便于财务报表使用者了解和评价企业获取现金和现金等价物的能力，并据以预测企业未来现金流量。现金流量表的作用主要体现在：①有助于评价企业支付能力、偿债能力和周转能力；有助于预测企业未来现金流量；有助于分析企业收益质量及影响现金净流量的因素，掌握企业经营活动、投资活动和筹资活动的现金流量，可以从现金流量的角度了解净利润的质量，为分析和判断企业的财务前景提供信息。

（二）现金流量表的编制基础

现金流量表以现金及现金等价物为基础编制，表内划分为经营活动、投资活动和筹资活动。它的编制原则是收付实现制，因此必须将权责发生制下的盈利信息调整为收付实现制下的现金流量信息。

1. 现金

现金，是指企业库存现金以及可以随时用于支付的存款。不能随时用于支付的存款不属于现金。现金主要包括以下 3 项。

（1）库存现金。库存现金是指企业持有可随时用于支付的现金，与“库存现金”科目核算内容一致。

（2）银行存款。银行存款是指企业存入金融机构、可以随时用于支取的存款，与“银行存款”科目核算内容基本一致，但不包括不能随时用于支付的存款。例如，不能随时支取的定期存款等不应作为现金；提前通知金融机构便可支取的定期存款则应包括在现金范围内。

（3）其他货币资金。其他货币资金是指存放在金融机构的外埠存款、银行汇票存款、银行本票存款、信用卡存款、信用证保证金存款和存出投资款等，与“其他货币资金”科目核算内容一致。

2. 现金等价物

现金等价物，是指企业持有的期限短、流动性强、易于转换为已知金额现金、价值变动风险很小的投资。其中，“期限短”一般是指从购买日起 3 个月内到期，如可在证券市场上流通的 3 个月内到期的短期债券等。现金等价物虽然不是现金，但其支付能力与现金的差别不大，可视为现金。例如，企业为保证支付能力，手持必要的现金，为了不使现金闲置，可以购买短期债券，在需要现金时，随时可以变现。

现金等价物的定义本身包含了判断一项投资是否属于现金等价物的四个条件：①期限短；②流动性强；③易于转换为已知金额现金；④价值变动风险很小。其中，期限短、流动性强，强调了变现能力；而易于转换为已知金额现金、价值变动风险很小，则强调了支付能力的大小。现金等价物通常包括 3 个月内到期的短期债券投资。权益性投资变现的金额通常不确定，因而不属于现金等价物。

3．现金及现金等价物范围的确定和变更

不同企业现金及现金等价物的范围可能不同。企业应当根据经营特点等具体情况，确定现金及现金等价物的范围。商业银行与一般工商企业的现金及现金等价物的范围可能不同，例如某商业银行的现金及现金等价物包括库存现金、存放中央银行可随时支取的备付金、存放同业款项、拆放同业款项、同业间买入返售证券、短期国债投资等。企业应当根据具体情况，确定现金及现金等价物的范围，一经确定不得随意变更。如果发生变更，应当按照会计政策变更处理。

（三）现金流量表的结构

现金流量是指企业现金和现金等价物的流入和流出。在现金流量表中，现金及现金等价物被视为一个整体，企业现金（含现金等价物，下同）形式的转换不会产生现金的流入和流出，如企业从银行提取现金，是现金存放形式的转换，并未流出企业，不构成现金流量。同样，现金与现金等价物之间的转换也不属于现金流量，如企业用现金购买 3 个月内到期的国库券。根据企业业务活动的性质和现金流量的来源，现金流量表在结构上将企业一定期间产生的现金流量划分为三大类：经营活动产生的现金流量、投资活动产生的现金流量和筹资活动产生的现金流量。

1．经营活动产生的现金流量

经营活动是指企业投资活动和筹资活动以外的所有交易和事项。各类企业由于行业特点不同，对经营活动的认定存在一定差异。对于工商企业而言，经营活动主要包括销售商品、提供劳务、购买商品、接受劳务、支付税费等；对于商业银行而言，经营活动主要包括吸收存款、发放贷款、同业存放、同业拆借等；对于保险公司而言，经营活动主要包括原保险业务和再保险业务等；对于证券公司而言，经营活动主要包括自营证券、代理承销证券、代理兑付证券、代理买卖证券等。

2．投资活动产生的现金流量

投资活动是指企业长期资产的购建和不包括在现金等价物范围内的投资及其处置活动。长期资产是指固定资产、无形资产、在建工程、其他资产等持有期限在 1 年或 1 个营业周期以上的资产。这里所讲的投资活动，既包括实物资产投资，也包括金融资产投资。这里之所以将“包括在现金等价物范围内的投资”排除在外，是因为已经将包括在现金等价物范围内的投资视同现金。不同企业由于行业特点不同，对投资活动的认定也存在差异。例如，交易性金融资产所产生的现金流量，对于工商业企业而言，属于投资活动现金流量；而对于证券公司而言，则属于经营活动现金流量。

3．筹资活动产生的现金流量

筹资活动是指导致企业资本及债务规模和构成发生变化的活动。这里所说的资本，既包括实收资本（股本），也包括资本溢价（或股本溢价）；这里所说的债务，是指对外举债，包括向银行借款、发行债券以及偿还债务等。通常情况下，应付账款、应付票据等属于经营活动，不属于筹资活动。

对于企业日常活动之外不经常发生的特殊项目，如自然灾害损失、保险赔款、捐赠等，应当归并到相关类别中，并单独反映。比如，对于自然灾害损失和保险赔款，如果能够确指，属于流动资产损失的，应当列入经营活动产生的现金流量；属于固定资产损失的，应当列入

投资活动产生的现金流量。如果不能确指，则可以列入经营活动产生的现金流量。捐赠收入和支出，可以列入经营活动。如果特殊项目的现金流量金额不大，则可以列入现金流量类别下的“其他”项目，不单列项目。

二、现金流量表的编制方法及程序

（一）直接法和间接法

经营活动产生的现金流量是一项重要的指标，它可以说明企业在不动用企业外部筹得资金的情况下，通过经营活动产生的现金流量是否足以偿还负债、支付股利和对外投资。经营活动产生现金净流量计算的方法比较复杂，其原因在于经营活动获取的净收益与现金净流量不一致。按照现行的会计处理，利润表中的净收益是采用权责发生制确定的，净收益中也许包括未收现的收入和未付现的费用，如此，就无法直接获得经营活动的净现金流量。因此，为了计算出来自经营活动的净现金流量，必须将基础调整为收付实现制。调整的方法有间接法和直接法两种，这两种方法通常也称为编制现金流量表的方法。

直接法是指按现金收入和现金支出的主要类别直接反映企业经营活动产生的现金流量。在我国，直接法下经营活动产生的现金流量，现金流入可分为销售商品、提供劳务收到的现金，收到的税费返还，收到的其他与经营活动有关的现金等类别；现金流出可分为购买商品、接受劳务支付的现金，支付给职工以及为职工支付的现金，支付的各项税费，支付的其他与经营活动有关的现金等类别。在直接法下，一般是以利润表中的营业收入为起算点，调节与经营活动有关的项目的增减变动，然后计算出经营活动产生的现金流量。

间接法是指以净利润为起算点，调整不涉及现金的收入、费用、营业外收支等有关项目，剔除投资活动、筹资活动对现金流量的影响，据此计算出经营活动产生的现金流量。由于净利润是按照权责发生制原则确定的，且包括了与投资活动和筹资活动相关的收益和费用，将净利润调节为经营活动现金流量，实际上就是将按权责发生制原则确定的净利润调整为现金净流入，并剔除投资活动和筹资活动对现金流量的影响。

采用直接法编报的现金流量表，便于分析企业经营活动产生的现金流量的来源和用途，预测企业现金流量的未来前景；采用间接法编报现金流量表，便于将净利润与经营活动产生的现金流量净额进行比较，了解净利润与经营活动产生的现金流量差异的原因，从现金流量的角度分析净利润的质量。所以，现金流量表准则规定企业应当采用直接法编报现金流量表，同时要求在附注中提供以净利润为基础调节到经营活动现金流量的信息。

（二）工作底稿法、T 型账户法或分析填列法

在具体编制现金流量表时，可以采用工作底稿法或 T 型账户法，也可以根据有关科目记录分析填列。

1. 工作底稿法

采用工作底稿法编制现金流量表，是以工作底稿为手段，以资产负债表和利润表数据为基础，对每一项目进行分析并编制调整分录，从而编制现金流量表。工作底稿法的程序如下。

（1）将资产负债表的期初数和期末数过入工作底稿的期初数栏和期末数栏。

（2）对当期业务进行分析并编制调整分录。编制调整分录时，要以利润表项目为基础，

从“营业收入”开始，结合资产负债表项目逐一进行分析。在调整分录中，有关现金和现金等价物的事项，并不直接借记或贷记现金，而是分别计入“经营活动产生的现金流量”、“投资活动产生的现金流量”、“筹资活动产生的现金流量”有关项目。借记表示现金流入，贷记表示现金流出。

（3）将调整分录过入工作底稿中的相应部分。

（4）核对调整分录，借方、贷方合计数均已经相等，资产负债表项目期初数加减调整分录中的借贷金额以后，也等于期末数。

（5）根据工作底稿中的现金流量表项目部分编制正式的现金流量表。

2. T型账户法

采用T型账户法编制现金流量表，是以T型账户为手段，以资产负债表和利润表数据为基础，对每一项目进行分析并编制调整分录，从而编制现金流量表。T型账户法的程序如下。

（1）为所有的非现金项目（包括资产负债表项目和利润表项目）分别开设T型账户，并将各自的期末期初变动数过入各相关账户。如果项目的期末数大于期初数，则将差额过入和项目余额相同的方向；反之，过入相反的方向。

（2）开设一个大的“现金及现金等价物”T型账户，每边分为经营活动、投资活动和筹资活动三个部分，左边记现金流入，右边记现金流出。与其他账户一样，过入期末期初变动数。

（3）以利润表项目为基础，结合资产负债表分析每一个非现金项目的增减变动，并据此编制调整分录。

（4）将调整分录过入各T型账户，并进行核对，该账户借贷相抵后的余额与原先过入的期末期初变动数应当一致。

（5）根据大的“现金及现金等价物”T型账户编制正式的现金流量表。

3. 分析填列法

分析填列法是直接根据资产负债表、利润表和有关会计科目明细账的记录，分析计算出现金流量表各项目的金额，并据此编制现金流量表的一种方法。

三、现金流量表各项目的填列方法

现金流量表的项目主要有：经营活动产生的现金流量、投资活动产生的现金流量、筹资活动产生的现金流量、汇率变动对现金及现金等价物的影响、现金及现金等价物净增加额、期末现金及现金等价物余额等。通常情况下，现金流量应当分别按照现金流入和现金流出总额列报，从而全面揭示企业现金流量的方向、规模和结构。但是，下列各项可以按照净额列报：①代客户收取或支付的现金以及周转快、金额大、期限短的项目的现金流入和现金流出。例如，证券公司代收的客户证券买卖交割费、印花税等，旅游公司代游客支付的房费、餐费、交通费、文娱费、行李托运费、门票费、票务费、签证费等费用。这些项目由于周转快，在企业停留的时间短，企业加以利用的余地比较小，净额更能说明其对企业支付能力、偿债能力的影响；如果以总额反映，反而会对评价企业的支付能力和偿债能力、分析企业的未来现金流量产生误导。②金融企业的有关项目，主要指期限较短、流动性强的项目。对于商业银行而言，主要包括短期贷款发放与收回的贷款本金、活期存款的吸收与支付、同业存款和存放同业款项的存取、向其他金融企业拆借资金等；对于保险公司而言，主要包括再保险业务收到或支付的现金净额；对于证券公司而言，主要包括自营证券和代理业务收到或支付的现金净额等。

现以我国现金流量表为例，说明现金流量表中各项目金额的确定方法。

（一）经营活动现金流量各项目的金额确定

1. “销售商品、提供劳务收到的现金”项目

本项目反映企业销售商品、提供劳务实际收到的现金，包括销售收入和应向购买者收取的增值税销项税额，具体包括本期销售商品、提供劳务收到的现金，以及前期销售商品、提供劳务本期收到的现金和本期预收的款项，减去本期销售本期退回的商品和前期销售本期退回的商品支付的现金。企业销售材料和代购代销业务收到的现金，也在本项目反映。本项目可以根据“库存现金”、“银行存款”、“应收票据”、“应收账款”、“预收账款”、“主营业务收入”、“其他业务收入”科目的记录分析填列。

根据账户记录分析计算该项目的金额，通常可以采用以下公式：

销售商品、提供劳务收到的现金=本期销售商品、提供劳务收到的现金+本期收回前期的应收账款和应收票据+本期预收的款项－本期销售退回支付的现金+本期收回前期核销的坏账损失

2. “收到的税费返还”项目

本项目反映企业收到返还的各种税费，如收到的增值税、营业税、所得税、消费税、关税和教育费附加返还款等。本项目可以根据“库存现金”、“银行存款”、“营业税金及附加”、“营业外收入”等科目的记录分析填列。

3. “收到的其他与经营活动有关的现金”项目

本项目反映企业除上述各项目外，收到的其他与经营活动有关的现金，如罚款收入、经营租赁固定资产收到的现金、流动资产损失中由个人赔偿的现金收入、除税费返还外的其他政府补助收入等。其他与经营活动有关的现金，如果价值较大，应单列项目反映。本项目可以根据“库存现金”、“银行存款”、“管理费用”、“销售费用”等科目的记录分析填列。

4. “购买商品、接受劳务支付的现金”项目

本项目反映企业购买材料、商品、接受劳务实际支付的现金，包括支付的货款以及与货款一并支付的增值税进项税额，具体包括：本期购买商品、接受劳务支付的现金，以及本期支付前期购买商品、接受劳务的未付款项和本期预付款项，减去本期发生的购货退回收到的现金。为购置存货而发生的借款利息资本化部分，应在“分配股利、利润或偿付利息支付的现金”项目中反映。本项目可以根据“库存现金”、“银行存款”、“应付票据”、“应付账款”、“预付账款”、“主营业务成本”、“其他业务成本”等科目的记录分析填列。

根据账户记录分析计算该项目的金额，通常可以采用以下库存公式：

购买商品、接受劳务支付的现金=本期购买商品、接受劳务支付的现金+本期支付前期的应付账款和应付票据+本期预付的款项－本期因购货退回收到的现金

5. “支付给职工以及为职工支付的现金”项目

本项目反映企业实际支付给职工的现金以及为职工支付的现金，包括企业为获得职工提供的服务，本期实际给予的各种形式的报酬以及其他相关支出，如支付给职工的工资、奖金、各种津贴和补贴等，以及为职工支付的其他费用，不包括支付给在建工程人员和研发人员被

资本化的货币薪酬。支付给在建工程人员和研发人员被资本化的货币薪酬，在“购建固定资产、无形资产和其他长期资产所支付的现金”项目中反映。

企业为职工支付的医疗、养老、失业、工伤、生育等社会保险基金、补充养老保险、住房公积金，企业为职工交纳的商业保险金，因解除与职工劳动关系给予的补偿，现金结算的股份支付，以及企业支付给职工或为职工支付的其他福利费用等，应根据职工的工作性质和服务对象，分别在“购建固定资产、无形资产和其他长期资产所支付的现金”和“支付给职工以及为职工支付的现金”项目中反映。

本项目可以根据“库存现金”、“银行存款”、“应付职工薪酬”等科目的记录分析填列。

6. “支付的各项税费”项目

本项目反映企业按规定支付的各项税费，包括本期发生并支付的税费，以及本期支付以前各期发生的税费和预交的税金，如支付的教育费附加、印花税、房产税、土地增值税、车船使用税、营业税、增值税、所得税等。不包括本期退回的增值税、所得税。本期退回的增值税、所得税等在“收到的税费返还”项目中反映。本项目可以根据“应交税费”、“库存现金”、“银行存款”等科目分析填列。

7. “支付的其他与经营活动有关的现金”项目

本项目反映企业除上述各项目外，支付的其他与经营活动有关的现金，如罚款支出、支付的差旅费、业务招待费、保险费、经营租赁支付的现金等。其他与经营活动有关的现金，如果金额较大，应单列项目反映。本项目可以根据有关科目的记录分析填列。

（二）投资活动现金流量各项目的金额确定

1. “收回投资收到的现金”项目

本项目反映企业出售、转让或到期收回除现金等价物以外的交易性金融资产、持有至到期投资、可供出售金融资产、长期股权投资、投资性房地产而收到的现金。不包括债权性投资收回的利息、收回的非现金资产，以及处置子公司及其他营业单位收到的现金净额。债权性投资收回的本金，在本项目反映，债权性投资收回的利息，不在本项目中反映，而在“取得投资收益收到的现金”项目中反映。处置子公司及其他营业单位收到的现金净额单设项目反映。本项目可以根据“交易性金融资产”、“持有至到期投资”、“可供出售金融资产”、“长期股权投资”、“投资性房地产”、“库存现金”、“银行存款”等科目的记录分析填列。

2. “取得投资收益收到的现金”项目

本项目反映企业因股权性投资而分得的现金股利，从子公司、联营企业或合营企业分回利润而收到的现金，因债权性投资而取得的现金利息收入。股票股利不在本项目中反映；包括在现金等价物范围内的债权性投资，其利息收入在本项目中反映。本项目可以根据“应收股利”、“应收利息”、“投资收益”、“库存现金”、“银行存款”等科目的记录分析填列。

3. “处置固定资产、无形资产和其他长期资产收回的现金净额”项目

本项目反映企业出售固定资产、无形资产和其他长期资产所取得的现金，减去为处置这些资产而支付的有关费用后的净额。处置固定资产、无形资产和其他长期资产所收到的现金，与处置活动支付的现金，两者在时间上比较接近，以净额更能准确反映处置活动对现金流量的影响。由于自然灾害等原因所造成的固定资产等长期资产报废、毁损而收到的保险赔偿收入，在本项目中反映。如果处置固定资产、无形资产和其他长期资产所收回的现金净额为负数，则应作为投资活动产生的现金流量，在“支付的其他与投资活动有关的现金”项目中反映。本项目可以根据“固定资产清理”、“库存现金”、“银行存款”等科目的记录分析填列。

4．“处置子公司及其他营业单位收到的现金净额”项目

本项目反映企业处置子公司及其他营业单位所取得的现金减去子公司或其他营业单位持有的现金和现金等价物以及相关处置费用后的净额。本项目可以根据“长期股权投资”、“银行存款”和“库存现金”等有关科目的记录分析填列。

整体处置一个单位，其结算方式是多种多样的。企业处置子公司及其他营业单位是整体交易，子公司和其他营业单位可能持有现金和现金等价物。这样，整体处置子公司或其他营业单位的现金流量，就应以处置价款中收到现金的部分，减去子公司或其他营业单位持有的现金和现金等价物以及相关处置费用后的净额反映。

现金流量表准则要求企业在附注中以总额披露当期取得或处置子公司及其他营业单位的下列信息：

（1）取得或处置价格；

（2）取得或处置价格中以现金支付的部分；

（3）取得或处置子公司及其他营业单位所取得的现金；

（4）取得或处置子公司及其他营业单位按主要类别分类的非现金资产和负债。

处置子公司及其他营业单位收到的现金净额如为负数，则将该金额填列至“支付其他与投资活动有关的现金”项目中。

5．“收到的其他与投资活动有关的现金”项目

本项目反映企业除上述各项目外，收到的其他与投资活动有关的现金，如企业收回购买股票和债券时支付的已宣告但尚未领取的现金股利或已到付息期但尚未领取的债券利息。其他与投资活动有关的现金，如果价值较大，应单列项目反映。本项目可以根据“应收股利”、“应收利息”、“银行存款”和“库存现金”等有关科目的记录分析填列。

6．“购建固定资产、无形资产和其他长期资产支付的现金”项目

本项目反映企业购买、建造固定资产，取得无形资产和其他长期资产支付的现金，包括购买机器设备所支付的现金及增值税款、建造工程支付的现金、支付在建工程人员的工资等现金支出，不包括为购建固定资产、无形资产和其他长期资产而发生的借款利息资本化部分，以及融资租入固定资产所支付的租赁费。为购建固定资产、无形资产和其他长期资产而发生的借款利息资本化部分，在“分配股利、利润或偿付利息支付的现金”项目中反映；融资租入固定资产所支付的租赁费，在“支付的其他与筹资活动有关的现金”项目中反映，不在本项目中反映。本项目可以根据“固定资产”、“在建工程”、“工程物资”、“无形资产”、“库存现金”、“银行存款”等科目的记录分析填列。

7．“投资支付的现金”项目

本项目反映企业进行权益性投资和债权性投资所支付的现金，包括企业取得的除现金等价物以外的交易性金融资产、持有至到期投资、可供出售金融资产而支付的现金，以及支付的佣金、手续费等交易费用。企业购买债券的价款中含有债券利息的，以及溢价或折价购入的，均按实际支付的金额反映。

企业购买股票和债券时，实际支付的价款中包含的已宣告但尚未领取的现金股利或已到付息期但尚未领取的债券利息，应在“支付的其他与投资活动有关的现金”项目中反映；收

回购买股票和债券时支付的已宣告但尚未领取的现金股利或已到付息期但尚未领取的债券利息，应在“收到的其他与投资活动有关的现金”项目中反映。

本项目可以根据“交易性金融资产”、“持有至到期投资”、“可供出售金融资产”、“投资性房地产”、“长期股权投资”、“库存现金”、“银行存款”等科目的记录分析填列。

8. “取得子公司及其他营业单位支付的现金净额”项目

本项目反映企业取得子公司及其他营业单位购买出价中以现金支付的部分，减去子公司或其他营业单位持有的现金和现金等价物后的净额。本项目可以根据“长期股权投资”、“库存现金”和“银行存款”等有关科目的记录分析填列。

整体购买一个单位，其结算方式是多种多样的，如购买方全部以现金支付或一部分以现金支付而另一部分以实物清偿。同时，企业购买子公司及其他营业单位是整体交易，子公司和其他营业单位除有固定资产和存货外，还可能持有现金和现金等价物。这样，整体购买子公司或其他营业单位的现金流量，就应以购买出价中以现金支付的部分减去子公司或其他营业单位持有的现金和现金等价物后的净额反映，如为负数，应在“收到的其他与投资活动有关的现金”项目中反映。

9. “支付的其他与投资活动有关的现金”项目

本项目反映企业除上述各项目外，支付的其他与投资活动有关的现金，如企业购买股票时实际支付的价款中包含的已宣告而尚未领取的现金股利，购买债券时支付的价款中包含的已到期而尚未领取的债券利息等。其他与投资活动有关的现金，如果价值较大，应单列项目反映。本项目可以根据“应收股利”、“应收利息”、“银行存款”和“库存现金”等有关科目的记录分析填列。

（三）筹资活动现金流量各项目的金额确定

1. “吸收投资收到的现金”项目

本项目反映企业以发行股票、债券等方式筹集资金实际收到的款项净额（发行收入减去支付的佣金等发行费用后的净额）。以发行股票等方式筹集资金而由企业直接支付的审计、咨询等费用，不在本项目中反映，而在“支付的其他与筹资活动有关的现金”项目中反映；由金融企业直接支付的手续费、宣传费、咨询费、印刷费等费用，从发行股票、债券取得的现金收入中扣除，以净额列示。本项目可以根据“实收资本（或股本）”、“资本公积”、“库存现金”、“银行存款”等科目的记录分析填列。

2. “借款收到的现金”项目

本项目反映企业举借各种短期、长期借款而收到的现金。本项目可以根据“短期借款”、“长期借款”、“交易性金融负债”、“应付债券”、“库存现金”、“银行存款”等科目的记录分析填列。

3. “收到的其他与筹资活动有关的现金”项目

本项目反映企业除上述各项目外，收到的其他与筹资活动有关的现金，如接受现金捐赠等。其他与筹资活动有关的现金，如果价值较大，应单列项目反映。本项目可根据“银行存款”、“库存现金”和“营业外收入”等有关科目的记录分析填列。

4. “偿还债务所支付的现金”项目

本项目反映企业以现金偿还债务的本金，包括归还金融企业的借款本金、偿付企业到期的债券本金等。企业偿还的借款利息、债券利息，在“分配股利、利润或偿付利息所支付的现金”项目中反映，不在本项目中反映。本项目可以根据“短期借款”、“长期借款”、“交易性金融负债”、“应付债券”、“库存现金”、“银行存款”等科目的记录分析填列。

5．“分配股利、利润或偿付利息支付的现金”项目

本项目反映企业实际支付的现金股利，支付给其他投资单位的利润或用现金支付的借款利息、债券利息。不同用途的借款，其利息的开支渠道不一样，如在建工程、财务费用等，均在本项目中反映。本项目可以根据“应付股利”、“应付利息”、“利润分配”、“财务费用”、“在建工程”、“制造费用”、“研发支出”、“库存现金”、“银行存款”等科目的记录分析填列。

6．“支付的其他与筹资活动有关的现金”项目

本项目反映企业除上述各项目外，支付的其他与筹资活动有关的现金，如捐赠现金支出，以发行股票、债券等方式筹集资金而由企业直接支付的审计、咨询等费用，融资租赁所支付的现金，以分期付款方式构建固定资产以后各期支付的现金等。其他与筹资活动有关的现金，如果价值较大，应单列项目反映。本项目可根据“银行存款”、“库存现金”、“营业外支出”和“其他应付款”等有关科目的记录分析填列。

（四）汇率变动对现金的影响

本项目反映企业外币现金流量以及境外子公司的现金流量折算为人民币时，所采用的现金流量发生日的即期汇率或按照系统合理的方法确定的、与现金流量发生日即期汇率近似汇率折算的人民币金额，与“现金及现金等价物净增加额”中的外币现金净增加额按期末汇率折算的人民币金额之间的差额。

在编制现金流量表时，可逐笔计算外币业务发生的汇率变动对现金的影响，也可不必逐笔计算而采用简化的计算方法，即通过现金流量表补充资料中“现金及现金等价物净增加额”与现金流量表中“经营活动产生的现金流量净额”、“投资活动产生的现金流量净额”、“筹资活动产生的现金流量净额”三项之和比较，其差额即为“汇率变动对现金及现金等价物的影响”项目的金额。

小贴士

经营活动、投资活动和筹资活动产生的现金流量的区分

投资活动：非流动资产的增减变动影响现金流及流动资产中的投资（不含现金等价物）影响现金流的活动。

筹资活动：导致企业资本（所有者权益的一部分）及债务规模和构成发生变化的活动。

影响债务规模和构成的情形有：短期借款、长期借款、应付债券、应付利息（无论是资本化的利息还是计入财务费用的利息）、长期应付款。

经营活动是除投资活动和筹资活动以外的所有交易和事项。

（五）现金流量表补充资料

除现金流量表反映的信息外，企业还应在附注中披露将净利润调节为经营活动现金流量、不涉及现金收支的重大投资和筹资活动、现金及现金等价物净变动情况等信息。

1. **将净利润调节为经营活动现金流量**

现金流量表采用直接法反映经营活动产生的现金流量，同时，企业还应采用间接法反映经营活动产生的现金流量。间接法，是指以本期净利润为起点，通过调整不涉及现金的收入、费用、营业外收支以及经营性应收应付项目的增减变动，调整不属于经营活动的现金收支项目，据此计算并列报经营活动产生的现金流量的方法。在我国，现金流量表补充资料应采用间接法反映经营活动产生的现金流量情况，以对现金流量表中采用直接法反映的经营活动现金流量进行核对和补充说明。

采用间接法列报经营活动产生的现金流量时，需要对四大类项目进行调整：①实际没有支付现金的费用；②实际没有收到现金的收益；③不属于经营活动的损益；④经营性应收应付项目的增减变动。具体项目如下。

（1）资产减值准备。这里所指的资产减值准备包括坏账准备、存货跌价准备、投资性房地产减值准备、长期股权投资减值准备、持有至到期投资减值准备、固定资产减值准备、在建工程减值准备、工程物资减值准备、生物性资产减值准备、无形资产减值准备、商誉减值准备等。企业计提的各项资产减值准备，包括在利润表中，属于利润的减除项目，但没有发生现金流出，所以在将净利润调节为经营活动现金流量时，需要加回。本项目可根据“资产减值损失”科目的记录分析填列。

（2）固定资产折旧、油气资产折耗、生产性生物资产折旧。企业计提的固定资产折旧，有的包括在管理费用中，有的包括在制造费用中。计入管理费用的部分，作为期间费用在计算净利润时从中扣除，但没有发生现金流出，在将净利润调节为经营活动现金流量时，需要予以加回。计入制造费用的已经变现的部分，在计算净利润时通过销售成本予以扣除，但没有发生现金流出；计入制造费用中的没有变现的部分，既不涉及现金收支，也不影响企业当期净利润，由于在调节存货时已经从中扣除，在此处将净利润调节为经营活动现金流量时，需要予以加回。同理，企业计提的油气资产折耗、生产性生物资产折旧，也需要予以加回。本项目可根据“累计折旧”、“累计折耗”、“生产性生物资产折旧”科目的贷方发生额分析填列。

（3）无形资产摊销和长期待摊费用摊销。企业对使用寿命有限的无形资产计提摊销时，计入管理费用或制造费用。长期待摊费用摊销时，有的计入管理费用，有的计入销售费用，有的计入制造费用。计入管理费用等期间费用和计入制造费用中的已变现的部分，在计算净利润时已从中扣除，但没有发生现金流出；计入制造费用中的没有变现的部分，在调节存货时已经从中扣除，但不涉及现金收支，所以在此处将净利润调节为经营活动现金流量时，需要予以加回。这个项目可根据“累计摊销”、“长期待摊费用”科目的贷方发生额分析填列。

（4）处置固定资产、无形资产和其他长期资产的损失（减：收益）。企业处置固定资产、无形资产和其他长期资产发生的损益，属于投资活动产生的损益，不属于经营活动产生的损益，所以，在将净利润调节为经营活动现金流量时，需要予以剔除。如为损失，在将净利润调节为经营活动现金流量时，应当加回；如为收益，在将净利润调节为经营活动现金流量时，应当扣除。本项目可根据“营业外收入”、“营业外支出”等科目所属有关明细科目的记录分析填列；如为净收益，以“－”号填列。

（5）固定资产报废损失。企业发生的固定资产报废损益，属于投资活动产生的损益，不属于经营活动产生的损益，所以在将净利润调节为经营活动现金流量时，需要予以剔除。同样，投资性房地产发生报废、毁损而产生的损失，也需要予以剔除。如为净损失，在将净利润调节为经营活动现金流量时，应当加回；如为净收益，在将净利润调节为经营活动现金流量时，应当扣除。本项目可根据“营业外支出”、“营业外收入”等科目所属有关明细科目的记录分析填列。

（6）公允价值变动损失。公允价值变动损失反映企业在初始确认时划分为以公允价值计量且其变动计入当期损益的交易性金融资产或金融负债、衍生工具、套期等业务中公允价值变动形成的应计入当期损益的利得或损失。企业发生的公允价值变动损益，通常与企业的投资活动或筹资活动有关，而且并不影响企业当期的现金流量，因此应当将其从净利润中剔除。本项目可以根据“公允价值变动损益”科目的发生额分析填列。如为持有损失，在将净利润调节为经营活动现金流量时，应当加回；如为持有利得，在将净利润调节为经营活动现金流量时，应当扣除。

（7）财务费用。企业发生的财务费用中不属于经营活动的部分，应当将其从净利润中剔除。本项目可根据“财务费用”科目的本期借方发生额分析填列；如为收益，以“－”号填列。

在实务中，企业的“财务费用”明细账一般是按费用项目设置的，为了编制现金流量表，企业可在此基础上再按“经营活动”、“筹资活动”、“投资活动”分设明细分类账。每一笔财务费用发生时，即将其归入“经营活动”、“筹资活动”或“投资活动”中。

（8）投资损失（减：收益）。企业发生的投资损益，属于投资活动产生的损益，不属于经营活动产生的损益，所以，在将净利润调节为经营活动现金流量时，需要予以剔除。如为净损失，在将净利润调节为经营活动现金流量时，应当加回；如为净收益，在将净利润调节为经营活动现金流量时，应当扣除。本项目可根据利润表中“投资收益”项目的数字填列；如为投资收益，以“－”号填列。

（9）递延所得税资产减少（减：增加）。如果递延所得税资产减少使计入所得税费用的金额大于当期应交的所得税金额，其差额没有发生现金流出，但在计算净利润时已经扣除，在将净利润调节为经营活动现金流量时，应当加回；如果递延所得税资产增加使计入所得税费用的金额小于当期应交的所得税金额，二者之间的差额并没有发生现金流入，但在计算净利润时已经包括在内，在将净利润调节为经营活动现金流量时，应当扣除。本项目可以根据资产负债表“递延所得税资产”项目期初、期末余额分析填列。

（10）递延所得税负债增加（减：减少）。如果递延所得税负债增加使计入所得税费用的金额大于当期应交的所得税金额，其差额没有发生现金流出，但在计算净利润时已经扣除，在将净利润调节为经营活动现金流量时，应当加回；如果递延所得税负债减少使计入当期所得税费用的金额小于当期应交的所得税金额，其差额并没有发生现金流入，但在计算净利润时已经包括在内，在将净利润调节为经营活动现金流量时，应当扣除。本项目可以根据资产负债表“递延所得税负债”项目期初、期末余额分析填列。

（11）存货的减少（减：增加）。期末存货比期初存货减少，说明本期生产经营过程耗用的存货有一部分是期初的存货，耗用这部分存货并没有发生现金流出，但在计算净利润时已经扣除，所以在将净利润调节为经营活动现金流量时，应当加回；期末存货比期初存货增加，说明当期购入的存货除耗用外，还剩余了一部分，这部分存货也发生了现金流出，但在计算净利润时没有包括在内，所以在将净利润调节为经营活动现金流量时，需要扣除。当然，存货的增减变化过程还涉及应付项目，这一因素在“经营性应付项目的增加（减：减少）”中考虑。本项目可根据资产负债表中“存货”项目的期初数、期末数之间的差额填列；期末数大于期初数的差额，以“－”号填列。如果存货的增减变化过程属于投资活动，如在建工程领用存货，则应当将这一因素剔除。

（12）经营性应收项目的减少（减：增加）。经营性应收项目包括应收票据、应收账款、预付账款、长期应收款和其他应收款中与经营活动有关的部分，以及应收的增值税销项税额等。经营性应收项目期末余额小于经营性应收项目期初余额，说明本期收回的现金大于利润表中所确认的销售收入，所以在将净利润调节为经营活动现金流量时，需要加回；经营性应收项目期末余额大于经营性应收项目期初余额，说明本期销售收入中有一部分没有收回现金，但是，在计算净利润时这部分销售收入已包括在内，所以在将净利润调节为经营活动现金流量时，需要扣除。本项目应当根据有关科目的期初、期末余额分析填列；如为增加，以“－”号填列。

（13）经营性应付项目的增加（减：减少）。经营性应付项目包括应付票据、应付账款、预收账款、应付职工薪酬、应交税费、应付利息、长期应付款、其他应付款中与经营活动有关的部分，以及应付的增值税进项税额等。经营性应付项目期末余额大于经营性应付项目期初余额，说明本期购入的存货中有一部分没有支付现金，但是，在计算净利润时却通过销售成本包括在内，在将净利润调节为经营活动现金流量时，需要加回；经营性应付项目期末余额小于经营性应付项目期初余额，说明本期支付的现金大于利润表中所确认的销售成本，在将净利润调节为经营活动产生的现金流量时，需要扣除。本项目应当根据有关科目的期初、期末余额分析填列；如为减少，以“－”号填列。

2．不涉及现金收支的重大投资和筹资活动

不涉及现金收支的重大投资和筹资活动，反映企业一定期间内影响资产或负债但不形成该期现金收支的所有投资和筹资活动的信息。这些投资和筹资活动虽然不涉及当期现金收支，但对以后各期的现金流量有重大影响。例如，企业融资租入设备，将形成的负债计入“长期应付款”账户，当期并不支付设备款及租金，但以后各期必须为此支付现金，从而在一定期间内形成了一项固定的现金支出。

因此，我国会计准则规定，企业应当在附注中披露不涉及当期现金收支、但影响企业财务状况或在未来可能影响企业现金流量的重大投资和筹资活动，主要包括：①“债务转为资本”项目，反映企业本期转为资本的债务金额；②“1年内到期的可转换公司债券”项目，反映企业1年内到期的可转换公司债券的本息；③“融资租入固定资产”项目，反映企业本期融资租入的固定资产的最低租赁付款额扣除应分期计入利息费用的未确认融资费用后的净额。

3．现金及现金等价物净变动情况

本项目反映企业一定会计期间现金及现金等价物的期末余额减去期初余额后的净增加额（或净减少额），是对现金流量表中“现金及现金等价物净增加额”项目的补充说明。本项目的金额应与现金流量表“现金及现金等价物净增加额”项目的金额核对相符。

此外，企业对其当期取得或处置其他营业单位的有关信息应予以披露。取得子公司及其他营业单位的有关信息包括取得的价格、支付的现金和现金等价物金额、支付的现金和现金等价物净额、取得子公司净资产等信息；处置子公司及其他营业单位的有关信息包括处置的价格、收到的现金和现金等价物金额、收到的现金净额、处置子公司的净资产等信息。

四、现金流量表编制示例

【例 17-3】 沿用【例 17-1】和【例 17-2】的资料，扬帆公司其他相关资料如下。

（1）2013 年度利润表有关项目的明细资料。

① 管理费用的组成：职工薪酬 17 100 元，无形资产摊销 60 000 元，折旧费 20 000 元，支付其他费用 60 000 元。

② 财务费用的组成：计提借款利息 11 500 元，支付应收票据（银行承兑汇票）贴现利息 30 000 元。

③ 资产减值损失的组成：计提坏账准备 900 元，计提固定资产减值准备 30 000 元。上年年末坏账准备余额为 900 元。

④ 投资收益的组成：收到股息收入 30 000 元，与本金一起收回的交易性股票投资收益 500 元，自公允价值变动损益结转投资收益 1 000 元。

⑤ 营业外收入的组成：处置固定资产净收益 50 000 元（其所处置固定资产原价为 400 000 元，累计折旧为 150 000 元，收到处置收入 300 000 元）。假定不考虑与固定资产处置有关的税费。

⑥ 营业外支出的组成：报废固定资产净损失 19 700 元（其所报废固定资产原价为 200 000 元，累计折旧为 180 000 元，支付清理费用 500 元，收到残值收入 800 元）。

⑦ 所得税费用的组成：当期所得税费用 122 496 元，递延所得税收益 9 900 元。

除上述项目外，利润表中的销售费用 20 000 元至期末已经支付。

（2）资产负债表有关项目的明细资料。

① 本期收回交易性股票投资本金 15 000 元、公允价值变动 1 000 元，同时实现投资收益 500 元。

② 存货中生产成本、制造费用的组成：职工薪酬 324 900 元，折旧费 80 000 元。

③应交税费的组成：本期增值税进项税额 42 466 元，增值税销项税额 212 500 元，已交增值税 100 000 元；应交所得税期末余额为 20 097 元，应交所得税期初余额为 0 元；应交税费期末数中应由在建工程负担的部分为 100 000 元。

④ 应付职工薪酬的期初数无应付在建工程人员的部分，本期支付在建工程人员职工薪酬 200 000 元。应付职工薪酬的期末数中应付在建工程人员的部分为 28 000 元。

⑤ 应付利息均为短期借款利息，其中本期计提利息 11 500 元，支付利息 12 500 元。

⑥ 本期用现金购买固定资产 101 000 元，购买工程物资 300 000 元。

⑦ 本期用现金偿还短期借款 250 000 元，偿还 1 年内到期的长期借款 1 000 000 元；借入长期借款 560 000 元。

根据以上资料，采用分析填列的方法，编制扬帆公司 2007 年度的现金流量表。

（1）扬帆公司 2014 年度现金流量表各项目金额分析。

① 销售商品、提供劳务收到的现金=主营业务收入+应交税费（应交增值税–销项税额）+（应收账款年初余额–应收账款年末余额）+（应收票据年初余额–应收票据年末余额）–本期计提的坏账准备–票据贴现的利息

=1 250 000+212 500+（299 100–598 200）+（246 000 – 66 000）–900–30 000

=1 312 500（元）

② 购买商品、接受劳务支付的现金=主营业务成本+应交税费（应交增值税–进项税额）–（存货年初余额–存货年末余额）+（应付账款年初余额–应付账款年末余额）+（应付票据年初余额–应付票据年末余额）+（预付账款年末余额–预付账款年初余额）–当期列入生产成本、制造费用的职工薪酬–当期列入生产成本、制造费用的折旧费和固定资产修理费

=750 000+42 466–（2 580 000–2 484 700）+（953 800–953 800）+（200 000–100 000）+（100 000–100 000）–324 900–80 000=392 266（元）

③ 支付给职工以及为职工支付的现金=生产成本、制造费用、管理费用中职工薪酬+（应付职工薪酬年初余额–应付职工薪酬年末余额）–［应付职工薪酬（在建工程）年初余额–应付职工薪酬（在建工程）年末余额］

=324 900+17 100+（110 000–180 000）–（0–28 000）=300 000（元）

④ 支付的各项税费=当期所得税费用+营业税金及附加+应交税费（应交增值税——已交税金）–（应交所得税年末余额–应交所得税年初余额）

=122 496+2 000+100 000–（20 097–0）=204399（元）

⑤ 支付其他与经营活动有关的现金=其他管理费用+销售费用

=60 000+20 000=80 000（元）

⑥ 收回投资收到的现金=交易性金融资产贷方发生额+与交易性金融资产一起收回的投资收益

=16 000+500=16 500（元）

⑦ 取得投资收益收到的现金=收到的股息收入=30 000（元）

⑧ 处置固定资产收回的现金净额=300 000+（800–500）=300 300（元）

⑨ 购建固定资产支付的现金=用现金购买的固定资产、工程物资+支付给在建工程人员的薪酬

=101 000+300 000+200 000=601 000（元）

取得借款所收到的现金=560 000（元）

偿还债务支付的现金=250 000+1 000 000=1 250 000（元）

偿还利息支付的现金=12 500（元）

（2）将净利润调节为经营活动现金流量各项目的计算分析。

① 资产减值准备=900+30 000=30 900（元）

② 固定资产折旧=20 000+80 000=100 000（元）

③ 无形资产摊销=60 000（元）

④ 处置固定资产、无形资产和其他长期资产的损失（减：收益）=–50 000（元）

⑤ 固定资产报废损失=19 700（元）

⑥ 财务费用=11 500（元）

⑦ 投资损失（减：收益）=−31 500（元）

⑧ 递延所得税资产减少=0−9 900=−9 900（元）

⑨ 存货的减少=2 580 000−2 484 700=95 300（元）

经营性应收项目的减少=（246 000−66 000）+（299 100+900−598 200−1 800）
=−120 000（元）

经营性应付项目的增加=（100 000−200 000）+（100 000−100 000）+[（180 000−28 000）−110 000]+[（226 731−100 000）−36 600]
=32 131（元）

（3）根据上述数据，编制现金流量表（见表17-6）及其补充资料（见表17-7）。

表17-6 现金流量表

会企03表

编制单位：扬帆股份有限公司　　2014年　　单位：元

项目	本期金额	上期金额
一、经营活动产生的现金流量		
销售商品、提供劳务收到的现金	1 312 500	
收到的税费返还	0	
收到其他与经营活动有关的现金	0	
经营活动现金流入小计	1 312 500	
购买商品、接受劳务支付的现金	392 266	
支付给职工以及为职工支付的现金	300 000	
支付的各项税费	204 399	
支付其他与经营活动有关的现金	80 000	
经营活动现金流出小计	976 665	
经营活动产生的现金流量净额	335 835	
二、投资活动产生的现金流量		
收回投资收到的现金	16 500	
取得投资收益收到的现金	30 000	
处置固定资产、无形资产和其他长期资产收回的现金净额	300 300	
处置子公司及其他营业单位收到的现金净额	0	
收到其他与投资活动有关的现金	0	
投资活动现金流入小计	346 800	
购建固定资产、无形资产和其他长期资产支付的现金	601 000	
投资支付的现金	0	
取得子公司及其他营业单位支付的现金净额	0	
支付其他与投资活动有关的现金	0	
投资活动现金流出小计	601 000	
投资活动产生的现金流量净额	−254 200	
三、筹资活动产生的现金流量		
吸收投资收到的现金	0	
取得借款收到的现金	560 000	

续表

项目	本期金额	上期金额
收到其他与筹资活动有关的现金	0	
筹资活动现金流入小计	560 000	
偿还债务支付的现金	1 250 000	
分配股利、利润或偿付利息支付的现金	12 500	
支付其他与筹资活动有关的现金	0	
筹资活动现金流出小计	1 262 500	
筹资活动产生的现金流量净额	−702 500	
四、汇率变动对现金及现金等价物的影响	0	
五、现金及现金等价物净增加额	−620 865	
加：期初现金及现金等价物余额	1 406 300	
六、期末现金及现金等价物余额	785 435	

表 17-7 现金流量表补充资料

单位：元

补充资料	本期金额	上期金额
1．将净利润调节为经营活动现金流量		
净利润	197 704	
加：资产减值准备	30 900	
固定资产折旧、油气资产折耗、生产性生物资产折旧	100 000	
无形资产摊销	60 000	
长期待摊费用摊销	0	
处置固定资产、无形资产和其他长期资产的损失（收益以“−”号填列）	−50 000	
固定资产报废损失（收益以“−”号填列）	19 700	
公允价值变动损失（收益以“−”号填列）	0	
财务费用（收益以“−”号填列）	11 500	
投资损失（收益以“−”号填列）	−31 500	
递延所得税资产减少（增加以“−”号填列）	−9 900	
递延所得税负债增加（减少以“−”号填列）	0	
存货的减少（增加以“−”号填列）	95 300	
经营性应收项目的减少（增加以“−”号填列）	−120 000	
经营性应付项目的增加（减少以“−”号填列）	32 131	
其他	0	
经营活动产生的现金流量净额	335 835	
2．不涉及现金收支的重大投资和筹资活动		
债务转为资本	0	
一年内到期的可转换公司债券	0	
融资租入固定资产	0	
3．现金及现金等价物净变动情况：		
现金的期末余额	785 435	
减：现金的期初余额	1 406 300	
加：现金等价物的期末余额	0	
减：现金等价物的期初余额	0	
现金及现金等价物净增加额	−620 865	

第五节　所有者权益变动表

所有者权益变动表曾作为资产负债表的附表，新企业准则颁布后，所有者权益变动表成为第四张主表，这一变化，符合全面收益的改革趋势，是公司所有者权益日益得到重视的体现，能更好地为资产负债表和利润表提供辅助信息，更好地体现会计政策变更和前期差错更正对所有者权益的影响。

一、所有者权益变动表的内容及结构

（一）所有者权益变动表的内容

所有者权益变动表是反映构成所有者权益的各组成部分当期的增减变动情况的报表。所有者权益变动表应当全面反映一定时期所有者权益变动的情况，不仅包括所有者权益总量的增减变动，还包括所有者权益增减变动的重要结构性信息，特别是要反映直接计入所有者权益的利得和损失，让报表使用者准确理解所有者权益增减变动的根源。

在所有者权益变动表中，企业至少应当单独列示反映下列信息的项目：①净利润；②直接计入所有者权益的利得和损失项目及其总额；③会计政策变更和差错更正的累积影响金额；④所有者投入资本和向所有者分配利润等；⑤提取的盈余公积；⑥实收资本或股本、资本公积、盈余公积、未分配利润的期初和期末余额及其调节情况。

所有者权益变动表在一定程度上体现了企业综合收益。所谓综合收益，是指企业在某一期间与所有者之外的其他方面进行交易或发生其他事项所引起的净资产变动。综合收益的构成包括两部分：净利润和直接计入所有者权益的利得和损失。其中，前者是企业已实现并已确认的收益，后者是企业未实现但根据会计准则的规定已确认的收益。用公式表示如下：

综合收益=净利润+直接计入所有者权益的利得和损失

净利润=收入−费用+直接计入当期损益的利得和损失

在所有者权益变动表中，净利润和直接计入所有者权益的利得和损失均单列项目反映，体现了企业综合收益的构成。

（二）所有者权益变动表的结构

为了清楚地表明构成所有者权益的各组成部分当期的增减变动情况，所有者权益变动表应当以矩阵的形式列示。一方面，列示导致所有者权益变动的交易或事项，改变了以往仅仅按照所有者权益的各组成部分反映所有者权益变动情况的做法，按所有者权益变动的来源对一定时期所有者权益变动情况进行全面反映；另一方面，按照所有者权益各组成部分（包括实收资本、资本公积、盈余公积、未分配利润和库存股）及其总额列示交易或事项对所有者权益的影响。此外，企业还需要提供比较所有者权益变动表，所有者权益变动表就各项目再分为“本年金额”和“上年金额”两栏分别填列。

二、所有者权益变动表的填列方法

（一）上年金额栏的填列方法

所有者权益变动表“上年金额”栏内各项数字，应根据上年度所有者权益变动表“本年金额”栏内所列数字填列。如果上年度所有者权益变动表规定的各个项目的名称和内容同本年度不相一致，应对上年度所有者权益变动表各项目的名称和数字按本年度的规定进行调整，填入所有者权益变动表“上年金额”栏内。

（二）本年金额栏的填列方法

所有者权益变动表“本年金额”栏内各项数字一般应根据“实收资本（或股本）”、“资本公积”、“盈余公积”、“利润分配”、“库存股”、“以前年度损益调整”等科目的发生额分析填列。

（三）所有者权益变动表各项目的填列说明

（1）“上年年末余额”项目，反映企业上年资产负债表中实收资本（或股本）、资本公积、盈余公积、未分配利润的年末余额。

（2）“会计政策变更”和“前期差错更正”项目，分别反映企业采用追溯调整法处理的会计政策变更的累积影响金额和采用追溯重述法处理的会计差错更正的累积影响金额。

为了体现会计政策变更和前期差错更正的影响，企业应当在上期期末所有者权益余额的基础上进行调整得出本期期初所有者权益，根据“盈余公积”、“利润分配”、“以前年度损益调整”等科目的发生额分析填列。

（3）“本年增减变动额”项目分别反映如下内容。

①“净利润”项目，反映企业当年实现的净利润（或净亏损）金额，并对应列在“未分配利润”栏。

②“直接计入所有者权益的利得和损失”项目，反映企业当年直接计入所有者权益的利得和损失金额。其中：

a．“可供出售金融资产公允价值变动净额”项目，反映企业持有的可供出售金融资产当年公允价值变动的金额，并对应列在“资本公积”栏；

b．“权益法下被投资单位其他所有者权益变动的影响”项目，反映企业对按照权益法核算的长期股权投资，在被投资单位除当年实现的净损益以外其他所有者权益当年变动中应享有的份额，并对应列在“资本公积”栏；

c．“与计入所有者权益项目相关的所得税影响”项目，反映企业根据《企业会计准则第18号——所得税》规定应计入所有者权益项目的当年所得税影响金额，并对应列在“资本公积”栏。

③“净利润”和“直接计入所有者权益的利得和损失”小计项目，反映企业当年实现的净利润（或净亏损）金额和当年直接计入所有者权益的利得和损失金额的合计额。

④“所有者投入和减少资本”项目，反映企业当年所有者投入的资本和减少的资本。其中：

a．“所有者投入资本”项目，反映企业接受投资者投入形成的实收资本（或股本）和资本溢价（或股本溢价），并对应列在“实收资本”和“资本公积”栏；

b．“股份支付计入所有者权益的金额”项目，反映企业处于等待期中的权益结算的股份支付当年计入资本公积的金额，并对应列在“资本公积”栏。

⑤“利润分配”下各项目，反映当年对所有者（或股东）分配的利润（或股利）金额和按照规定提取的盈余公积金额，并对应列在“未分配利润”和“盈余公积”栏。其中：

a．“提取盈余公积”项目，反映企业按照规定提取的盈余公积；

b．“对所有者（或股东）的分配”项目，反映对所有者（或股东）分配的利润（或股利）金额。

⑥“所有者权益内部结转”下各项目，反映不影响当年所有者权益总额的所有者权益各组成部分之间当年的增减变动，包括资本公积转增资本（或股本）、盈余公积转增资本（或股本）、盈余公积弥补亏损等项金额。为了全面反映所有者权益各组成部分的增减变动情况，所有者权益内部结转也是所有者权益变动表的重要组成部分，主要指不影响所有者权益总额、所有者权益的各组成部分当期的增减变动。其中：

a．“资本公积转增资本（或股本）”项目，反映企业以资本公积转增资本或股本的金额；

b．“盈余公积转增资本（或股本）”项目，反映企业以盈余公积转增资本或股本的金额；

c．“盈余公积弥补亏损”项目，反映企业以盈余公积弥补亏损的金额。

三、所有者权益变动表编制示例

【例 17-4】 沿用【例 17-1】、【例 17-2】和【例 17-3】的资料，扬帆公司其他相关资料为：提取盈余公积 24 770.40 元，向投资者分配现金股利 32 215.85 元。

根据上述资料，扬帆公司编制 2014 年度的所有者权益变动表，如表 17-8 所示。

表 17-8 所有者权益变动表

编制单位：扬帆股份有限公司　　2014 年度　　单位：元

项目	本年金额						上年金额					
	实收资本（或股本）	资本公积	减：库存股	盈余公积	未分配利润	所有者权益合计	实收资本（或股本）	资本公积	减：库存股	盈余公积	未分配利润	所有者权益合计
一、上年年末余额	500 000	0		100 000	50 000	5 150 000						
加：会计政策变更												
前期差错更正												
二、本年年初余额	500 000	0		100 000	50 000	5 150 000						
三、本年增减变动金额（减少以“－”号填列）												
（一）净利润					197 704	197 704						
（二）直接计入所有者权益的利得和损失												
1. 可供出售金融资产公允价值变动净额												
2. 权益法下被投资单位其他所有者权益变动的影响												

续表

项目	本年金额						上年金额					
	实收资本（或股本）	资本公积	减：库存股	盈余公积	未分配利润	所有者权益合计	实收资本（或股本）	资本公积	减：库存股	盈余公积	未分配利润	所有者权益合计
3. 与计入所有者权益项目相关的所得税影响												
4. 其他												
上述（一）和（二）小计												
(三)所有者投入和减少资本												
1. 所有者投入资本												
2. 股份支付计入所有者权益的金额												
3. 其他												
（四）利润分配												
1. 提取盈余公积				24 770.4	–24 770.4	0						
2. 对所有者（或股东）的分配					–32 215.85	–32 215.85						
3. 其他												
(五)所有者权益内部结转												
1. 资本公积转增资本（或股本）												
2. 盈余公积转增资本（或股本）												
3. 盈余公积弥补亏损												
4. 其他												
四、本年年末余额	5 000 000	0	0	124 770.4	190 717.75	5 315 488.15						

案例分析

公司粉饰业绩财务报表藏细节

据香港媒体报道，有的上市公司年报的论述较详细，有的是应付交易所的最低披露要求。倘若年报内容比较“干涸（Dry）”，则须多费心去理解一些没有明显说明的事项和资讯。

近年食品价格持续攀升，令从事食品生产的企业，面对很大的经营困难。一来增加了的成本，不一定能转嫁到客户身上；二来则是需要考虑对冲的事宜，从而锁定原料的价格和货源。然而，对冲本身也有一点赌博成分，万一商品价格转头向下，锁定了原料价格，便会成为高成本的存货。做不做对冲，怎样做对冲，的确是一门艺术。

存货周期延长惹疑

南顺食品（00411）正面对这个经营上的决定。在刚公布的 2011 年 6 月度年报，南顺的业绩不甚理想，全年的营业额，是由 21.9 亿元上升到 25.1 亿元，但毛利仅能保持在 4.4 亿元水平。税后盈利更由 1.2 亿元下降至 9 100 万元，跌幅约 25%。

业绩间有起落，投资者和股东应理解和懂得面对。但一些较重大的财务变化，还是应该由管理层向大家直接分享和讨论。南顺 2010/11 年度的财务报表的存货变化相当大，由 3.1 亿元上升到 8.2 亿元。如年报第 29 页的财务回顾中所提到，南顺的存货周转期由 65 天大幅上升到 145 天。南顺解释是“确保供应高质量的原材料，决定在年末增加原料库存水平以符合审慎的存货管理”。

这是否是实况，笔者有点保留。一家企业多年来都没有在年末存重货的习惯，忽然有这样大的转变，不似是一两句简单说话能说得清楚。况且，在年报的业务回顾部分（第 21 页），提到“财政年度的下半年，小麦价格最高上升 70%，黄豆油价格最高上升 57%，原油价格最高上升 27%”。把两项事情连在一起的话，笔者肯定会认为南顺是为了对冲，才会大量进货。若果在价格飚升的情况下，大量累积存货，为的是原料价格的话，实也应向股东多加说明才是。年报的披露和讲解太简短了。

查找现金流变化原因

事实上，这个大增存货的决定，对南顺的现金流有很大的影响。在营运上的现金流，不但没有录得正数，还出现 4.9 亿元的大额流出，而这数字刚好与存货增加的 5.1 亿元几乎相同，不可谓不巧合。若果真的如管理层所言，大量增购是为了保持原料价格，这个代价也确实不少。

除了在大增存货事宜，南顺的分部资料更把业绩的微细部分，隐藏在财务报表之内。附注 6(a)分部明细部分，其实有提到今年度南顺录得一笔 2 300 万元的汇兑收益。倘若这项收益没有出现，南顺的业绩应会更差。这些细节没有在管理层的讨论内明言，一切需由财务报表使用者自行发掘。

以上内容是凤凰网财经对南顺食品公布的 2011 年 6 月度年报的评论。大家可能会问：这些报表资料是怎么得到的？是不是只有中央电视台才能得到，而一般人如你我无从得知？答案是否定的，几乎任何人都可以得到以上的公司数据，而数据的来源就是企业对外公布的财务报告。那么，我国大陆年报公布时间是什么时候？是不是和香港一样呢？在哪里可以查到大陆上市公司的相关信息呢？

本章小结

财务报告是指企业对外提供的反映企业某一特定日期的财务状况和某一会计期间的经营成果、现金流量等会计信息的文件。它包括财务报表和其他应当在财务报告中披露的相关信息和资料，财务报表是财务报告的核心内容。财务报表由报表本身及其附注两部分构成。一套完整的财务报表至少应当包括“四表一注”，即资产负债表、利润表、现金流量表、所有者权益（或股东权益，下同）变动表以及附注。其中，资产负债表是反映企业在某一特定日期的财务状况的会计报表。它反映企业在某一特定日期所拥有或控制的经济资源、所承担的现时义务和所有者对净资产的要求权；利润表是反映企业在一定会计期间经营成果的会计报表；现金流量表是反映企业在一定会计期间现金和现金等价物流入和流出的报表；所有者权益变动表是指反映构成所有者权益各组成部分当期增减变动情况的报表。

本章思考

1. 财务报告和财务报表的构成包括哪些？

2．如果你漂流到一个孤岛上，让你选择四张报表中的一张进行阅读，你会选哪张？请说明理由。

3．资产负债表、利润表、现金流量表的内容和结构分别是怎样的？

4．现金流量表的主要作用是什么？

5．请阅读一份完整的财务报告，列出它所包含的具体内容。

本章测试

【单选题】

1．下列项目中，金融资产和金融负债可以相互抵销的是（　　）。

A．企业具有抵销已确认金额的法定权利，且该种法定权利现在是可执行的，但企业计划以总额计算

B．A公司应收B公司账款100万元，应付B公司账款80万元，A公司和B公司计划以净额结算

C．因或有事项确认的资产与相关或有事项确认的预计负债

D．作为某金融负债担保物的金融资产与被担保的金融负债

2．某企业2008年发生的营业收入为1 000万元，营业成本为600万元，销售费用为20万元，管理费用为50万元，财务费用为10万元，投资收益为40万元，资产减值损失为70万元（损失），公允价值变动损益为80万元（收益），营业外收入为25万元，营业外支出为15万元。该企业2008年的营业利润为（　　）万元。

A．370　　B．330　　C．320　　D．390

3．工业企业下列各项交易或事项所产生的现金流量中，不属于现金流量表中“投资活动产生的现金流量”的是（　　）。

A．长期股权投资取得的现金股利

B．为购建固定资产支付的专门借款利息

C．购买可供出售金融资产支付的价款

D．因固定资产毁损而收取的保险公司赔偿款

4．某企业当期净利润为600万元，投资收益为100万元，与筹资活动有关的财务费用为50万元，经营性应收项目增加75万元，经营性应付项目减少25万元，固定资产折旧为40万元，无形资产摊销为10万元。假设没有其他影响经营活动现金流量的项目，该企业当期经营活动产生的现金流量净额为（　　）万元。

A．400　　B．850　　C．450　　D．500

【答案】1．B　　2．A　　3．B　　4．D

第十八章　财务报表附注

学习目标

通过本章的学习，能够：

1. 掌握财务报表附注的组成；
2. 掌握分部报告中分部的确定及分部信息的披露；
3. 掌握关联方关系的认定及披露。

案例导入

截止 2008 年 4 月 30 日，除*ST 威达（000603）和九发股份（600180）两家公司外，沪深两市合计 1 570 家上市公司（沪市 861 家，深市 709 家）公布了 2007 年年报，其中，非金融类上市公司 1 543 家，金融类上市公司 27 家，A+H 股上市公司 53 家。通过对上市公司公布的 2007 年年报进行全面深度分析，其中，金融工具确认和计量准则执行中，1 570 家上市公司按照准则规定对金融资产和金融负债进行了分类，并在附注中进行了披露。其中，353 家上市公司持有交易性金融资产，合计 4 894.29 亿元，占 1 570 家上市公司资产总额的 1.17%；142 家上市公司存在持有至到期投资，合计 41 008.02 亿元，占 1 570 家上市公司资产总额的 9.84%；419 家上市公司持有可供出售金融资产，合计 32 083.29 亿元，占 1 570 家上市公司资产总额的 7.70%，其公允价值变动计入资本公积为 1 491.23 亿元，占 1 570 家上市公司股东权益总额的 2.18%。

资料来源：《企业会计准则讲解 2010》

与财务会计关系最密切的表外信息就是财务报表附注或称注释，包括在表内用括弧进行的旁注和表外的底注，以后者为主。本节将主要介绍附注的主要内容以及分部报告、关联方交易的披露问题。

第一节　财务报表附注概述

一、附注的性质

附注是财务报表不可或缺的组成部分，是对在资产负债表、利润表、现金流量表和所有者权益变动表等报表中列示项目的文字描述或明细资料，以及对未能在这些报表中列示项目的说明等。

财务报表中的数字是经过分类与汇总后的结果，是对企业发生的经济业务的高度简化和浓缩。如果没有形成这些数字所依据的会计政策和理解这些数字所必需的披露，财务报表就不可能充分发挥效用。因此，附注与资产负债表、利润表、现金流量表和所有者权益变动表等报表具有同等的重要性，是财务报表的重要组成部分。报表使用者要了解企业的财务状况、经营成果和现金流量，应当全面阅读附注。附注披露有以下几个基本要求。

（1）附注披露的信息应是定量、定性信息的结合，从而能从量和质两个角度对企业经济事项完整地进行反映，才能满足信息使用者的决策需求。

（2）附注应当按照一定的结构进行系统合理的排列和分类，有顺序地披露信息。由于附注的内容繁多，因此更应按逻辑顺序排列，分类披露，条理清晰，具有一定的组织结构，便于使用者理解和掌握，更好地实现财务报表的可比性。

（3）附注相关信息应当与资产负债表、利润表、现金流量表和所有者权益变动表等报表中列示的项目相互参照，以帮助使用者联系相关联的信息，并由此从整体上更好地理解财务报表。

二、附注的内容

按照《企业会计准则第30号——财务报表列报》，报表附注中应主要披露下列内容：

（1）企业的基本情况；

（2）财务报表的编制基础；

（3）遵循企业会计准则的声明；

（4）重要会计政策和会计估计；

（5）会计政策和会计估计变更以及差错更正的说明；

（6）报表重要项目的说明；

（7）其他需要说明的重要事项。

这主要包括或有和承诺事项、资产负债表日后非调整事项、关联方关系及其交易等，具体的披露要求须遵循相关准则的规定。

第二节　分部报告

分部报告是指由对外提供财务报表的企业定期编制的，嵌套于其财务报表附注中，按照确定的企业内部组成部分来分门别类地反映有关各个组成部分收入、资产和负债等财务信息的报告。分部报告的基本使命在于向财务报表使用者提供更加充分翔实、鲜活生动的相关指标。分部报告的产生背景是，伴随着企业的发展，常规财务报表所提供的信息越来越概括、越来越集中、越来越抽象，而与此同时，企业经营领域持续延伸、市场空间不断拓展，市场竞争给企业存在与发展提出了不求扩展壮大就会萎缩失落的挑战。此情此景，必然引起经营项目越来越多元化、经营地域越来越跨界化。在合并报表高度概括性必然带来其无法披露细节信息的局限，掩盖了集团内部各成员之间差异的背景下，为了便于相关利益者更加具体、生动、直观地理解企业的经营业绩、评价相关的风险与报酬，对企业的经营情况做出全面的判断，就需要企业在对外提供既定财务报表时，在反映其总体、概括情况的同时，对重点项目、重点地区的相关情况提供比较明细的资料。

一、经营分部的认定

经营分部，是指企业内同时满足下列条件的组成部分：

（1）该组成部分能够在日常活动中产生收入、发生费用；

（2）企业管理层能够定期评价该组成部分的经营成果，以决定向其配置资源、评价其业绩；

（3）企业能够取得该组成部分的财务状况、经营成果和现金流量等有关会计信息。

企业存在相似经济特征的两个或多个经营分部，并同时满足下列条件的，可以合并为一个分部：①各单项产品或劳务的性质相同或相似的，包括产品或劳务的规格、型号、最终用途等；②生产过程的性质相同或相似，包括采用劳动密集或资本密集方式组织生产、使用相同或者相似设备和原材料、采用委托生产或加工方式等；③产品或劳务的客户类型相同或相似，包括大宗客户、零散客户等；④销售产品或提供劳务的方式相同或相似，包括批发、零售、自产自销、委托销售、承包等；⑤生产产品或提供劳务受法律、行政法规的影响相同或相似，包括经营范围或交易定价限制等。

【例 18-1】 乙公司是一家全球性公司，总部设在美国，主要生产 A、B、C、D 四个品牌的皮箱、手提包、公文包、皮带等，以及相关产品的运输、销售，每种产品均由独立的业务部门完成。生产的产品主要销往中国大陆、中国香港、日本、欧洲、美国国内等地。乙公司各项业务 2009 年 12 月 31 日的有关资料如表 18-1 所示。假定乙公司管理层定期评价各业务部门的经营成果，以配置资源、评价业务；各品牌皮箱的生产过程、客户类型、销售方式等类似；经预测，生产皮箱的 4 个部门今后 5 年内平均销售毛利率与 2009 年差异不大。

表 18-1　乙公司有关业务资料　　金额单位：万元

项目	品牌 A	品牌 B	品牌 C	品牌 D	手提包	公文包	皮带	销售公司	运输公司	合计
营业收入	106 000	130 000	100 000	95 000	260 000	230 000	69 000	270 000	50 000	1 310 000
其中：对外交易收入	100 000	120 000	80 000	90 000	180 000	150 000	50 000	270 000	50 000	1 090 000
分部间交易收入	6 000	10 000	20 000	5 000	80 000	80 000	19 000			220 000
销售费用	74 200	92 300	69 000	66 500	156 000	142 600	55 200	220 000	30 000	905 800
其中：对外交易费用	60 000	78 300	57 000	62 000	149 000	132 000	47 200	205 000	30 000	820 500
分部间交易费用	14 200	14 000	12 000	4 500	7 000	10 600	8 000	15 000		85 300
营业利润	31 800	37 700	31 000	28 500	104 000	87 400	13 800	50 000	20 000	404 200
销售毛利率	30%	29%	31%	30%	40%	38%	20%	18.5%	40%	30.85%
资产总额	350 000	400 000	300 000	250 000	650 000	590 000	250 000	700 000	300 000	3 790 000
负债总额	150 000	170 000	130 000	100 000	300 000	200 000	150 000	300 000	180 000	1 680 000

乙公司能够取得各组成部分的财务状况、经营成果和现金流量等会计信息，因此，各组成部分满足经营分部的定义；可以分别确定为不同的经营分部。与此同时，乙公司生产 A、B、C、D 品牌皮箱的 4 个部门，销售毛利率分别是 30%、29%、31%、30%，即具有相近的长期财务业绩；4 个品牌皮箱的生产过程、客户类型、销售方式等类似，具有相似的经济特征。因此，乙公司在确定经营分部时，可以将生产 4 个品牌皮箱的组成部分予以合并，作为一个经营分部。合并后，皮箱经营分部的分部收人为 431 000 万元，分部费用为 302 000 万元，分部利润为 129 000 万元。

二、报告分部的确定

1. 重要性标准的判断

企业应当以经营分部为基础确定报告分部。经营分部满足下列三个条件之一的，应该确定为报告分部：①该分部的分部收入占所有分部收入合计的 10%或者以上；②该分部的分部利润（亏损）的绝对额，占所有盈利分部利润合计额或者所有亏损分部亏损合计额的绝对额两者中较大者的 10%或者以上；③该分部的分部资产占所有分部资产合计额的 10%或者以上。

2．低于 10%重要性标准的选择

经营分部未满足上述 10%标准的，可以按照下列规定确定报告分部。

（1）企业管理层认为披露该经营分部信息对财务报告使用者有用的，可将其确定为报告分部。无论该经营分部是否满足 10%的重要性标准，企业可以直接将其指定为报告分部。

（2）将该经营分部与一个或一个以上的具有相似经济特征、满足经营分部合并条件的其他经营分部合并，作为一个报告分部。

（3）不将该经营分部直接指定为报告分部，也不将该经营分部与其他未作为报告分部的经营分部合并为一个报告分部的，企业在披露分部信息时，应当将该经营分部的信息与其他组成部分的信息合并，作为其他项目单独披露。

3．报告分部 75%的标准

企业的经营分部达到规定的 10%重要性标准确认为报告分部后，确定为报告分部的经营分部的对外交易收入合计额占合并总收入或企业总收入的比重应当达到 75%的比例。如果未达到 75%的标准，企业必须增加报告分部的数量，将其他未作为报告分部的经营分部纳入报告分部的范围，直到该比重达到 75%。此时，其他未作为报告分部的经营分部很可能未满足前述规定的三个 10%的重要性标准，但为了使报告分部的对外交易收入合计额占合并总收入或企业总收入的总体比重能够达到 75%的比例要求，也应当将其确定为报告分部。

4．报告分部的数量通常不应超过 10 个

报告分部的数量超过 10 个需要合并的，应当以经营分部的合并条件为基础，对相关的报告分部予以合并。

5．未提供可比信息确定报告分部

企业在确定报告分部时，除应当遵循相应的确定标准以外，还应当考虑不同会计期间分部信息的可比性和一致性。对于某一经营分部，在上期可能满足报告分部的确定条件从而确定为报告分部，但本期可能并不满足报告分部的条件。此时，如果企业认为该部分仍然重要，单独披露该分部的信息能够更有助于报表使用者了解企业的整体状况，则不需要考虑经营分部确定为报告分布的条件，仍应当将该经营分部确定为本期的报告分部。

对于某一经营分部，在本期可能满足报告分部的确定条件从而确定为报告分部，但上期可能并不满足报告分部的条件从而未确定为报告分部。此时，出于比较目的提供的以前会计期间的分部信息应当予以重述，以将该经营分部反映为一个报告分部，即使其不满足确定为报告分布的条件也是如此。如果重述所需要的信息无法获得，或者不符合成本效益原则，则不需要重述。不论是否对以前期间相应的报告分部信息进行重述，企业均应当在报表附注披露这一事实。

三、分部信息的披露

企业报告分部确定后，应当披露下列信息。

（1）确定报告分部考虑的因素、报告分部的产品和劳务的类型。

（2）每一报告分部的利润（亏损）总额相关信息。

该信息包括利润（亏损）总额组成项目及计量的相关会计政策信息。企业管理层在计量报告分部利润（亏损）时运用了下列数据，或者未运用下列数据但定期提供给企业管理层的，应当在附注中披露每一报告分部的下列信息。

①对外交易收入和分部间交易收入。

②利息收入和利息费用。但是，报告分部的日常活动是金融性质的除外。报告分部的日常活动是金融性质的，可以仅披露利息收入减去利息费用后的净额，同时披露这一处理方法。

③折旧费用和摊销费用，以及其他重大的非现金项目。

④采用权益法核算的长期股权投资确认的投资收益。

⑤所得税费用或所得税收益。

⑥其他重大的收益或费用项目。

（3）每一报告分部的资产总额、负债总额相关信息，包括资产总额组成项目的信息，以及有关资产、负债计量的相关会计政策。

（4）除上述已经作为报告分部信息组成部分披露的外，企业还应当披露下列信息。

①每一产品和劳务或每一类似产品和劳务组合的对外交易收入。

②企业取得的来自于本国的对外交易收入总额以及企业从其他国家取得的对外交易收入总额。

③企业取得的位于本国的非流动资产（不包括金融资产、独立账户资产、递延所得税资产，下同）总额，以及企业位于其他国家的非流动资产总额。

④企业对主要客户的依赖程度。

（5）报告分部信息总额应当与企业收入信息总额相衔接。

报告分部收入总额应当与企业收入总额相衔接；报告分部利润（亏损）总额应当与企业利润（亏损）总额相衔接；报告分部资产总额应当与企业资产总额相衔接；报告分部负债总额应当与企业负债总额相衔接。

（6）比较信息。企业在披露分部信息时，为可比起见，应当提供前期的比较数据。

小贴士

分部报告不是独立的财务会计报告，而是附加于主体财务报表之后，通常是作为财务报表附注的一个组成部分予以披露的。即企业应当以对外提供的财务报表为基础披露分部信息。对外提供合并财务报表的企业，应当以合并财务报表为基础披露分部信息，而对外只提供个别财务报表的企业，也应当以其所提供的个别财务报表为基础披露分部信息。

第三节　关联方披露

一、关联方关系的认定

关联方关系的存在是以控制、共同控制或重大影响为前提条件的。在判断是否存在关联方关系时，尤其应当遵守实质重于形式的原则。从一个企业的角度出发，与其存在关联方关系的各方如下。

（1）该企业的母公司，不仅包括直接或间接地控制该企业的其他企业，也包括能够对该企业实施直接或间接控制的单位等。

①某一个企业直接控制一个或多个企业。例如，母公司控制一个或若干个子公司，则母公司与子公司之间即为关联方关系。

②某一个企业通过一个或若干个中间企业间接控制一个或多个企业。例如，母公司通过其子公司，间接控制子公司的子公司，表明母公司与其子公司的子公司存在关联方关系。

③一个企业直接地通过一个或若干中间企业间接地控制一个或多个企业。例如，母公司对某一企业的投资虽然没有达到控股的程度，但由于其子公司也拥有该企业的股份或权益，如果母公司与其子公司对该企业的投资之和达到拥有该企业一半以上表决权资本的控制权，则母公司直接和间接地控制该企业，表明母公司与该企业之间存在关联方关系。

（2）该企业的子公司，包括直接或间接地被该企业控制的其他企业，也包括直接或间接地被该企业控制的单位、信托基金等。

（3）与该企业受同一母公司控制的其他企业。例如，A 公司和 B 公司同受 C 公司控制，从而 A 公司和 B 公司之间构成关联方关系。

（4）对该企业实施共同控制的投资方。这里的共同控制包括直接的共同控制和间接的共同控制。需要强调的是，对企业实施直接或间接共同控制的投资方与该企业之间是关联方关系，但这些投资方之间并不能仅仅因为共同控制了同一家企业而视为存在关联方关系。例如，A，B 和 C 三个企业共同控制 D 企业，从而 A 和 D、B 和 D 以及 C 和 D 成为关联方关系。如果不存在其他关联方关系，A 和 B、A 和 C 以及 B 和 C 之间不构成关联方关系。

（5）对该企业施加重大影响的投资方。这里的重大影响包括直接的重大影响和间接的重大影响。对企业实施重大影响的投资方与该企业之间是关联方关系，但这些投资方之间并不能仅仅因为对同一家企业具有重大影响而视为存在关联方关系。

（6）该企业的合营企业。合营企业包括合营企业的子公司。合营企业是以共同控制为前提的，两方或多方共同控制某一企业时，该企业则为投资者的合营企业。例如，A、B、C、D 企业各占 F 企业表决权资本的 25%，按照合同规定，投资各方按照出资比例控制 F 企业，由于出资比例相同，F 企业由 A、B、C、D 企业共同控制，在这种情况下，A 和 F、B 和 F、C 和 F 以及 D 和 F 之间构成关联方关系。

（7）该企业的联营企业。联营企业包括联营企业的子公司。联营企业和重大影响是相联系的，如果投资者能对被投资企业施加重大影响，则该被投资企业视为投资者的联营企业。

（8）该企业的主要投资者个人及与其关系密切的家庭成员。主要投资者个人，是指能够控制、共同控制一个企业或者对一个企业施加重大影响的个人投资者。

①某一企业与其主要投资者个人之间的关系。例如，张三是 A 企业的主要投资者，则 A 企业与张三构成关联方关系。

②某一企业与其主要投资者个人关系密切的家庭成员之间的关系。例如，A 企业的主要投资者张三的儿子张小三与 A 企业构成关联方关系。

（9）该企业或其母公司的关键管理人员及与其关系密切的家庭成员。关键管理人员，是指有权力并负责计划、指挥和控制企业活动的人员。通常情况下，企业关键管理人员负责管理企业的日常经营活动，并且负责制定经营计划、战略目标、指挥调度生产经营活动等，主要包括董事长、董事、董事会秘书、总经理、总会计师、财务总监、主管各项事务的副总经理以及行使类似职能的人员等。

①某一企业与其关键管理人员之间的关系。例如，A 企业的总经理与 A 企业构成关联方关系。

②某一企业与其关键管理人员关系密切的家庭成员之间的关系。例如，A 企业的总经理张三的儿子张小三与 A 企业构成关联方关系。

（10）该企业主要投资者个人、关键管理人员或与其关系密切的家庭成员控制、共同控制的其他企业。与主要投资者个人或关键管理人员关系密切的家庭成员，是指在处理与企业的交易时可能影响该个人或受该个人影响的家庭成员，例如父母、配偶、兄弟、姐妹和子女等。

对于这类关联方，应当根据主要投资者个人、关键管理人员或与其关系密切的家庭成员对两家企业的实际影响力具体分析判断。

①某一企业与受该企业主要投资者个人控制、共同控制或施加重大影响的其他企业之间的关系。例如，A 企业的主要投资者 H 拥有 B 企业 60%的表决权资本，则 A 和 B 存在关联方关系。

②某一企业与受该企业主要投资者个人关系密切的家庭成员控制、共同控制或施加重大影响的其他企业之间的关系。例如，A 企业的主要投资者 Y 的妻子拥有 B 企业 60%的表决权资本，则 A 和 B 存在关联方关系。

③某一企业与受该企业关键管理人员控制、共同控制或施加重大影响的其他企业之间的关系。例如，A 企业的关键管理人员 H 控制了 B 企业，则 A 和 B 存在关联方关系。

④某一企业与受该企业关键管理人员关系密切的家庭成员控制、共同控制或施加重大影响的其他企业之间的关系。例如，A 企业的财务总监 Y 的妻子是 B 企业的董事长，则 A 和 B 存在关联方关系。

二、不构成关联方关系的情况

（1）与该企业发生日常往来的资金提供者、公用事业部门、政府部门和机构，以及与该企业发生大量交易而存在经济依存关系的单个客户、供应商、特许商、经销商和代理商之间，不构成关联方关系。

（2）与该企业共同控制合营企业的合营者之间，通常不构成关联方关系。

（3）仅仅同受国家控制而不存在控制、共同控制或重大影响关系的企业，不构成关联方关系。

（4）受同一方重大影响的企业之间不构成关联方。

三、关联方交易的类型

存在关联方关系的情况下，关联方之间发生的交易为关联方交易，关联方的交易主要有以下几种类型。

（1）购买或销售商品。购买或销售商品是关联方交易较常见的交易事项，例如，企业集团成员之间互相购买或销售商品，从而形成了关联方交易。

（2）购买或销售除商品以外的其他资产。例如，母公司出售给其子公司设备或建筑物等。

（3）提供或接受劳务。例如，A 企业是 B 企业的联营企业，A 企业专门从事设备维修服务，B 企业的所有设备均由 A 企业负责维修，B 企业每年支付设备维修费用 300 万元，该维修服务构成 A 企业与 B 企业的关联方交易。

（4）担保。担保包括在借贷、买卖、货物运输、加工承揽等经济活动中，为了保障其债权实现而实行的担保等。当存在关联方关系时，一方往往为另一方提供为取得借款、买卖等经济活动中所需要的担保。

（5）提供资金（贷款或股权投资）。例如，企业从其关联方取得资金，或权益性资金在关联方之间的增减变动等。

（6）租赁。租赁通常包括经营租赁和融资租赁等，关联方之间的租赁合同也是主要的交易事项。

（7）代理。代理主要是依据合同条款，一方可为另一方代理某些事务，如代理销售货物，或代理签订合同等。

（8）研究与开发项目的转移。在存在关联方关系时，有时某一企业所研究与开发的项目会由于一方的要求而放弃或转移给其他企业。例如，B 公司是 A 公司的子公司，A 公司要求 B 公司停止对某一新产品的研究和试制，并将 B 公司研究的现有成果转给 A 公司最近购买的、研究与开发能力超过 B 公司的 C 公司继续研制，从而形成关联方交易。

（9）许可协议。当存在关联方关系时，关联方之间可能达成某项协议，允许一方使用另一方商标等，从而形成了关联方之间的交易。

（10）代表企业或由企业代表另一方进行债务结算。

（11）关键管理人员薪酬。企业支付给关键管理人员的报酬，也是一项主要的关联方交易。

关联方交易还包括就某特定事项在未来发生或不发生时所作出的采取相应行动的任何承诺，例如（已确认及未确认的）待执行合同。

四、关联方的披露

（1）企业无论是否发生关联方交易，均应当在附注中披露与该企业之间存在控制关系的母公司和子公司有关的信息。母公司不是该企业最终控制方的，还应当披露企业集团内对该企业享有最终控制权的企业（或主体）的名称。母公司和最终控制方均不对外提供财务报表的，还应当披露母公司之上与其最相近的对外提供财务报表的母公司名称。

（2）企业与关联方发生关联方交易的，应当在附注中披露该关联方关系的性质、交易类型及交易要素。关联方关系的性质，是指关联方与该企业的关系，即关联方是该企业的子公司、合营企业、联营企业等；交易类型通常包括购买或销售商品、购买或销售商品以外的其他资产、提供或接受劳务、担保、提供资金（贷款或股权投资）、租赁、代理、研究与开发项目的转移、许可协议、代表企业或由企业代表另一方进行债务结算等；交易要素至少应当包括：交易的金额；未结算项目的金额、条款和条件，以及有关提供或取得担保的信息；未结算应收项目坏账准备金额；定价政策。关联方交易的金额应当披露两年期的比较数据。

（3）对外提供合并财务报表的，对于已经包括在合并范围内各企业之间的交易不予披露。合并财务报表是将集团作为一个整体来反映与其有关的财务信息，在合并财务报表中，企业集团作为一个整体看待，企业集团内的交易已不属于交易，并且已经在编制合并财务报表时予以抵销。因此，关联方披露准则规定对外提供合并财务报表的，除了应按上述一、二的要求进行披露外，对于已经包括在合并范围内并已抵销的各企业之间的交易不予披露。

小贴士

判断关联方关系时的特殊考虑

同受一方控制的两方或多方之间视为关联方，如图 18-1 所示。

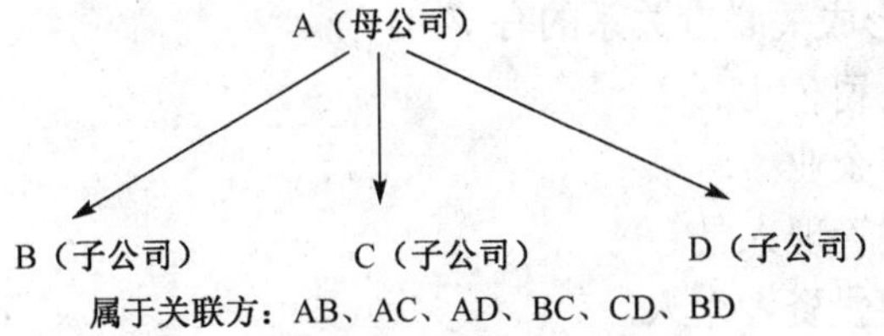

图 18-1　关联方关系图

本章小结

财务报表附注是财务报表不可或缺的组成部分，是对在资产负债表、利润表、现金流量表和所有者权益变动表等报表中所列示项目的进一步说明，以及对未能在这些报表中列示项目的说明等。本章主要阐述是财务报表附注的内容以及列报与披露的基本要求，最后对附注中的分部报告和关联方交易进行了讲解。

本章思考

1．财务报表附注有何价值？请举例说明。
2．分部报告的确认标准是什么？请举例说明。
3．怎样确定企业之间的关联方关系？
4．哪些关联方关系与关联方交易需要在财务报表附注中披露？

本章测试

【单选题】

1．甲公司为乙公司和丙公司的母公司，丙公司为丁公司的主要原材料供应商。在不考虑其他因素的情况下，下列公司之间，不构成关系方关系的是（　　）。

A．甲公司与乙公司
B．甲公司与丙公司
C．丙公司与丁公司
D．乙公司与丙公司

2. 对于下列关联方之间的交易，上市公司可以不在其会计报表附注中披露的是（　　）。
　A. 与已纳入合并会计报表合并范围的子公司之间的交易
　B. 与其他国有企业之间的交易
　C. 与企业关键管理人员之间的交易
　D. 与企业主要投资者个人之间的交易

【多选题】

3. 下列各项目中，形成关联方关系的有（　　）。
　A. 企业与其子公司
　B. 企业与其合营企业
　C. 企业与其关键管理人员
　D. 企业与其主要投资者个人

4. 下列各项中，构成H公司关联方的有（　　）。
　A. H公司的母公司
　B. 与H公司受同一母公司控制的企业
　C. 能够对H公司施加重大影响的投资者
　D. H公司与其他合营方共同出资设立的合营企业

5. 编制分部报告确定业务分部时，应当考虑的主要因素有（　　）。
　A. 生产过程的性质
　B. 产品或劳务的性质
　C. 销售产品或提供劳务所使用的方法
　D. 购买产品或接受劳务的客户的类型
　E. 生产产品或提供劳务所处的法律环境

【答案】1. C　2. A　3. ABCD　4. ABCD　5. ABCDE